SOCIÉTÉ DES ARCHIVES HISTORIQUES
DU LIMOUSIN

1re SÉRIE : ARCHIVES ANCIENNES, TOME VI

NOUVEAU CHOIX
DE
DOCUMENTS HISTORIQUES
SUR LE LIMOUSIN

PUBLIÉS ET ANNOTÉS

Par Alfred LEROUX

Archiviste du département de la Haute-Vienne

Ancien élève de l'Ecole des Chartes et de l'Ecole des hautes Etudes.

LIMOGES
F. PLAINEMAISON
Imprimeur de la Préfecture et de l'Hôtel de Ville
17 *bis*, RUE MANIGNE, 17 *bis*

1895

Couverture inférieure manquante

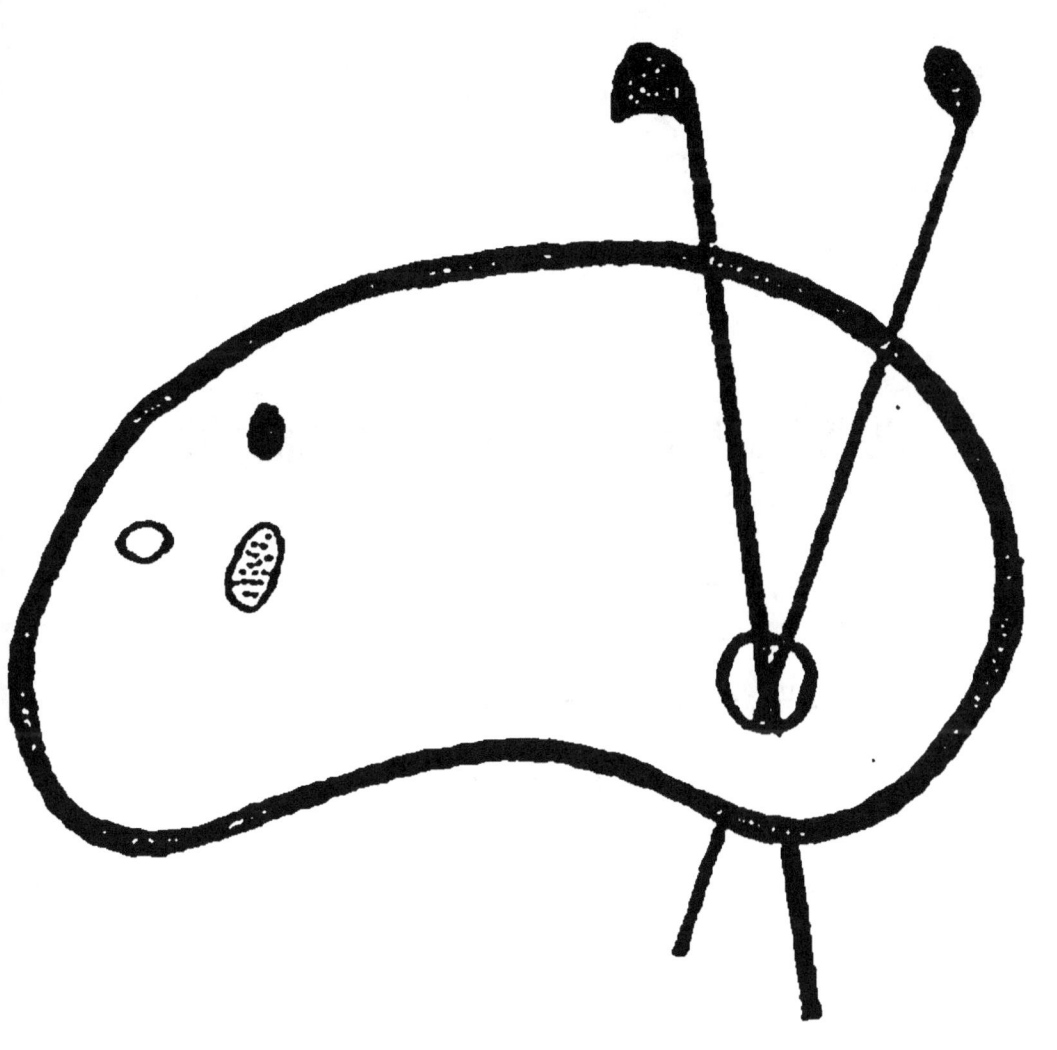

DEBUT D'UNE SERIE DE DOCUMENTS
EN COULEUR

SOCIÉTÉ DES ARCHIVES HISTORIQUES
DU LIMOUSIN

PREMIÈRE SÉRIE :

ARCHIVES ANCIENNES

TOME VI

NOUVEAU CHOIX

DE

DOCUMENTS HISTORIQUES

SUR LE LIMOUSIN

PUBLIÉS ET ANNOTÉS

Par Alfred LEROUX

Archiviste du département de la Haute-Vienne

Ancien élève de l'Ecole des Chartes et de l'Ecole des hautes Etudes.

LIMOGES

F. PLAINEMAISON

Imprimeur de la Préfecture et de l'Hôtel de Ville

17 *bis*, RUE MANIGNE, 17 *bis*

—

1895

SOCIÉTÉ

DES

ARCHIVES HISTORIQUES

Du Limousin[1]

COMITÉ DE PATRONAGE

ARBELLOT (Le chanoine), président de la société archéologique et historique du Limousin.
AULARD, directeur de la *Révolution française*.
BAUDOIN (Manuel), président du tribunal civil de la Seine.
CHABANEAU (Camille), chargé de cours à la faculté des lettres de Montpellier.
CLÉMENT-SIMON, ancien procureur général.
COURONNEL (Comte de), conseiller général de la Haute-Vienne.
DECLAREUIL (Joseph), agrégé de l'Université, professeur à l'école des lettres d'Alger.
DEGROND, ancien préfet.
DELAVAUD-DUMONTEIL, secrétaire général de la préfecture de la Haute-Vienne.
DELOCHE (Maximin), membre de l'Institut.
DRAMARD (Eugène), conseiller à la cour d'appel.
DRAPEYRON (Ludovic), directeur de la *Revue de Géographie*.
DURAND (Edouard), inspecteur d'académie à Limoges.
FAGE (Emile), président de la société des lettres de Tulle.
FRÉDY (de), conseiller général de la Haute-Vienne.
GABIAT (Camille), docteur en droit, conseiller général de la Haute-Vienne.
GONDINET (Michel), avocat, docteur en droit.
GUIBERT (Louis), secrétaire de la société archéologique et historique du Limousin.
LASTEYRIE (Comte Robert de), membre de l'Institut, professeur à l'école des Chartes.
LE PLAY (Dr Albert), sénateur de la Haute-Vienne.
MARCHAL, proviseur du Lycée Gay-Lussac.

---

(1) Les statuts se trouvent imprimés en tête du tome III de la série des Archives anciennes.

MARTINEAU (Albert), secrétaire général de l'Hôtel de Ville de Limoges.
MAZERON, avocat à Limoges.
MONTAUDON-BOUSSERESSE, directeur honoraire de l'enregistrement à Limoges.
PERATHON (Cyprien), correspondant du comité des Beaux-Arts.
RENOUARD (Mgr), évêque de Limoges.
ROUX (le chanoine Joseph), à Tulle.
RUPIN (Ernest), président de la société historique de Brive.
SENNEVILLE (G. de), conseiller à la cour des comptes.
THOMAS (Antoine), directeur des *Annales du Midi*.

BUREAU DE LA SOCIÉTÉ

Président né : M. le PRÉFET de la Haute-Vienne.
Président effectif : M. Eugène DRAMARD.
Vice-présidents : MM. Louis GUIBERT et MONTAUDON-BOUSSERESSE.
Secrétaire général : M. Alfred LEROUX.
Secrétaires adjoints : MM. René FAGE, Raoul PRIEUR et Louis BOURDERY.

LISTE DES ADHÉRENTS

VERGNAUD (Camille), conseiller de préfecture à Limoges.
HAVILAND (Théodore) manufacturier à Limoges.
HENRI (Charles), propriétaire à Limoges.
LESTERPS (Comte de), à Isle, près Limoges.
DE LOMBARÈS, sous-intendant militaire à Limoges.
FRAY-FOURNIER, chef de bureau à la Préfecture de la Haute-Vienne.
LACHENAUD (Emile), propriétaire à Limoges.
DUCOURTIEUX, imprimeur à Limoges.
PLAINEMAISON (Félix), imprimeur à Limoges.
BAR (Joseph de), propriétaire à Argentat (Corrèze).
REBIÈRE (Alphonse), agrégé de l'Université, à Paris.
TOINET (Raymond), avocat à Tulle.
LESPINAS (Edmond), ancien magistrat, à Périgueux.
MAZET (Albert), architecte, à Paris.
GAIGNET, directeur d'études au Grand Séminaire de Limoges.
TOUMIEUX (Zénon), ancien notaire à Royère (Creuse).
LECLER (abbé A.), à Naugeat, près Limoges.

POMÉLIE (Baron de la), à Limoges.
Docteur THOMAS-DURIS, à Eymoutiers (Haute-Vienne).
Docteur THOUVENET, père, à Limoges.
GRANET (Abbé Paul), à Saint-Hilaire-Bonneval (Haute-Vienne).
PRÉVOT (Charles), négociant à Limoges.
PRÉCIGOU (A.), conducteur des ponts-et-chaussées, à Rochechouart (Haute-Vienne).
GUYONNET, chef de district, à Montluçon.
Docteur MARQUET, à Rochechouart (Haute-Vienne).
BERTHOMIER, propriétaire, à Saint-Germain-Beaupré (Creuse).
AUTORDE, archiviste du département de la Creuse.
ROUGERIE (Mgr), évêque de Pamiers.
A. ASHER, libraire à Berlin.
ARCHIVES départementales de la Haute-Vienne.
BIBLIOTHÈQUE communale de Limoges.
MAUPETIT (abbé), à Limoges.
CARS (duc des), à Paris.
GUIMBAUD (abbé), à Limoges.
DULAU et Cie, libraires à Londres.
E. HERVY, archiviste de la chambre des notaires, à Limoges.
LHERMITTE, archiviste du département de la Corrèze.
P. VALADEAU, instituteur à St-Priest-la-Feuille (Creuse).
E. BATHEROSSE, chimiste à Paris.
ROMANET du CAILLAUD, à Limoges.
LALANDE (Vicomte de), château de Neuvillars, par St-Paul-d'Eyjaux (Haute-Vienne).
MARBOUTY (Camille), à Limoges.
POUTE de PUYBAUDET, avocat à Aubusson (Creuse).
J. CHAMPCOMMUNAL, docteur en droit, à Limoges.
TANDEAU de MARSAC, notaire, à Paris.

NOUVEAUX EXTRAITS
DES REGISTRES CAPITULAIRES

De Saint-Étienne de Limoges

1621-1771

Nous continuons ici les extraits que nous avons commencés au tome III (p. 38-65) des « Archives historiques du Limousin ». Nous réservons pour un autre volume les extraits des registres capitulaires qui pourront se retrouver au cours de l'inventaire du fonds du chapitre cathédral de Limoges.

1621. *8 janv.* — Commis M. Suduyraud pour faire interdire le vicaire perpétuel de Janailhac et pour le contraindre à servir la paroisse.

Conclud que M. Dumas sera prié de retirer le tiltre du curé de St-Pantaléon, concernant l'homage de certaines rentes et dixmes inféodées qui sont dheues dans la paroisse du dit Pantaléon.

5 fév. — Remis à mardi pour délibérer de l'affère touchant le concordat d'entre les Pères Jésuites et nous.

21 fév. — Commis MM. Dumas, Guybert, Ruaud et Limousin, pour faire la distribution du pain du jeudy absolu.

26 fév. — Conclud qu'il sera alloué à notre trésorier 55 sols qu'il a fournis pour la prébende apportée à Mess. le cardinal de Sourdy et à certain maître des requestes.

Conclud qu'il sera alloué à notre thrésorier 16 sols qu'ont esté bailhés à ung presbtre passant pour aulmosne.

17 mars. — Conclud..... 32 sols qu'ont été bailhés pour nécessité à deux jeunes escolliers.

1 avril. — Conclud..... 16 sols qu'ont esté bailhés pour aulmosne à ung huguenot converty à la religion catholicque.

Sur la requeste faicte par M. Bandel, chanoine de notre esglise, tendant à ce qu'il nous pleust luy vouloir continuer et accorder sa présence en notre esglise, veu qu'il est en volonté de continuer ses estudes, a esté conclud que led. sieur Bandel sera tenu pour present en notre esglise, pour le temps d'ung an.....

Commis MM. Pabot l'aisné et Poylevé l'aisné pour vériffier les premices (1) qu'ont esté faictes au sieur recepveur des décimes, pour les décimes que doibt notre esglise au roy, et arrester compte avec led. sieur recepveur.

Commis M. Guybert pour veoir le cathalogue des escolliers qui prennent dons de notre chappitre.

8 avril. — Acte de l'insinuation faicte en personne par M. M⁰ Léonard Bandel, gradué de nouveau, son nom et cognom.

23 avril. — Commis MM. Poylevé et Martin, chanoynes, pour aller au bourg de Salaignac faire informer des excès qui se sont faicts par les De Jouhets.

Commis MM. Poylevé l'aisné et Ruaud, pour remercier de la part de notre chappitre le prédicateur qui a presché pendant l'Advent et Charesme derniers en notre esglise.

Conclud qu'il sera alloué à notre thrésorier 4 ll. qu'ont esté bailhées à ung chantre qui a deservy en l'esglise ces festes de Pâques dernières.

5 mai. — Acte de la confession et reconciliation faicte presentement par M. Martyn, chanoyne, conformément à la coustume de tout temps observée en notre esglise.

8 mai. — Conclud que lundy on commencera à faire la lecture des statutz de l'esglise.

Il est conclud et statué que doresenavant, à tous les jours de dimanche de l'Advent et Charesme, vespres se commenceront incontinent après la prédication, comme semblablement aux autres jours de dimanche durant le cours de l'an-

(1) C'est-à-dire les acomptes.

née hors du dit Advent et Charesme, en ce que le chappitre sera de préalable adverty de lad. prédication, affin de bailher son consentement.

12 mai. — Sur la plaincte faicte par M. Pierre Poylevé, l'un de nos quatorze grands vicaires, de ce que M° Pierre Duclou luy auroit rompu et déchiré entièrement son bonnet carré...., a esté conclud que MM. Taloys et Guybert s'informeront de la vérité pour en faire leur rapport au chappitre.

21 mai. — Conclud qu'il sera alloué à notre thrésorier 16 sols qu'ont esté bailhés aux religieuses de Sainte-Claire de Tours pour subvenir à leurs nécessités.

25 mai. — Conclud que sera pozé dans notre sacristie une table pendante, dans laquelle seront inscriptz les statuts de l'esglise et la charge que doibvent exercer nos secrétains. Pour laquelle rédiger sont commis MM. Dumas et Taloys.

Conclud que pendant que le service divin se célébrera en l'esglise, que noz bedeaux auront soin d'empescher qu'il ne se fasse de jeux autour d'icelle. Et contre celles personnes qui ne vouldront obéir à nos dits bedeaulx, leur est permis de prendre des personnes pour et affin que la force leur en demeure, et de faire informer.

26 mai. — Il est statué et ordonné que doresenavant aulcun ne pourra estre pourveu des quatorze grandes vicairies de notre esglise [vacantes], soit par mort, soit par résignation, que de préalable il n'aist demeuré par l'espace de cinq ans enfant de cheur de notre esglise, et receu en la psallette et porté la robbe rouge, par notre commandement.....

18 juin. — Conclud que M. Gabriel Senemaud, secrétin en notre esglise, est mulcté de 30 sols pour n'avoyr sorty, le jour de saint Martial dernier, le saint sacrement pendant le divin service de l'esglise.....

25 juin. — Sur ce qu'a esté représenté que M° de Pompadour faisoit lire et enregistrer ce jourd'huy ses lettres de lieutenant du présent païs de Limousin qu'il a pleu à Sa Majesté luy concéder et qu'il désiroit que tous les corps de l'esglise s'y trouvassent pour icelles veoir, recepvoyr et enregistrer au siège, ont esté commis MM. Pabot et Poylevé l'aisné pour se trouver à la réception et enregistrement des susdites lettres.

Commis MM. Poylevé l'aisné et Guybert pour traicter et décider (?) de l'affaire que nous avons avec le vicaire perpétuel de Janailhac, touchant certain unzième de dixmes qu'il prend sur la parroisse.

1 juillet. — Conclud qu'il sera alloué à notre thrésorier 47 sols qu'il a fournis pour la prébende portée à M. de Pompadour, lieutenant pour le roy en Limousin.

6 juillet. — Conclud que la terre de Salaignac sera retirée par puissance féodalle des mains de M. de St-Angel.....

9 juillet. — Sur la réquisition à nous faicte de la part du scindicq du collège de MM. les Jésuites establis en la ville de Tulle, de prester notre consentement à l'union qu'ils prétendent faire de la cure de St-Pardoux-la-Crouzille en l'archiprieuré de Gimel au dit collège de Tulle, laquelle deppend de la libre disposition de Mgr notre révérend evesque, lors et quand il advient vacance, après nous avoir apparu du consentement presté par notre dit sieur evesque et du proffict et utilité qui en revient au service de Dieu et mesmes dans le présent diocèse pour la proximité du dit collège, et de toutes et chacune les raisons desduictes à plein par certains procès-verbaux faictz pour promouvoir lad. union, nous avons jugé la dicte union favorable et conclud d'une commune voix que que consentement y sera presté de notre part.....

23 juillet. — Commis MM. Pabot, Poylevé, Guybert et Taloys, pour décider du différend d'entre les vicaires et presbtres de notre terre de Vinioulx.

30 juillet. — Sur la proposition faicte par M. Poylevé l'aisné, de la part de Mgr de Limoges, que led. sieur a esté adverty que la présence qu'a esté cy-devant accordée à Decordes (1), chanoyne en notre esglise, finissoit à Notre-Dame d'aoust prochain, et que le dit sieur Decordes lui estoit nécessaire pour luy assister en certain procès qu'il a à Paris au Grand Conseil, qu'il nous pleust luy prolonger sa

---

(1) Il est de nouveau question de cette affaire à la date du 13 août. — Il s'agit de l'érudit Jean de Cordes, † 1642.

dite présence pour quelques moys, a esté conclud que en la faveur de mond. sieur de Limoges et en sa considération, la présence est prolongée au dit sieur Decordes jusques à la feste de Toussaint prochain.

12 août. — Sur ce qu'a esté représenté par M. Taloys de ce que M. de Limoges avoit reçu lettres de Sa Majesté, par laquelle il mandoit de faire prières et oraisons pour la réduction de la ville de Clérac (1) et que nous eussions à satisfaire au plus tost, a esté conclu qu'il sera chanté en notre esglise, après vespres dictes, le *Te Deum laudamus* et l'*Exaudiat* pour les raisons susdites, et qu'un chacun des Messieurs et grands vicaires seront assignés.....par notre grand bedeau, à s'y trouver pour gagner chacun ung sextier bled seigle de distribution, et les vicaires une quarte.

24 sept. — Conclud que MM. les maitres du bastiment en la compagnie de notre procureur d'office fairont visites par toutes les maisons canoniales pour faire procès-verbal de l'estat d'icelles et rapport à notre chapitre au premier jour.

8 oct. — Conclud qu'il sera alloué à notre thrésorier 3 ll. qu'il a bailhées à notre marguilhier pour avoir sonné la présente année contre le tonnaire.

15 oct. — Commis MM. Poylevé, etc..., pour lever les droits cathédratiques au prochain cinode de Saint-Luc.

Commis MM. Leydier, etc..., pour assister à l'assemblée cinodale qui se faira au prochain scinode de Saint-Luc.

5 nov. — Sur ce qui a été représenté que M. de Limoges désiroit employer M. Taloys, chanoine de notre esglise, à la correction des bréviaires et livres missels à l'uzaige de Limoges, a esté conclu que pendant le temps que led. sieur Taloys sera occupé à ce faire, qu'il sera tenu pour présent au service de l'esglise ; et pourra prendre pour l'assister à ce faire tel qu'il lui plaira de MM. Guéry (?) ou Segond, grands vicaires en notre esglise, qui jouira de lad. présence.

12 nov. — Sur ce qu'a esté représenté en chappitre que M. Decordes, chanoine de notre esglise, estoit fort requis et

---

(1) Au cours de la campagne de Louis XIII contre les protestants du Languedoc.

nécessaire à Paris pour les affaires de l'evesché (1) et que M. de Limoges nous prioit vouloir bien accorder sa présence, a esté conclud que, en faveur dud. sieur de Limoges, la présence est accordée au sieur Decordes jusques au prochain jour et feste de Noël. Et pour certaines considérations joyra des distributions manuelles.

Conclud que Geral Inbon, pauvre escollier yrlandoys, prendra par chacun moys et pendant six moys prochains sur notre thrésorier 10 sols, affin de se pouvoir entretenir aux estudes qu'il désire de continuer en la présent ville.

Conclud qu'il sera alloué à notre thrésorier 35 sols fournis pour la prébende portée à M. le conseiller Suduyraud, y compris les bouteilles.

Conclud que l'office de greffier civil et criminel de la justice temporelle de notre chappitre, vaccante par le décès de feu Mᵉ Martial Bony, est concédé à Mᵉ Jehan David (?), suffizant et capable, lequel présent, après avoyr presté le serment par devant led. sieur doyen, a esté receu.....

3 déc. — Sur ce qu'a esté représenté que Mgr notre evesque avoit envoyé M. Taloys, chanoine de notre esglise, pour prescher pendant cest Advent en la ville de St-Léonard, et qu'il nous requéroit qu'eussions à tenir pour présent en notre esglize ledit sieur Taloys, a esté conclu qu'en faveur et considération du sieur evesque led. sieur Taloys sera tenu pour présent.....

9 déc. — Conclud qu'il sera escript à noz lieutenant et procureur d'office de notre terre de Vinioulx, de nous envoyer la procédure faicte sur la sépulture du corps d'une femme ensevelie dans l'église dud. Vinioulx, puis peu de jours en ça.

17 déc. — Sur ce qu'a esté représenté que M. de Lymoges désiroit bailher ce jourd'hui les ordres en notre esglise, affin qu'il ne soit retardé par le curé du service qui se faict en notre esglise, a esté conclud que vespres seront sonnées à une heure et se commenceront à deux heures, et que la

(1) Cf. ci-dessus, 30 juillet.

grand messe sera dicte et célébrée demain tout incontinent après matines, et en sera bailhé advis aud. sieur.

Commis MM. Guybert et Ruaud, chanoynes de notre esglise, pour avec MM..... tous habitants du bourg de Salaignac, emprumpter de honorable M⁰ Jacques Martin, conseilher du roy et lieutenant général criminel à Lymoges, la somme de 4,000 ll. pour laquelle ils s'obligent solidairement à la rendre dans ung an, aux fins d'icelle employer à faire partie de la somme que nous debvons paier pour rachapt par puissance du fief de la terre de Salaignac que nous retirons des sieur et dame de Saint-Angel (1).

19 déc. — Conclud que les articles accordés ce jourd'hui entre M. le général Benoist et MM. Pabot l'aisné et Ruaud, chanoynes, faisant pour notre chappitre, receus par notre scribe, concernant la somme de 5,000 ll. qui nous est deuhe par led. sieur Benoist pour l'extinction et amortissement de la rente annuelle de neuf-vingts livres, lesquels ont esté leuz de mot à mot en notre chappitre, sont approuvés et ratifiés pour la plus grande assurance dud. sieur Benoist.

31 déc. — Commis M. Lascure pour achapter ung abbal boys, pour envoyer aux Pères Recollés pour subvenir à leurs nécessités.

1622. *7 janv.* — Conclud que, suivant la conclusion du 27ᵉ d'aougst dernier, Mᵉ Geral d'Arfeuilhe, l'un de noz quatorze grands vicaires, sera tenu pour présent au service de notre esglise, attendu qu'il s'en est allé à Paris estudier en théologie.

Conclud qu'il sera alloué à notre thrésorier 52 sols 10 den. pour la prébende portée à M. de Pompadour.

28 janv. — Conclud qu'il sera alloué à notre trésorier 48 sols qui ont esté balhés à Mᵉ Jehan Breulh (?), greffier de l'officialité, pour les salaires de la fulmination du *Signifficavit*, que nous [avons] obtenu en cour de Rome sur les personnes qui nous retiennent et rendre ne veulent les titres et papiers de notre esglise.

---

(1) Suit l'indication de trois autres emprunts, montant à la somme de 11,200 ll. aux mêmes fins.

11 fév. — Conclud que tous et chacun les statutz faicts en ce qui concerne le service divin en nostre esglise et principalement de ne dire son office particulier pendant qu'on psalmodie aux heures canonialles, sera obtenu et observé par ung chacun des habitués de l'esglise. Autrement ceulx qui contreviendront seront privés d'ung jour de gaige, et sera lad. conclusion signiffiée à ung chacun.

22 fév. — Commis M. Bertrand, chanoyne en notre esglise, pour se transporter au bourg de Salaignac en la compagnie du sieur visénéchal de ceste ville, aux fins de faire informer, de l'autorité dud. sieur visénéchal, des excès commis en la personne de Mr Jacques Sigaud, notre juge du dit bourg, sur le chemin s'en retournant de ceste ville aud. bourg de Salaignac.

Sur la prière à nous faite par Me Noel Martinaud, procureur d'office de notre justice temporelle, à ce qu'il nous pleust vouloyr accorder par survivance à Me Léonard Martinaud son fils, led. office de procureur, a été conclud que auparavant luy faire droit en sa requeste, qu'il bailhera extraict de tous les pappiers et documents qu'il a concernans notre chappitre.

Sur ce que Me Saleys a représenté de la part de Me Pierre Meyranges, soubz-diacre en notre esglise, à ce qu'il nous pleust luy vouloyr accorder la bachellerie que tenons en notre esglise, ...a esté conclud que led. Meyranges joyra d'icelle comme font les autres bacheliers et en tant qu'il nous plaira seulement.

10 mars. — Conclud qu'il sera alloué à notre thrésorier 3 ll. 4 sols qu'il a balhés à MM. les consuls de la cité pour subvenir à certaines réparations.

17 mars. — Entrera en l'aigle sabmedi prochain, M. Me Jehan Alasluquettas, abbé de Bénévent.

Conclud que M. Poilevé l'aisné sera prié de se deppartir de la cognoissance des affaires que nous avons contre M. de Saint-Angel, attendu la proximité du bénéfice du dit sieur Poylevé.

24 mars. — Acte a esté concédé à M. Bernard Bricques, choriste en l'esglise St-Martial de Lymoges, de ce que, comme procureur de Mᵉ Bernard de Montilettas, chanoyne de l'esglise de St-Yrieiys, et en vertu de procuration du XXIIᵉ de may dernier, signée **Rouchaud notère,** il a insinué les lettres de nomination en droict canon dud. sieur de Montilettas, desquelles a laissé coppie.

Acte a été concédé à M. Pierre Dupui, procureur au siège présidial, de ce que en qualité de procureur de Mᵉ Jehan Rubens, suivant sa procuration du XIIIIᵉ du présent.... il a insinué les lettres de docteur en théologie dud. sieur Rubens, desquelles a laissé coppie.

8 avril. — Sur la lecture de la lettre que nous a escrite M. Mᵉ Jehan Bandel (1), chanoine en notre esglise, tendant à ce qu'il nous pleust, pour les causes contenues par icelle, luy concéder sa présence pour ung an qu'il lui est besoing demeurer à Paris, offrant nous y servir aux affaires de notre esglise, a esté conclud que la grace lui sera concédée.....

15 avril. — Conclud qu'il sera alloué à notre thrésorier 16 sols qui ont esté bailhés pour aulmosne à deux habitants de la ville de la Rochelle, catholicques déchassés d'icelle.

Commis MM. Pabot l'aîné et Bertrand, pour aller remercier de la part de notre chappitre M. le Père Lacoste, pour avoir préché pendant l'Advent et Charesme derniers.

A esté concédé [acte] à M. Suduyraud de ce qu'il déclare qu'il ne peult esviter qu'il ne lise dans son bréviaire pendant le service de l'esglise, attendu qu'il est tout enroué et qu'il ne peut psalmodier (2). Et pour y remédier avons remis aux prochains chappitres généraulx.

20 avril. — Conclud qu'il sera faict response à M. de Pompadour de la lettre qu'il nous a escripte, et que le délai qu'il demande par icelle lui sera concédé.

22 avril. — Conclud que MM. les maistres des bastimens, accompagnés de notre procureur d'office, feront visite à l'après-disner de toutes les maisons canonialles, aux fins d'en estre faict rapport au prochain chappitre.

---

(1) Auteur d'annales de Limoges sous le titre de *Mémoires en forme d'histoire,* † 1639.

(2) Cf. ci-dessus, la défense portée de lire le bréviaire pendant l'office.

29 avril. — Conclud qu'il sera alloué à notre thrésorier 10 sols qu'ont esté bailhés pour aulmosne à ung religieux hierosolimitain.

Sur la proposition faicte par M. Boyol, grand vicaire de M. de Lymoges, qu'il avoit reçu lettre particulière, par laquelle il estoit mandé de faire prières et oraisons pour le roy, de ce qu'il a pleu à la divine bonté l'envoyer combattre ses ennemis, a esté conclud que, jeudy prochain, à yssue de vespres, sera chanté en notre esglise le *Te Deum*, et que MM. de la justice et consulz seront indictz de s'y trouver.

16 mai. — Sur ce qu'a esté représenté que la maison canonialle tenue par M. Boyol, chanoyne de notre esglise, avoit demeuré sans estre habitée par l'espace de plus de vingt années, qui cause une grande ruyne, et veu aussy qu'il y a beaucoup des Messieurs de notre esglise qui sont contraints de se loger dans la ville par deffault de n'avoyr de maisons canonialles, a esté conclud que led. sieur Boyol sera sommé de venir habiter lad. maison en ensuivant les statuts de l'esglise, dans troys moys prochains. Autrement, à faulte de ce, il y sera pourveu comme il appartiendra.

Sur l'abus qui se commect sur la punctuaison soubz prétexte de maladie, a esté conclud et statué à l'advenir que ceux qui soubz tel pretexte se vouldront faire punctuer, que Mess. les punctueurs ne les punctueront que par préalable ils n'aient demandé leur présence en chappitre du temps de leur maladie.

Conclud que Hugues Gray, escollier yrlandoys, sera continué de prendre sur notre thrésorier 10 sols pendant troys moys prochains.

Conclud aussy qu'il sera escript de la part de notre chappitre à M. le cardinal de Surdy (1) et par icelle sera prié de nous faire obtenir et expédier lad. omologation.

13 mai. — Conclud qu'il sera escript à M. de Bruschère de nous faire expédier de cour de Rome l'homologation du convent fait entre les sieurs Pères Jésuites et notre chappitre, et qu'il sera paié pour l'expédition d'icelles jusques à 1,500 ll.

---

(1) Voy. ci-dessus 26 fév. 1621.

Conclud que ceux de MM. [les chanoines] qui veulent accepter, dire et célébrer par rang et ordre les grandes ebdomades de notre eglise, balheront leur déclaration pendant ces chapitres généraulx.

18 mai. — Conclud que noz grands vicaires et choristes seront admonestés de venir se présenter en chappitre vendredi prochain.

19 mai. — Conclud que notre scindicq interviendra en la cause pendante au siège présidial de Lymoges entre les sieurs Dumas et Bertrand..... et le sieur Croyzier pour raison du passage du boys sur l'escluze des moulins du pont St-Estienne deppendant de leurs gros......

21 mai. — Sur la requeste faite par M Jehan Troulhe, presbtre en notre esglise de Vinioul, à ce que nous heussions luy bailher permission de pouvoyr confesser, et sur le rapport que nous a faict M. Ruaud, chanoyne de notre esglise, de sa cappacité, et aussy par lettre à nous escripte par noz vicaires dud. lieu, a esté conclud que lad. permission est concédée aud. M Jehan Troulhe, presbtre.

24 mai. — Y a statut faict sur la restitution de ceux qui soubz prétexte d'estudes jouyssent des fruictz de leurs prébendes et vicairies et par après quittent la profession ecclésiastique.

25 mai. — Conclud que noz chappitres généraulx demeurent clodz et finis, et tous et ung chacun les statutz qui ont esté faicts et leuz en chappitres pendant iceulx demeurent loués et approuvés et confirmés.

24 juin. — Sur ce qu'a esté représenté que M. de la Chapelle-Blanche (?) avoit intention de dresser son régiment dans notre bourg de Salaignac par commission du roy, et comme il seroit requis d'en escripre aud. sieur et à M. de St-Germain (1), affin de l'en divertir, veu ce qui s'estoit passé naguières par led. sieur de la Chapelle dans led. bourg, pour empescher plus grande esmotion, a esté conclud que sera escript aux susdits sieurs, tant aud. sieur de la Chappelle

---

(1) M. de St-Germain-Beaupré, gouverneur militaire de la Marche.

que M. de St-Germain, et pour dresser les lettres, que M. le doyen en sera prié.

16 juin. — Veu le scandalle commis tout présentement en notre chappitre par M Jacques Fouilhou, presbtre de la parroisse de Boisseulh, à la mise de noz dixmes, a esté conclud qu'il sera prins et mené prisonnier dans noz prizons par notre grand bedeau.

17 juin. — Commis M. Suduyraud pour aller à Guéret pour la poursuite du procès criminel contre les De Jouhetz (1).

23 juin. — Sur ce qu'a esté représenté que M. le curé d'Objat avoit faict beaucoup de réparations en l'esglise parrochialle dud. lieu, ès quelles nous debvions contribuer pour quelque cottité, et que tout ce qu'il désiroit estoit de luy bailher ung manteau processionnaire, a esté conclud que en considération desd. réparations, qu'il sera envoyé aud. curé ung manteau processionnaire pour servir à l'esglise.

29 juin. — Commis M. Ruaud, chanoyne de notre esglise, pour aller trouver M. de Pompadour à Treignac et luy présenter la lettre que nous luy escripvimes concernant les affaires des habitans de notre terre de Salaignac.

8 juillet. — Commis M. Poylevé l'aisné pour escripre au vicaire perpétuel de la Noailhe pour et aux fins de contraindre les habitans de lad. paroisse à nommer des scindicz pour vacquer à la remise et réparations nécessaires à l'esglise dud. lieu.

2 août. — Sur la représentation faicte au chappitre par M. le grand vicaire de M. de Lymoges de la lettre que le roy a escripte aud. sieur de Lymoges de celebrer une feste pour la canonization des saints Ignace et Savier *(sic)*, et sur la proposition qu'il nous a faicte qu'il seroit à propos d'indire une procession générale à l'exemple de plusieurs célèbres esglises de France, nous requérant sur ce notre avis et consentement, a esté conclud que nous y presterons consentement et que lad. procession se faira dimanche prochain et partira de notre esglise sur les huict heures du matin après la célébration de la grand-messe, et se rendra en l'esglise

(1) Cf. ci-dessus, 23 avril 1612.

des sieurs Pères Jesuistes. Et sur la prière qui nous a esté faicte par lesd. Pères Jesuistes qu'il nous pleust leur concéder rang en notre procession pour ceste foys seullement, a esté aussy conclud que nous consentirons qu'ilz s'y trouvent, pourveu qu'ilz marchent avant tout le clergé, assavoyr les paroisses, les Benedictins et notre corps. Et pour du tout en communicquer aud. sieur grand vicaire, ont esté commis MM. Pabot l'aisné et Maleden.

26 août. — Conclud que notre bayle Laurens ne se dessaisira des fruictz deubz à M Pierre Bardin (?), l'un de noz grandz vicaires, qu'il n'ait aussy remis ung livre de muzicque, appellé *déclamation*, qu'il a prins de notre psallette.

29 août. — Sur ce que nous a faict entendre M. de Lymoges que les dames religieuzes Carmélites de ceste ville désiroient faire procession génerallle pour la canonization de saincte Thérèse et que sur ce nous heussions à luy bailher advis de notre volonté, a esté conclud que à ceste intention il sera bailhé advis aud. sieur de Lymoges que lad. procession sera faicte dimanche prochain.

2 sept. — Commis MM. Poylevé et Suduyraud pour veoyr l'estat des fraix fournis par M. notre juge temporel en la sentence de mort qu'il a prononcée contre André Courty, dict Massut, du village de Luchat, pour raison de l'homicide commis en la personne de Jehan Texier, mareschal dud. lieu.

30 sept. — Conclud qu'il sera escript à noz officiers du Bourg de nous bailher advis de la poursuite qui se faict par devant le juge de Salaignac à la requeste de M. de Traslage, conseilher en ce siège de Lymoges, touchant certaines rentes qu'il prétend luy estre deuhes sur cinq ou six villages de notre terre dud. Salaignac.

Sur ce qu'a esté représenté que M. de Lymoges, au subjet du différend qu'il a avec notre chappitre, pour raison des fruictz qu'il prétend de sa prébende, en veult passer par l'advis du conseilh de Bourdeaulx, a esté conclud que l'on en passera par l'advis dud. conseilh de Bourdeaulx.

7 oct. — Sur la plaincte à nous faicte par M. Limousin. chanoyne, sur ce que dimanche dernier, de plein jour, on luy avoit forcé et rompu son armoyre qu'il a dans l'esglise, prins et emporté certaine somme de deniers qu'il y avoit, par le dol et négligence de notre secrétain qui en doibt avoyr la garde, comme ayant les clefz de l'esglise, a esté commis M° Ruhaud et led. sieur Limousin pour conférer avec le conseilh comme on y doibt proceder à l'encontre dud. secrétain.

18 oct. — Sur ce qu'a esté représenté en chappitre de la part de M. de Lymoges que, suivant le contract faict entre le roy et MM. les agents et depputez du clergé général de France, de l'érection et nouvelle crue de certains officiers aux décimes, aux gaiges ordonnés par Sa Majesté, il estoit expédient au prochain cinode de St-Luc de délibérer à paier et faire les gaiges aux officiers ou se rezouldre au rachapt et rembourcement desd. offices, a esté concludqu'il sera représenté aud. sieur de Lymoges en assemblée générale qu'il est plus à propos de paier ung chacun an les gaiges ausd. officiers ja ordonnés que de faire le rachapt et rembourcement, attendu l'inconvénient et nécessité en laquelle l'esglise est à present. Et en cas que lad. assemblée passe au rembourcement, protestent n'y consentir et prendre acte de déclaration. Et à ces fins, pour se trouver en lad. assemblée ont esté commis MM. le chantre et Pabot l'aisné.

Sur ce qu'a esté représenté en chappitre que, attendu le petit nombre qu'il y a de depputés du clergé et de l'absence qui se faict d'aulcung d'iceulx lorsqu'il convient de traicter et délibérer des affaires dud. clergé, qu'il serait à propos d'en nommer aulcungs pour augmenter le nombre, a esté conclud qu'il sera remonstré à M. de Lymoges qu'il ne se peut faire aulcune augmentation de depputés et qu'on ne peut contrevenir aux règlements ja ordonnés.

17 nov. — Veu l'excès qui s'est commis par une filhe du village du Chazaud, deppendant de la justice et gros de Mons. Limouzin comme chanoyne de notre esglise, et suivant la procédure criminelle faicte par noz juge et officiers, qui en ont prononcé sentence de mort contre icelle et [mis] à la question son complice, et attendu qu'il s'agist à présent, sur l'appel interjecté de lad. sentence, mener lesd. criminels en la cour de parlement de Bourdeaulx.... a esté conclud que led. sieur Limouzin sera sommé de fournir et contribuer aux frais requis et nécessaires pour faire la conduicte et vuyder lad. appellation.....

24 nov. — Sur la requeste faicte par MM. les Pères Jésuistes de ceste ville à ce qu'il nous pleust leur vouloyr prester ung ou deux enfens de notre psallette pour chanter en leur esglise, de demain en huict jours, a esté conclud que la requeste leur est accordée pour ceste fois.

24 déc. — Conclud que Mᵉ Jehan Daury, greffier de la jurisdiction temporelle de notre chappitre, demeure deschargé de la procédure criminelle faicte sur la torture et exécution de mort de feu Jehan Baguette, laquelle il nous a délivrée ce jourd'hui pour estre envoyée en la cour de parlement de Bourdeaulx.

29 déc. — Sur ce qu'a esté proposé que MM. les abbé et religieux de l'abbaye de St-Augustin vendoyent tous les tombeaux estans dans les cloistres et chappitres de lad. esglise, tant des evesques que des chanoynes, qui avoyent esté sépulturés en icelle, pour iceulx convertir en autre usage, a esté conclud qu'il sera conféré à M. de Lymoges, et à cet effect seront commis MM. lez chantres et Decordes.

Conclud qu'il sera alloué à notre thrésorier 10 sols qui ont été balhés aux gagiers de la ville pour avoir tenu les portes de la ville ouvertes lez soirs de Noël et le lendemain.

1623. *5 janv.* — Conclud qu'il sera alloué à notre thrésorier 3 ll. 10 sols qu'ont esté bailhés à Mᵉ Faudoy, sergent royal, pour le prix, salaires et journées exposées à la capture et exécution à mort de feuc Jehanne Baguette, suivant la quittance qu'il en a balhée.

Conclud qu'il sera alloué à notre thrésorier 16 sols qu'ont esté fornis pour certains cordages qu'il a fallu achapter pour faire bailher la question et torture à feue Jehanne Baguette.

7 janv. — Sur ce qu'a esté rapporté que Mᵉ Pierre Gaultier, habitant de notre terre de Vinioulx, commettait de grands désordres en notre terre par le moyen de la gensdarmerie qu'il allait rechercher pour faire venir loger dans notre terre, et aussy qu'il usurpait du plassage au-devant de notre maison noble, a esté concludu que..... noz officiers en dresseront des procès et informations et que pour lad. usurpation il sera poursuivi en justice.

13 janv. — Conclud qu'il sera emprunté pour ung an ou davantage de M. Me Pierre Dalesme, advocat au parlement de Bourdeaux, soubz le nom de notre chappitre, la somme de 1,000 ll. pour icelle estre emploiée et bailhée à M. du Chambon sur et en production de la somme de 7,000 ll. qu'il doit prendre de notre chappitre, comme luy ayant esté constituée en dot et mariage et à dame Ysabeau de Bonneval son espouze par le sieur de Bonneval, et en laquelle nous restons à paier pour l'entier prix du rachapt de la terre de Salaignac.

. . . .

Conclud que notre thrésorier paiera à MM. les Pères Jésuites la somme de 300 ll. que leur debvons pour leur prebande preceptorialle du terme de la St-Jehan dernière.

Conclud que noz officiers de notre terre et seigneurie du bourg de Salaignac tiendront doresnavant les assises, foires et marchés en notre dit bourg de Salaignac.

Conclud qu'il sera alloué à notre trésorier 3 ll. qu'il a donnés à M. Lascure pour avoir célébré la grande ebdomade, la semaine passée (1).

Conclud qu'il sera alloué à notre thrésorier 30 sols qu'ont esté donnés à M. Bertrand pour avoir célébré l'ebdomade de Langeat, la sepmaine passée (2).

27 janv. — Sur la proposition verballement faicte en notre chappitre de la part de M. Malledent, curé de Nexon, concernant qu'il y a plusieurs personnages qui nous retiennent dans lad. paroisse de Nexon le droit de dixme, en quoy tant notre chappitre que led. sieur Malledent sont grandement intéressés, a esté conclud qu'on se pourverra (*sic*) par voie de justice contre iceux personnages.

(1 et 2) Ces deux mentions reviennent régulièrement à peu près chaque semaine, *mutatis mutandis*.

10 fév. — Commis M. de Suduyraud, chanoine de notre esglise, pour s'acheminer en la ville de Bourdeaux et illec estant continuer la poursuite de tous procès que nous y avons pendantz en la court de parlement aud. Bordeaux.

3 mars. — Commis MM. Poylevé l'aisné et Dumas (?) pour parler à M. de Lymoges touchant ce qu'il doit contribuer à la charge du bastiment de l'esglise.

16 mars. — Sur ce qu'a esté représenté par M. le procureur d'office de notre chappitre que M. l'evesque de Lymoges a préjudicié aux exemptions et privileges de notre esglise, ayant faict appréhender et retenir dans ses prisons M° Pierre Barrier, l'un de nos quatorze grands vicaires, actuellement desservant en notre esglise, a esté concluld que led. sieur procureur se transportera par devers la personne dud. sieur evesque pour vindicquer led. Barrier et protester contre lui de toute nullité de procédure.. . . . .

21 mars. — Concluld qu'il sera escript à Laurent (?), lieutenant en notre terre de Salaignac, de nous envoyer la procédure criminelle faicte sur certain meurtre commis dans notre dite terre.

Commis M. Poylevé l'aisné pour aller faire la visite ez esglises de St-Pierre et St-Légier-la-Montagne.

23 mars. — Commis M. Peyroche pour parler à M. le prédicateur de la ville et lui faire entendre comme le sermon qui se doibt dire par luy en notre esglise, le lundy de Pasques, se dira à l'après-disner.

30 mars. — Sur la sommation à nous faicte par M° Michel Fricquet, praticien de Limoges, en qualité de procureur de M° Michel Tubeuf, maitre ès ars en l'université de Paris, clerc nommé et tenant l'indult de feu M. M° Nicolas du Passe, sieur de Saint-Yllaire, conseiller du roy et maitre des requestes ordinaires de son hostel, demeurant à Paris, fondé de procuration dud. Tubeuf..... à ce qu'heussions à pourvoir led. Tubeuf du premier beneffice vacant ou qui vacquera..... deppendant de la collation ou présentation de notre chappitre..... a esté concluld qu'il sera faict response aud. acte de sommation que led. sieur Tubeuf ait à se pourvoir par devers le chanoyne ebdomadier estant en rang de conférer les bénéffices de lad. esglise et qu'il n'a raison de s'addresser au chappitre qui n'en a aulcunement la provision.....

30 mars. — S'est présenté M. Peyroche, chanoyne, qui nous a remonstré qu'il était allé par devers M. l'evesque de Lymoges pour le prier de lui bailher en ces prochains ordres l'ordre de presbtrise; lequel lui avoit faict dire par MM. Boyol, son official, et Taloys, chanoynes de notre esglise, qu'il pouvoit bien sçavoir sa volonté dès ce jour d'hier et qu'il ne les lui bailheroit pas. A ce subject ayant unanimement oppiné, avons commis MM. Descordes et Limousin pour aller de la part de notre chappitre prier led. sieur esvesque de vouloyr bailher l'ordre de presbtrise aud. sieur Peyroche, notre coafraire, attendu le petit nombre de presbtres que nous avons pour célébrer les hebdomades de notre esglise. Et que s'il faict reffus il sera sommé et qu'il en sera prins acte par devant notère.....

6 avril. — Sur ce qu'a esté représenté par Mᵉ Jehan Pailher, presbtre, vicaire perpétuel de l'esglise parrochiale de Séreilhac, qu'il ne pouvoit résider aud. lieu de Séreilhac pour faire la fonction et desservir sa paroisse, pour la trop grande violence que (*sic*) veult user en son endroict le sieur de Rochefort (1), et qu'il nous pleust à cause de ce vouloyr concéder lettres *de regendo* à Mᵉ Estienne Sargent, presbtre desservant en lad. paroisse, pour ung an, pour servir de vicaire et administrer les saintz sacrements aux parrochiens en son absence, a été conclud que led. Sargent sera continué à desservir lad. paroisse pour un an du consentement dud. Pailher, et que lettres *de regendo* lui seront expédiées.

Conclud qu'il sera alloué à notre thrésorier [la somme de] 32 ll. qu'il a mise ès mains de MM. Taloys et Decordes, pour la bailher et délivrer par charité au père prédicateur des Cordeliers, de la part de notre chappitre.

Sur la lecture faicte du procès-verbal des visites faictes par M. Poylevé l'aisné, comme commis de notre chappitre, des esglises de St-Pierre, St-Légier-la-Montagne, Razès et St-

---

(1) Messire de Rochefort était protestant, comme on sait d'autre source.

Michel-Laurière, et [sur le] rapport des abuz et malversations que (sic) uzent les curés et vicaires perpétuels d'icelles, a esté conclud que Volondat, curé de St-Michel, sera sommé d'aller résider en sa cure, et autrement qu'il y sera pourveu.

Conclud qu'il sera alloué à notre thrésorier 40 sols payés pour la prebende portée à M. de Chamberet, gouverneur de cette province.

Conclud que MM. le chantre et Lascure, comme commis de notre chappitre, s'opposeront à la lecture qu'on prétend faire de certaine bulle obtenue par M. de Lymoges du Saint-Siège comme estant obtenue sans notre consentement et dommageable et préjudiciable à notre intérest particulier. Et en cas que led. sieur evesque voulut passer oultre, protesteront de se pourvoyr comme ils verront estre afferent.

9 mai. — Sur le rapport faict par M° Poylevé, chanoine commis, faisant la visite à l'esglise de St-Michel-Laurière, il auroit trouvé une chappelle qu'on dit appartenir au sieur des Voiries, qui s'en va par terre et qui causera grand ruine à l'esglise, attendu que led. sieur des Voiries est de la religion prétendue réformée, a esté conclud qu'il sera sommé de la faire réparer et remettre, autrement qu'il y sera pourvu comme il appartiendra.

Lesd. sieurs [chanoines] ont procédé à la nomination des offices de leur esglise, comme s'ensuit :

Auditeurs des causes dud. chappitre : MM. Guybert et Taloys; — official du chappitre : M. M° Pierre Poylevé; — procureur d'office : M. M° Jehan Decordes; — maîtres des bastimes de l'esglise : MM. Guybert et Peyroche; — serviteur.....: — garde des joyaux.....; — punctueurs.....; — garde des clefs du trésor.....; — garde de sceau.....; — maitre du luminaire.....; — solliciteurs.....;

Conclud qu'il sera escript à M. Bandel, notre confraire estant de present à Paris, aux fins de s'informer des coustumes et usages qu'on procède aux scinodes de l'evesché et nous en retirer ung règlement par escript.

10 mai. — Conclud qu'il sera alloué à notre thrésorier 32 sols qu'il a fournis pour la prebende portée à M. l'évesque de Poictiers.

15 mai. — Conclud qu'il sera concédé procuration à MM. Taloys, Decordes et Suduyraud, chanoines de notre esglise, ou à deux d'iceulx en l'absence du tiers, pour traicter à l'amiable et par advis du conseil de Bourdeaulx, du différend que nous avons avec M. de Limoges, pour raison des fruictz et revenus de sa chanoynie et prebende unie à son evesché; et ce, suivant le compromis passé entre nous, le XIII° des présents moys et an.

27 mai. — Sur ce qu'a esté représenté en chappitre, que par reiglement faict en l'année 1606 il est arresté que les depputés du clergé de ce diocèze seront changés de troys en troys ans et que la nomination de deux de notre esglise se fairoit aux chappitres généraulx, a esté conclud que M. le doyen de notre esglise sera prié de faire assigner chappitre *ostiatim*, à mardy prochain, aux fins d'estre pourveu à la nomination desd. depputés, attendu que les troys ans de la nomination dernière sont finis et espirés.

29 mai. — Conclud que M° Guilhaume Varacher, maistre des enfens de notre psallette, est congédié de notre service pour certaines considérations; et conclud que M° Jehan Guez, l'un de noz grandz vicaires, sera mis dans lad. mestrise pour tenir sa place jusques à ce que nous ayons trouvé aultre maistre.

30 mai. — Veu la requeste présentée par les chanoynes réguliers de l'abbaye de Bénévent, inhibitions et deffenses sont faictes aux aubois *(sic)* d'exiger et lever contre le gré de ceux qui se présentent à l'offerte ou à la communion aulcungs droitz.

Conclud que l'on faira, ce soyr et demain matin, l'anniversaire à l'intention de feu M. Guyon (?), vivant chanoyne théologal de notre esglise.

2 juin. — Conclud qu'il sera concédé lettres de dimissoire de notre part à M. Peyroche, pour aller prendre l'ordre de presbtrise, ainsi qu'il a requis, par devers Mr l'evesque de Tulle.

13 juin. — Conclud qu'il sera alloué à notre thrésorier cinq sols dix deniers bailhés entre sept pauvres estrangers passans pour aulmosne.

1 juillet. — Conclud qu'il sera alloué à notre thrésorier 40 sols qu'il a bailhés à Beneyton, bouchier, pour de la chair prise pour la nourriture des enfans de cueur pendant quatre jours qu'ils ont demeuré sans maistre.

7 juillet. — Conclud qu'il sera alloué à notre thrésorier 16 sols qu'ont esté bailhés aux religieuses de Ste-Claire d'Aygueparse pour aulmosne.

4 août. — Conclud qu'il sera alloué à notre thrésorier 16 ll. 10 sols qu'ont esté employés en l'achapt d'une barique de vin bailhée aux Pères Recollés de ceste ville.

5 août. — Commis M. Peyroche pour se transporter à Bourdeaulx pour, avec M. de Suduyraud, chanoyne y estant de présent, sortir du différend que nous avons avec M. de Limoges concernant les fruictz qu'il prétend de sa prébende unie à son evesché, par la voye du Conseilh, suivant le compromis que nous en avons ce jourd'huy passé; ausquels sera bailhée procuration expresse pour cest effect.

11 août. — Commis M. Detèves (?) pour retirer des héritiers de M. l'official Boyol le drapt d'or qui est entre leurs mains, appartenant à notre esglise.

Conclud que Mᵉ Estienne Choussidou (?) est receu pour soubzdiacre en notre esglise pour ung moys aux gaiges de 100 ll. par an.

Commis MM. Poylevé l'aisné et Pabot le jeune, pour faire poursuitte de la pention et arrérages qui sont deubz d'icelle, à cause de la cure de St-Laurens.

Conclud que M. Bandel sera prié d'assister à la réformation des bréviaires et prendre de noz grandz vicaires à ce subject tels qu'il les jugera capables.

18 août. — Conclud que notre thrésorier payera à M. Poylevé l'aisné la somme de 22 ll. de fraix faicts pour estre allé à Boysseilh empescher que les commissaires du roy n'usurpassent, en faisant faire des arpentemens sur les lieux, le fondz de notre esglise.

26 août. — Conclud que M. Boyol sera sommé de la part de notre chappitre de nous remettre le drapt d'or qu'a esté bailhé à l'esglise par feu M. le doyen Boyol, pour faire une chappe.

Conclud qu'il sera alloué à notre thrésorier 10 sols 8 deniers qu'il a fournis pour l'achapt d'ung cornet et escriptoyre pour les enfens de notre psallette.

1 sept. — Conclud qu'il sera escript à noz officiers de Vinioulx de nous envoyer au vray ung procès-verbal de l'estat auquel est une pauvre fille qu'on dict être possédée, et de ce qui luy est advenu despuis que les Pères Recollés l'ont exortée.

7 sept. — Conclud qu'il sera alloué à notre thrésorier 5 solz qu'ont esté bailhés à ung passant de Naples.

. . . . (1)

1673. *7 janv.* — Conclu que notre thrésorier payera à M. Bandel, chanoine, 43 sols, sçavoir 30 sols pour l'hebdomade de Langeac; 5 sols pour la messe de feu M. Deloménye, évesque de Marseille, et 8 sols pour celle de feu M. Guillaume de Verthamond, chantre.

Conclu que l'estat et office de juge senéchal de nos terres et juridiction du bourg de Salaignac est donné et octroyé à M" Jean Nonique, advocat en parlement, pour exercer led. office pendant sa vie aux honneurs, droictz, prérogatives et préeminences attribués à icelluy et à la charge par led. Nonique de résider actuellement au bourg de Salaignac pour l'exercice dud. office et de prester le serment en tel cas requis par devant nous, et auquel il sera expédié lettres en forme par nostre scribe, signées de M. notre doyen.

3 fév. — Entrera demain à l'heure de midy en l'aigle Messire François Delafayette, évesque, *ut canonicus*.

10 fév. — Conclu qu'aux diligences de MM. nos sollicteurs les refusans d'aller moudre à nos moulins bannarets du Bourg seront assignés pardevant Messieurs tenant le siège sénéchal de Lymoges, et pour ce on faira imprimer les assignations.

23 mars. — Sur la demande à nous faicte par M. Romanet, chanoine, de luy vouloir accorder sa présence pour s'en aller au séminaire de cette ville pour se préparer pour rece-

---

(1) Il y a une lacune dans la collection des registres capitulaires, de 1624 à 1672. — Cf. le *Bull. de la Soc. arch. du Limousin*, II, 147-164.

voir les ordres sacrés, a esté conclu que la présence est accordée au dit sieur Romanet, chanoine, sauf des distributions manuelles, desquelles il ne pourra jouir s'il n'est présent.

14 avril. — Conclu que nostre thrésorier payera à nos chantres la somme de 40 sols, pour avoir chanté les passions, la semaine sainte.

28 avril. — Sur ce que M⁰ Nadalet, l'un de nos vicaires, nous a requis de l'admettre au service du chœur de notre église, et après que nous l'avons entendu chanter en notre chapitre, a esté conclu que nous avons remis à icelluy recevoir jusques à la feste de Notre-Dame d'aoust, pendant lequel temps il se perfectionnera au plein chant.

Sera alloué à notre thrésorier 15 sols qu'il a baillés à des religieuses de Sainte-Claire de Moulins.

5 mai. — Acte de ce que nous avons faict ce jourd'huy l'ouverture de nos chapitres généraux et de ce que Messieurs les chanoines estans au présent chapitre ont faict leur confession et réconciliation, suivant la coustume et l'usage de nostre esglise, et conclu que MM. les chanoines absents et capitulans ne pourrons opiner qu'ils n'ayent fait leur confession.

Sur ce que nous avons remarqué que MM. les chanoines et vicaires auxquels nous donnons leur présence pour estudier en théologie, viennent, les jours de leur classe, pour gaigner leur distributions manuelles, ce qui est une perte de temps considérable, pour ce nous avons conclu qu'ils ne jouiront d'aucune distribution les jours qu'il y aura classe; le pourront toutefois les jours de vaccance.

17 mai. — Sur la lecture qui vient présentement d'estre faicte de l'acte concernant la cérémonie qui a esté gardée lors de la translation de l'ymage de Notre-Dame en la chapelle de Sainte-Magdelaine..... et attendu que dans la petite chapelle qui est au dehors appellée de Sainte-Radegonde, il y a quelque fondation de commission de messes en tiltre de bénéfice et que lad. chapelle doit estre destruicte, a été conclu que le service sera transféré à l'autel de la chapelle où la susd. image de Notre-Dame des Miracles, vulgairement de

Bonne délivrance, a esté placée au hault du retable. Et attendu aussy que la chapelle où lad. image a esté transférée s'appelloit de Sainte-Magdeleine, [a été conclu] pour mémoire de ce qu'on placera d'un costé du restable l'image de sainte Magdelaine et de l'autre celle de sainte Radegonde, ainsy que le tout a esté préparé.

23 mai. — Conclu qu'il sera faict une calotte pour le chef de saint Celse, à laquelle on mettra un nouveau taffetas, et aussi pour les reliques de sainte Valérie, et conclu que l'antienne calotte et tafetas seront portés en nostre chapitre pour estre partagés entre nous.

Conclu qu'il sera faict procès-verbal de l'estat du chef de saint Celse et des reliques de sainte Valérie et de leurs ornements.

Commis MM. Poylevé et Peyroche, chanoines, pour prendre soing de la chappelle de Notre-Dame des Miracles, vulgairement de Bonne délivrance.

31 mai. — Sur ce que nous avons veu qu'il y a grande dévotion à l'image de Nostre-Dame des Miracles, communément appellée Nostre-Dame de Bonne délivrance, qui a esté transférée ces jours derniers dans la chapelle de Saincte-Magdelaine de nostre esglise, nous avons jugé expédient, pour augmenter l'honneur de la très glorieuse mère de Dieu, de faire dire dans lad. chapelle les littanies en son honneur.... tous les jours à sept heures du soir, despuis la feste de Pasques jusques à la Saint-Michel ; et depuis la Saint-Michel jusques à Pasques les litanies ne seront dictes que les dimanches, festes et samedis, immédiatement après complies.

9 juin. — Acte de ce que M⁰ Jean-Baptiste Romanet, chanoine de notre église, nous a représenté attestation d'estudes en théologie aux Pères Jacobins de cette ville, en date de ce 1 juin, signée *Jacobus Casimirus Guérinois, sacræ theologiæ professor*. A ces fins nous a requis de le vouloir admettre au service du chœur de notre esglise.....

16 juin. — Conclu qu'il sera dressé procuration à M. Dalesme, chanoine, estant à Paris, aux fins de nommer arbitre de notre part, pour soubmettre à sa décision le différend qui est entre nous et M. l'official pour certaines préséances et droictz honnorifiques qu'il prétend en notre église en qualité d'archidiacre.

14 juillet. — Sur la lettre du roy escripte à M. nostre évesque et par luy à nous communiquée, tendant à ce qu'il fut chanté en nostre esglise le *Te Deum* pour rendre grâce à Dieu de la prise de Mastrik (sic), a esté conclu que, suivant le désir de Sa Majesté, il sera chanté dimanche prochain un *Te Deum*.....

28 juillet. — Acte de ce que M. Meynard, chanoine de nostre esglise, nous a représenté une attestation d'estudes en philosophie de ce jourd'huy, signée *Hugo Merland*, estant la dernière année de son cours de philosophie. Et en conséquence de ce nous a requis de le vouloir admettre au service du chœur de nostre église.....

18 août. — Conclu qu'il sera alloué à notre thrésorier 15 sols qu'il a donnés à des religieuses de Ste-Claire du Puy d'Auvergne.

1 sept. — Sur ce que M. Pierre Segond, l'un de nos grands vicaires et curé de la parroisse de St-Jean dépendante de notre esglise, nous a remonstré qu'en lad. qualité de curé il a toujours accoustumé de faire l'officiant, le jour qu'on célèbre la frérie de Notre-Dame de Bonne délivrance, néanmoins au préjudice de son droict, M. Guillaume Senamaud, l'un des grands vicaires de notre dicte esglise, le voulust troubler aux vespres de lad. frérie de Notre-Dame. C'est de quoy il nous donne sa plainte et requiert sur icelle luy estre faicte justice. Nous avons baillé acte de la plainte rendue par led. sieur Segond, et avant y faire droict a esté conclu que led. sieur Senamaud sera appellé en nostre chappitre pour, les raisons ouyes de part et d'autre, estre faict tel règlement qu'il appartiendra.

15 sept. — Conclu qu'il sera envoyé procuration à..... pour retirer le sac des pièces touchant le procès que nous avons au parlement de Bourdeaux contre M. Mailhard, official, pour raison de l'archidiaconé.

6 oct. — Sur ce que M. Boutineau, chanoine et promoteur, nous a dict qu'il se trouve quelques-uns des habituez qui ne portent point de couronne(1) ni de soutane longue, quoyqu'ils y soyent obligés tant par les remonstrances qui leur en ont esté faictes que par la décence que demande l'estat d'un ecclésiastique, c'est pourquoy il nous requiert qu'il leur soit enjoint de porter la couronne et d'aller en soutane longue, aux peynes que nous jugerons; a esté conclu, etc....

20 oct. — Conclu qu'il sera escript à M. Dalesme, chanoine, qu'il est prié de se retirer de Paris, et à son départ laisser la procuration que nous avions envoyée pour recevoir de l'argent de M. de Forcade (2), receveur des consignations, ez mains de M. Delauze, banquier, et de mettre en estat nos affaires et les recommander à nos procureurs. Et attendu que notre scribe est à la campagne, M. le chantre est prié de signer la lettre.

27 oct. — Acte de ce que nous avons faict mettre dans nostre thrésor les pièces du procès que nous avions à Guéret contre le sieur Monthioux, vicaire du Monteil.

. . . . (2)

1688. *27 août.* — Conclu que sur la lettre circulaire à nous escripte par vénérables MM. les chanoines de l'église métropolitaine de Tours touchant l'usage de notre église, en ce qui concerne sy M. notre doyen a accoustumé de porter de soutane rouge dans notre église, à ces fins leur sera envoyé un acte qui sera signé de M. notre chantre et de notre scribe, par lequel leur sera déclaré que notre usage est que jamais notre doyen ny autre dignité *(sic)* de notre église n'a accoustumé porter dans notre dite église aucun habit ny soutane rouge, ny dans aucune cérémonie qui se fasse, telle qu'elle soit.

3 sept. — Conclu que la charge de geolier des prisons de nos juridictions du Bourg et de Salaignac est continuée à Annet Butaud, et qu'à l'advenir il luy sera baillé de gaiges 4 setiers seigle à prendre sur notre bayle du Bourg.....

17 sept. — Commis MM. Romanet et Ardant, chanoines, pour se porter à Sereilhac pour vendre du blé et l'argent en

---

(1) C'est-à-dire de tonsure.
(2) Nouvelle lacune, de 1674 à 1687, dans la collection des registres.

provenant estre converty au payement de ce qui sera deub au sieur vicaire perpétuel du lieu.

1 oct. — Commis M. le doyen et sept de Messieurs les anciens pour rendre visite à MM de la Chambre royale (1).

Conclu que l'on commencera à chanter l'*Exaudiat* dimanche prochain pour prier Dieu pour la prospérité des armes de Sa Majesté.

15 oct. — Sur ce qui a esté mis en délibération que M. Gadault, chanoine de notre église, a esté duement remply du droict qu'il avoit du joyeux advènement à la couronne, et néanmoins il se cache de se servir dud. droict, sur quoy a esté conclu qu'à la diligence de MM. Bonyn et Romanet, chanoines, que nous avons députés, il sera présenté requeste à nos seigneurs de la Chambre suprême (2) pour y bailler le règlement qu'il appartiendra.

22 oct. — Conclu que Doyneys, nostre baille, baillera par charité à la menette qui amasse pour les pauvres une esmine froment de celluy destiné pour l'aumosne, qui sera allouée aud. bayle.

Commis MM. Manent et Romanet, chanoines de nostre église, pour faire dresser une requeste par l'advis de nostre conseil sur l'uzurpation que les seigneurs de Sauveboeuf et Neufvilars et le feu sieur Sivergnat font des dixmes qu'ils possèdent dans la paroisse de St-Bonnet-la-Rivière, et ensuite icelle présenter à MM. de la Chambre suprême qui est présentement séante en cette ville.....

Commis MM. Verthamond et Maledant, chanoines de nostre église, pour faire les honneurs funèbres de feu M. Martial Bonin, chanoine de nostre église.

24 oct. — Conclu qu'il sera faict acte par devant notaire de ce que M. Anthoine de Douhet, curé de la parroisse de St-Domnolet, par une voye de faict et au mépris des actes qui ont esté faicts, s'est ingéré à se mettre dans les chaires

---

(1) Il s'agit ici comme plus loin de la chambre des grands jours tenus à Limoges en 1683, sur lesquels on possède si peu de renseignements. Cf. le *Bull. de la Soc. arch. du Limousin*, XXXIX, p. 663.

(2) Ce terme, qui se retrouve plus explicite dans la délibération suivante, désigne la chambre des grands jours.

du chœur de nostre église et a assisté auxd. vespres en qualité de chanoine, quoyque nous l'ayons fait advertir de s'en retirer, l'ayant souffert affin d'esviter le scandalle, veu que nos seigneurs de la Chambre suprême étaient plassés dans led. chœur aussy bien que M. nostre évesque. A quoy il luy sera déclaré que nous nous opposons à lad. entreprise. Et où il s'y voudrait plasser à l'advenir ou assister aux autres offices, [conclu] qu'on l'en fera retirer jusques à ce qu'autrement par justice il en soit ordonné.

25 oct. — Sur ce qui a esté dict par M. nostre doyen qu'à la sortie de nostre chapitre ayant rencontré dans la place M. Anthoine de Douhet, curé de St-Domnolet, auquel ayant faict reproche du proceddé à scandalle qu'il fit le jour d'hier, et que nous avons nommé à la chanoinie vacante de feu M. Bonin, M. Gadault, affin de le remplir de son droict de joyeux advénement à la couronne; lequel luy avoit tesmoigné nonobstant ce qu'il assisteroit ce matin à la grand-messe, et en effet qu'estant revestu de son surpelis, ayant une aumusse sur le bras, seroit entré dans le chœur et se seroit allé plasser dans une des chaires, ce qui nous auroit baillé de nous retirer dud. chœur et de faire cesser l'office qui estoit desja commencé, et voyant son opignatreté, nous serions esté obligés de prier M. Romanet, chanoine hebdomadier, d'aller dire sa messe basse dans une des chappelles au lieu de la grande, au grand scandalle de plusieurs personnes qui estoyent dans nostre église; pour raison de quoy il en sera faict acte par devant notaire et icelluy inthimé aud. sieur de Douhet; et sur ces violances, voyes de faict et entreprises scandaleuses, cessation de l'office divin, il y sera pourveu à la diligence de MM. nos sollicteurs.

12 nov. — Commis M.... chanoine de notre église, pour faire acte d'opposition à l'ordonnance décernée par nostre juge de la Noailhe, portant permission de faire saisir nostre revenu jusqu'à la concurence de 120 ll. pour faire faire une effigie, attendu que lad. somme est excessive.

Conclu que M. Jean Doyneys fournira aux frais nécessaires pour faire faire les effigies de deux personnes qui ont esté condamnées à mort dans nostre juridiction.

Acte de ce qu'il nous a esté représenté de la part de Mgr notre evesque la lettre qui luy a esté escripte par Sa Majesté de la prise qu'a faict Mgr le Dauphin de la ville de Philisbourg..... Vormes. Openhein...... et Bacarat et [de ce qu'il a] porté le commandant de Mayence à [le] recevoir dans la ville et citadelle. [La dite lettre] dattée à Fontainebleau, le 3e novembre, signée *Louis* et plus bas *Colbert*. Et assigné à dimanche prochain après vespres pour chanter le *Te Deum*.

19 nov. — Conclu que M. Jean Doyneys demeure deschargé de l'assignation que nous a faict donner le sieur Bailhat, vicaire perpétuel de St-Maurice-les-Brousses, par devant MM. de la Chambre souveraine, touchant l'abandon qu'il a faict de son revenu, le 16e du présent mois.

4 déc. — Conclu que M. Jean Doyneys bailhera par charité à un gentilhomme d'Angleterre 15 sols.

Commis MM. les doyens Roux, Boutineau et Maledan de Laborie pour rendre visite à MM. de la Chambre souveraine sur leur despart.

11 déc. — Conclu qu'il sera donné au nommé Paysson, cy-devant régent au collège de Couserans, 7 sols par charité.

1689. *7 janv.* — Conclu que l'afferme du passage du bois sur notre escluze du pont St-Estienne sera proclamée dimanche prochain pour estre délivrée à vendredy aussy prochain.

14 janv. — Conclu qu'il sera faict un présent à M. Debord, advocat du roy, suivant qu'il sera advisé par M. Boutineau, chanoine.

28 janv. — Conclu qu'il sera faict compte avec les RR. PP. Jésuites de ce que nous leur pouvons devoir, et du montant il leur sera bailhé lettre de change sur nos fermiers de Vaussay.

19 fév. — Acte de la démission pure et simple faicte entre nos mains par le sieur Nonique, de l'office de juge de nos jurisdictions du Bourg et de Salaignac, en conséquence d'arrest de nos seigneurs de la Cour souveraine......

29 avril. — Commis MM. Descoustures et Roux pour faire

vente à sieur Jean Romanet de 140 arbres chesne de notre forest de Peisac moyennant 281 ll. 5 sols.

30 avril. — Conclu qu'en conséquence de l'arrest de la Chambre souveraine de la réformation de la justice, portant que l'office de procureur fiscal de Salaignac, que tenoit M⁰ François Freyssinau, demeure vacant, nous avons nommé aud. office M. Jean P..... lequel a presté le serment au cas requis.

5 mai. — Jour de l'ouverture des chapitres généraux.....

12 mai. — Commis MM. Roux et Desvignes, chanoines, pour assister à l'installation de M. de St-Aulaire en la charge de lieutenant du roy en hault et bas Limousin.

20 mai. — Commis MM. les garde-clefs du thrésor pour faire vidimer nos pièces, pour servir au procès que nous avons contre Mgr nostre evesque, suivant l'assignation qui a esté donnée à son procureur au Parlement de Paris.

27 mai. — Acte de ce que nos chapitres généraux demeurent clos et fermés et nos statuts confirmés.

16 juin. — Conclu qu'il sera donné au R. P. Dominique des RR. PP. Prescheurs de cette ville quatre louis d'or de présent, dont Mgr l'evesque fournira la moitié et notre chapitre l'autre, pour avoir accomodé et nettoyé nostre orgue et joué divers jours et festes.

29 juillet. — Conclu qu'attendu que le sieur Guilhot, qui desservoit notre paroisse du Bourg en qualité de vicaire auxiliaire, s'est retiré comme luy ayant esté donné un bénéfice-cure, et présentement n'ayant trouvé aucun autre vicaire auxiliaire, et afin que nostre paroisse continue à estre desservie, a esté conclu que le sieur Barrejes, vicaire perpétuel, et le sieur Jupile, vicaire auxiliaire, sont priés d'avoir quelque presbtre ou religieux pour leur ayder à desservir lad. paroisse jusques à ce qu'on aura trouvé quelque autre presbtre pour desservir en lad. qualité d'auxiliaire. Et pour raison de ce, nous leur baillerons la somme de 100 ll. chaque année, payable à proportion et de terme en terme, sans néanmoins tirer à conséquence à l'advenir.

5 août. — Sur la demande qui nous a esté faicte par le sieur de Lagarnerie, l'un de nos fermiers de Vignol, de luy vouloir faire quelque grâce sur le prix de son afferme de la présente année, attendu le domage que la gresle luy a causé, sur ce meure délibération prise, et attendu le contract de lad. afferme qui estoit de cinq ans et qu'ils [les chanoines] ont renoncé par icelle aux cas fortuits, a esté conclu qu'il ne luy sera faict aucun rabais sur le prix de lad. afferme.

9 août. — Sur la plainte qui nous a esté présentement faicte par M. Boutineau, chanoine, qu'ayant entendu quelque bruit dans nostre psallette, ces jours passés, et en ayant voulu faire reproche au sieur Lagrange, maistre de psallette, lequel au lieu de prendre cella en bonne part, luy auroit dict plusieurs injures, mesmes levé sur luy le baston ou cane qu'il avoit en main; sur quoy meure délibération prise, a esté conclu que led. Lagrange est congédié.

27 août. — Conclu que nous donnons l'office de juge de notre jurisdiction de St-Maurcil à M⁰ Guillaume de Lanouailhe, advocat, fils de M⁰ Antoine de Lanouailhe, docteur en médecine de la ville de St-Léonard; et l'office de lieutenant à M⁰ Jean Magis, advocat, juge du Pont de Noblac, pour les exercer pendant le temps qu'il nous plaira à l'esgard dud. office de lieutenant.

14 oct. — Conclu que nous nous assemblerons touttes les semaines, les jours de lundy, despuis une heure après midy jusques à vespres..

Conclu que nous fairons des prières et processions pour avoir du beau temps pour pouvoir lever les grains et faire les semailles, à commencer demain.

28 oct. — Sur la contestation qui s'estoit formée entre les sieurs vicaires de nostre église, qui ne sont pas presbtres, et les sieurs Pradelas et Malignaud, aussy vicaires et presbtres, pour le pas à l'offrande que nous faisons à la grand messe, et afin d'éviter le scandale qui pouvoit arriver, a esté conclu que lesd. sieurs Pradelas et Malignaud, en qualité de presbtres, iront à l'offrande avant les autres vicaires qui ne sont pas presbtres, en ce que néanmoins lesd. sieurs Pradelas et Malignaud tiendront leurs places au chœur de notre église dans leurs dernières chaires, ainsy qu'il a esté accoustumé faire.

29 nov. — Sur la prière à nous faicte par M⁰ Fougeres. l'un de nos grands vicaires et curé de St-Jean, de luy accorder sa présence pour aller prendre des ordres sacrés, a esté conclu que la présence luy en sera accordée.....

1690. *7 janv.* — Conclu que nous persistons en l'appel que nous avons interjetté de la sentence de la chambre ecclésiastique en faveur du sieur Hemard, receveur des décimes.

27 janv. — Conclu que nous fairons un acte et déclaration des biens que nous avons acquis de Sa Majesté touchant les droictz de nouveaux acquets et amortissemens.

3 fév. — Sur la demande à nous faicte par M⁰ Jean Fougères, l'un des grands vicaires de notre église et curé de St-Jean, de luy vouloir accorder sa présence pour aller à Bourges pour prendre les saints ordres de diacre et de prestrize, ainsy qu'il fit à la dernière ordination des quatre mineurs et du sous-diaconat, sur quoy a esté conclu que lad. présence luy est accordée.

21 mars. — Conclu que M⁰ Barrat est reçu pour organiste de nostre église aux gaiges de 120 ll. par an.

10 avril. — Conclu que nous donnons procuration à MM. Descoutures et Cibot, chanoines, pour traitter avec M⁰ Martial de Verthamond, chevalier, sgr. de Chaslucet, conseiller au parlement de Guienne, pour raison des sommes qui luy sont dues.... (1).

16 juin. — Conclu que Doyneys, nostre receveur, baillera à un estranger d'Angleterre qui va à Rome 7 sols par charité.

23 juin. — Acte de ce que M. Jean Fougères, un de nos vicaires, nous a exhibé ses lettres de prestrise à luy accordées par Mgr l'archevesque de Bourges, et de la demande qu'il nous a faicte de luy bailler son rang et plasse dans nos chaires.

Acte de ce que M. nostre doyen nous a représenté le jubillé de nostre sainct père le pape, qui luy a esté envoyé par Mgr nostre évesque par un de ses aumosniers, avec la

---

(1) Une somme de 2,000 ll., est-il dit ailleurs.

lettre à luy escripte par Mgr l'archevesque de Bourges qui luy a envoyé led. jubillé; duquel il en demeurera copie enregistrée en nostre greffe, suivant l'antien usage; et conclu que l'ouverture s'en fera de lundy en huict jours qu'on comptera 3 juillet prochain, dans nostre église.

1 juillet. — Conclu que le compte des frais et despans faicts par M. Gadault, chanoine, au voyage de la Réolle pour nos affaires, en qualité de nostre depputé, montant à la somme de 225 ll. 11 s. 6 d..... luy sera payé par nostre receveur.

27 juillet. — Acte de ce que M. nostre doyen nous a représenté la lettre de Sa Majesté, qu'elle a escripte à Mgr nostre évesque, laquelle il luy a envoyée pour nous la communiquer, datée du 14ᵉ du présent mois, signée *Louis* et plus bas *Colbert*, contenant la bataille que Mgr le mareschal duc de Luxembourg, général des armées de Sa Majesté en Frandres (*sic*), a rapportée (*sic*) contre l'armée des Estats généraux des Provinces unies des Pays-Bas, commandée par M. le prince de Valdelh (*sic, corr.* Waldeck), et que Sa Majesté veut qu'en action de graces il soit chanté le *Te Deum* dans nostre église.....

3 nov. — Sur ce qui a esté proposé en chapitre que hier, jour de la commémoration des morts, suivant l'antienne et louable coustume de nostre église, tout le corps de nostre chapitre, vicaires et autres habitués de nostre dite église, ayant faict processionnellement les absolutions sur les tombeaux des deffuncts dans nostre dicte église, et quelque espace de temps après, lesd. sieurs vicaires se seroient assemblés de leur part pour en faire dans la chapelle du crucifix, ce qui est contraire aud. usage de nostred. église; sur quoy ayant faict appeller lesd. vicaires..... auxquels ayant demandé le subjet de lad. assemblée particulière, nous ont dict n'en avoir d'autre que pour prier Dieu pour leurs confrères trépassés. Et sur ce délibération prise, avons conclu qu'à l'advenir lesd. vicaires ne s'assembleront en leur particulier pour faire lesd. absolutions après que le corps les aura faictes; leur permettant néanmoingts de s'assembler et d'en faire dans l'église St-Jean et non dans nostre église.

1691, *10 mars*. — Commis MM. Romanet et Desvignes, chanoines de nostre église, pour se transporter incessamment avec le sieur Dessales, advocat, nostre arbitre, au bourg de St-Priest-Thourion (*sic*), pour faire estimation des domaines et autre revenus de la cure dud. St-Priest, abandonnés par led. sieur curé, pour iceux luy remettre suivant l'estimation qui en sera faicte, en conséquence de la nouvelle déclaration de Sa Majesté.

31 mars. — Conclu que Doyneys, nostre bayle, tirera une lettre de change de 60 ll. sur M. des Planches, secrétaire du roy, maison et couronne de France, pour la payer à M. l'économe du directeur du séminaire de Périgueux, pour le premier quartier de la pension aud. séminaire de M. Segond, chanoyne.

6 avril. — Conclu qu'il sera emprunté la somme de 812 ll. du sieur Pierre Ardant, marchand orpheuvre de cette ville, à raison duquel emprunt sont commis MM. Romanet et Maledent de la Borye, chanoines de nostre église, pour tirer une lettre de change de pareille somme sur le sieur Barthe, banquier à Paris, payable au 6 juillet prochain à nostre receveur ou ordre....

28 avril. — Sur ce qui a esté présentement raporté que le sieur Fougères, l'un de nos vicaires de chœur, à son ordinaire a dict des paroles injurieuses et malsonantes contre notre chapitre, où estoyent plusieurs personnes dignes de foy, entre autres MM. Joseph Raymond, aussy l'un de nos vicaires, et Pierre Pouyat, faisant la fonction de sacristain de nostre église, tous deux prestres, ce qui a causé scandalle; c'est pourquoy, auparavant de passer outre, a esté conclu, affin d'en sçavoir la vérité par la bouche desd. sieurs Raymond et Pouyat, qu'ils seront présentement appellés par nostre scribe. A quoy satisfaisant, led. scribe ayant appellé lesd. sieurs qui, s'estant présentés, nous ont certifié lesd. paroles avoir esté dites par led. Fougères.... nous avons conclu qu'il se présentera en chapitre après la grand messe pour estre admonesté et repris desd. parolles....

8 mai. — Acte de ce que M. Desvignes, chanoine théologal de nostre église, a faict sa confession suivant nos statuts et usage de nostre église.

Commis M. Roux, chanoine de nostre église, pour se porter exprès à Bourdeaux pour la poursuitte du procès que nous avons au parlement contre M. Dalesme, aussy chanoine de nostre église.

15 mai. — Sur ce qui a esté proposé que mardy prochain, second jour des rogations, il se trouve que c'est la grande foire de la Saint-Loup, où il se trouvera par les chemins où la procession passe quantité de bétail, aussy bien qu'au lieu appellé le Trou des asnes (?) où elle se tient, où l'on auroit peyne d'y passer, et sur ce meure délibération prise, a esté conclu qu'après que la procession sortira du séminaire, l'on s'en ira droictement dans l'église des Feuillans pour y célébrer la grand messe, suivant l'ordinaire, et que l'on retranchera les autre endroicts où elle avoit accoustumé de passer auparavant de se rendre dans lad. église des Feuillans, et ce pour ceste foys, sans tirer à conséquence pour l'advenir....

22 juin. — Entrera demain à l'heure de midy en l'aigle Mgr Louis Lescaris (*sic*) d'Urfé, nostre évesque, en qualité de chanoine.

7 sept. — Sur le requis à nous faict par M⁰ Mathieu Salot, l'un de nos vicaires qui se trouve incommodé, de luy vouloir accorder sa présence pour aller à la campagne pour prendre de l'air et pour se faire médicamenter, suivant attestation du sieur Cherbonneau, médecin, du 4ᵉ de ce mois, sur quoy a esté conclu que lad. présence luy est accordée pendant quinze jours.

21 sept. — Conclu qu'il sera faict un acte à M. Mailhard, chanoine de Tulle et pourveu de l'archidiaconé de nostre église, sans autrement approuver sa provision et qualité.....

3 nov. — Sur ce qui a esté représenté que, suivant nos statuts et louable coustume de nostre église, tous les chanoines vicaires qui n'ont pas la prestrise sont obligés aux quatre festes solennelles se confesser et recevoir le saint sacrement aux grandes messes qui se disent en nostre esglise..... néanmoingts on a remarqué que M. Dalesme, chanoine, a manqué à cette obligation à quelques-unes desd. festes, en particulier à la feste de Toussaint dernière; sur quoy a esté conclu que led. sieur Dalesme satisfera à son obligation au premier dimanche.....

1692. *11 janv.* — Conclu que nostre thrésorier baillera à M. Debort, advocat du roy, 2 louis d'or valant 25 ll.; à M. Poyllevé, advocat, 3 louis d'or valant 37 ll..... pour leurs estrennes, à raison des services qu'ils nous ont rendus lad. année.

15 fév. — Acte de ce que M. nostre evesque nous a envoyé la bulle et bref de nostre saint père le pape pour le jubillé qu'il a pleu accorder à tous les fidelles.

Sur ce qui nous a esté remonstré par M. Maledent de la Borye, chanoine de nostre église, qu'il a heu advis que M. Dulac, l'un de nos chanoines, fréquante les cabarets où il prend des repas avec des personnes séculières, et paroit souvent dans les rues de la ville et fauxbourgs en habit court, ce qui est pratiqué par plusieurs des vicaires du chœur de nostre église, à quoy il est important de pourvoir, suivant nos statuts et règlements: l'affaire mise en délibération et le dit sieur Dulac ayant esté mandé et s'estant présenté, il a esté admonesté par M. le doyen.....

1 mars. — Sur la demande et réquisition à nous faicte par M. Dulac, chanoine de nostre esglise, tendante à ce qu'il nous pleut de luy accorder sa présence pour aller estudier dans la fameuse université de Sorbonne, à Paris, après meure délibération prise, a esté conclu que lad. présence luy est accordée, sauf toutesfoys les distributions manuelles, en par luy nous envoyant de trois en trois mois attestation de ses estudes.

26 avril. — Acte de ce que le sieur Romanet, chanoine de nostre église, nous a représenté un exploit d'assignation à nous donné à la requeste du nommé Coussedière, scindicq des habitans de la paroisse de St-Priest-Thourion, du 24 de ce mois, signé *Deloménie*, huissier, à ce que nous heussions à fournir un calice à lad. parroisse.

8 mai. — S'est présenté au présent chapitre Me Bonnaventure Segond, chanoine de nostre église, lequel nous a dict qu'il a entièrement satisfait à la sentence contre luy rendue par M. Fayolle, official de l'évesché de Périgueux, commissaire délégué du saint-siège, à la poursuitte et diligence de M. nostre promotheur, dattée du XI° mars 1686. ayant demeuré un an entier dans le séminaire dud. Périgueux sur le refus qui luy avoit esté faict par Mgr nostre évesque de le recevoir dans cellui de cette ville pour y faire la retraicte d'un an, en conséquence d'autre sentence rendue par led. sieur commissaire exécuteur, du 8° juillet 1690, dans lequel séminaire de Périgueux il auroit faict les exercices portés par lad. sentence et la pénitence qui luy avoit esté enjoincte.....

30 mai. — Conclu qu'il sera alloué 4 sols 6 deniers à nostre trésorier qu'il a présentement donnés à deux pauvres femmes estrangères par charité.

31 mai. — Sur la plainte qui nous a esté présentement faicte par M° Pierre Pouyat, prestre, faisant la fonction de secrétaire dans nostre église, qu'on lui avoit dérobé les clefs de nostre d. église, jusques là qu'il avoit été obligé d'en faire faire de nouvelles et changer les gardes des serrures des portes, ce qui luy avoit donné occasion de nous demander qu'il nous pleut agréer qu'il cessat sa fonction de secrétaire, attendu qu'il pouvoit se trouver journellement dans de pareils accidents, non seulement pour lesd. clefs, mais encore pour les vases d'argent et autres ustancilles de l'église, desquels, quoy qu'il n'en soit pas chargé, ne laisseroit pas d'en recevoir des reproches qui feroient tort à sa réputation..... a esté conclu que chacun de Messieurs sont priés de faire leur possible pour descouvrir les autheurs et ceux qui auroient peu enlever et dérober lesd. clefs, pour en faire faire le chastiment requis....

27 juin. — Sur les lettres qui nous ont esté escriptes par M. le lieutenant général de cette ville et par le sieur Avril, commis au moulin royal à poudre, que Mgr de Pontchartrain, controleur *(sic)* général des finances, désire que nous ayons à faire hausser nostre escluze du moulin de Prouhet, et comme ce haussement n'est d'aucune utilité à Sa Majesté et qu'il porteroit un très grand préjudice et coust à nostre église, c'est pourquoy il a esté conclu qu'il sera présenté un placet de nostre part à Sa Majesté pour luy remonstrer la vérité du faict.

12 sept. — Acte de ce que Doyneys, nostre bayle, nous a représenté un exploit qui nous a esté donné en sa personne, au sénéchal de cette ville, à la requeste de Mgr de la Mothe-Audancourt, évesque de St-Flour, tant pour luy que pour les autres seigneurs et dames héritiers de feu M. de la Mothe, abbé de St-Martial.

24 oct. — Sur la lettre qui nous a esté escripte par le sieur Barèges, nostre vicaire perpétuel du bourg [de Salaignac], de luy vouloir faire fournir deux vicaires auxiliaires pour luy aider à déservir lad. paroisse dans les conditions portées par sa lettre, sur quoy a esté commis M. Roux, chanoine de nostre église, pour aller prier de nostre part Mgr nostre évesque de nous vouloir donner deux prestres approuvés pour ayder à déservir lad. cure en qualité de vicaires auxiliaires, sous l'offre que nous faisons de leur bailler 150 ll. pour chacun d'eux, pour leurs pensions, suivant la déclaration de Sa Majesté.

27 oct. — Sur le raport qui nous a esté faict par M. Roux, chanoine de nostre église, commis pour parler à Mgr nostre évesque et le prier de nous procurer un ou deux vicaires pour ayder à déservir au bourg de Salaignac, attendu la nécessité de la parroisse et la prière que nous en faisoit le sieur Barèges, vicaire perpétuel dud. lieu, et attendu mesme la mort du sieur Gaspard Jupile, lequel sieur Roux nous ayant raporté que led. sgr évesque lui avoit dict qu'il n'avoit pas présentement de prestres, a esté conclu comme une suitte de nostre dernière conclusion qu'il sera escript aud. sieur Barèges et marqué particulièrement nos diligences là-dessus et que nous ne voulons pas estre en demeure de nostre part. Pour cet effet luy sera offert et mesme signiffié par acte, s'il est nécessaire, que nous sommes prests et offrons de donner pour un ou deulx vicaires auxiliaires la somme de 50 escus, qui est 150 livres pour chacun, chaque année, s'il luy plaist d'en trouver.....

31 oct. — Conclu que la présence est accordée à M⁶ Jean

Peyroche, l'un de nos vicaires, pour aller estudier dans l'université de Tholoze, en par luy nous envoyant de trois en trois mois attestation de ses estudes.....

22 nov. — Conclu que notre trésorier baillera 30 sols à nos musiciens pour faire leur feste de sainte Cécille.

Sur l'advis qui nous a esté donné par le commis du moulin royal à poudre de cette ville, que certains particuliers passent du boys sur nostre escluse du moulin de Prouhet, au lieu de passer par le goulet, et qu'ils y portent un notable préjudice, à quoy il est besoin de pourvoir, à cet effet sont commis MM. nos maîtres des bastimens pour tenir la main affin qu'on ne porte aucun dommage à lad. escluze....

13 déc. — Conclu que nostre receveur baillera 5 ll. à M. Roux, chanoine de nostre église pour les frais d'une consulte qu'il a fait faire pour raison des novalles prétendues par aucuns de nos vicaires perpétuels....

1693. *7 mars.* — Sur la requisition qui nous a esté faicte par aucuns habitans du village de la Chappelle-Blanche de vouloir bailler quelque chose pour les réparations à faire à la chapelle qui est aud. lieu, sur quoy a esté conclu que, quoyque nous ne soyons tenus à lad. réparation, il leur sera baillé ce qu'advisera M. Roux, chanoine, que nous avons pour ce subject depputté.....

30 mai. — Sur ce qu'il a pleu à Mgr nostre évesque nous faire tesmoigner qu'il seroit à propos de faire des prières publiques pour la conservation de Sa Majesté pendant le cours de la campagne où il est en personne, et conformément aux autres diocèzes de France, et que pour cet effect il seroit faict un mandement pour lesd. prières, et que la première station seroit dans nostre église cathédralle dimanche prochain, et ainsy estre continué dans les autres églises, comme il sera marqué plus amplement dans led. mandement. A esté conclu que led. seigneur évesque sera remercié et luy sera tesmoigné que led. chapitre sera toujours porté à contribuer de sa part à lad. solennité, et que pour cet effect les officiers de nostre église auront soing de disposer toutes choses en tel cas requises, et que du tout il en sera donné acte pour estre enregistré en nostre greffe.

17 juin. — Conclu que nostre receveur baillera à M. le curé de St-Priest-Thourion pour les pauvres de sa paroisse la somme de 20 ll. par charité....

26 juin. — Commis MM. les maitres des bastiments de nostre église pour prendre une femme qui aye soing de nos enfans de chœur.

17 juillet. — Acte de ce que les RR. PP. Jesuistes nous ont aporté la thèse qu'ils nous ont dédiée.

22 août. — S'est présenté en nostre chapitre vénérable M⁰ Pierre Morel Mailhard, prestre, docteur en théologie du diocèze de Tulle, lequel nous a dict avoir esté bien et dhuement pourveu par signature apostolique de l'archidiaconé de nostre église appellé de Malemort, sur la démission et résignation faicte en sa faveur par feu vénérable M⁰ Pierre Morel Mailhard, son oncle, dernier pourveu d'icelluy, sur laquelle il a obtenu son visa de Mgr l'évesque dud. Lymoges; en vertu desquelles signature et visa il nous a requis de le vouloir mettre et installer en la réelle, actuelle et corporelle possession dud. archidiaconé au chœur de nostre église, fruicts, profits, revenus et esmolumens en deppendans.....

28 août. — Conclu qu'il sera baillé à nostre marguilier 3 ll. pour avoir sonné nos cloches pour destourner l'orage...

25 sept. — Acte de ce que le sieur Chabrol, l'un de nos vicaires, s'est présenté au présent chapitre en conséquence de notre précédente conclusion; lequel, après qu'il a esté admonesté, a demandé pardon au chapitre et à M. de Douhet, l'aisné, de l'insulte qu'il luy avoit faicte.

3 oct. — Conclu que... le sieur Salot, l'un de nos vicaires, sera présentement appellé par nostre scribe pour estre ouy par sa bouche sur ce qu'il a esté boyre et manger au cabaret, au mespris et préjudice de nos ordonnancs et règlements. Et après que led. sieur Salot s'est présenté..... et après qu'il a advoué avoir bu et mangé dans certain jardin, mais qu'il ne savoit pas que led. jardin fust deppendant dud. logis, et après qu'il s'est retiré, a esté conclu que pour punition, chastiment et pénitance, il sera tenu de se mettre à genoux à la marche de nostre grand autel, prier Dieu pendant trois jours consécutifs, lors de nos offices de la grand messe et vespres, avec son manteau long sans surplis. Et luy est faict deffances d'y réchidiver *(sic)* soubz telles autres peynes que de droict.

1694, 5 fév. — Sur ce que M. nostre doyen nous a représenté le jubilé que nostre sainct père le pape a nouvellement accordé à tous les fidelles affin qu'il pleut à Dieu accorder une paix généralle entre les princes chrestiens, qui luy a esté envoyé par Mgr nostre évesque pour nous le communiquer et prendre nostre advis pour l'ouverture d'icelluy suivant l'ordinaire (1).

20 mars. — Conclu que notre procureur fera un acte au procureur des RR. PP. Jesuistes affin d'empescher la péremtion (?) du procès que nous avons contre eux pour raison du droict de main-morte qu'ilz nous doibvent des biens qu'ils possèdent provenant de la succession de feu M. de Buat, sieur de Lombardie.

3 avril. — Conclu qu'il sera faict un acte au sieur David, curé de St-Priest-Thourion, de reprendre les domaines de sa cure à dire et estimation d'experts, suivant la déclaration de Sa Majesté; qu'à nostre esgard nous nommons pour nostre arbitre le sieur Teil-Dessalles, advocat.

8 mai. — Conclu qu'il est remis d'aujourd'huy en trois semaines pour pourvoir à la nomination à l'archidiaconé vacant de nostre église par la mort de feu M. Mailhard.

21 mai. — Sur ce qui vient présentement d'estre proposé que, sur l'advis certain qui nous a esté donné du deceds de feu Me Noel (2) Mailhard, pourveu de l'archidiaconé de nostre église, appellé de Malamort, avec ses annexes de Queyssat et de Goules, nous aurions dès le huictiesme de ce mois assigné à ce jourd'huy pour eslire et nommer aud. archidiaconé vacant une personne de la qualité requise, ayant à cet effect convoqué chapitre *ostiatim* quoy qu'ordinaire. Et l'affaire mise en délibération, a esté conclu qu'il sera présentement procédé à lad. eslection et nomination dud. archidiaconé vacant, comme dict est, ayant pour ce subject faict appeller

---

(1) La phrase n'a pas été achevée.
(2) Il est appelé ci-dessus Morel Mailhard.

Noel Malezot, grand bedeau de nostre église, qui faict par nostre ordre lad. convocation suivant l'ordinaire, lequel nous a affirmé par serment avoir esté en toutes les maisons des chanoines capitulans de nostre église pour [qu'ils aient] à se trouver au présent chapitre. Ce faict, a esté procédé à lad. eslection et nomination ainsi qu'il ensuit :

Premièrement, nous Michel de Verthamon, chantre et chanoine de l'église de Limoges, avons esleu et nommé aud. archidiaconé de nostre église appellé de Malamort... Messire Louis-Eléonor Hennequin, prestre, docteur de Sorbonne, abbé de Valsure (1), auquel nous avons conféré led. archidiaconé ;

Nous Martial Descoutures, soubs-chantre et chanoine, avons aussy..... conféré led. archidiaconé..... au dit sieur Louis-Éléonor Hennequin ;

Nous Louis Roux, chanoine, nous remettons pour lad. eslection et nomination... au sentiment et délibération du chapitre ;

Nous Martial Maledant, chanoine, l'aisné, avons...... conféré led. archidiaconé.... aud. sieur Louis-Éléonor Hennequin ;

Nous Anthoine Boutineau, chanoine, estimons que nous ne debvons présentement procéder à lad. eslection et nomination dud. archidiaconé ;

Nous Jean Gadault, chanoine, avons aussy.... conféré led. archidiaconé.... à M. de Lascaris d'Urfé, doyen de l'église cathédralle du Puy, frère à Mgr nostre évesque ;

Nous Estienne Romanet, chanoine, demandons qu'il soit remis à un autre jour certain pour procéder à lad. eslection....

Et attendu que nostre grand bedeau nous a raporté que M. de Verthamon, chanoine, est malade, nous avons commis MM. de Douhet l'aisné et Maledant de Puisméry, chanoines de nostre église, pour se porter en sa maison pour prendre lad. délibération et nomination ; où estans à l'instant allés avec notre secrétaire et ensuite revenus, lesd. sieur de Douhet et Maledant nous ont raporté que led. sieur de

---

(1) Au diocèse de Soissons, est-il dit ailleurs.

Verthamon nomme et confère led. archidiaconé de nostre église avec ses annexes aud. sieur Hennequin...

Led. sieur Joseph Ardant, chanoine, nomme et confère led. archidiaconé à M. d'Urfé, doyen de l'église de N.-D. du Puy...;

Nous Pierre Ardant, chanoine, demandons qu'il soit remis à un autre jour certain pour faire lad. nomination et eslection...;

Nous Claude Cibot, chanoine, avons.... conféré led. archidiaconé... aud. sieur Louis-Éléonor Hennequin;

Nous Martial Maledant de Laborye, chanoine, avons conféré led. archidiaconé... aud. sieur de Lascaris d'Urfé...;

Nous Pierre Desvignes, chanoine théologal, avons..... conféré led. archidiaconé.. aud. sieur Louis-Éléonor Hennequin...;

Nous Jean Dargenteau, chanoine, avons.... conféré led. archidiaconé.... au sieur de Larcaris d'Urfé...;

Nous Charles de Douhet, chanoine, avons...... conféré led. archidiaconé.... aud. sieur Louis-Éléonor Hennequin...;

Nous Pierre Dumas, chanoine, avons.... conféré led. archidiaconé.... aud. sieur de Lascaris...;

Nous Pierre Manent, chanoine, avons... conféré led. archidiaconé... aud. sieur Louis-Éléonor Hennequin;

Nous Joseph Maledant du Puisméry, chanoine, avons.... conféré led. archidiaconé.... aud. sieur Louis-Eléonor Hennequin;

Nous Anthoine de Douhet, chanoine, avons.... conféré led. archidiaconé.... aud. sieur Louis-Éléonor Hennequin;

Nous François Pabot, chanoine, avons... conféré led. archidiaconé... aud. sieur Louis-Éléonor Hennequin;

Nous Jean Dalesme, chanoine, avons demandé qu'il soit différé à une autre foys à lad. nomination;

Et nous Estienne de Chavaille, doyen, ayant recoligé les voix, avons eslu, nommé et conféré à la majeure led. archidiaconé de nostre église... aud. sieur Louis-Éléonor Hennequin.... comme idoyne et capable. A ces fins a esté conclu que provisions en forme luy seront expédiées.

9 juillet. — Conclu que la collation faite par led. sieur

Gadault, chanoine, en son tour et rang d'aigle, de la vicairie de patronage ou commission de messes, appellée des Marteaux, fondée en nostre église en faveur de M*e* Jean David, prestre, docteur en théologie et promotheur du présent diocèze... est aussy par nous allouée, approuvée et ratifiée...

13 août. — [Prise de possession par Louis-Éléonor Hennequin de l'archidiaconé de Malemort, la dite prise de possession faite par procureur].

19 oct. — [Démission du dit sieur Hennequin et élection, dans les mêmes formes que ci-dessus, du sieur Léon-Lancelot de Lalanne, clerc tonsuré du diocèse de Bordeaux, à l'archidiaconé de Malemort].

5 nov. — Sur la demande à nous faicte par M. Labiche, l'un de nos vicaires, de luy vouloir accorder sa présence pour aller estudier en théologie au collège des RR. PP. Prescheurs de cette ville, sur quoy a esté conclu que lad. présence luy est accordée....

12 nov. — Sur la demande et réquisition à nous faicte par le sieur Marchandon, l'un de nos vicaires, de luy vouloir accorder sa présence pour aller estudier dans la fameuse université de Paris, sur quoy a esté conclu que lad. présence luy est acordée...

4 déc. — Sur ce qui a esté proposé que l'on a beaucoup de peyne de trouver dans nostre thrésor les tiltres et pièces qui y sont et qui nous sont nécessaires, ce qui nous est d'un tant notable dommage, à quoy il est besoin de pourvoir pour en faire la recherche plus commode, sur quoy a esté conclu qu'à la diligence de MM. nos garde-clefz dud. trésor et de MM. de Douhet l'aisné et Dumas, chanoines, que nous avons à ce commis, il sera faict une recherche exacte de tous nos dits tiltres et pièces que nous avons dans nostre d. thrésor, desquels il sera faict un nouveau répertoire. Et pour ce subject ils employeront le sieur Villemonteys, auquel il sera baillé récompense de son travail, pour commencer à y travailler au caresme prochain.

1695. *7 janv.* — Conclu que, pour obvier aux importunités des personnes qui se trouvent à la porte de nostre chapitre, que nostre grand bedeau sera tenu pour l'advenir de se trouver tous les jours que nous tiendrons chapitre à la porte d'icelluy pour recevoir nos ordres, où il y restera jusqu'à la fin d'icelluy. Comme aussy tous les dimanches de l'advent et caresme et austres festes, où nous avons sermon dans nostre église, il se tiendra à la porte de la chappelle par laquelle nous montons dans le jubé pour entendre la prédication, affin d'empescher les personnes qui y viennent pour y monter, à peine de 5 sols de mulcte pour chaque foys qu'il y manquera.

Conclu qu'il sera baillé pour estrennes, scavoir à M. Debort, advocat du roy, trois louis d'or de 12 ll. 5 sols pièce... comme aussy au sieur Pinot, bourgeois de Limoges, qui a joué de nostre orgue, six bouteilles de musquat.

14 janv. — Commis MM. Maledant, de Laborye et de Douhet senior, chanoines de nostre église, pour passer contrat avec M. de Loménie, tant en qualité d'héritier de feu M. Bandel, chanoine de nostre église, que de la damoizelle Beaubreuil, son espouze, par lequel il demeurera compris à la somme de 100 ll. qu'il nous debvoit du légat à nous faict par led. feu sieur Bandel, pour son anniversaire....

15 avril. — Commis M. Manent, chanoine, pour rendre assigné le sieur de Douhet, prieur de Clare-Faye, pour le paiement de la contribution à la pension du curé et vicaire auxiliaire de Sereilhac, comme part-prenans aux dixmes de lad. parroisse.

7 mai. — Acte de ce que M. Baillot, chanoine de nostre esglise, nous a requis la ratification et homologation de la nomination et collation par luy faicte en son tour et rang d'aigle de la vicairie simple ou commission de messes appellée d'Orgniat, fondée en nostre esglise et à l'autel de saint Georges, que tenait feu M. Gadauld, chanoine de nostre esglise, vacante par son deceds, en faveur de M. Cibot, chanoine de nostre esglise......

30 mai. — [Nomination par l'évesque de M. Drouhet comme archidiacre de Malemort, au lieu et place de M. de Lalane, démissionnaire.]

1 juillet. — Sur ce qui nous vient d'être presentement raporté par M. de Verthamon, chantre de nostre esglise, que

Mgr nostre évesque est gravement malade, mesmes en danger de mort, nous avons commis MM. de Verthamon et de Douhet l'aisné, chanoines, pour lui rendre visite et luy tesmoigner la part que nous prenons dans sa maladie, et à mesme temps luy offrir les prières de l'esglise pour sa convalescence ; à ces fins [a esté résolu] que le sainct sacrement sera exposé en nostre esglise où tous les corps tant ecclésiastiques, religieux et seculiers, et toutes les compagnies de pénitens seront convoqués pour, suivant les heures qui leur seront marquées, s'y rendre processionnellement. . . . .

Sur l'advis qui vient de nous estre présentement donné que Messire Louis de Lescaris d'Urfé, sgr évesque de Limoges, est décédé environ les 11 heures de ce matin, avons conclu que nous nous porterons en corps à l'issue des vespres au seminaire où il est décédé, pour faire l'absolution générale sur son corps.

Commis MM. Dumas, Malledant etc., chanoines de nostre esglise, pour aller rendre visite à M. l'abbé d'Urfé, frère à deffunt Mgr nostre évesque, qui est en cette ville, sur la mort dud. deffunt sgr évesque.

Conclu que M. le chantre, en absence de M. nostre doyen, dira la messe pour l'enterrement de deffunt Mgr nostre évesque. MM. Romanet et Ardant senior feront les fonctions de diacre et sous-diacre.....

Conclu que tous les corps écclésiastiques, seculiers et reguliers, et pénitans de cette ville, seront convoqués à se rendre dans nostre esglise, dimanche à 2 heures précizement, en procession, pour assister à l'enterrement dud. deffunt sgr évesque.

Conclu que MM. de la cour présidialle et senechalle et consuls de cette ville seront convoqués pour assister à l'enterrement dud. deffunt sgr évesque à l'heure cy dessus.

Conclu que l'on commencera nos vespres une heure plustôt qu'à l'acoustumée, et immédiatement après icelles que nous nous porterons dans l'esglise du séminaire des Ordinands où l'on a mis le corps du deffunt sgr évesque et où il veut estre enterré ; lequel sera porté par six de nos vicaires de chœur, suivant la coustume entienne (*sic*), dans nostre esglise où nous ferons une station et chanterons le *Salve Regina* et une antienne de saint Estienne, patron de nostre esglise. Le convoy sera accompagné de nous et de tous les corps ecclésiastiques, séculiers et réguliers, et des pénitans de cette ville, lesd. sieurs de la cour présidialle et senéchalle appellés pour y assister. Le cours duquel convoy sortira de nostre esglise, passera dans le faubourg de Boucherie, entrera dans la ville, etc.....

7 juillet. — Sur ce qui a esté proposé que, conformément à nostre dernière conclusion [du 4 juillet], il a esté assigné et convoqué le présent chapitre pour la nomination de MM. les vicaires généraux et autres officiers, le siège épiscopal vacant, sur quoy a esté conclu qu'il y sera presantement procédé d'autant mieux que tous MM. les chanoines capitulans se trouvent présents, et que MM. les vicaires généraux qui seront presentement par nous nommés, le siège épiscopal vacant, aprouveront et ratifieront après leur d. nomination le règlement qui fut fait à la dernière vacance dud. siège épiscopal. . . . .

S'ensuit la teneur dud. règlement :

Règlements que nous avons dressés, qui seront observés par MM. les vicaires généraux qui seront par nous cy-après eslus, le siège épiscopal vacant.

En premier lieu, qu'ils agiront en ceste charge de conseil (concert?) et procéderont en tous actes conjointement ; à ces fins qu'ils désigneront certains jours de chaque semaine esquelz ils s'assembleront pour y résoudre toutes les propositions qui seront à faire concernant les affaires qui se présenteront ;

Que le lieu de l'assemblée sera dans une des chambres de la maison d'un desd. sieurs vicaires ou ailheurs qui sera par eux désignée, qui sera toujours la mesme autant qu'il se pourra, affin que les personnes du diocèze qui auront des affaires sachent où s'adresser ; qu'il sera faict une affiche, sy besoin est, à la porte de nostre esglise et en celle de nostre chapitre et autres lieux, pour marquer le lieu et les jours de l'assemblée, ainsi qu'ils adviseront ;

Que hors led. lieu et lesd. jours il ne sera faict aucune

délibération, sy ce n'est en quelque cas de nécessité, pour laquelle ilz jugeront à propos de s'assembler, et ilz ne détermineront rien qu'ilz ne soient au moins trois;

Que les greffiers qui seront nommés pour recevoir tous actes ne pourront délivrer aucune expédition que lesd. actes ne soyent signés de tous lesd. vicaires généraux qui auront assisté auxd. assemblées; et pour les actes faicts hors du jour de l'assemblée, qu'ils ne soyent signés de trois, à peyne de nullité desd. actes et d'interdiction aud. greffier de sa charge;

Que le sieur P.... qui sera nommé assistera auxd. assemblées, quand besoin sera, pour y faire les remonstrances et réquisitions qui seront nécessaires;

Que lesd. sieurs vicaires généraux pourront appeller et admettre auxd. assemblées tel nombre de chanoines, ecclésiastiques ou religieux, de la qualité requise pour y donner leurs advis et y avoir voix délibérative. Les actes néanmoingts ne seront signés que desd. sieurs vicaires généraux et seront scellés du sceau du chapitre, quand besoin sera;

Que les délibérations s'y feront à la pluralité des voix, qui seront colligées par celluy desd. sieurs vicaires généraux qui présidera à l'assemblée;

Qu'en cas de contravention auxd. règlements on en pourra faire plainte au chapitre, sy besoin est, pour y estre par luy pourvu de tel règlement et ordonnance qu'il sera jugé;

Qu'on pourra augmenter lesd. reiglements en ce qu'il pourrait estre jugé nécessaire à l'advenir, suivant l'exigence;

Que lesd. reiglements seront soubscripts desd. sieurs vicaires généraux après leur nomination, avec promesse qu'ils feront qu'ils seront par eux gardés et observés, et qu'ils procéderont en tous actes conjointement et non séparément;

Qu'il sera pris pour l'expédition de chacun visa et sceau d'icelluy 3 ll. 4 sols, suivant l'antien uzage de l'esglise, reiglements et ordonnances royaux; et sera payé au secrétain pour ses droicts 3 livres.

DE CHAVAILLE, doyen.

7 juillet. — [Procès-verbal de nomination des vicaires généraux et autres officiers].

30 sept. — Conclu que pour satisfaire aux déclarations de Sa Majesté, arrêts de son conseil et à l'ordonnance de M. l'intendant, nous déclarons et certifions que parmy les biens que nous possédons il n'y a aucunes fontaines ny ruisseaux, ce qui faict que nous ne sommes pas dans le cas porté par la déclaration de Sa Majesté. Laquelle déclaration sera signée de M. nostre doyen et délivrée à M. Debord, substitut (1) de mond. sieur intendant.

21 oct. — Conclu que les maîtres du bastiment de nostre église feront faire les réparations nécessaires à nostre maillerie du pont St-Martial.....

28 nov. — [Procès-verbal de la nomination de M⁶ Pierre de Verthamont, prêtre, docteur en Sorbonne, vicaire général du diocèse de Nantes, comme archidiacre de Malemort].

7 déc. — Sur ce qui a esté présentement raporté par M. Maledant du Puysméry, chanoine de nostre église et promotheur de nostre chapitre, qu'il a esté imprimé de nouveau un livre intitullé : *Ordo divini officii recitandi juxta ritum breviarii Lemovicensis* pro anno bissestili 1696, par sieur Pierre Barbou, marchand libraire de la présente ville, sans aucun mandement ny permission, ce qui est une entreprise préjudicielle au droict de nostre chapitre, mesme le siège vacant, et que d'ailheurs il a esté ajousté de nouveau des litanies qui n'estoient pas dans les autres semblables livres des années précédentes ; à quoy il est nécessaire de pourvoir. Sur quoy l'affaire mise en délibération, a esté conclu à la majeure voix desd. sieurs capitulans qu'il sera notifié aud. sieur Barbou qu'au premier feuillet du livre cy dessus il adjoustera ces mots : *De mandato dominorum de capitulo, sede vacante*, avec les armes ordinaires de nostre chapitre, et qu'il sera retranché les derniers feuillets dud. livre qui ont esté de nouveau adjoutés et n'estoient pas comprins dans les livres précédens, jusques à ce que autrement il y sera pourveu et ordonné.

---

(1) Ou mieux subdélégué.

14 déc. — S'est présenté vénérable M⁰ Pierre de Verthamon, prestre, docteur agrégé de l'université de Paris et grand vicaire du diocèse de Nantes, lequel nous a dit qu'il a pleu à Sa Majesté de le nommer et pourvoir de l'archidiaconé vacant de nostre église appellée de Malemort, avec ses annexes de Goules et de Queyssat, sur le litige qui se trouve aud. béneffice à raison du droit de regalle attribué à Sa Majesté et sur le refus qui luy a esté faict de son visa par MM. les vicaires généraux du présent diocèse, le siège épiscopal vacant, il l'a obtenu de M. le vicaire général de l'archeveschè métropolitain du siège de Bourges en l'absence dud. sgr archevesque, suivant led. brevet et nomination de Sa Majesté.... et scellé du sceau dud. sgr archevesque, le tout en bonne et dhue forme. C'est pourquoy il nous a requis en vertu desd. nomination et visa le vouloir mettre et installer en la réelle, actuelle et corporelle possession dud. archidiaconé... offrant de prester le serment au cas requis et de payer les droicts accoustumés... [Suit le procès-verbal d'acceptation et installation du dit de Verthamont].

1696. *5 janv*. — Acte de la nomination par le roi de J. B. Poyllevé, clerc tonsuré, au canonicat vacant par la mort de Jean Gadaut].

1 mars. — S'est présenté en nostre chapitre M⁰ Michel Bourdon, docteur en théologie, supérieur de la Mission, au nom et comme procureur de Messire François Carbonel de Canizy, seigneur évesque de cette ville, fondé de sa procuration spécialle.... lequel a dit qu'en conséquence du placet de Sa Majesté, le dit seigneur évesque a obtenu ses bulles dud. évesché de Sa Sainteté, qu'il mist, dès le jour d'hier, aussy bien que led. placet et procuration, entre les mains dud. sieur doyen pour nous les communiquer, et ce qui a esté faict. A ces fins, il nous a requis de le vouloir mettre en vertu de sa procuration en la possession dud. évesché pour led. seigneur de Canizy, soubz l'offre qu'il a faict de prester le serment au cas requis, suivant et conformément au précédent serment qu'il presta aud. nom de procureur du feu seigneur évesque .... Ce faict, led. sieur Bourdon ayant esté couvert (?) par nostre chapier d'une chape, ensuitte il a esté conduit processionnellement au chœur de nostre église par tout le corps de nostre chapitre, vicaires et choristes, avec la croix, led. sieur Bourdon estant entre led. sieur doyen et chantre. Et après avoir esté (sic) arrivés aud. chœur, lesd. sieurs chanoines et vicaires s'estant plassés à leurs places ordinaires, à la réserve desd. sieurs doyen et chantre qui ont conduit led. sieur Bourdon au devant du grand autel, et après y avoir faict à genoux leur prière, ont mis et installé led. sieur Bourdon aud. nom à la réelle possession dud. évesché par le baisement dud. autel. Ce faict, ilz l'ont conduit dans la chaire épiscopalle qui est proche de la porte qui est du costé de la sacristie, à main droite, où led. sieur Bourdon a commencé le *Te Deum laudamus...*

17 mars. — Acte de ce que M. nostre doyen nous a déclaré que M. Me Michel Bourdon du Avre (?), grand vicaire de Mgr de Carbonnel de Canizy, sgr évesque de Limoges, se seroit porté en personne dans sa maison et luy auroit déclaré avoir reçu la bulle du jubilé concédé par nostre saint Père le pape Innocent XIIe, aux fins de demander à Dieu la paix entre les princes chrétiens pour le bien de la chrestienté et union des mesmes princes de toute l'Europe, à luy envoyée par Mgr l'archevesque de Bourges. Et sur l'advis aussy que led. sieur du Avre en avoit reçu dud. seigneur évesque, il estoit sur le point de former son mandement à l'effet du dessein de Sa Sainteté, mais qu'auparavant il en avoit voulu communiquer à nostre chapitre et que, sy nous n'y trouvions pas d'inconvénient, il jugeroit à propos que led. jubilé fust promulgué incessamment affin que les fidelles du présent diocèze puissent le gaigner.... Ce que nous ayant esté exposé par led. sieur doyen, nous y avons volontairement consanty.

19 mai. — Commis MM. de Verthamon, Dumas, de Douhet du Puismoulinier et Baillot, chanoines, pour aller au devant de Mgr nostre évesque qui doibt arriver ce jourd'huy.

Commis MM..... chanoines, pour aller demain voir et complimenter Mgr nostre évesque au séminaire des Ordinans où il doibt mettre pied à terre.

22 mai. — Conclu que tous les corps ecclésiastiques réguliers et religieux *(sic)*, mesmes toutes les compagnies des pénitens de cette ville seront convoqués à se trouver jeudy prochain, heure de deux heures après midy, en nostre église, pour assister processionnellement à la prinse de possession de Mgr nostre évesque de son évesché.

8 juin. — Conclu qu'il sera bailhé par charité à deux damoiselles passantes, huit solz.

6 juillet. — Conclu que M. Ardant senior demeure deschargé de la sommation à nous faicte, requérant le sieur des Ruaux, commis au moulin royal à poudre, concernant les réparations qui sont à faire à l'escluse du moulin de M. Segond, chanoine.

13 juillet. — Conclu que nostre receveur payera huit sols à un officier soldat passant....

9 août. — S'est présenté en nostre chapitre Messire Estienne de Chavaille, prestre, docteur en théologie, lequel nous a dict avoir esté dhuement pourveu du doyenné de nostre église par les bulles qu'il a obtenues de Sa Sainteté.... sur la démission faicte en sa faveur dud. doyenné par Messire Estienne de Chavaille, son oncle, dernier pourveu....

28 sept. — Acte de ce que M. Duhaure, grand vicaire de Mgr nostre évesque, nous a envoyé la lettre de cachet de Sa Majesté pour nous la communiquer, suivant l'uzage, au subject du *Te Deum* que le roy désire d'estre chanté en nostre église à raison de la paix qu'il a faicte avec le duc de Savoye....

5 oct. — Conclu que la présence est accordée au sieur Labiche, l'un de nos vicaires, pour aller au séminaire pour se promouvoir aux ordres sacrés.

24 oct. — [Procès-verbal de l'élection comme théologal de Léonard Roger, cy devant chanoine de l'église cathédrale].

28 oct. — [Prise de possession du dit Léonard Roger].

1697. *8 janv.* — Conclu que nous accordons à M° Léonard Gabriel de Mansoux, notaire royal de la ville de Bénévant, pour les bons et agréables services que nous avons receus de luy, l'estat et office de procureur fiscal de nostre juridiction de Salaignac, vacant par la mort du sieur Gray, dernier pourveu d'icelluy....

25 janv. — Conclu que la présence est accordée à M. nostre doyen pour aller à la campagne se faire médicamenter et prendre de l'air, attendu son indisposition et maladie.

2 mars. — Conclu que nous accordons à M. Mathieu Salot, l'un de nos vicaires, son habitation pour luy seulement dans la chambre haulte de nostre psallette, à la charge par luy d'enseigner la grandmaire (*sic*) à nos enfans de chœur et d'entretenir lad. chambre.

9 mai. — Conclu, suivant l'ancienne coustume de nostre église, affin d'obliger Messieurs les chanoines capitulans de nostre église d'assister à nos chapitres généraux, qu'il sera distribué à chacun de Messieurs qui assisteront à nosd. chapitres généraux... deux sols, chaque chapitre. Et commencera demain à faire lad. distribution.

24 mai. — Conclu que nos vicaires seront appellés demain au présent chapitre pour estre advertis sur leurs debvoirs à la closture de nos chapitres généraux.

15 août. — Conclu que le sieur Ardant est recu au chœur de nostre église, après que nous l'avons faict chanter au livre et trouvé capable du plain chant.

11 oct. — Conclu que M. Dargenteau, chanoine, demeure deschargé de l'acte à nous faict en sa personne ...... par Cibot, huissier, requérant le sieur Lamy, prestre et vicaire des trois vicairies, l'une appellée du patriarche Lamy, l'autre *Rogerii Moreli*, et l'autre *Pauli de Montibus*....

Sur la réquisition à nous faicte par le sieur Plantadis, l'un de nos secretains, que le revenu de sa sacristie n'est suffisant pour son honneste entretien, de luy vouloir accorder les gaiges que nous avons accoustumé de donner pour chanter l'évangille ; sur quoy a esté conclu qu'attendu que le dit sieur Plantadis s'est absenté pendant un an sans servir sad. sacristie, qu'il la servira assidument pendant six mois, pour ce faict estre pourveu sur sa demande de luy accorder ainsy qu'il appartiendra pour le plus grand bien et soulagement de nostre esglise.....

25 oct. — Sur ce que M⁰ Gabriel Bareges (?), prestre et

vicaire perpetuel du Bourg [de Salagnac], nous a représenté que despuis qu'il a esté pourveu dud. bénéffice, dont il y a environ 20 ans, il a esté obligé de louer une maison pour son habitation comme n'y ayant pas de presbitère, ce qui l'a obligé tant pour luy que pour ses successeurs vicaires perpétuels d'en achepter une, qu'il trouve commode pour led. bénéfice ; mais comme il ne se trouve pas en estat de faire le payement du prix qu'il s'est convenu et pour les réparations qu'il y a à faire, il nous requiert comme curés primitifs, seigneurs justiciers, fonciers et directs de la d. paroisse du Bourg, de luy vouloir accorder la somme qu'il nous plaira pour fournir à partie du payement dud. presbitère ; sur quoy a esté conclu que nous accordons aud. sieur Bareges la somme de 42 ll....

8 nov. — Sur la demande à nous faicte par le sieur Ardant, l'un de nos vicaires de chœur, de luy accorder sa présence pour aller estudier en théologie aux Jésuites de cette ville, sur quoy a esté conclu que lad. présence luy est accordée, en servant les jours de dimanches et festes.

22 nov. — Sur la demande à nous faicte par le sieur Cibard, vicaire et organiste, de lui payer ses gaiges d'organiste des quinze mois qu'il nous a servis, a esté conclu à la majeure qu'il lui sera payé pour le passé la somme de 60 ll......

1698. *26 avril.* — Acte de ce que Me Nicolas Leloup de Sainct-Loup, prestre du diocèze de Coutance, aumosnier de Mgr nostre évesque, nous a exhibé et représenté ses lettres d'attestations d'estude..... par luy obtenues de l'université de Caen......

14 mai. — Conclu que MM. Roux et Dalesme, chanoines, sont commis pour assister avec MM. nos autres depputez à l'accomodement proposé avec les R. R. P. P. Jésuites touchant le procès que nous avons eu pour raison du droit de mainmorte qu'ils nous doibvent des biens du sieur de Buat, sieur de Lombardie, qui sont dans notre directité (1).

13 juin. — Sur la remonstrance à nous faicte par M. nos-

---

(1) Cf. notre *Invent. des arch. dép. de la Haute-Vienne*, série D, n° 127 et ss.

tre promotteur de ce qu'il y a plusieurs prestres, curés et vicaires perpétuels et autres qui tiennent des servantes dans leurs maisons, ce qui est contre les statutz et ordonnances sinodalles, à quoy il importe de pourvoir pour empescher cet abus ; c'est pourquoy il nous a requis que nous ayons à faire inhibitions et deffence à tous prestres, curés, vicaires perpétuels et autres ecclésiastiques dépendant de nostre jurisdiction, de quitter et congédier (1) incessament lesd. servantes; autrement et à faute de ce faire, qu'il y sera pourveu par les voyes de droit.

25 juin. — Sur la demande et réquisition à nous présentement faicte par Camard sieur de Bariassou, habitant du Bourg de Salaignac, que ses autheurs sont des anciennes familles dud. Bourg, qui ont rendu divers services à nostre esglise et à lad. paroisse, et quoy que sesd. autheurs ayent esté enterés dans l'esglise paroissiale du Bourg, néantmoingt il n'a aucun droit de sépulture ny de ban, ce qu'il nous requiert luy vouloir accorder dans la chappelle de Nostre-Dame du Rozaire de lad. esglise, avec permission de mettre un prie-Dieu dans l'église de Sainct-Léobon, soubs l'offre qu'il fait de fonder annuellement la somme de 4 ll. de rente pour estre employée aux réparations et entretenement de lad. église, et 20 sols pour dire des messes : sur quoy et après meure délibération prise, a esté conclu qu'il est accordé aud. sieur Camard led. droit de ban et de sépulture......

4 juillet. — Conclu que la nomination et présentation faicte par M. Boutineau, chanoine, en son tour et rang d'aigle, du prieuré de Roche-Nozil vacant par la démission pure et simple faicte entre ses mains par M. Manent, chanoine dernier pourveu dud. prieuré..... est par nous approuvée et ratifiée. A ces fins en sera expédié lettres de provision en forme, attendu que led. béneffice deppend de plein droit de nostre collation.....

18 juillet. — Sur le rapport qui nous a esté faict par M. le doyen que Mgr nostre évesque ne voulait point jouir du gros de Parpayat [Perpezac ?], attendu le mauvais estat où

---

(1) Il faudrait *de garder et conserver.* Mais le rédacteur a oublié la première partie de sa phrase.

l'on a laissé le moulin dud. lieu deppendant dud. gros, et qu'il se restraint à la somme de six-vingt livres....; sur quoi a esté conclu que nostre receveur payera lad. somme de 120 ll. aud. sgr évesqne pour le revenu de sond. gros.....

Conclu que nostre receveur payera à M. Mérigot, chanoine, 40 sols pour les frais qu'il a faicts pour la visite de nostre forest du Porchat (?) sur les nouvelles dégradations que certains particulliers y ont nouvellement commises.

1 aoust. — Conclu qu'il sera envoyé procuration à M. Francois, nostre procureur à Tulle, pour faire les diligences nécessaires sur nostre opposition faicte au décret qui se poursuit au sénéchal de la ville de Tulle des biens de Francois Grégoire, curé de Seillac, pour la somme de 300 ll. que led. feu sieur Grégoire nous doibt des arrérages de la pension de 25 ll. qui nous est dhue annuellement sur les fruicts et revenus de lad. cure....

8 août. — Conclu qu'à la diligence de M. Manent, chanoine, il sera obtenu des inhibitions pour faire deffances au sieur Léobardy, soy-disant notaire, de ne faire ny passer aucuns actes de notaire dans nostre jurisdiction du Bourg et de Salaignac, attendu qu'il n'a aucunes provisions de nostre chapitre et qu'il n'est pas notaire royal.

18 août. — [Réception de M. Joseph Desmaisons, curé de Saint-Domnolet, comme chanoine, par procureur].

23 août. — Conclu que MM. nos visiteurs feront le cours de leur visite des esglises et paroisses deppendant de la nostre, incessamment.

20 oct. — Conclu que Doyneys nostre receveur acceptera les deux lettres de change que M. du Verdier a cy-devant tirées sur nous en faveur de M. Marchandon, pour luy estre payées incessamment.

23 nov. — Conclu que nous accordons gratuitement au maistre de nostre psalette et choristes de nostre église la somme de 6 ll. pour faire leur feste de sainte Cécile, qui sera aussy allouée aud. receveur.

27 déc. — Conclu que Me Jean Croisier, prestre de la paroisse de St-Pierre du Queyroix, est reçu pour chanter l'espitre dans nostre église, en la place de Me Jacques Nadaud qui est malade, aux gages ordinaires de 60 ll. chaque année.....

1699. *28 fév.* — Sur ce qui a esté représenté qu'à nos derniers chapitres généraux il avait esté résolu qu'à l'advenir arrivant vacance de nos grandes vicairies de chœur, en conformité de nostre statut de l'an 1550, elles seroyent conférées et affectées aux chantres musiciens affin que le service divin fust mieux et solennellement faict, et que pour cet effect M. le chanoine acquilaire qui se trouverait en rang lors de lad. vacance seroit tenu de conférer lad. vicairie vacante à un chantre musicien de la qualité requise; et à faute par luy de faire lad. nomination, qu'elle serait faicte par tout le corps de nostre chapitre convoqué *ostiatim*.....

14 mars. — Conclu que MM. les maistres du bastiment de nostre église achepteront une épinette et feront faire un petit serpent, pour apprendre, scavoir le nommé Nadaud, de l'espinette et de l'orgue, et le nommé Boulon, du serpent; tous deux enfants de chœur de nostre église.

1 mai. — Commis M. de Douhet de la Gorce, chanoine de nostre église, pour pourvoir à la subsistance des 50 pauvres que nous voulons prendre pour nourrir jusques à la feste de la Nativité saint Jean-Baptiste prochain, et affin de leur nourriture achepter ce qu'il conviendra...... et emprunter pour notre chapitre la somme qu'il conviendra.

31 mai. — Commis MM. Maledant de Laborye et de Douhet de Lagorce pour passer un compromis avec le R. P. recteur et scindicq du Collège de cette ville pour reigler par l'advis de MM. Descoutures et Dalesme, advocats du roy, le droict de mainmorte ou indemnité qu'ils nous doivent à raison des biens qu'ils jouissent dans nos fondalités, qui sont provenus du feu sieur de Lombardie.....

11 juillet. — Acte de ce que les damoizelles Roux, sœur et belle-sœur de deffunt M. Roux, chanoine de nostre église, nous ont présentement délivré les clefs de la maison canoniale qu'il tenait de nostre église, dont elles demeurent déchargées, lesquelles sont au nombre de seize. Conclu aussy que lesd. damoizelles demeurent deschargées de pièces et papiers que led. feu sieur Roux, chanoine, avoit de nostre église.....

14 août. — Sur ce qui a esté proposé qu'il est expédiant que nous ayons deux registres capitulaires pour certaines considérations, et que l'un d'iceux soit mis dans un armoire de nostre chapitre et les clefs gardées par deux des Messieurs de nostre d. chapitre, et l'autre registre gardé par nostre secrétaire et scribe, et qu'ils soient tous deux reliés, cottés et parafés : sur quoy délibération prise, a esté conclu qu'il sera fait deux registres capitulaires qui seront reliés.....

1700, *20 sept*. — [Nomination du baile-receveur-trésorier-scribe et greffier du chapitre.]

1701. *24 mars*. — Insinuation des noms et cognoms des gradués : Estienne de Chavaille, docteur en théologie, doyen de l'église cathédrale ; Michel de Verthamont, docteur en théologie, grand archidiacre de l'église cathédrale ; Claude Cibot, bachelier en Sorbonne, chanoine ; Maledant de Laborie, docteur en théologie ; Charles de Douhet, docteur en théologie, chanoine ; Maledent du Puymirat, docteur en théologie, chanoine ; Anthoine de Douhet du Puymolinier, docteur en théologie, chanoine ; Rogier, docteur en théologie, théologal de l'église cathédrale ; Joseph Desmaisons, docteur en théologie, chanoine ; Jean Faute, bachelier en Sorbonne, prieur de St-Maurice ; Jean Lafosse, curé de Jourgnac, docteur en théologie ; Guillaume Delignac, bachelier en théologie ; Jean Boyer, bachelier en théologie ; Martial Nouallier, docteur en théologie, curé d'Aixe ; Jean Vidaud, maître ès arts en la faculté de Poitiers ; Jean Bernon, diacre, maitre ès arts en l'université de Poitiers ; Ambroise Chambon, curé de Donzenac, bachelier en théologie ; Jean-Martial Marchandon, bachelier de Sorbonne ; François Mesnard, bachelier en théologie ; Jean Arondeau, curé de St-Maureil au diocèse de Cahors ; Anthoine Darche, docteur en théologie ; Pierre Dupré, curé de Vic, docteur en théologie ; Jean Desbordes, curé de St-Christophe, docteur en théologie ; Baudet, docteur en théologie, principal du collège de Poitiers ; Léonard Michelon, docteur en théologie ; Etienne Daubard, docteur en théologie, curé de Rosiers-Masléon ; Guillaume Brugère, docteur en théologie, curé de Chervix ; Jean Romanet, docteur en théologie, curé de la Celle-Dunoise ; Bernard Dutour, chanoine de St-Germain ; Jean Dupré, docteur en théologie, curé de Mainsat ; Nicolas de St-Loup, docteur en théologie ; Baptiste Martin, bachelier de Sorbonne, curé de St-Jean ; Jacques Martin, licencié en théologie ; Pierre Constant, curé de St-Priest, docteur en théologie ; Pierre Chanboursat, archiprêtre d'Oradour, docteur en théologie.

15 avril. — Conclud que le contract passé avec les RR. PP. Jésuites.... en date du 12 mars.... après que lecture a esté faicte, est ratifié et approuvé.

29 avril. — Conclud qu'attendu que mercredy est jour de sainte Monique, nous avons donné congé aux PP. Augustins pour la procession, sans tirer à conséquence.

13 mai. — Conclud qu'après avoir prié plusieurs fois M. le chantre de se retirer et mesme luy avoir fait jusqu'à trois actes pendant trois jours consécutifs pour le sommer de sortir du chapitre, pour nous donner la liberté d'opiner touchant les oppositions qu'il a faites aux actes de confession qu'on a donnés à MM. du Puymoulinier et Desmaisons et juger sur icelles, après que les sieurs du Puymoulinier et Desmaisons sont sortis par ordre du chapitre, le sieur chantre s'estant obstiné à demeurer, nous avons esté dans l'obligation, pour éviter les violences auxquelles il nous vouloir provoquer, d'opiner en sa présence. Ce faisant, nous avons jugé et conclud les dittes oppositions nulles, frivoles et mal fondées, et en conséquence avons déclaré les actes de confession des sieurs bonnes et valables et conformes à nos usages....

Conclud que le jubilé présenté par M. le chantre de la part de Mgr de Lymoges sera enregistré.... (*Suit copie de la bulle pontificale relative au jubilé*).

7 juin. — Attendu la maladie de M. Cibot, official, nous avons prié et commis M. Desmaisons pour aller à Vignols ouïr les tesmoins contre le sieur curé de Vignols.

18 juin. — Conclud que Me Martial Dumas sera receu et installé à une des grandes vicairies du chœur.

Conclud que led. Me Martial Dumas ayant esté appellé pour estre examiné pour le chant et ayant esté trouvé qu'il n'est pas capable, le chapitre a résolu qu'il seroit privé de son revenu jusques à ce qu'il sçauroit son chant et qu'il aura esté trouvé capable par un chapitre assemblé *ostiatim* pour délibérer sur le fait.

25 juin. — Sur ce qui a esté représenté au chapitre que le sieur Segond, chanoine de nostre esglise, auroit paru un de ces jours pris de vin et plusieurs fois, dont mesme il auroit esté adverty, ce qui est scandaleux et retombe sur nous, après que nous avons esté certifiés du fait, l'avons mandé en chapitre et après luy avoir fait les admonitions et mercurialles, n'ayant pas disconvenu du fait, l'ayant fait sortir et délibéré murement, avons conclud qu'il assistera pendant un mois tous les jours aux petites et grandes heures, scavoir matines, laudes, prime, tierce, grand messe, sexte, none, vespres, complies et aux vespres de Notre-Dame; et chaque fois qu'il manquera aux dites heures sera mulcté de six blancs pour chaque heure. Luy avons fait deffence et inhibition de plus récidiver....

1 juillet. — Conclud qu'en exécutant la précédente conclusion, nous deffendons à M. Segond et autres de nostre dépendance et au bas-chœur d'aller au cabaret à l'avenir, et que des points manqués par le sieur Segond, l'argent en provenant sera délivré à l'ospital.

23 juillet. — Conclud que nous avons nommé Jédéon Marcher sergent dans l'estendue de la terre de Compeix et que ses lettres luy seront expédiées quand besoin sera.

29 juillet. — Conclud que M. Demaisons est commis et dépêché pour avoir soin de l'affaire que M. le chantre nous a faite au conseil privé du roy....

19 août. — Conclud que M. Martial Dumas, un de nos grands vicaires, est receu au service du chœur, à la charge néanmoins qu'il continuera d'apprendre son plain chant soubs Laguionière pendant six mois.

2 sept. — Conclud que la somme de 53 sols 6 deniers sont alloués à M. du Puismoliner pour les frais de l'acte fait à M. le chantre, ce jour de Nostre-Dame d'aoust, pour [l'obliger à] prendre son bourdon à la procession.

17 oct. — [Insinuation des lettres de maître ès arts et de licencié en droit civil et canon de l'université de Poitiers, obtenues par Pierre Goudin].

21 oct. — [Insinuation des lettres de bachelier ès arts obtenues par Bruno Delhort « en la fameuse université de Tolose »].

5 nov. — S'est présenté M. Jean Cibot, prestre, pourveu du canonicat de feu M. Roux par provision de cour de Rome, duquel canonicat auroit esté pourveu par M. Maledent du Puiméri en son tour d'aigle le sieur Londeix, curé de St-Just (?); et comme ils estoient en voye de procès, led sieur Londeix ayant connu l'injustice de son droit auroit fait un délaissement de son prétendu droit et consenty que led. sieur Cibot en prit la possession....

1702. *2 janv.* — Conclud que M. Desmaisons, chanoine de nostre église, est commis et député pour se transporter à Paris affin de poursuivre l'instance pendante par devant nos seigneurs du Conseil entre nous et M. de Verthamont, chantre......

Conclud qu'il sera emprunté incessamment la somme de 1000 ll. pour fournir aux frais de l'affaire que nous a faite M. le chantre....

7 janv. — Conclud que sur les plaintes de la conduite de Boyer, l'avons déposé de l'office de geolier et autres fonctions qu'il fait en nostre église......

13 janv. — Conclud que le chapitre accorde la permission au maistre de musique de nostre église d'aller aux Feuillants pour assister à un service qu'on y fait.

10 fév. — Conclud que MM..... sont commis et députés pour l'affaire concernant la Bonne Arnaude.

19 mai. — Conclud qu'à l'avenir on prendra les copies des contrats qui seront passés sur parchemin pour les mettre au trésor.

30 mai. — Conclud et statué qu'attendu la multitude des affaires que nous avons, auxquelles le chapitre ordinaire du vendredy ne suffit pas, on détermine un autre chapitre ordinaire tous les mardis, à l'heure et de la manière qu'on le tient les vendredys.....

6 juin. — Conclud qu'on fera donner une assignation à M. Vidaud, lieutenant particulier,..... pour faire démolir les murailles de la longueur de neuf pieds, pour laisser le passage libre à l'exercice de nostre justice et autres droits que nous avons sur la rivière.

2 sept. — [Longue lettre du roi à l'évêque pour lui annoncer une récente victoire sur les Impériaux en Italie, le 15 août précédent, et prescrire le chant du *Te Deum*].

20 oct. — [Insinuation des lettres de bacheliers ès arts, obtenues par Simon Arbonneau, un des grands vicaires de St-Martial de Limoges, « en la fameuse université de Chaors »].

27 oct. — [Lettre du roi à l'évêque pour lui annoncer la victoire gagnée par le maréchal de Villars, le 14 précédent, et prescrire le chant du *Te Deum*].

9 déc. — Conclud qu'on donnera un escu neuf au maistre de musique pour le desjeuner des enfants de chœur, la nuit de Noël, avant la messe de l'aurore.

15 déc. — Conclud que sur l'exposition et lecture faite présentement de la lettre de M. Brossard, advocat au Conseil, concernant l'affaire du sieur Malignaud, et qu'en outre on est adverty par bruit commun que led. sieur Malignaud, soubschantre, cherche à semer des divisions dans le corps du chapitre et parmi les membres d'iceluy, tant par discours que par des actes privés et inconnus, le sieur Desmaisons comme scindic du chapitre quant à ce fera par devers nos seigneurs du Conseil tous actes et poursuittes nécessaires pour y apporter les remèdes convenables.....

22 déc. — Conclud qu'on escrira incessamment au bayle du Bourg pour qu'il fasse conduire à Limoges tout le bled qu'il aura.

1703. *3 fév.* — Conclud qu'attendu l'urgence de nos affaires et que les revenus et grains affectés à la bourse commune n'ont pas été perceus ni vendus par nos receveurs, il sera emprunté par lettre de change ou autrement une somme d'argent jusques à la concurrence de cinq ou six cents livres pour estre employées à soutenir les procès des rentes que nous avons au parlement de Bourdeaux.....

10 mars. — Conclud que..... on continuera les jours de mardy à s'assembler en chapitre pour répondre à nostre député [près le parlement de Bourdeaux] par les courriers du mercredy.

17 mars. — Conclud qu'attendu que nostre ordinaire du chœur a esté envoyé à Paris pour servir au procès que nous avons par devant nos seigneurs du Conseil contre M. le chantre, on mettra incessamment celuy qu'on fit copier sur celuy qui a esté produit au Conseil pour nous diriger dans les cérémonies et usages du chœur, pendant le temps que le premier demeurera au Conseil.

20 mars. — [Lettre du roi prescrivant le chant du *Te Deum* pour la prise de Kehl].

20 avril. — Conclud que nous déclarons avoir reçu de Mgr l'illustrissime et revérendissime Messire François de Carbonnel de Canisi, conseiller du roy en ses conseils, evesque de Limoges, à raison de sa dignité épiscopale pour le droit de chappe du à l'église cathédralle par les seigneurs évesques de Limoges, un ornement complet de velours cramoisy à ramages sur un fond blanc..... lequel ornement et pièces ci-dessus énoncées nous avons reçu des mains du sgr evesque. Nous nous en sommes contentés comme estant très riche et très beau, l'en avons remercié et promis l'en tenir quitte et ne lui demander autre chose ny à ses héritiers pour le dit droit de chape.

Conclud qu'on donnera à Lajoumard, précepteur, pour faire la leçon aux enfants de chœur, leur apprendre à lire, escrire, chiffrer et leur fere le cathéchisme et mesme leur apprendre la grammaire, la quantité de six setiers seigle, mesure du chapitre.

9 mai. — Sur les plaintes qui nous ont esté faictes que toutes sortes de personnes s'ingèrent de chasser et pescher dans nos terres, avons conclud que nos procureurs d'office requerront qu'il soit fait deffence à toutes sortes de personnes de chasser et pescher sans notre permission.....

En exécution de nos statuts avons conclud que tous nos juges, procureurs d'office et autres officiers de nos terres se rendront en chappitre le 23e du mois de may, suivant l'usage;

qu'à ces fins il leur sera escrit et envoyé copie de nostre présente conclusion, aux diligences de notre secrétaire.

18 mai. — Conclud que M. Dumas, vicaire de nostre esglise, sera adverty de venir demain en chapitre pour être admonesté et répondre sur ce qu'on l'interrogera, et recevra la pénitence qu'on luy enjoindra sur l'irrévérence qu'il a commise dans l'église de la Règle en faisant tomber les saintes fractions.

23 mai. — Sur l'advis qui a esté donné à MM. les officiers du Bourg pour se rendre icy conformément à l'usage de nos chapitres généraux, pour savoir d'eux s'il se passoit quelques désordres dans nos terres, après leur avoir demandé les désordres qui se commettoient dans nos juridictions et s'il y avoit d'authorité qui les trouble dans leurs fonctions, nous est répondu que non et qu'ils rendoient paisiblement la justice à chacun de nos juridicts; les avons admonestés de continuer dans leurs fonctions et de rendre la justice également aux pauvres comme aux autres, et faire pourvoir de tuteur les mineurs et généralement faire tout ce qui dépend de leur ministère, et de tenir la main que les procès criminels soyent jugés incessamment, et de veiller aux droits qui nous appartiennent, et de tenir leurs assises et bans généraux dans les endroits où il pourrait y avoir quelque contestation.....

16 juillet. — [Lettre du roi prescrivant le chant du *Te Deum* pour une victoire de Boufflers au Pays-Bas].

13 août. — Sur ce que la procession de la feste de l'assomption de la sainte Vierge a esté ordonnée depuis quatre années et qu'elle a esté faicte en surplis pendant deux années, conclud qu'à l'avenir elle se fera toujours en surplis, sans que MM. les doyen, chantre et archidiacre ni aucun de MM. les chanoines puissent être chappés....

25 août. — Conclud que nous avons permis à MM. Dargenteaux et Manent de défendre la chasse et la pesche dans toute l'estendue de nostre juridiction de la Chapelle-Blanche. Avons permis la mesme chose à M. Dumas dans l'estendue de nostre juridiction de St-Priest-Taurion et à tous les autres lieux dépendant de son gros......

23 sept. et 4 oct. — [Lettres du roi prescrivant le chant du *Te Deum* pour la prise de Brisach et la victoire de Hochstædt].

26 oct. — Les mesmes Messieurs sont commis pour examiner ce qui est dû aux curés, et vendre du bled pour les payer.

1 déc. — Conclud que nous avons donné par charité aux Pères Recollets la somme de 100 sols, qui seront alloués à nostre receveur.

2 déc. — [Lettre du roi prescrivant le chant du *Te Deum* pour la prise de Landau].

22 déc. — Conclud qu'à certain acte injurieux au chapitre et préjudiciable aux intérets du corps, du 13ᵉ décembre, signiffié par Roussaud à la requeste de MM. de Chevaille, doyen, de Verthamond, chantre, Martial Maledent l'ancien, Jacques de Verthamond et Léonard Rogier, il sera répondu par un autre acte qui sera signiffié aux susdits doyen et chantre et autres, à la requeste de M. de Douhet du Puismolinier, député et commis du chapitre...

1704. *4 janv.* —]Lettre du roi prescrivant le chant du *Te Deum* pour la prise d'Augsbourg].

20 janv. — Conclud que nous avons député MM. de Douhet de la Gorce et de Douhet du Puimolinier pour aller chés M. l'intendant pour luy représenter que nostre chapitre n'est pas sujet aux octrois et pour nous faire descharger du dit droit et imposition; en cas de refus par M. l'intendant, les avons commis pour faire les oppositions par un notaire.

11 avril. — Sur ce qui a esté exposé que le procès que nous avons pendant en la cour de parlement de Bourdeaux contre le sieur Malignaud, soubschantre, est désapprouvé par quelques particuliers qui disent que ce n'est pas l'affaire du chapitre et qui sont mesme intervenus pour favoriser les injustes prétentions dud. sieur soubschantre par un espoir d'intérest peu louable et pour avoir la protection de certains séculiers, parants et amis dud. sieur soubschantre, et que led. sieur soubschantre se vante beaucoup de lad. intervention, disant hautement que ce n'est qu'un effet de cabale de quelques particuliers et que led. sieur de Douhet du Puismolinier, député, n'est pas bien et valablement authorisé : a esté conclud en plein chapitre, en présence mesme de MM. le doyen et de Verthamon qui, contre nos statuts et l'usage de toutes les compagnies bien réglées, n'ont pas voulu sortir pour donner la liberté aux suffrages, attendu qu'ils sont suspects, étant tous deux du nombre des cinq opposants et intervenants au procès... que le dit procès est véritablement l'affaire du chapitre.......

7 mai. — Sur l'advis qu'on nous a donné que Cibar, un de nos vicaires, estoit souvent au cabaret, et après mesme l'avoir advoué, l'avons mulcté en 30 sols à aumosner au pain des pauvres que nostre receveur portera à l'hospital, et qu'il assistera demain et après-demain, en manteau long, à genoux au grand autel pendant matines, laudes, la grand messe, vespres, avec injonction de ne se plus ennyvrer, à peine de plus grande mulcte....

9 mai. — Sur l'advis qu'on nous a donné que Durand, un de nos vicaires. couroit les nuits et donnoit des serénades, l'avons mulcté et ordonné que demain.... il assistera à genoux devant le grand autel en manteau long.

20 mai. — Conclud qu'on apportera les anciens statuts, affin qu'ils soyent lus en chapitre pour les ratifier et confirmer.

Conclud qu'au cas qu'il y ait un théâtre à la place des Bancs, la procession passera par Crochedor le jeudy de l'octave-Dieu.

30 juin. — [Lettre du roi prescrivant le chant du *Te Deum* pour la naissance du fils de la duchesse de Bourgogne].

23 juillet. — Conclud que nous avons receu pour maistre de psallette sieur Marot, prestre et musicien, cy-devant maistre de psallette à St-Junien, aux gages ordinaires qu'on donnoit aud. sieur Cibar.

12 sept. — Conclud que nous avons accordé la somme de 10 ll. à M. le curé de Rosiers-Masléon pour les réparations du sanctuaire.

26 sept. — Conclud que nous avons commis et député MM. Ardant et Manent pour passer contract de baylie avec le sieur Langelie, pour sept années, aux conditions réglées en chapitre.

20 sept. et 18 oct. — [Lettre du roi prescrivant le chant du *Te Deum* pour les victoires remportées par le comte de Toulouse et le duc de Vendôme].

4 déc. — Conclud qu'il ne sera permis à aucun laïque, tel (*sic*) qu'il puisse estre, ni mesme aux enfans de chœur, de toucher nos calices ni de les porter sur les autels.....

1705. *28 fév.* — Conclud que MM. les maistres des bâtiments achèteront une aube pour envoyer à Vignols pour le service de MM. les députés lorsqu'ils iront pour les affaires du chapitre.

7 mars. — Conclud que M. Manent..... interviendra par requeste ou autrement au Parlement de Bourdeaux pour expliquer l'usage de nostre église dans la collation ou nomination des bénéfices de la part de ceux qui sont députés pour les affaires du chapitre, qui ont accoutumé de nommer par procureur.....

15 mai. — Sur ce qui a esté souvent proposé par plusieurs de nos Messieurs pendant le cours de l'année, attendu la nécessité présente et misère du temps, veu les charges et impositions extraordinaires sur nostre esglise, de remédier et pourvoir à certaines dépenses inutiles ou peu nécessaires et souvent abusives, ne pouvant y remédier dans les chapitres ordinaires, nous aurions remis à y pourvoir aux chapitres généraux; et pour cet effet..... a esté conclud : 1° qu'on ne fera pas de distribution en pain le jour du Jeudy-saint appelé de la cène, ni mesme le jour de la Pentecoste, ni qu'on ne donnera point la collation du mois d'aoust; qu'on ne donnera aux musiciens passants ni aux mendiants et autres pauvres qui se présentent; exhortant néanmoins les particuliers de les assister de leur charité, selon leur pouvoir et faculté; qu'il ne sera donné au père confesseur ou à son couvent que 12 setiers de bled.....; qu'il ne sera donné à Cybar, pour toucher l'orgue, que la somme de 12 escus par année.....; qu'il ne sera donné à Nadaud, choriste, que 10 escus par an; et qu'à l'avenir l'argent qu'on a commencé depuis peu à donner à certains religieux mendiants, par charité, pour avoir du bois ou autre chose, leur sera retranché, les renvoyant aux libéralités des particuliers......

19 juin. — Conclud que nous avons commis MM. Ardant et Dargenteaux pour prévoir *(sic)* aux offices de la semaine qui suit; lesquels mettront tous les vendredys dans l'aygle une feuille de papier pour servir d'advertissement.

27 juillet. — [Lettre de M. de Torcy demandant qu'il soit fait des prières pour le rétablissement de la paix en Europe].

9 oct. — Conclud que le chapitre présentera une requeste à MM. de la Chambre ecclésiastique pour nous faire descharger des impositions exorbitantes qui sont imposées sur nostre chapitre.

20 nov. — Conclud qu'on fera une cession aux PP. Jésuites des arrérages des rentes qui nous sont dues sur les ténemens de la Chappelle-Blanche à concurrence de ce qui peut estre deu aux dits Pères.....

27 nov. — Conclud qu'à l'advenir la pension du diacre et soubsdiacre sera..... réglée à la somme de 45 ll. chaque année, pour chacun d'eux; à quoy il est convenu verbalement avec nous.

1706. *18 janv*. — Conclud que nous avons donné acte à M. Boyer, prestre, bachelier de Sorbonne, de ce qu'il s'est présenté pour prendre possession du canonicat vacant par la mort de feu M. J.-B. Romanet, dont M. Michelon est déjà pourveu.

4 fév. — [Lettre du roi prescrivant le chant du *Te Deum* pour la prise de Nice].

12 fév. — Conclud que nous avons député et commis M. Desmaisons pour aller à Bourdeaux poursuivre l'affaire que nous avons contre les Carmes deschaussés [de Limoges, qui avaient bâti près le pont St-Martial au préjudice du chapitre].

20 fév. — Conclud que, attendu que M. Dubois, un de nos grands vicaires, de son mouvement ayant esté chés M. Dargenteaux luy faire excuse de ce que n'avait voulu porter la chappe par l'ordre du sieur Dargenteaux, et ensuite l'ayant fait appeler en chappitre, iceluy avait fait excuse aud. chapitre, l'avons déchargé de la mulcte qu'il devoit porter.

20 mars. — Sur ce qui nous a été représenté par M. Roumanet, chanoine commis pour assister aux comptes du sieur Dumas, nostre receveur, que le dit sieur Dumas n'a pas exécuté les clauses et conditions de son contrat de recepte, et que, par l'inspection de ses comptes, il se trouve redevable envers notre chapitre et envers plusieurs particuliers, ce qui pourroit dans la suite nous estre d'un préjudice notable et d'une conséquence dangereuse, s'il n'y étoit par nous pourveu ; que d'ailleurs, par la misère des temps, le chapitre se trouve devoir des sommes considérables et les Messieurs qui la composent ne jouir que d'un revenu très modique qui n'est pas suffisant pour leur subsistance : a été conclud que le sieur Dumas ne touchera à l'avenir aucun revenu de nostre chapitre ny ne s'immiscera dans la recepte d'iceux ny dans la gestion et administration de nos affaires, jusques à ce qu'il en ayt été par le chapitre autrement ordonné.....

16 avril. — A été conclud qu'on escrira deux lettres de complimens : une à M. de Canizi, nostre ancien evesque ; et l'autre à M. l'abbé de la Getinés (*sic pro* de Genétines), nommé à l'évesché de Limoges. Et avons commis M. Rogier, chanoine théologal, pour escrire les deux lettres.

23 avril. — Conclud que nous avons commis et député M. Ardant jeune pour faire assigner tous les curés qui nous doivent des redevances et qui sont en mesure de les payer, et pour faire contre eux toutes les poursuites et diligences qu'il avisera. Et l'avons pour raison de ce nommé et establi scindiq.

5 mai. — Conclud que l'ouverture des chapitres généraux est faite aujourd'huy, et ce par nostre reconciliation et confession générale faicte par un chacun de MM. les capitulans ; et a esté baillé l'absolution par M. le chantre de lad. église, selon et suivant la coutume et observation de nos statuts.....

7 mai. — Les dits sieurs du chapitre ont procédé à la nomination des offices et charges de l'église, de la manière qui s'ensuit : auditeurs des causes, Malledent et Ardant senior ; official, Ardant jeune ; promoteur, Mérigot ; gardes-clefs du trésor, Ardant jeune, Dargenteaux et Mérigot ; pointeurs, Dargenteaux et Delort ; visiteurs des églises dépendant du chapitre, Dargenteaux et de Douhet ; maistres des bâtiments, Romanet et Dargenteaux ; maitres du luminaire, Delort et Romanet; solliciteurs, Manent, Mérigot, Desmaisons et Delort; gardes-sceau, Maledent senior et Romanet; receveurs généraux, Romanet et Ardent junior; secrétaire et scribe, Chavagnac.

4 juin. — Conclud que nous avons taxé le droit de nostre secrétaire et le droit du sceau des provisions de tous les bénéfices qui dépendront de nostre nomination, collation et présentation, à la somme de 6 ll.

18 août. — Sur ce qui nous a été représenté par M. le doyen qu'il a eu avis certain de Rome par lettre missive du sieur Delacroix, banquier en cour de Rome, dattée à Rome le 20e juillet 1706, que l'évesché de Limoges a été préconisé en consistoire par Mgr le cardinal de la Trimouille, le 19e du mesme mois de juillet dernier, et qu'ainsi il est de nostre devoir de pourvoir au gouvernement du diocèse et de nommer et choisir à cet effet des vicaires généraux et autres officiers, a été conclud que mercredy prochain, 25e du présent mois, il sera assemblé un chapitre *ostiatim* à l'issue de vespres pour procéder à la nomination et élection des dits officiers.

23 août. — Sur ce que M. le doyen nous a dit qu'il luy étoit venu un exprès luy porter la nouvelle de la mort du sieur Jaubert, curé de Teigeac, dépendant de la nomination du sgr l'évesque, et que la ditte cure est dévolue au chapitre à cause de la vacance du dit évesché, et attendu qu'il n'y a point de grands vicaires nommés par le chapitre, conclud que nous avons nommé M. le doyen pour vicaire général et donné plein pouvoir de nommer aux bénéfices, régir et gouverner le diocèse, jusques à ce que le chapitre aye nommé des vicaires généraux, et a nommé M. Chavagnac pour secrétaire pendant la vacance du siège.

31 août. — Conclud que le contrat a été ratiffié portant cession du droit de prélation, lods et ventes d'une maison scituée dans la Cité, près de l'*Agneau pascal*.....

3 sept. — Conclud que MM. les gardes-clefs du trésor donneront à M. Chambon des copies vidimées des statuts des années 1550 et 1552.

12 oct. — Conclud, après que M. le doyen s'est retiré, sur la nouvelle que nous aurions eu de la préconisation de Messire de Charpin de Genétine, comte de Lyon et abbé de Peybrac, nommé à l'évéché de Limoges, faicte à Rome le 19ᵉ juilhet de la présente année par la démission de Messire François Carbonel de Canisi, nostre évesque, le chapitre convoqué extraordinairement, nous nous scrions assemblés le 23 aoust dernier, pour nommer des grands vicaires, croyant que le siège était vacant après lad. préconisation, et les sentiments s'étant trouvez partagés pour la vacance, les uns assurant qu'il ne fallait que la préconisation et les autres alléguant que la proposition ou acceptation de nostre S. P. le P. était nécessaire pour que le siège fut vacant, il fut conclu pour la conservation de nos droicts qu'en attendant qu'on nommat des grands vicaires le sieur doyen en fairoit les fonctions et qu'on luy en donneroit le pouvoir, comme il fut fait. En conséquence on détermina une assemblée ou chapitre extraordinaire pour le 26ᵉ dud. mois d'aoust, où nous étant assemblés et étant mieux instruits du temps de la vacance, on auroit conclud que la proposition ou acceptation étoit nécessaire. Et n'ayant aucune nouvelle certaine de lad. acceptation, on auroit retracté le pouvoir accordé aud. sieur doyen. Et comme nostre secrétaire était sur le point de mettre sur le registre l'acte de rétraction, le sieur doyen l'auroit empesché, en promettant et donnant sa parole qu'il ne se serviroit plus du pouvoir à luy accordé et qu'il ne fairait plus les fonctions de grand vicaire. Mais étant venu à nostre connaissance par les actes que les sieurs grands vicaires de Messire Carbonel de Canizi, nostre évesque, auraient faicte au chapitre, que led. sieur doyen aurait continué les fonctions en nommant aux cures et bénéfices vaquans par le décès des titulaires, on auroit assemblé aujourd'huy le chapitre extraordinairement pour s'opposer à ces entreprises.....

14 et 15 oct. — [Nombreux actes relatifs à la nomination des vicaires généraux]:

8 nov. — Conclud, sur la proposition qui nous a été faicte par M. le doyen, qu'il sera faict des prières publiques pour le sacre prochain de Mgr de Genétines, nostre évesque, suivant le mandement que MM. les vicaires généraux jugeront à propos de dresser pour raison de ce.

1707, *10 janv.* — [Lettre du roi prescrivant le chant d'un *Te Deum* pour la naissance d'un fils de la duchesse de Bourgogne.]

10 fév. — S'est présenté en nostre chapitre M. Me Julien de Tanoarn, prestre, docteur de Sorbonne, supérieur du séminaire de Limoges, au nom et comme procureur de Messire Anthoine de Charpin de Genétines, seigneur évèque de cette ville, fondé de sa procuration spécialle,...... lequel a dit qu'en conséquence du placet de Sa Majesté, le dit sgr évesque a obtenu ses bulles dudit évêché de Sa Sainteté, qu'il mit dès ce jourd'huy aussy bien que led. placet et procuration entre les mains dud. sieur doyen pour nous les communiquer, ce qui a été faict. A ces fins, il nous a requis de le vouloir mettre, en vertu de lad. procuration, en la possession dud. evesché pour led. sgr de Genétines, sous l'offre qu'il a fait de prester le serment au cas requis,......

2 avril. — Conclud que nous avons commis et député M. Romanet pour aller à Séreilhac..... pour nous faire payer tant de la redevance de 60 ll. à nous dhue par le sgr de Rochefort que de l'afferme des dixmes en argent de ses domaines ; et en cas de refus contraindre le sieur Renoux, receveur dud. sgr de Rochefort, par les voyes de justice.

2 mai. — Sur l'advis que M. nostre doyen nous a donné de l'arrivée de Mgr de Genétines, nostre évesque, conclud que nous avons député MM. les doyen, Maleden, etc, pour l'aller visiter et complimenter de la part et au nom du chapitre.

17 mai. — Conclud que M. Manent faira toutes les poursuites qui seront nécessaires pour faire payer M. Verthamon de Lavaud, sgr de Bussière, de tous les arrérages qu'il nous doit de la fondation faite par feu M. de Verthamon doyen.

3 juin. — Conclud que nous avons commis et député M. Boyer pour faire les visites des cures qui dépendent de nous dans le Bas-Limousin, à savoir de celles de Vignol, Troche, Julhiat, Objat, Seilhac, St-Augustin.

25 juin. — Conclud que M. Roumanet et M. Dargenteaux sont commis pour affermer nostre pressoir à Mgr de Limoges et le plus avantageusement qu'ils pourront.

16 sept. — Conclud qu'il sera donné 30 ll. pesant de viande pour la nourriture des pauvres malades de la ville et cité, et ce une fois payé, par charité.

1708, *21 janv.* — Conclud que nous avons accordé aux héritiers de feu M. Champaud, curé de Soubrevaux (*sic pro* Soubrebost) droit de ban et de sépulture dans la chapelle de l'église paroissiale de Compeix, comme seigneurs et curés primitifs de lad. paroisse de Compeix.

10 fév. — Sur ce que M. le doyen nous a représenté que la lettre de change de 525 ll. que nous devons au sieur Masleaux, maître bassinier de cette ville, eschèra le 13ᵉ de ce mois et que nous ne sommes pas quant à présent en estat de l'acquitter, nous avons prié et commis M. Mérigot, chanoine, qui a tiré et signé la dicte lettre d'eschange pour nous faire plaisir, de vouloir la renouveller encore cette année en nostre nom et en qualité de nostre sindic. Pour raison de ce, est conclud comme autrefois que nostre chapitre relèvera indemne led. sieur Mérigot de tous les événemens de lad. lettre d'eschange.

24 fév. — Conclud que le 13ᵉ mars, jour de samedy, l'on tapissera le chœur de toutes les tapisseries à l'occasion de l'ordination que Mgr l'évêque doit faire dans l'église, et qu'en pareille occasion on en faira de même.

1711. *20 mai.* — Sur ce qui nous a esté représenté par nostre receveur de Vignol, que les pauvres de la paroisse estoient en grande nécessité, a esté conclu qu'il fera incessamment donner aux dits pauvres la quantité de 5 setiers de bled seigle, mesure du chapitre, et pareille quantité de 5 setiers de bled seigle aux dits pauvres à la St-Jean-Baptiste prochain......

12 juin. — Conclu qu'il sera donné aux RR. PP. Cordeliers la quantité de 19 setiers de bled seigle, mesure de Bennévent, à prendre et percevoir sur nostre receveur du Bourg...... moyennant quoy le chapitre demeurera deschargé envers le P. gardien [des Cordeliers] de la rétribution qu'on paye pour confesser Messieurs, à raison de 60 ll. par an...... ensemble sera déchargé dela rétribution qu'on donne aux RR. PP. pour assister aux processions.

10 juillet. — Conclu que la charge et emploi de sousdiacre de cette église a esté donné au sieur François Legrand, diacre.....

A esté conclu que M. Malleden de Laborie s'obligera envers les RR. PP. Jacobins pour la somme de 78 ll. qui leur sont dues pour raison des frais faits pour l'enterrement de M. Pabot un de nos confrères.

30 juillet. — Moyens d'oppositions formés par moy soubsigné..... à la ratification et approbation requise et demandée au chapitre par M. de Douhet de Puymolinier, chanoine, de certaines nulles et abusives collations qu'il prétend sans aucun fondement ny apparence de raison avoir faictes des deux sacristies de la présente église..... Pour premier moyen d'opposition dit que les sacristies ne sont pas vacantes..... Second moyen d'opposition : l'inhabileté et incapacité de ces prétendus pourveus..... témoin la risée générale et scandaleuse par eux causée et excitée, dimanche dernier, aux premières vespres de Saint-Estienne, lorsque ces deux nouveaux officiers se présentèrent, leur encensoir à la main..... On pourra juger de la capacité de l'autre pour les cérémonies par l'employ qu'il vient récemment de quitter : il servoit à Bourges, chez les PP. Bénédictins, en qualité de portier et palefrenier..... Troisième moyen d'opposition : ces deux prétendus sacristains sont deux estrangers, qui n'ont point donné de caution pour la sécurité de l'argenterie et des ornements dont ils doivent répondre et dont la valeur est de plus de 20,000 ll.

1712. *8 janv.* — S'est présenté par devant nous M* Gilles Le Duc, prestre, docteur en théologie, curé de Saint-Maurice, lequel nous a dit et exposé qu'il a esté nommé à la vicairie ou chapellenie appelée de Thouard, fondée en nostre esglise à l'autel de Saint-Joseph; laquelle vicairie est vacante par le décès de M. Michel de Verthamond, chantre et chanoine de nostre église, et ce par M. Jacques Faucher, patron laïque d'ycelle.....

15 janv. — Sur ce qui nous a esté représenté par M* Jean Munier, nostre procureur d'office, qu'il avoit esté commis un homicide au milieu du bourg de St-Priest-Thorion en la personne d'un voiturier, le dit bourg estant de nostre justice, de la connaissance duquel délit le juge du sieur Romanet s'est emparé au préjudice du juge de nostre chapitre : a esté conclu que le sieur Munier nostre dit procureur d'office fera tous actes requis et nécessaires tant pour vendiquer la cause que pour se faire remettre la procédure qui a esté faite par le juge du sieur Romanet.

21 janv. — [Lettre du roi prescrivant des prières publiques pour la conclusion de la paix].

15 mars. — Conclu qu'il sera fait, mercredy prochain, pour le repos des âmes de Mgr le Dauphin et de Mad. la Dauphine un service dans nostre église.

8 avril. — Conclu que notre receveur remboursera à M. de Douhet la somme de 50 sols qu'il a payée aux musiciens qui ont chanté la messe du sinode.....

27 mai. — Conclu qu'il sera donné un escu de cent sols à M. Dufour, avocat, pour les fonctions qu'il a rendues en la dite qualité d'avocat au chapitre.

6 juin. — Sur ce qui nous a esté représenté par M. de Verthamond, chantre, que l'intervalle qu'il y a de prime à la grand messe n'est pas suffisant aux bénéficiers prestres de nostre église de dire leur messe et ensuite de se trouver à la grand messe, n'y ayant pas une assés longue intervalle : conclu et statué qu'à l'avenir on ne sonnera le premier coup de la grand messe qu'à 8 heures et demy à comter de ce jourd'huy, depuis Pasques jusques à la St-Michel, et de la St-Michel jusques à Pasques à 9 heures.

Sur ce qui nous a esté représenté par MM. les chanoines pointeurs que, depuis plusieurs années, on n'observe plus les mesmes solennités et cérémonies qui s'observoient autrefois à la sépulture de MM. les chanoines, tant à l'égard de la sonnerie de la nuit qui a esté retranchée, que de la vigile et psautier qui ne sont plus en usage dans nostre église, et que d'ailleurs la musique, qui y estoit autrefois nombreuse, y est à présent réduite par la misère du temps à un maître de psallette et quatre enfants de chœur, et que pour ces raisons et d'autres il seroit expédient de régler les distributions de ceux qui assistent et servent aux dites sépultures : à quoy ayant égard et après une meure délibération, a esté concédé qu'à l'avenir chacun des 14 vicaires de nostre chœur qui assisteront à l'office entier de la sépulture d'un de MM. les chanoines, aura 6 sols de distribution.....

11 juin. — Conclu qu'il sera donné à Anthoyne Bret, cydevant un des enfants de chœur de nostre église, la somme de 30 ll. pour estre employée à lui faire apprendre son mestier de tailleur.....

15 juillet. — Conclu qu'on a accordé la présence à M. de Verthamond, chantre, pour aller continuer ses estudes en Sorbonne à Paris.

2 sept. — Conclu qu'il sera donné aux RR. PP. Recollets la somme de 5 ll. par forme d'aumône et en considération du chapitre général qui se tiendra en cette ville.

27 oct. — [Lettre du roi prescrivant le chant du *Te Deum* pour la prise de Bouchain].

4 nov. — Conclu qu'il sera donné à M. Sire, docteur en médecine de la ville de St-Junien, une délégation de la somme de 200 ll. à prendre et recevoir sur nos fermiers de la Nouaille.....

1713. *25 fév.* — Conclu que le chapitre a révoqué et révoque M. Brun, procureur de nostre dit chapitre dans l'affaire que nous avons contre le syndic des Bénédictins de Limoges au subjet des rentes du moulin d'Auzete, et avons constitué M. Bourgade pour nostre procureur dans ladite affaire, au lieu et place dud. sieur Brun.

21 mars. — Acte de l'opposition faite par Mgr l'evesque de Limoges.... à la conclusion capitulaire du 18 du présent mois, qui accorde la présence à M. Desmaisons pour avoir fait la distribution des grains.

Conclud que M. Mérigot rendra assigné le sieur Delafosse, curé de la Meyse, au présidial de cette ville de Lymoges pour s'y voir condamner à payer au chapitre la redevance par luy deue aud. chapitre.

24 mars. — MM. tenant le chapitre, ayant délibéré sur la conclusion capitulaire du 18 du présent mois, qui accorde la présence pour 24 jours à M. Desmaisons, chanoine, ont conclu que lad. conclusion était de nul effet et valeur et comme non advenue, attendu qu'elle est contraire aux statuts du chapitre pour avoir été tenue et délibérée pendant le temps de la grand messe, temps prohibé par lesd. statuts.

9 mai. — Conclu que nous avons commis MM. Ardant senior et de Douhet du Puymolinier pour emprunter la somme de 1,200 ll. en rante constituée, laquelle somme sera employée à rembourser, scavoir 500 ll. à M. Garat, controleur du domaine de la présente ville, et celle de 700 ll.... à M. Gadaud, chanoine de nostre église, et ce sur le principal et non sur les intérests.

Conclu que M. Gadaud se portera au Bourg avec nostre receveur et le sieur Ruaud, procureur ès sièges royaux de cette ville, pour obliger nos officiers à faire le deu de leurs charges au subjet de l'homicide commis en la personne du sieur de la Renardine ; la connaissance duquel délict appartient à nostre juge du Bourg comme ayant esté faict dans l'estandue de nostre justice et non dans celle du sieur Chambourau, le juge duquel s'est saisi de la connaissance du délit à nostre préjudice.....

17 mai. — [Lettre du roi prescrivant le chant du *Te Deum* à l'occasion de la conclusion de la paix].

19 mai. — Conclu que MM. Ardant sénior et Mérigot sont commis et députés pour terminer et transiger avec M. de Chalusset au subject du procès qui est pendant au parlement de Toulouse pour la directité du ténement de Bellegarde, paroisse de Boisseuil.

23 juin. — Sur ce que plusieurs de nos Messieurs nous ont raporté leur plaintes au subjet du sieur Lhéraud, un de nos sacristains, qui leur avoit plusieurs fois refusé d'un air insolent de leur rendre les services attachés à son employ de sacristain, ne voulant ny les chapper ny les déchapper et leur disant à chaque jour des duretés, s'estant rendu inutile et ne fesant aucune de ses fonctions, au préjudice des avertissements et monitions qui luy ont esté faictes tant en chapitre qu'en particulier, a esté conclu qu'il sera mulcté de la somme de 30 sols..... et que led. sieur Lhéraud sera appellé pour luy faire la correction et luy déclarer que, s'il ne se corrige, il y sera pourveu. Sur quoy led. sieur Lhéraud s'estant présenté et M. le doyen luy ayant dit de la part du chapitre ce que dessus, led. Lhéraud se seroit emporté jusqu'à dire qu'il connoissoit à présent que tout le chapitre resvoit; et ayant mis son chapeau sur sa teste, auroit crié à haute voix et levant les bras en menaçant, que tous les Messieurs estoient des impertinents et ravaudeurs à fond. Après quoy se seroit retiré avec impétuosité et parlant confusément sans qu'on ait pu comprendre ce qu'il disoit, ce qui a causé un grand scandale dans notre chapitre. Pour à quoy obvier, a été conclu que led. Lhéraud sera cité pour comparoir samedy prochain....

3 nov. — Conclu qu'on a accordé à M. Maledent du Puisnimbert (sic) sa présence pour aller demeurer au séminaire de St-Sulpice de Paris, en par luy envoyant à MM. du chapitre une attestation de MM. dud. séminaire comme quoy il y demeure, et cela de six en six mois.

30 déc. — Conclu que MM. Romanet et Ardant senior donneront 45 sols aux musiciens étrangers que nous avions employés pour chanter le *Te Deum*, dimanche passé.

1714. *26 janv.* — Conclu que nous avons alloué le compte ce jourd'huy présenté par M. Périère, chanoine, des frais qu'il avoit faits par l'ordre du chapitre pour la poursuitte du procès que nous avions en la sénéchaussée de Montmorillon contre le sieur Lagrange, curé de St-Maureil; et demeure led. sieur deschargé de la somme de 120 ll. que nous luy avions donnée pour fournir à la poursuitte dud. procès....

27 janv. — Conclud que nous avons commis MM. Ardant senior et Roulhiac, chanoines de nostre église, pour finir et terminer à l'amiable le procès que nous avons pendant au parlement de Bourdeaux à la segonde [chambre] des enquestes, au rapport de M. de Chavaille de Fougeras, contre les RR. PP. Bénédictins de l'abbaye de St-Augustin de Limoges, au subjet de la rente qu'ils prétendent avoir sur le moulin d'Auzette....

28 janv. — Conclud que nous avons commis MM. Ardant senior et Roulhiac pour recevoir la somme de 270 ll. des RR. PP. de la congrégation de l'Oratoire de Jésus, qu'ils doivent à nostre chapitre pour raison du droit d'indemnité des biens qui leur ont été adjugés.... en la paroisse d'Isle.

....

1717. *9 juillet.* — Conclu que nous avons deschargé M. Mérigot, chanoine et scindic, de l'assignation qui luy a été donnée par devant M. l'intendant à la requête de M. Louys Haulier, chargé des recouvrements des amortissements.

23 juillet. — S'est présenté en sa personne M. Me Jean Peyrière, prestre, docteur en théologie, chantre de l'église collégiale de St-Martial de cette ville, cy-devant chanoine de nostre église, lequel nous a humblement requis de vouloir luy accorder le droit de veterance et de chanoine honoraire de nostre ditte églize, avec les prérogatives dont ont accoutumé de jouir ceux de MM. les chanoines qui, après avoir servi paisiblement pendant l'espace de six ans entiers, se démettent de leurs canonicats et prebendes, conformément aux statuts de nostre églize. Nous inclinant à sa juste demande, luy avons accordé le droit de vétérance.....

20 août. — Sur ce qui nous a été représenté par M. de Verthamond, chantre de notre église, que les dames religieuses de la Providence de cette ville souhaiteroient faire unir à leur couvent le prieuré appelé de St-Maurice et la vicairie de Notre-Dame du Puy fondée dans la chapelle qui porte ce nom, située dans la cité, paroisse de St-Maurice, laquelle dite chapelle sert actuellement d'église aux dittes dames religieuses; pour quoy faire M. le chantre auroit demandé au chapitre son agréement pour qu'il consentit à la ditte union, comme étant patron et collateur des dits prieuré et vicairie de N.-D. du Puy à cause de sa chantrerie : nous, ayant égard à sa demande et voulant favoriser le désir des dittes dames avons conclu que nous luy avons donné notre consentement.....

27 août. — [Nomination de Léonard Romanet, bachelier de Sorbonne, curé de St-Maurice en la cité, à la vicairie de Thouars, fondée à l'autel St-Joseph de l'église cathédrale, la dite vicairie vacante par le décès de Me Gilles Le Duc, dernier titulaire].

1718. *21 janv.* — Conclu qu'il sera donné à M. Ferret par mois la somme de 5 ll. pour apprendre à Jacques, nostre enfant de chœur, à jouer du violon, et pour assister au chœur toutes les fois qu'il y aura musique pour y jouer du violon.

28 janv. — Sur la demande que vient de nous faire M. Malignaud, chanoine et souschantre, de vouloir ratifier et homologuer la nomination et collation faite en faveur de M. Pierre de Gain, prêtre, docteur en théologie, prévost d'Aubusson, du canonicat et prébende vacants par le décez de M. Pierre Rouard, conclu que nous avons ratifié..... la dite collation.

26 mars. — M. le chantre nous ayant représenté que Martin Dubois, un des quatorze grands vicaires du chœur de nostre église, auroit causé un grand scandale..... s'étant ennivré au point de tomber dans le chemin et ne pouvant se soustraire à cause de son ivresse, des soldats l'auroient porté et mené dans sa maison au grand scandale du public..... On a fait avertir le dit M*e* Dubois de se rendre en chapitre, aux fins d'être écouté sur ce fait et admonesté. M. le chantre même le luy auroit ordonné de nostre part. A quoy le dit Dubois n'auroit voulu obéir. Ce que voyant, et pleinement informés que ledit Dubois est sujet et enclin à de pareils excès..... nous avons jugé à propos et conclu que ledit M*e* Martin Dubois seroit multé.....

26 avril. — Conclu que sur le procès que nous avons contre M. Zacharie Chrestien, curé d'Objat en Bas-Limousin, au parlement de Bourdeaux pour les novalles et autres devoirs prétendus par le dit sieur curé d'Objat, nous avons donné plein pouvoir à M. Roulhiac, chanoine.....

11 et 12 mai. — [Trois délibérations relatives à la réforme de quelques usages liturgiques].

13 mai. — Ayant fait lecture pendant nos chapitres généraux d'un rituel ou pour mieux dire d'un processionnel imprimé depuis peu par ordre de Mgr l'évèque de Limoges à l'usage du diocèse, nous aurions remarqué qu'on auroit oublié d'insérer ces mots ou cette clause ordinaire: *De l'avis et du consentement du chapitre*, et qu'on auroit adjouté à la fin de ce même processionnel un changement contraire à l'ordre de la marche observé de tous temps lorsque les deux députés de nostre chapitre ont l'honneur d'accompagner le seigneur évêque pour se rendre dans la grande salle où se tiennent les synodes. Et comme cette omission, d'une part, et cette addition, de l'autre, sont contraires aux droits et usages de nostre église et de toutes les églises cathédrales, nous avons commis et député MM. Michelon, archidiacre, et Gadaud, chanoine, pour se rendre auprès du sgr évêque de Limoges, aux fins de luy faire nos humbles remontrances sur ce subjet, persuadés que l'omission de la clause susdite et le changement porté à l'ordre de la marche au sinode, ont été faits sans qu'il en aye été averti, d'autant mieux que le sieur chanoine par nous commis pour assister à la confection du dit processionnel à la réquisition du sgr évêque nous a paru étonné de la susditte omission et du susdit changement, et a déclaré n'en avoir jamais été parlé en sa présence.

28 mai. — [Délibération portant sur la responsabilité encourue par un sacristain qui, pour avoir gardé sous clef la croix et les encensoirs, a retardé la procession des rogations].

Il a été représenté que Me Dumas, un de nos vicaires du chœur, fait sa résidence et demeure actuellement, à pot et à feu, dans une hotellerie à cabaret qui a pour enseigne l'*Aigle d'argent*, au préjudice des fréquentes monitions qu'on luy a faites pour raison de ce. Après avoir même promis qu'il en sortiroit, cependant il n'a point obéi aux ordres qu'il a receus du chapitre d'en sortir. Nos statuts et réglements estans à ce contraires et même le public en étant mal édifié, pour à quoi remédier, a été conclu que le dit Me Dumas sortira incessamment de la dite hostellerie et choisira une maison convenable à son estat....

31 mai. — [Renouvellement fait, à la requête du promoteur, des ordonnances qui défendent aux ecclésiastiques « de fréquenter les cabarets et autres lieux de débauche sur peyne de multe et amende pécuniaire, applicable en aumône, et même de suspension encourue *ipso facto* »].

2 juillet. — Conclu que nous avons délivré et affermi à Mlle Rose Segont et à Pierre Alluaud nos dixmes de la Chapelle-Blanche pour cette année seulement..... moyennant la quantité de 64 setiers blé seigle, mesure de nostre chapitre.....

27 sept. — Sur l'avis que nous avons reçu du décès de Mᵉ Jean Forrest, nostre juge du Compeix, nous avons nommé pour juge du dit Compeix Mᶜ J.-B. Limousin, lieutenant de la juridiction de Bourganeuf.

1 oct. — Sur ce qui nous a été représenté par M. le chantre que Mᶜ Mathurin Bigore, prêtre du diocèse de Quimper, musicien, ayant une voix de basse-taille, seroit en estat de bien soustenir nostre chœur et faire sa partie dans la musique, nous l'avons receu et avons conclu qu'il lui sera donné par mois la somme de 15 ll. à commencer de ce jourd'huy.

21 oct. — M. le chantre nous ayant porté ses plaintes contre maître Layraud, sacristin de nostre église, qui continuant toujours à s'acquitter fort mal des devoirs de sacristain, s'est avisé depuis quelque temps de troubler l'office en chantant d'une manière discordante et tout à fait extraordinaire, malgré les avertissements qu'on lui a fait plusieurs fois... Pour cet effet il a été conclu que ledit Layraud viendra en chapitre demander pardon à M. le chantre, et pour le scandale causé plusieurs fois par le dit Layraud, il sera multé de la somme de 20 sols applicable aux pauvres de l'hôpital général.....

1719. *17 avril.* — [Insinuation, à la requête de Mᵉ Jean Queyroulet, docteur en médecine habitant à St-Yrieix, des lettres de bachelier en théologie obtenues en l'université de Toulouse par autre Jean Queyroulet son frère, vicaire de Pibrac, près Toulouse].

13 mai. — Sur ce qui nous a été représenté par quelques uns de nos messieurs que nos processions solennelles étoient peu fréquentées et que même nos vicaires du chœur se donnoient la liberté de s'en absenter, après une mûre délibération a été conclu qu'il seroit distribué à chacun de MM. les chanoines qui assisteront aux dites processions générales, scavoir des jours des Rameaux, de Saint-Marc, des Rogations, l'octave du Saint-Sacrement et N.-D. d'aoust, la somme de 10 sols et à chacun des vicaires de chœur le tiers.....

19 mai. — Sur la requisition qui vient de nous être faite par les RR. PP. Jésuites du collège de cette ville..... aux fins que nous eussions à leur accorder notre certificat comme le prioré de St-Jean évangéliste, appelé d'Aureil, au diocèse de Limoges, uni aud. collège, relève immédiatement de notre chapitre soit pour le spirituel, soit pour le temporel : [a été] conclu qu'attendu la vérité du fait et conformément à nos titres dont il sera délivré copie par collationé, si besoing est, il sera délivré le certificat, scavoir que..... led. prioré..... relève immédiatement pour le spirituel et le temporel de notre chapitre comme étant les premiers fondateurs dud. monastère et prioré et que les religieux étaient en droit et possession d'élire leur prieur, étant toutefois obligé de faire scavoir à notre chapitre lorsque le prioré venoit à vacquer; qu'ensuite les prieurs élus par les religieux étoient obligés de prendre dud. chapitre la confirmation de leur élection et de rendre foy et hommage au chapitre aussitôt après leur réception, et que, lorsque les religieux dud. monastère avoient procédé par élection défectueuse, led. chapitre avoit toujours été en droit et possession de nommer le prieur *jure devoluto*. Tout ce que dessus est justifié par les titres qui sont dans notre trésor en bonne et probante forme (1), en date des 6 juillet 1460, 3 mars 1490, 18 sept. 1494 et 10 déc. 1551.

23 mai. — Conclud que sur la demande que M. de Guains, chanoine de nostre église, nous a faite de lui accorder sa présence pour aller boire les eaux à Vicq en Auvergne, en ayant besoing pour sa santé, conclud que nous lui avons accordé sa présence pour le temps qu'il en aura besoin pour raison de ce.

7 juin. — Sur ce qui nous a été représenté par M. de Verthamon, chantre, qu'il a été fait un mandement par Mgr l'évêque, adressé à son clergé relevant de luy, pour obtenir de Dieu la pluye à présent si nécessaire pour la conservation des biens de la terre, nous capitulairement assemblés, relevant immédiatement du St-Siège, avons conclu et délibéré, concluons et délibérons que, comme nostre principale fonction est de prier continuellement pour le besoin des peuples de ce grand diocèse, nous sommes dans la conjoncture pré-

---

(1) Cf. notre *Invent. des arch. dép. de la Haute-Vienne*, D. 668 à 670.

sente indispensablement obligés de redoubler nos vœux et nos prières pour eux, affin qu'il plaise au Seigneur de faire descendre du ciel une pluye salutaire qui donne à la terre la fécondité dont nous avons besoin pour continuer de le servir avec plus de zèle et de reconnaissance. A ces causes, nous ordonnons que dans notre église on dira tous les jours..... la collecte marquée dans le missel *ad petendam pluviam*..... Ordonnons que notre présent mandement sera imprimé, leu et affiché aux lieux accoutumés.....

1 sept. — Conclu que nous avons commis et donné plein pouvoir à MM. Roulhac et Romanet, prêtres et chanoines de nostre église, pour compromettre et soumettre à la décision des advocats des parlements de Paris ou de Bourdeaux, tels qu'ils jugeront à propos, le procès intenté à la requête de nostre scindic..... contre le scindic de l'abbaye de Grandmond et évoqué par devant nos seigneurs du grand conseil par ledit scindic de l'abbaye de Grandmond..... en ce que le procès sera décidé et jugé en toute rigueur de droit et conformément à la jurisprudence du parlement de Bordeaux dans le détroit duquel la rente contestée se trouve située.

M. Ardant, official pour le chapitre, nous a représenté que M. Mérigot, chanoine et nostre promoteur, étoit depuis longtemps absent pour les affaires de nostre église, et qu'il pouvoit avoir besoin à toute heure de son ministère pour rendre la justice qu'il convient. Il a été conclu que M. Romanet, chanoine, seroit nommé vice-promoteur pour par luy en faire les fonctions.

24 oct. — Sur la demande que vient de nous faire M. Barthélémy Layraud, marchand de la ville d'Eymoutiers, de vouloir le décharger de l'argenterie dont feu Me François Layraud, son frère, étoit chargé en qualité de sacristin de nostre église, et dont le dit Layraud étoit caution..... l'avons deschargé de l'argenterie dont feu son frère étoit chargé, attendu qu'il nous la représente au même état qu'il est porté par le procès verbal qui en fut fait....

27 oct. — Sur la demande que vient de nous faire M. Guérin, chanoine, de vouloir luy accorder sa présence pour continuer son cours de théologie aux Pères Jacobins de cette ville..... conclu que nous avons accordé.....

17 novembre. — Sur la plainte faicte par Mgr l'évêque en chapitre assemblé *ostiatim*, le 1ᵉʳ aoust de la présente année, au sujet du mandement fait par le chapitre, du 7ᵉ juin de la mesme année, le chapitre pour donner satisfaction au sgr évêque se seroit assemblé diverses fois et en dernier lieu le présent jour, et après une mure délibération, il a été conclu que le mandement du 7ᵉ juin dernier, fait par le chapitre, seroit déclaré pour non advenu en ce que Mgr l'évêque faira mention, comme il a promis, de la clause ordinaire, après en avoir conféré avec nos vénérables frères les doyen et chanoines de nostre église, dans tous les mandemens de droit ou d'usage qui se feront à l'avenir en son nom ; la présente déclaration faite sans préjudicier aux droits, privilèges, immunités du chapitre et église de Limoges.

1720. *12 janv.* — M. le doyen nous ayant représenté que M. Rogier, nostre théologal, étant décédé depuis le 9 de ce mois dans sa maison, après avoir receu tous les sacremens qui luy ont été administrés par M. Dargentaux, chanoine de nostre église, suivant nos usages, il seroit à propos d'indiquer incessamment un jour pour procéder à l'élection, nomination et collation de la prébende théologale vacante par le décès du dit sieur Rogier : conclu que pour cet effet nous avons indiqué un chapitre *ostiatim* pour lundy prochain...,

15 janv. — [Procès-verbal de l'élection du sieur Thévenin, licencié en Sorbonne. comme chanoine théologal, en remplacement de feu Léonard Rogier].

19 janv. — [Prise de possession de la chanoinie théologale par le dit Thévenin].

Ibid. — [Nomination de Jean Belut, notaire royal, comme procureur fiscal de la juridiction du chapitre, en remplacement de feu Jean Mousnier].

15 fév. — Nous ayant esté représenté par le sieur Mérigot, [chanoine], qu'il est deu aux filles religieuses de N. D. de cette ville la somme de 1,500 ll., conclu que nous avons commis et député MM. Mérigot et Gadaud, chanoines, pour rembourser la dite somme...

16 fév. — Conclu que la somme de 1,900 ll. que.... nostre trésorier a receue.... du fermier de nos terres de Vaussé et Monseau... seront employées au remboursement de la somme de 2,000 ll. de capital que nous devons aux dames religieuses de Ste-Ursule de la ville de Limoges.

26 avril. — Conclu qu'il sera accordé à M⁰ Silvain Ville-thivaux, practicien, habitant du Bourg de Salaignac, des lettres de notaire et de procureur postulant dans nos juridictions du Bourg et de Salaignac, et ce pour en faire l'exercice pendant le temps et terme de cinq années seulement....

27 mai. — [Renouvellement des ordonnances qui interdisent à tous ecclésiastiques « de fréquenter les cabarets, tavernes et autres lieux de débauche »].

26 juin. — Conclu que nous avons accordé sa présence à M. David, chanoine, pour aller à Bourdeaux poursuivre le procès de la confrérie de la Courtine contre le sieur Constant, dans laquelle le chapitre a droit d'avoir des confrères.

1721. *8 juin.* — Conclu que M. Mérigot, donnera un garde-dommage aux sieurs Dufour, hoste du *Soleil*, et Guibert, marchand galonnier, habitants de la présente ville, establis commissaires sur les revenus de nostre église, poursuite et diligence de M. Nicolas Géral Daucour, receveur et directeur des amortissements et autres droits.

27 juin. — Acte de ce que M. Ardant, chanoine et trésorier de nostre chapitre, a mis sur le bureau les trois billets de banque de chacun 1,000 ll. provenant de M. de la Bourgade, qui ont été visés par M. Maleden de Fonjaudran, subdélégué de M. l'intendant.

5 août. — [Lettre du roi prescrivant le chant d'un *Te Deum* à l'occasion de sa guérison].

25 août. — M. le doyen nous a exposé qu'il avoit assemblé le présent chapitre aux fins de lui communiquer une lettre de la part de M. l'intendant, qui prie le chapitre de nommer deux députés pour assister à une assemblée qu'il désire tenir des députés de différents corps de cette ville pour délibérer sur les précautions qu'on peut prendre au sujet de la maladie contagieuse dont nous sommes menacés.... Nous avons nommé pour nos députés MM. Desmaisons et Roulhiac, chanoines de nostre église.

....(1)

1762, 8 fév. — En conformité de la conclusion capitulaire du 7° du courant, nous nous sommes transportés processionnellement à l'issue de notre grand messe en la maison canoniale qu'occupait feu M. Malledent du Puinimbert, chanoine, duquel nous avons fait l'enlèvement et porté en notre église pour y être inhumé dans le cavot (sic) ordinaire de MM. les chanoines.....

16 fév. — M. Romanet, chantre, a dit que M. Verthamon, chanoine de nostre église, estoit décédé ce jourd'huy, environ les deux heures après minuit, et qu'il convenoit de députer suivant l'usage deux de nos Messieurs pour faire compliment à MM. les parents du défunt et convenir du jour et heure de l'enlèvement.....

3 mai. — Annuel pour M° Nicolas de Besse, cardinal, évêque de Limoges.

6 mai. — Nous les doyen, chanoines et chapitre de l'église de Limoges, relevant immédiatement du Saint-Siège, capitulairement assemblés et tenant nos chapitres généraux, lecture nous ayant été faite de notre conclusion capitulaire du 5° du courant, par laquelle toutes les charges de notre chapitre furent déclarées vacantes et qu'on procédera à la nomination d'icelles..... avons nommé comme nous nommons : pour officier général M. Garat; pour promoteur, M. Devoyon senior; pour gardes-sceau, MM. Ardant de Bréjou et Marchandon; pour le luminaire, MM. Devoyon senior, Boisse et Ardant du Pic; pour maîtres des bâtiments, MM. Bonabry et Talandier; pour sindics, MM. Bonabry, Devoyon et Deluret; pour gardes-clefs des archives, MM. Devoyon senior, Bonabry et Deluret; pour visiteurs des églises MM. Puiredon et Ardant du Masdupuy; pour visiteurs des malades, MM. Boisse et

---

(1) De février 1722 à août 1761 il y a une lacune dans la collection des registres capitulaires. 1763 manque également.

Garat, théologal ; pour pointeurs, MM. Thévenin et Boisse ; pour trésorier des gros et de la bourse commune, M. Garat, théologal ; pour trésorier des anniversaires, M. Thévenin ; pour receveur des grains M. Devoyon, junior ; pour faire le partage des dits grains MM. Garnier, Ardant de Bréjou et Puiredon ; pour avoir soin de nos terres et donner les investitures MM. Bonabry, Devoyon et Deluret ; pour secrétaire, M. Puiredon.

12 mai. — Sur ce qui a été exposé par M. Garat, chanoine théologal, que la recherche des statuts, dont il avoit été chargé conjointement avec M. Romanet, chantre, était un ouvrage de trop longue durée et qu'ils désiroient qu'on nommat deux autres chanoines pour leur aider, [a été] conclu que nous avons nommé pour cela MM. Devoyon junior et Lamy et que ces quatre Messieurs rassembleront en corps et sous différents titres les statuts capitulaires faits jusqu'à ce jour pour les faire homologuer, s'ils ne l'étoient pas.

21 juin. — Conclu qu'il sera payé à notre organiste la somme de 60 ll. pour avoir touché de l'orgue pendant une année.... en ce qu'il apprendra dès ce jour un des enfans de la psallette à toucher de l'orgue.

7 juillet. — Conclu que M. de Bonabry, chanoine, écrira à M. de Janailhac, notre doyen, pour le prier de vouloir continuer son séjour à Paris pour donner ses soins à l'affaire de l'union [du chapitre] de St-Germain [-les-Belles], jusqu'à la décision.

12 juillet. — Anniversaire solennel pour tous les évêques, chanoines, vicaires et autres qui ont servi dans l'église.

30 juillet. — Conclu que pendant quatre années consécutives le chapitre donnera 12 setiers de bled à la famille de Martial Parizet, vitrier, qui s'est tué en accomodant les vitres de notre église ; lesquels 12 setiers seront donnés à un boulanger pour délivrer aux enfans dudit Parizet une quarte de pain chaque semaine.

25 oct. — Annuel pour M. Pierre Poyllevé, prêtre, chanoine et curé de St-Simon, de la ville de Bordeaux.

1764. *9 juillet.* — Conclu sur l'exposé de M. le doyen qui nous a dit qu'il pensoit que M. l'abbé de Beauprey, prévost de Partenai et dignitaire dans l'église cathédralle de Luçon, seroit charmé de pouvoir assister à nos offices en habit de chœur, nous avons conclu de prier M. Devoyon l'ainé de voir M. l'abbé de Beauprey et de lui offrir de la part du chapitre la stalle immédiatement après celle de M. le souschantre, dans laquelle il se placera toutes les fois qu'il voudra se trouver à nos offices.

28 sept. — Conclu qu'on sonnera à l'arrivée de Mgr l'éminentissime cardinal de Bernis, à raison de sa dignité de cardinal.

19 oct. — Conclu qu'on employeroit les 300 ll. que M. Bonnabry a entre mains à faire encadrer les tapisseries de M. Lafayette dans le sanctuaire.

19 nov. — Conclu que MM. les maîtres des bastimens feront défaire l'autel de pierre de la chapelle de St-Thomas où est le patriarche Lamy, et enlever la statue de pierre qui est derrière le dit autel pour y placer un autel de bois.

1765. *6 fév.* — Anniversaire pour le pape Grégoire XI de la maison de Beaufort, de ce diocèse.

4 mars. — Conclu qu'on prieroit M. Devoyon junior d'écrire au chapitre de Chartres pour avoir quelques mémoire touchant le patriarche Lamy.

29 avril. — Conclu qu'on accorderoit à M. le curé de Vignol, pour faire la charité aux pauvres de sa paroisse, la même somme que l'année dernière, laquelle somme seroit donnée à M. Devoyon senior.

21 mai. — Conclu qu'on a député MM. Romanet, grand chantre, Marchandon, Garat, théologal, et Ardant du Masdupuy pour travailler à la confection des statuts, aux fins de pouvoir les faire homologuer après que le chapitre les aura approuvés.

22 nov. — Conclu que dimanche 24 du dit, on commencera l'oraison des Quarante heures pour demander à Dieu le rétablissement de la santé de Mgr notre Dauphin et qu'on dira l'oraison *Pro infirmo* jusqu'au parfait rétablissement.

14 déc. — Conclu que nous avons député MM. Devoyon et Pétiniaud.... pour se trouver à la réception et installation de M. le lieutenant général qui se fera le 12 *(sic)* du présent mois.

1766. *19 fév.* — Annuel pour les bienfaiteurs dont on ne connait pas les fondations.

28 mai. — Conclu que nous avons député MM. Thévenin et Bonnefon, chanoines, pour aller voir de la part du chapitre M. l'évêque de Rhênes *(sic)*.

10 sept. — Annuel pour MM. les chanoines qui n'ont rien fondé et pour leurs parents.

1767. *25 fév.* — Conclu que M. Garat, chanoine théologal, faira faire rolle des distributions de 600 ll. provenant de l'état du roi.

4 mars. — Conclu que M. Garat, théologal et trésorier de notre chapitre, donnera un écu aux enfants de chœur pour leur carnaval, comme c'est l'usage.

5 mai. — Ouverture de nos chapitres généraux après la messe du St-Esprit célébrée par M. Devoyon senior, second hebdomadier, en laquelle ont été observées les cérémonies accoutumées et rapportées au long au registre capitulaire de 1734.

13 mai. — Sur ce qui nous a été représenté par M. le curé de Vignol qu'il y avoit quantité de pauvres dans sa paroisse, qui avoient grand besoin de secours, conclu que nos fermiers de Vignol feront passer à M. le curé du dit lieu la somme de 50 ll. pour le soulagement des pauvres de sa paroisse....

18 mai. — [Procès-verbal de l'élection de M. Romanet comme doyen du chapitre].

30 sept. — Conclu que nous avons accordé à M. Garat, théologal, la permission de prendre perruque.

1768. *22 avril.* — Conclu que nous avons déchargé M. Maledent de Bonabry de la somme de 2,000 ll. qu'il a perçue de M. Pouyat, principal du collège, pour droit d'indemnité, lods et ventes des bois vendus dans les terres d'Aureil et Lombardie, mouvance de notre chapitre....

20 mai. — Conclu que nous avons commis MM. Ardant du Masdupuy, Marchandon, Garat, Tallendier pour recueillir les statuts de notre chapitre, tant anciens que nouveaux, les rédiger, en faire un nouveau corps ou collection, pour les faire homologuer en la cour du parlement de Bourdeaux.

13 juin. — Conclu que dorénavant on donnera aux diacres et sousdiacre de notre église la somme de 72 ll. chacun.

18 juillet. — Conclu que nous avons député MM. Thévenin et Bonabry pour se rendre à 2 heures après midi à l'évesché, afin de conférer avec MM. les grands vicaires et convenir du jour auquel on fera le service pour la reine.

19 déc. — Conclu que nous avons accordé à M. Thévenin, chanoine, la permission de prendre perruque.

1769. *4 janv*. — [Nomination du J.-B. Tanchon comme procureur du chapitre près le parlement de Bourdeaux, sous les mêmes conditions que précédemment, « scavoir que, lorsque le chapitre viendra à perdre les procès pour lesquels il (Tanchon) aura occupé au parlement, il ne pourra exiger que son déboursé seulement, le chapitre lui donnant chaque année 40 ll. de gratification »].

9 mai. — Conclu que nous avons suspendu pour six mois... l'interdit prononcé contre l'église de Seilhac.

18 sept. — M. le doyen a dit que la compagnie avoit été invitée par une lettre de M. le maire de la ville de Limoges, du 12 de ce mois, à nommer un député pour se rendre à l'hôtel-de-ville pour concourir avec les députés des autres corps à la nomination qu'on doit y faire des officiers municipaux en conformité des édits de 1764 et 1767.... Avons nommé et député M. Marchandon...

1770. *14 mai*. — Conclu qu'on a député MM. Ardant, grand chantre, et Talandier pour aller conférer avec Mgr l'évêque touchant la réunion de la cure d'Uzurat avec la cure de la Bregère.

19 mai. — Conclu que M. Devoyon, chanoine et sindic de notre chapitre, dressera ou fera dresser une requête pour être présentée à nos seigneurs du parlement de Bordeaux, dans laquelle il sera demandé à la cour qu'elle fixe le nombre de ceux de nos vicaires qui demanderont leur présence pour aller étudier dans une université fameuse et y prendre des grades, au nombre de deux seulement.

24 sept. — Conclu que le chapitre donne son consentement à la réduction des charges du prieuré de Roche-Nouzille.

1771. *10 mai.* — Messe votive du St-Esprit pour l'ouverture des chapitres généraux.

16 mai. — Conclu qu'on a prié MM. Talandier et Larouverade pour poursuivre le curé de Séreilhac à l'occasion des dixmes qu'il a envahies depuis l'année dernière.

27 mai — Conclu qu'on ne donnera plus de flambeaux le jour de l'octave du St.-Sacrement à aucune personne qui pourroit se présenter pour accompagner le St.-Sacrement, attendu que ces personnes embarrassent pendant la procession.

SUPPLÉMENT
1544-1550

Les extraits qui suivent auraient du prendre place chronologiquement parmi ceux que nous avons pub'iés au tome III des *Archives historiques du Limousin*. Malheureusement le cahier qui a fourni ces derniers extraits n'a été retrouvé que longtemps après les autres.

1544. *2 juillet.* — Dominus archidiaconus vicarius generalis reverendissimi cardinalis episcopi Lemovicensis exhibuit litteras regias d[irectas] dicto domino episcopo aut suis vicariis ad finem ut fierent processiones in presenti diocesi pro pace. Et super hiis consuluit capitulum. Quibus lectis fuit conclusum quod dominica proxima et dominica sequenti fiet processio generalis pro pace.

1545. *15 avril.* — Fuerunt commissi ad assistendum congregationi cleri hujusmodi diocesis faciende in crastinum proxime synodi domini decanus, succentor et B. Saleys.

18 mai. — Fuerunt commissi ad taxandum decimas domini succentor et F. de Lomenia junior.

27 mai. — Fuit commissus dominus decanus ad eundum versus gentes armorum usque ad Sanctum-Aredium.

Fuit continuatum capitulum generale usque ad diem decimam septimam mensis junii septimi ob impedimentum decem aut octo milia gentium armorum peditum, his diebus per hujusmodi civitatem transiturorum.

10 juin. — Domini succentor, Bermondet, De Valle, de Monte et Robin, commissi ad providendum ad custodiam ecclesie propter gentes armorum transiturorum.

13 juin. — Auditis in capitulo propositis de civitate muro circuenda, fuerunt commissi domini decanus, archidiaconus, succentor et Bermondet ut loquantur et conferant de dicto proposito cum consulibus dicte civitatis, et scribatur reverendissimo cardinali episcopo Lemovicensi.

15 juin. — Auditis in capitulo consulibus civitatis de in medium deductis de muro circuenda civitate, fuit commissum dominis super dicto negocio commissis ut loquantur cum dictis consulibus.

28 octobre. — Domini decanus et archidiaconus scribant reverendo cardinali episcopo Lemovicensi de circuenda muro civitate, et quod capitulum vult ex sua parte contribuere.

1546, *25 fév.* — Comparuit in capitulo magister Martinus Guyneau, clericus magistri Joseph Baignol, syndici canonicorum regularium de Benavento (1), loco supradicti magistri, qui requisiti contra abbatem de Benavento procedere in causa mota inter abbatem de Benavento actorem, ex una, et dictum syndicum deffensorem, ex alia parte, et procuratorem generalem capituli in dicta causa junctum. Et procedendo excludatur dictus abbas de responsione articulorum seu responsionum dicti syndici et processus in jure ponatur et fiat jus. Cui requisitorio dictus procurator adhesit. Fuit ordinatum quod dictus abbas citabitur precise.....

13 mai. — Dominus Mercier restituit petias processus facti Pictavis contra dominum de Petrabuferia et Jacobum Alesme de vendis de Pontarion.

17 mai. — Domini Meyze et de Teysseil commissi ad eundum ad Stum Paulum, ad videndum et se inquirendum de impedimentis factis per archipresbiterum dicti Sti Pauli in decimis capituli.

(1) Bénévent, arr. de Guéret (Creuse).

7

22 mai. — Fuit conclusum, ut melius matricularius possit se habere in pulsatione divini officii et horarum, quod fiet una monstra horarum intra pinaculum ; que monstra monstrabit horas diei per dimidias horas, et ultima dimidia hora demonstrabitur per quartam partem hore.

Fuit conclusum quod statum factum, quod laici non sedeant in choro, observetur.

1547, *fév.* — Capitulum generale anni predicti incepit die quinta mensis maii anni predicti.

27 mai. — Fuit hodie clausum capitulum generale.

1 juin. — Domini habitantes in villa Lemovicensi fuerunt declarati exempti de assistendo in matutinis, et hoc ratione pestis incipientis vigere in dicta villa.

10 juin — Fuit conclusum quod dominus Hugo de Lomenia erit satisfactus de pecuniis per ipsum expositis ad faciendum sepelliri cadaver femine que decessit in cappella beate Marie trium regum et ad mundandum dictam cappellam. Et detur cuilibet chirugicorum, qui dictum cadaver visitaverunt ad sciendum si dicta femina decesserat peste, decem solidos per magistrum Franciscum Caduc.

1548, *5 décembre.* — Fuerunt commissi ad loquendum cum domino Marsupino, vicario generali domini episcopi Lemovicensis, decanus, cantor, succentor et Texier.

14 décembre. — Commissum dominis decano, cantori, archidiacono, succentori, Saleys et De Monte ad assistendum in consulatu Lemovicensi, ad audiendum rapportum magistri Symonis de Culturis (1), qui fuerat delegatus ad curiam domini nostri regis pro negotiis ville Lemovicensis, tangentibus communitatem hujusmodi patrie.

1549, *3 mai.* — Fuit conclusum quod heremita hujusmodi ville Lemovicensis habeat centum solidos pro edifficando suum heremium Montisgaudii. (2)

1550, *11 mai.* — Eat Gouberd versus dominam de Turribus (3) pro negotio de Nexon. Et si dicta domina contradicat, eat Burdegale querendum commissarium.

---

(1) Symon des Coutures dont le nom se retrouve si souvent dans les *Registres consulaires de Limoges.*

(2) Montjauvi, faubourg de Limoges.

(3) La dame de Las Tours, près Nexon, arr. de Saint-Yrieix.

ANNUÆ
LITTERÆ SOCIETATIS JESU

Collegium Lemovicense

1598-1614..... 1650-1654

Le recueil connu sous le nom d'*Annuæ litteræ Societatis Jesu* est un ensemble de rapports rédigés par les divers établissements de la Compagnie (missions, colléges, noviciats) sur les travaux et les évènements importants de chaque année, pour l'instruction des supérieurs et l'édification du public.

Ces rapports ne sont jamais signés. On peut considérer chacun d'eux comme étant l'œuvre d'au moins trois collaborateurs:

1° Le P. Jésuite que le supérieur de chaque établissement chargeait de la rédaction ;

2° Le supérieur lui-même qui, incontestablement, revoyait le manuscrit, le corrigeait et l'amendait de toutes manières ;

3° Le P. Jésuite étranger, chargé par le supérieur général de publier ces rapports, non point au lendemain même de leur rédaction, mais huit, douze, quelquefois dix-huit ans plus tard. Deux seulement de ces éditeurs sont connus pendant la période qui nous intéresse : Philibert Monet pour les années 1612-1614; Jean Nadasi pour les années 1650-1654.

Ces trois collaborateurs changeaient peut-être fréquemment. En tout cas, l'esprit qui les anime est toujours, à des degrés différents, l'esprit même de la Compagnie, et la tendance de leur œuvre ne varie guère : il s'agit moins de tenir registre des évènements intéressants et d'instruire les supérieurs (comme c'était sans doute le cas à l'origine), que d'édifier les fidéles et la postérité par le récit de quelques faits bien choisis. De là le soin que l'on prend de laisser la plupart des évènements dans le vague, de taire les noms propres et d'enlever au lecteur tout moyen de contrôle.

La préface des *Litteræ* de 1606 (impr. en 1618) donne à cet égard quelques indications que nous transcrivons ici :

Ut inoffenso pede lector pergat demendi de via primo sunt scrupuli. Unus, ut ne rei agamur, si quarundam provinciarum desunt litteræ, optabamus quidem omnes inseri, verum cum privatis urgeremur ad umbilicum literis et illæ non advenirent, morâ suâ non voluntate aut incuria exclusæ sunt. Alter, ut ne stili varietas teretes aures percellat. Sua cuique oratio nihil fere immutata relicta est, eo consilio ut nedum verba sectamur, sensus reique veritas (quod usu frequenter evenire solet) detrimentum non leve pateretur. Expuncta tamen sunt nonnulla quæ recognitoribus abundare visa. Sed et admissa cumplura, non quia majore quidem injuria spongiæ fuissent incubitura, sed quod illis in Domino ita visum et non raro de iis quæ quibusdam momenti minoris apparent, aliis non exigua commoda enascantur.

La préface des *Litteræ* de 1609 (impr. vers 1615) complète la précédente d'une manière plus instructive encore :

Demandatum erat ut scriberem breviter, nec nisi ea solum quæ vel a consuetis insolentia aut novitate aliqua variarent, vel certe Societatis hominibus solatio, documento incitamentove esse possent, ad majorem Dei gloriam alacriter pro instituti nostri ratione futuris quoque annis procurandam. Et vero suadere id ipsum quoque videbatur ratio. Nam cum non rudibus, sed sapientibus tantum viris hæ destinandæ forent litteræ, non videbam ego quidem ubi proprium magis locum habere aut posset aut deberet quam hic, tritum illud : Sapienti pauca. Accedebat amussis ex Urbe data quam non sequi religio fuit ; *quæ ejusmodi* : In singulis collegiis omittentur aut brevissime tangentur quæ communia sunt, et ubique a nostris fieri consueverunt quoad confessiones, conciones, lectiones, congregationes, visitationes etc. ; recensebuntur tamen ex his quæ aliquid singulare continent pro ædificatione et quod memoria dignum sit.

Le but et les moyens d'action de la Société y sont clairement indiqués.

Aegrotos invisos, vacillantes in fide confirmatos, lustrata ergastula, nosocomia, ptochodochia ; reos ad supplicium animatos ; pauperes corrogata stipe adjutos ; mæstis solatia, dubiis consilia, auxilia miseris et ærumnosis præbita ; sublatas usuras, exacta prostibula, rixas et simultates compositas, famæ pecuniæque restitutiones procuratas, pravos ritus abolitos, probas consuetudines inductas, libros infames, obscœnos, hereticos combustos ; superstitiones magicas et aniles passim fabulas abrogatas ; rudes christiana doctrina, sceleratos bonis moribus imbutos..................................

Actiones in theatro, declamationes in gymnasio, disputationes in academia habitas ; ad varias religiones multos ex nostra disciplina transgressos : data factaque exercitia more societatis. supplicationes decretas.

Au lieu d'une œuvre de premier jet, émanant d'un auteur connu, limousin de naissance et d'esprit, racontant ce qu'il a vu pour instruire la postérité, comme par exemple Pierre Robert, du Dorat, ou le président Chorllon, de Guéret, nous sommes donc en présence d'une œuvre anonyme, collective, extra-provinciale par son inspiration et purement ecclésiastique dans son objet. Ces caractères constatés, nous croyons que la plupart des faits énoncés, réduits à leur simple expression, peuvent être tenus pour historiques, comme nous le démontrerons par quelques rapprochements avec les autres documents du temps.

Bien qu'il y eût en Limousin, depuis le milieu du XVIe siècle, des chroniques locales rédigées en français par des ecclésiastiques, les Jésuites écrivirent en latin. Par ce côté, comme aussi par les récits merveilleux qu'elles admettent, les *Annuæ litteræ* marquent un pas en arrière dans le développement de l'historiographie locale.

La collection complète des *Annuæ litteræ* est devenue assez rare. Notre Bibliothèque nationale n'en conserve que quelques exemplaires. Mieux pourvue, la ville de Munich possède l'ensemble de la collection dans chacune de ses deux bibliothèques. C'est là que nous en avons pris copie, en 1886, pour restituer au Limousin le témoignage direct de quelques évènements qui n'étaient plus connus que de seconde main par Bonaventure de Saint-Amable (1).

Ces rapports annuels offrent en effet pour notre histoire locale un triple intérêt. Ils nous font assister aux premières évolutions des Jésuites dans le diocèse de Limoges et nous laissent saisir ainsi le point de départ de la contre-réformation catholique du XVIIe siècle (2).

(1) M. Pierre Laforest, le premier historien du collège de Limoges, ne paraît pas avoir connu l'existence de ces *Lettres*. Bonaventure les a certainement fait entrer dans ses Annales du Limousin (1684), mais sans jamais les nommer.

(2) Ce point de départ doit, en réalité, être cherché au concile provincial de Bourges de 1584, comme nous l'avons prouvé ailleurs. Mais ses décrets restèrent longtemps lettre morte : les Jésuites furent les premiers à les appliquer en Limousin.

Ensuite, ils nous donnent sur les débuts du collège de Limoges des renseignements précis que l'on ne connait point d'autre source et comblent par là même une fâcheuse lacune des archives de ce collége (1).

Enfin ils fournissent souvent, sur les mœurs du temps, des détails curieux dont on ne retrouve guère l'équivalent que dans le *Registre de la compagnie du saint sacrement de Limoges,* postérieur de quelques années (2).

Voilà certainement plus qu'il n'en faut pour justifier la réédition que nous donnons ici. Afin d'introduire un peu plus de clarté dans ces rapports d'un latin pénible et parfois obscur, nous avons coupé le texte en alinéas fréquents, réformé la ponctuation, supprimé les majuscules aujourd'hui inusitées et complété les abréviations.

Les *Annuæ litteræ* commencées en 1581, furent interrompues en 1615. Elles ne donnent place au collége de Limoges qu'à partir de 1598, date de la fondation de l'établissement. Toutefois la lettre de 1586 relative au collège de Mauriac (impr. à Rome, 1589, p. 425) raconte un événement survenu en Bas Limousin, du côté de Bort. En voici le récit :

Mulier erat in Lemovicum finibus non procul Mauriaco, attonitæ mentis; et re ipsa seu potius simulatione a diabolo oppressa, futura prænuntians, illigatam habebat plebem et litteras etiam disseminans, quæ publice in christianorum conventibus legebantur. Hæ porro, facta in eas inquisitione a proepiscopo, multis viris ecclesiasticis et nostris etiam adhibitis, cum superstitionibus refertæ atque erroribus reperirentur, sancitum est ne legantur in posterum neve habeatur amenti fides. Si quis contra faxit (sic), *et certa mulletur pecunia et excludatur fidelium consortio.*

Reprises de 1650 à 1654 inclusivement, les *Annuæ litteræ* ne renferment aucun rapport des Pères de Limoges pour les années 1650 et 1653, fort troublées en Limousin, comme nous le savons d'autre part.

Il n'y a jamais eu de rapports spéciaux à la mission de Beaulieu non plus qu'au collège de Tulle. Toutefois nous relevons

---

(1) Ces archives remplissent aujourd'hui trois hautes travées des Archives départementales de la Haute-Vienne. L'inventaire en a été publié en 1882 et forme un volume in 4º de LXX-443 pages, précédé d'une notice sur l'histoire du collège de Limoges.

(2) Publié dans le *Bulletin de la Société archéologique du Limousin.* XXXIII, p. 58-76.

dans une lettre de 1593 consacrée au collège de Rodez (impr. à Florence, 1601, p. 108) le passage suivant :

Tutellenses item apud Lemovices (sic) *tanto studio flagrant novi collegii ut profiteantur se fortunas, conjuges, liberos distracturos potius quam societatis nostræ officiis carituros.*

Annuæ litteræ S. J. 1598.

(Lyon, 1607, p. 201).

Missio Lemovicensis.

Fuerunt in hac missione priore semestri Patres primum duo (1), tum tres in habendis toto anno concionibus, erudienda catechesi juventute, confessionibusque audiendis bene occupati, æstate maxime atque autumno; qua tempestate passim grassantes morbi (2) plurimos extinxerunt. Vix una fuit in urbe domus quæ mortuum non extulerit. In his magister Joannes Menellus (3), qui quartus ad hanc missionem venerat, duos et amplius menses paralysi afflictus, feliciter tandem obiit; maximum fuit cum nostris omnibus, tum plerisque civibus desiderium relinquens. Sepultus in æde sanctæ martyris Valeriæ, quam incolunt Patres ordinis sancti Francisci, quos Recollectos vocant (4). Vir fuit suavissimæ naturæ ac omnibus quibuscum versabatur gratissimus, instituti nostri observantissimus, vocationis gratiam maximi faciens eaque se ad extremum usque spiritum indignissimum profitens.

(1) On lit en effet dans les *Litteræ* de 1597 (Naples, 1607, p. 296) la mention suivante : **Provincia Aquitanica.** *Quatuor supra ducentos habuit..... distributos..... quibus duo sunt addendi qui in missione ad urbem Lemovicas versabantur.*

(2) Nous ne connaissons pas d'autre mention de cette épidémie dans les annales locales.

(3) En français Jean Meneau. Le personnage est d'ailleurs inconnu.

(4) Cette église de Ste-Valérie était située tout au haut du faubourg du pont St-Martial, au voisinage du quartier actuel de cavalerie. Sur cette installation des Recollets voy. les *Annales* dites *de 1638*, p. 377, et les *Reg. consulaires*, III, 32.

Autumno ineunte (1) crevit nostrorum numerus ad novem, additis præfecto studiorum tribus præceptoribus duobusque coadjutoribus. Apertæ scholæ tres, ad quas ducenti ventitant auditores literarum studiis vehementer addicti suaque in pervolutandis libris assiduitate maximum civibus et mirandi et gaudendi ansam præbentes (2).

Generales totius vitæ confessiones auditæ plurimæ : a dæmonum, quibus annos 25 adhæserat, cultu revocatus unus; aliis duobus qui eandem ob culpam ignibus tradendi ducebantur, navata opera, sed non pari fructu. Ab hæresi ad catholicam fidem traducti quinque aut sex, plures qui nutabant confirmati, alii qui videbantur in hæresi obduruisse, non parum commoti, ut dubitarent atque ab antiquis legendo exquirerent. Ab usurarum quæstu (3) abducti nonnulli; plures salutaribus consiliis adjuti ne fœnori pecunias darent, ne matrimonium in gradu prohibito contraherent, neve aliis se criminibus inquinarent.

ANNUÆ LITTERÆ S. J. 1599.

(Lyon, 1607, p. 241)

Residentia Lemovicensis.

Versati sumus hoc anno in hac residentia omnino tredecim (4). Patres priori parte anni tres, tum quatuor; procurator et studiorum præfectus nondum sacerdotes, præceptores quatuor, tres coadjutores. Nam ad tres scholas quæ

---

(1) Cf. les actes de fondation du collège publiés dans le *Bulletin de la Société archéologique du Limousin*, I, 107 et ss.

(2) Ce zèle de la jeunesse de Limoges s'explique en partie par ce fait que le collège des Consuls, fondé vers 1525, était à peu près complètement tombé dans les dernières années du XVIe siècle, en sorte que tout enseignement classique avait cessé en Limousin.

(3) Pratique fort commune au XVIe siècle. Voyez les *Statuts synodaux* du diocèse de Limoges promulgués en 1519, en particulier le § XIX.

(4) Cet accroissement subit du nombre des membres de la résidence de Limoges prouve l'intention bien arrêtée de prendre définitivement pied dans la ville.

anno superiore apertæ fuerant, hoc anno quarta est addita, tanto auditorum concursu ut ea sola quinquaginta supra quadringentos numeret, licet abecedarii et rudiores ad externum sacerdotem extra collegium rejecti sint (1), aliæ tres amplius ducentos. Ex his tres aut quatuor varios religiosorum ordines ingressi sunt, totidem societatem nostram petierunt.

Reverendissimum episcopum Lemovicensem (2) obiter scholas invisentem variis pœmatis cum græcis cum latinis et gallicis exceperunt. Illustrissimum ducem Espernonium Galliæ parem et, præter alias, hujus adhuc provinciæ gubernatorum, hanc civitatem lustrantem (3), domi suæ salutarunt gallico dramate ipsius virtutes complectente, quo tantopere delectatus est ut eadem die collegium visitarit magno comitatu et insigni benevolentiæ adversus societatem universam significatione (4). Dederunt etiam mense julio Absalonis tragœdiam tanto spectatorum consursu ut eos vix ædes nostræ, area, hortus, proximi civitatis muri (5), vicinorum tecta et domus caperent. Adfuerunt episcopus cum clero, judicum curia universa (6), consules, omnium denique ordinum præcipui viri, maximeque regii quæstores (7); quibus quatuor perspectis domus nostræ angustiis, quadringentos ad ædificandum nummos aureos attribuere. Comparatæ jam hoc anno fuerant domus duæ collegio vicinæ, hortus et vacuus ad ædificandum locus (8). Ibi quæs-

(1) Cf. notre *Invent. des arch. dép. de la Hte-Vienne*, série D. art. 9.

(2) C'était alors Henri de la Marthonie (1587-1618). En février 1599 il avait signé la requête que les Jésuites de Limoges adressaient au roi pour obtenir le retour au droit commun.

(3) Les *Registres consulaires* et les *Annales* dites *de 1638* qui racontent l'arrivée du duc d'Epernon en 1597, ne parlent pas de cette rentrée de 1599.

(4) Quelques mois plus tôt, en décembre 1598, M. de Gontaut-Biron, lieutenant du duc d'Epernon, avait délivré à la Compagnie un certificat de bonne vie, mœurs et doctrine. (Voy. *Invent. des arch. dép. de la Hte-Vienne*. D. 9).

(5) Ce petit membre de phrase prouve que les Jésuites s'étaient installés dès leur arrivée dans l'ancien collège des consuls, situé en effet au voisinage des murailles de la ville, près la porte Boucherie.

(6) Il faut entendre par là les membres du Présidial.

(7) Les trésoriers de la généralité de Limoges, qui avaient dans leurs attributions tout ce qui concernait la voirie et les travaux publics

(8) Les archives du Collège ne font point mention de cette première acquisition.

torum liberalitate cœpta est a fundamentis exstrui domus quæ præter aulas duas, culinam et pænum, viginti quatuor cubicula præbebit ad nostros recipiendos percommoda. Jamque ad medium et amplius perductum est ædificium, proxima æstate Deo auspice perficiendum. Cinctus etiam magna ex parte novo et optimo muro noster hortus et classes ita ornatæ ut visentibus admirationem pariant. Veteris collegii sacello (1) quod vix ducentos capiebat, diruto, novum et commodius paravimus, sublata prima contiguatione. Capit hoc circiter quingentos; non tamen omnes qui ad nos ventitant. Idcirco ab instauratione studiorum separatim sacrum missæ officium audierunt extremæ classis auditores unum, alii omnes alterum. Sacramenta in sacello nostro a die B. Virginis assumptæ sacro, quo primum patuit (2), frequentant plurimi maxime pœnitentes. Vix enim elabitur dies quin multis peccata sua confitentibus horæ tribuendæ sint, quo fructu vel ex eo colligere licet quod unus sacerdos uno mense supra centum totius vitæ confessiones audiverit. Conciones in urbe toto anno habitæ a duobus tribusve patribus, maxime Adventus et Quadragesimæ tempore.

Excursum etiam in vicina oppida, ea præcipue quæ a prioratu huic collegio attributo pendent (3). Ubi habitæ catecheses magna omnium ædificatione. Aenti monasterio (4) etiam, quæ urbs septem e Lemovicensi miliaribus distat, toto tempore Adventus pater unus est concionatus et catechismum docuit, multos ab hæresi, plures ab impura vita revocavit.

(1) Cette chapelle, bâtie vers 1583, avait servi d'abord aux élèves du college des consuls, dont les Jésuites héritèrent. (Voy. notre notice sur l'ancien *Collège de Limoges*, p. XIV).

(2) Le collège lui-même est souvent désigné dans les documents du temps sous le nom de collège Ste-Marie.

(3) Le prieuré d'Aureil, sis à environ 15 kilomètres Est de Limoges. Fondé vers 1070 (al. 1082) par saint Gaucher, sous la règle de saint Benoit, il se considérait comme chef d'ordre et avait en effet dans sa dépendance une trentaine d'autres prieurés dont on trouvera le relevé en tête de l'*Invent. des arch. dép. de la Haute-Vienne,* série D.

(4) Eymoutiers, à 44 kilom. Est de Limoges, était chef-lieu d'une petite châtellenie où la Réforme avait pénétré de bonne heure et possédait encore une église au commencement du XVIIe siècle.

Annuæ Litteræ S. J. 1600

(Anvers, 1618, p. 279).

Collegium Lemovicense.

Fuimus in hoc collegio toto fere anno quindecim sedecimve, patres sex septemve, præceptores quinque, coadjutores quatuor. A Paschate addita est quinta classis, quam plures quadringentis frequentant auditores, in iisque plurimi nobiles. In universum nongenti sunt studiosi in quinque scholas distributi.

Duo Carthusiensium, sex Franciscanorum quos Recollectos vocant, habitum susceperunt. Duo in nostram societatem admissi sunt, plures petierunt. Distributa sunt diligentioribus publice præmia, liberalitate reverendi antistis et episcopi Lemovicensis, dicto ad eandem rem appositissimo dramate, cui nomen Somnium vigilis (1). Hæresim nostrorum opera sex aut septem abjurarunt. In fide nutantes plurimi confirmati ; graves inimicitiae inter plurimos sedatæ.

Martialis Mouretus, procuratoris filius, gravissimo conflictatus morbo atque a medicis desertus, B. P. N. Ignatii (2) precibus se commendavit, imaginem petiit, osculatus est, statimque melius habere cœpit ac brevi convaluit : nunc beneficii non immemor societatem nostram ingredi meditatur. Lustralis aquæ præsens remedium non animis solum expiandis, sed corporibus etiam morbo levandis adhibitum ; patuit mira ejus vis in depositis et quibus frustra medicorum auxilium expetitum fuerat. In quo genere puer scholarum nostrarum ægritudinem, quam multi ob insolentiam et gravitatem doloris incantationi tribuebant, non alio pharmaco vel carmine depulit, auctore uno e nostris, qui majore jejunio in urbe Ecclesiasten egerat multisque in aliis expertus fuerat, sacræ hujus aquæ haustum febrium ardoribus

---

(1) Le *Songe d'un homme éveillé* avait sans doute pour auteur quelque membre de la compagnie, comme la plupart des compositions de ce genre que l'on trouve mentionnées dans les *Litteræ annuæ*.

(2) Remarquons qu'Ignace de Loyola ne fut béatifié qu'en 1605 et canonisé qu'en 1622.

restinguendis potentissimum. Quin etiam doctor medicus paralysis dolore animo prope defectus sibi vitæque redditus non Galeno vel Hippocrati gallum, sed huic pio medicamini Christoque gratias debet. Tanta hujus collegii fama ut ex vicinis castris et urbibus ad viginti imo quadraginta interdum milliaria distantibus confluant, expiandorum peccatorum et petendi consilii causa. Non semel etiam ex remotioribus urbibus missi casus conscientiæ solvendi (1). Confessionum major in dies frequentia et fructus. His enim audiendis vacant fere assidue sex patres, et jam non mulierculæ tantum, ut in initio (2), sed viri etiam graves, nobiles, judices, regii quæstores aliique cives ventitant.

Aenti (3) (quæ urbs unius diei itinere ab hac distat) pater unus tota Quadragesima conciones habuit; alius toto pene anno catechismum in urbe docuit. Ad vicina loca interdum missi præceptores concionandi causa. Pro Adventus tempore Francopolim (4) (inferioris provinciæ Ruthenæ caput est) unus; Burgum (5) in agro Burdigalensi alius pater, ad habendas conciones missi.

Annuæ Litteræ S. J. 1601

(Anvers, 1618, p. 388,)

Collegium Lemovicense

Collegii Lemovicensis opera impigre hoc anno nec inutiliter collocata fuit. Mulier quæ præ animi desperatione triplici in suum pectus vulnere desævierat atque etiam ex præalta domus fenestra sese dederat præcipitem, cum invita

---

(1) Pratique fréquente aux XVIIe et XVIIIe siècles, non seulement à l'égard des Jésuites, mais encore des autres membres du clergé régulier et séculier. Cf. notre *Invent. des arch. hospitalières*, fonds de St-Yrieix, (S-Y) E. 1 et 47.

(2) Indication qui n'est pas sans valeur. C'est donc par les femmes que les Jésuites ont à Limoges, comme dans beaucoup d'autres endroits, fondé leur autorité.

(3) Eymoutiers déjà mentionné.

(4) Sans doute Villefranche de Rouergue, aujourd'hui département de l'Aveyron.

(5) Peut-être Bourg-sur-Gironde près de Blaye.

mortem evasisset medicorum opera, tertio eam veneni haustu quæsivit et fœtum in utero quibus potuit cumque artibus enecare conata, præsentissimum tandem quietoris tutiorisque vitæ remedium apud sacerdotem nostrum invenit: nam rite ei totius anteactæ vitæ crimina confessa ab eodem est admonita, ut quoniam sibi male mori non liceret, bene viveret. Altera cum non solum adulterio torum violasset, sed maritum etiam per adulterum injuriose crudeliterque tractasset, tandem nostris auctoribus vitam in melius moresque penitus commutavit.

Majoribus sacris initiatus quidam, cum ex curiosa per hæreticas urbes circumcursatione impures mulieris amores reportasset neque sibi eam, quod optabat, matrimonio jungi posse certo sciret, dæmoni et carni sub Calvini signo, Christo relicto, militare statuerat, nisi eum a tam nefario consilio deterritum noster in fide confirmasset (1). Alter qui sacerdotio abjecto totos triginta annos (2) in pueris erudiendis insumpserat, catholicus ex calvinista factus. Inter quinque qui nostro in templo hæresim abjurarunt mulier non minus indole et ingenio quam genere nobilis; quæ terna cum nostris allocutione præceptionibus fidei scripto traditis, ad quas calvinianus minister (3) non habuit quod responderet; ex hoc quod sequitur memorabili facto ad christianam religionem adducta. Didicerat ex nostro sacerdote sanctorum omnium ac præsertim B. Virginis preces valere plurimum ad morbos doloresque pellendos. Illa gravissimo ac periculosissimo morbo correpta voluit etiam ante emissam fidei professionem auditorum fidem in seipsa periclitari. Quare Dei matrem invocat, ab ea morbi levamen efflagitat. Nec frustra. Illico enim se dolore omni liberatam sentit, quod maximum ei fuit accelerandæ conversionis incitamentum.

---

(1) L'histoire de ce prêtre inconnu semble devoir se ramener à ceci : épris d'une protestante qui refusait de l'épouser en raison de son caractère ecclésiastique, il se préparait à passer au calvinisme pour vaincre les scrupules qu'on lui opposait.

(2) Serait-ce messire de Bigny, abbé de Bonlieu, qui fut privé de son bénéfice vers 1575 « propter heresim » ? (Voy. *Gallia christ.*, II. 631).

(3) Sans doute Charles de Mars, alors pasteur de l'église de Limoges.

Tantæ nunc porro constantiæ est, ut fidei retinendæ etiam amplissimæ hereditatis spem se abjicere palam profiteatur.

Ex his qui spiritualibus exercitiis instructi, fuit adolescens nobilibus illis quidem, sed hæreticis parentibus natus; a nostris hæresim quam ante armis (1) defenderat dedoctus, catholicam fidem professus, ac domo ejectus et non semel ad necem a parente quæsitus, tantum abfuit ut a vera fide retraheretur, ut nuncio et parentibus et mundo remisso (*sic*), in Franciscanorum, quos Recollectos vocant, familiam adoptari expetierit et habitare, abjectus magis in domo Domini quam in tabernaculis peccatorum.

Exeunte septembri datum drama de prima Lemovicensium ad Christi fidem accessione facta per St. Martialem a B. Petro apostolorum principe in has partes missum (2), et ad extremum victrici in agone litterario juventute decretæ coronæ eximia munificentia V[enerabilis] C[apituli] ejusdem S. Martialis apud Lemovicas abbatis. Regio supplicum libellorum magistro se nostræ gratas præbuere musæ ut e longe dissita provincia nepotes in hoc collegio erudiendos ad nos miserit. Memorabile autem est duorum fratrum facinus, qui nostris in scholis per aliquod tempus instructi a patre (hæreticorum, qui his sunt, facile principe) revocantur ut ad declamantem ministrum audiendum nolentes pertrahantur. Quid agerent virium inopes? malam fraudem scilicet bono dolo deludunt; ne blaterantem audiant vulpem, aures gossipio ceraque obturant.

Audiverat mercator quidam pius nostrum concionatorem pro concione Calvinianos errores coarguentem. Hæreticum is mercatorem exinde offendit, nefariam doctrinam exprobat. Pernegare alter uspiam in Calvini voluminibus talia legi; alter affirmare contra, ratus, id quod erat, concionatorem nostrum vera locutum. Quid plura? Deposita ab utroque quinquaginta aureorum summa ad nos ab utroque multis

---

(1) Il faut comprendre vraisemblablement qu'il avait pris part aux guerres du XVIe siècle dans les rangs huguenots.

(2) C'est la légende. L'histoire, sur le témoignage de Grégoire de Tours, place aux environs de l'année 250 l'arrivée de saint Martial en Aquitaine.

comitantibus accurritur. Concepta Calvini verba (1) ostenduntur a nostro qui aderant omnibus. Clamare hæreticus, vociferari, subterfugia quærere, pecunias repetere, ad prætorem provocare. Quid tandem ? Acta utrimque et perorata a patronis coram judice causa, secundum Catholicum lis data et pecunia piis usibus addicta.

Cæterum in adolescente divina bonitas simul ac justitia enituit. Is cum ad ferias Paschatis tum primum cælestis epuli conviva accumbere statuisset, importunis domesticorum avocamentis nimium facile a sententia se abduci, non impune tamen passus est ; vix enim sacelli nostri odeum audiendo sacro conscenderat, cum in confertam hominum subtus orantium turbam maxima omnium formidine æque ac terrore, nec minore periculo visus est indidem prolabi. Mirum fuit. Ex tanto casu periculum omne in lingua resedit, quam ipse, dum sanctissimum Jesu nomen inter cadendum proferret, (2) suis interceptam dentibus transfixit. Edoctus periculo puer Deum ultorem agnoscit et neglectum antea salutare consilium amplectitur perficitque (3).

In reliquiis S. Gaucherii (4) canonicorum regularium primi olim fundatoris in prioratu Aureliensi collegio addicto (5), divina virtus erga unum e fratribus nostris manifeste eluxit. Is cum importuna pulmonum agitatione ac tussi violenta ad faucifragium usque laboraret, eodemque tempore casu in cubiculo P. rectoris hujus sancti reliquiæ ex arca eductæ visitarentur, adfuit et æger ipse cum aliis nonnullis et rosario ad sacra ossa admoto sequenti nocte in morbi remedium fidei plenus collo illud appendit. Mirum dictu. Eadem ipsa nocte somnus, qui jamdiu nullus erat, tam alte suffusus ut

---

(1) Le narrateur oublie de nous dire quelles sont les paroles de Calvin qu'il incrimine.

(2) On rencontre plusieurs fois dans les *Annuæ litteræ* trace de cette accusation contre le protestantisme, d'avoir voulu l'anéantissement du christianisme. C'est attribuer à la réforme du XVIe siècle une audace de pensée qu'elle n'a point eue.

(3) C'est le second exemple que rapportent les chroniqueurs limousins d'un calviniste converti au catholicisme par suite d'une difficulté de langue. Cf. *Annales de Limoges de* 1638, p. 348,

(4) Il est plusieurs fois question de ces relique dans l'*Invent. des arch. dép. de la Hte-Vienne*, D. 153, 660, 826, 927. Cf. l'Introduction, p. XLVIII.

(5) Voy plus haut, p. 106 note 3.

cum eo perfectam sanitatem invenerit, quam varia antea adhibita medicamenta non reddiderant. Mulier nobilis quæ vanis dæmonis præstigiis delusa artem membrorum luxatorum compages omnes adaptandi restituendique non profitebatur modo, verum etiam exercebat, a tam pernicioso ac periculoso curandi munere admonita, destitit.

(IBID. P. 358.)

Aluit hoc anno 1601 provincia Aquitaniæ socios in novem distincta domicilia distributos 219....

In Lemovicensi [collegio] sacerdotes novem, magistros quinque, coadjutores quatuor....

Novo Provinciali provinciam primum obeunte et reliqua duo collegia Lemovicense et Petrocorense P. Visitatoris nomine visitante, novo fervore nostrorum accensi animi; spiritualibus fere omnes exercitationibus exculti, redditi ad juvandos proximos expeditiores....(1)

ANNUÆ LITTERÆ. S. J. 1602

(Anvers, 1618, p. 311).

Collegium Lemovicense

Ipso ineuntis anni die primo cœpta est habitari nova domus. Quam commigrationem non modo antistes, sed omnes etiam civitatis ordines convocati celebrarunt.

Unus e nostris bona Collegii vi et armis postremis bellorum temporibus per varios occupata (2), dum jure suo repetit,

(1) Ce qui suit ne parait pas s'appliquer en particulier au collège de Limoges, mais à la province d'Aquitaine toute entière.

(2) Il n'est point dit que ces ravisseurs du bien d'église soient des protestants, ce que le narrateur n'eut eu garde de taire, le cas échéant. Il en faut donc conclure que c'étaient des catholiques, ce que nous savons d'ailleurs d'autre source. Voyez le paragr. 13 des *Instructions* du clergé limousin à son évêque député aux Etats généraux de 1614 (p. 194 de nos *Chartes et Chroniques*). Cf. un peu plus loin le cas d'un prêtre noble trafiquant de son prieuré. — François de la Noue, dans une très curieuse lettre publiée récemment (*Revue historique*, 1888, t. XXXVI, p. 312), écrit ce qui suit: « .... Nous en voyons plusieurs d'entre eux (des ligueurs) que la convoitise a tellement transportés qu'ils s'approprient les duchés, comtés, marquisats et baronnies, et peu s'en fault qu'ils n'en prennent desjà les superbes titres à la confirmation de ces nouveaux estats. »

mortem sibi sæpius intentatam, non sine præsentis numinis auxilio, evitavit. Ex uno vel altero fiet conjectura de alteris. Dum igitur trigesimo aut quadragesimo ab urbe lapide, negotiorum causa, oppidum petit, certus multos eosque nobiles magnum sibi facessere posse negotium, patrem rectorem per litteras rogat ut Deo per communes preces communem velit rem commandatam. Nec frustra: nobilem enim quemdam, militum manu stipatum, occurrentem, vociferantem et deerantem non solum cohibuit sed emollivit etiam et sedavit penitus eodem tempore quo pro ea re matutinæ preces ad Deum fundebantur. Idem cum pro altero collegii negotio laborat, et duodecim falsorum testium perfidiam evincit et judicem secundum alios litem post horam daturum, mature juris suis rationibus expositis, in suas partes eduxit.

Ex ecclesiæ reconciliatis mercator unus, qui Calvinistorum multos jam annos fuerat a secretis. Sacris Beati Patris Ignatii exercitationibus (1) complures ecclesiastici, nobiles aliique operam, maximo animorum suorum fructu, dederunt. In his religiosus concionator, divino instinctu huc ad nos missus, ut et seipsum juvaret et ad alia sui ordinis cœnobia, quæ a sancto primævæ religionis instituto deflexerant, juvanda, aptum instrumentum efficeretur. Nobilis item iisdem meditationibus excultus illud vitæ genus elegit, ut in sæculo Deo serviat et proximis juvandis vacet. Nec vero frustra : nam duellis impediendis, quæ pestis hic grassatur latissime (2), egregiam navat operam et vitæ suæ exemplo non minus quam verbis edocet totusque fere in eo est ut alios præsertim

---

(1) Même remarque que plus haut, p. 107, note 2.

(2) Il y a là peut-être une exagération de plume. Rien ne prouve que la fureur du duel par point d'honneur ait à ce moment sévi en Limousin plus qu'ailleurs. La noblesse y était en général grossière et rude ; mais retenue loin de la cour par sa pauvreté, elle ne semble pas en avoir adopté les mœurs querelleuses au point de justifier l'expression employée par l'auteur de la lettre. C'est seulement plus tard que nous trouvons trace de duels entre gentilshommes limousins. (Voyez le *Livre de raison* des Baluze, anno 1635, et celui de Pierre Ruben d'Eymoutiers, anno 1646, l'*Invent. des Arch. comm. d'Eymoutiers*, G G. 3, anno 1646). Par contre les échauffourées entre gens de partis contraires n'y étaient pas rares. Voy. le *Livre de raison* des Terrade, année 1585, notre *Invent. des Arch. de la Haute-Vienne*, série D. nº 1029, et le *Bull. Soc. des lettres de Tulle*, 1879, p. 84, et 1887. p. 344.

nobiles ad meliorem frugem, ad sacramenta et ad easdem, quibus ipse mentem exercuit, meditationes adducat. Ille idem nobilis, cum aliquando hospitium ingressus, mensam carnibus, quo non licebat die, opertam reperisset, hortatu suo effecit ut nullus eas attingeret. Honestæ quædam matronæ inter cætera piétatis officia, antiquam quam vocant Malèvestitorum sodalitatem (1), nostrorum opera novo adeo fervore revocarunt ut non solum urbanis pauperibus, ad quorum sublevandam inopiam instituta fuerat, sed et externis vestes necessariæ suppeditentur (2). Nobilis matrona, cum in partu, magno vitæ discrimine, laboraret, opposita sibi B. Patris nostrii icuncula ænea, felicissime nullo pene cum labore est enixa.

E millenis, qui scholas nostras frequentant, scholasticis quatuor in societatis album adscripti. Ad alias vero religiosorum familias, transiere decem. Reliquorum porro pietas hoc uno unius exemplo poterit confirmari. Subripuerat ille librum magiæ deque patris unius e nostris consilio ignibus tradiderat : cum ecce derepente chartarum murmur crepitans, fumusque crassissimus et teterrimus, sulphurei pulvurei ad instar, cubiculo adolescentem præ timore coegit abscedere ; latebat nimirum dœmon frendebatque dentibus (3). Novo tamen animo crucis signo efformato rursum ingreditur. Mira res : pavimentum figuris magicis quibus sparsus erat liber, stratum reperit ; solis figurarum extremitatibus ambustis.

---

(1) La confrérie des *Pauvres honteux* (de leur nudité) ou encore confrérie des *Pauvres à vêtir*. fondée à Limoges dans la première moitié du XII° siècle. Voy. notre *Invent. des Arch. hospit. de la Hte-Vienne*, fonds VIII.

(2) Il y a d'autres preuves encore de ce souci des confréries charitables de Limoges pour les pauvres du dehors. Le fait nous paraît d'autant plus digne de remarque que ces confréries avaient un caractère communal très prononcé.

(3) Si nous voulons atteindre la réalité, nous ne pouvons voir dans le miracle qui nous est ici rapporté, autre chose que le fruit d'une imagination complaisante, retrouvant toutes les fantasmagories qu'il lui plaît dans le parchemin jeté au feu. Au lieu de se consumer rapidement, à la façon du papier, le parchemin se laisse difficilement entamer; il se tord et se recroqueville sous l'action du feu, avec un crépitement assez violent : phénomène de consomption intéressant, qui se reproduit alors même que le parchemin est net de tous caractères magiques.

Dæmonem dixisses obstitisse, quo minus in eas ignis egisset: has tamen omnes partim pede, partim scopis in ignem everrit. Crepitus major priore, secundo perterritum exire coegit. Tertio tandem victus dæmon, quem tunc dixisses domus fundamenta quatere, et omnia murmure, fumo tetroque odore miscere.

Cum unus e nostris forte obiret oppidum in quo ecclesiastico cuidam nobili parata et in numerato delata fuerat pecunia, qua beneficium venderet ecclesiasticum, ita ei coadjutor noster culpæ gravitatem et Dei offensam tanto cum verborum pondere proposuit ut de cœlo tactus ecclesiasticus irruerit sæpius in illius amplexus, ei gratulans quod sapienti et libero monito saluti animæ suæ providisset, asserens se nunquam bona ecclesiæ sibi commissa venditurum. Idem mulierem in nostros atrocissimis verbis, nullo pudore, invehentem, patiencia et silentio eo adduxit ut commota illa et mœrens quod tam temere calumniis fidem habuisset, veniam a circumstantibus petierit et liberius in religiosos insontes debacchatam se fuisse confessa fuerit (1), immo de ejusdem consilio destiterit ab emptione beneficii ecclesiastici ad quam quadringentos jam paraverat aureos.

(IBID. P. 296):

Provincia Aquitaniæ. Habuit hic annus [1602] socios 237..... Lemovicis 20.

ANNUÆ LITTERÆ S. J. 1603.

(Douai, 1618, p. 262)

Collegium Lemovicense

Pietatis ingentia argumenta Lemovicensis ager vidit præbuitque. Fuerunt qui a centum viginti millibus passuum, solo religionis nomine, ad Collegium istud accesserunt ; quæ hactenus aliis retegere non erant ausi, peccata purgarunt ;

---

(1) Tout ce qui suit semble avoir été déplacé par une erreur de typographie et faire suite à la phrase pénultième finissant par les mots *commissa venditurum.*

pœnas sibi graves infligi quas æquo animo subirent, postularunt. Ipsi maxime enitent nobiles viri qui a nobis instructi et inimicitias sopiunt et ad confessionem omnes hortantur, eorum permulti B[eati] P[atris] nostri (1) exercitationibus exculti, domos suas in sacratum familiarum speciem composuerunt. Et quia cœpi de illis meditationibus dicere, addendum arbitror, nuspiam in ista provincia frequentiorem earum usum esse ; quippe quibus operam dederint ex eadem domo religiosi viri novem ; ex altera, illius præfectus observantiæ pristinæ divinitus datus instaurator ; ex tertia, quæ virginum familia est, abbatissa ipsa, quæ inde offirmato in sanctitatis procurationem animo, omnibus exercitationibus pietatis constanter insistit, orationi, meditationi, lectioni, confessioni, Eucharistiæ quot hebdomatis percipiendæ ; et propalam, pro suo in societatem affectu, profitetur datam eam a Superis ad mundi ordinumque omnium instaurationem.

Adjiciendus istis ecclesiæ prepositus, vir auctoritate magnus, qui ut ministrantem sibi unum ex nostris tunc vidit : *Ecquid*, inquit, *misero mihi servus Dei minister ?* Deinde occœpit quotidie sacrificare, flagris et cilicio, quod olim refugiebat, corpus urgere ; elapso meditationum tempore eorum domos adire, apud quos vixisse se liberius putabat, ibi factis verbisque novum hominem profiteri. Is est qui exercitationes patris videri sibi testatur, post sacramenta sacrasque res, augustiores omnibus aliis ; ad homines ad Deum traducendos nihil aptius iis in Ecclesia reperiri ; eas se rebus ceteris, si cœlestem gloriam demas, anteferre. Cum illo præclaro sene (qui per ætatem noster esse non potuit, cum tamen societatem deperiret) per litteras postulante, R. P. generalis nostra omnium merita communicavit. Ejus etiam tanta animi demissio fuit, ut ab illo ipso patre nostro petierit, sibi ut fas esset votum concipere, quo nonnisi ex nostrorum præscripto, quo ad animi salutem spectat, sibi vivere liceret.

Fuit et alius Lemovicensis canonicorum collegii præpositus sic institutus iisdem meditationibus ut piis officiis omnibus sedulo jam et constanter incumbat ; itemque judex, qui ad institutum societatis vocari se sentiens et plane videns, P.

(1) Il s'agit de saint Ignace de Loyola. Voy. plus haut, p. 113, ligne 17.

provinciali mox per litteras significavit. Inter eos qui ad fidem avitam ab errore revocati fuere, nobilis femina est ætatis provectæ, quæ cum urgeretur a nostro ad catholicam fidem et interrogaretur an de cælo angelum, a quo de rebus certior fieret, præstolaretur ? se minime expectare respondit angelum, ut qui jam a Deo (intelligebat autem Patrem) missus esset.

Conciliati animi atrociter dissidentium, ut qui jam in lites et vulnera ierant, idque duobus locis quorum in altero religiosi erant qui ea alebant odia, in altero curio primariique cives qui præmissa confessione in mutuos euntes amplexus, veniam publice petivere. A singulari certamine revocati nobiles duo, prælata in locum certaminis, ubi jam alter aderat, Christi patientis imagine; cujus ea vis fuit ad iratos animos permovendos, ut in publica via ambo in ea imagine Christum osculati, in amplexus invicem ruerint, templum nostrum Deo gratias acturi petierint, in eoque postridie, summo omnium gaudio et virtutis documento, Chisti corpus simul exceperint.

Cum aquæ lustralis potu, tum reliquiarum thecis multi a febribus morbisque aliis liberati. In iis, qui a prostituendo pudore revocati sunt multi, mulier est quæ se tota fere vita venditaverat: ea quidem multo labore abducta a turpitudine est, sed constanti pudicitia flagitia priora compensat. Cum enim vix habeat sæpe quo vescatur, cibarium panem, centenos aureos aliaque munera amasiorum veterum (1) repudiavit : et cum a malo dæmone ad facinus stimulatur, videre sibi sæpe videtur adstantem nostrum sacerdotem inclamantemque, cujus presenti ope tentationem abjiciat. Adultera quæ tota urbe virili habitu vagabatur, ad pœnitentiam adducta, in honestæ feminæ contubernio bene et pudice nunc vivit. Conjux ita virum aversabatur ut nec eum intueri nec ipsa vellet vivere, de nostrorum consilio, usu sacramentorum, aquæ lustralis et cerearum agni cœlestis imaginum liberata est.

---

(1) Ces générosités indiquent que ces anciens amants appartenaient aux classes aisées de la société.

Ejusdem sacræ ceræ mira vis fuit, in alterius puellæ bonum, hæc sortilegio verius quam morbo decumbens, sed doloris expers, ubi primum de rebus divinis sermo fit obrigescens frigescensque simillima mortuæ jacet; levissime admovetur cereus agnus, actutum excitatur et in tantum furit ut vix eam viri tres cohibeant : si manibus agnum inferas, sic ad tactum illius invertuntur ut vola in superiorem partem torqueatur, digiti miris modis moveantur finganturque; si ceram auferas, ponit furor (1). Ea totam vitam confessione purgavit, excipiente sacerdote nostro, et ad præsentiam Eucharistiæ, quam dari sibi expetiverat, mortuæ similis visa est; sed adstantium precibus ut sacramenti particeps fieret, est impetratum.

In fide confirmati hoc facto multi. Vicini oppidi medicus, qui vulgo hæreticus aut nullius numinis cultor habebatur (2), cum etiam corpore laboraret, accersiti unius e patribus opera ad Christum adductus, Eucharistiæ perceptione convaluit. Ejusdem oppidi judex a medicis depositus, cum agere animam diceretur, ei patri confessus ab eoque sumpto Christi corpore, medico turbaque stupescentibus, morbo liberatus fuit.

Non parvæ restitutiones (opera nostrorum factæ) solidarum hæreditatum, sacræ supellectilis ornamentorumque (3). Religiosissima Gallorum regis amita (4) templo nostro argenteam pixidem duasque subsericas magni pretii sacras vestes, e centum milibus passuum domum misit. Altera nobilis femina aureis cingulis intextam aureorumque centum viginti, nuptialem vestem attribuit. Externo illi decori respondit pietas civium. Discipuli numero, nobilitate, ingenio, religione florent. Religiosis domibus variis dicavere sé duode-

---

(1) Il n'y a pas à supposer ici un miracle d'ordre subjectif par la foi. C'est bien, dans l'esprit du Jésuite qui raconte le fait, l'agneau de cire qui exerce sur le malade une vertu magique.

(2) Même remarque que plus haut, p. 111, note 2.

(3) Il s'était donc trouvé des catholiques pour piller les églises pendant les guerres civiles de la fin du XVIe siècle.

(4) Antoine de Bourbon eut cinq sœurs qui moururent abbesses de divers monastères. Mais de laquelle est-il question ici ? Peut-être d'Eléonore de Bourbon, abbesse de Fontevrault, † 1611.

cim, tres nostræ, quorum unus cum ad necem ab irato patre quæreretur, scriptis litteris utriusque parentis animos placavit sibi, amicos societati reddidit. Infirmus e discipulis unus deploratusque a medicis, cum se nostrorum unius suasu B[eato] Patri Ignatio commendasset, illius icunculam collo inserens convaluit.

Aentinum oppidum (1) ad vigesimum ab urbe milliare est, quo æstivis mensibus e nostris missi duo ex episcopi sententia, senos ipsos menses advolantium turbarum confessionibus, ut plurimum vitæ totius, impenderunt, exercitiis aliquos adjuverunt, impigre præstiterunt quæcunque procurare de more societas solet. Ad Christum revocavere palantes hæreticos multos, atque in hiis archisynagogum cum germanis fratribus tribus (2), cujus in domo (3) Calviniani mysteria sua ministeriaque exequebantur. Ipse oppidi dominus (4) et præpositus ecclesiæ aliique institutum sibi nostrum expetiverunt.

(Ibid P. 246.) :

Provincia Aquitaniæ. Fuerunt in hac provincia socii ducenti triginta octo qui... ita dividuntur... : in Lemovicensi [collegio] viginti unus.

Annuæ Litteræ S. J. 1604.

(Douai, 1618, p. 421.)

Collegium Lemovicense.

Sanctimoniales decem, abbatissa duce, novo exemplo a quadraginta fere milliaribus ad nos venerunt ut meditationibus

(1) C'est la troisième fois qu'il est question d'une mission des Jésuites à Eymoutiers, cette fois sur l'ordre de l'évêque.

(2) Nous ne connaissons pas le nom du pasteur d'Eymoutiers à cette époque. Il est surprenant qu'un fait de la gravité de celui qu'on nous rapporte ici ne soit point connu d'autre source. Bonaventure qui parle de l'abjuration d'un ministre en 1600 (*Annales*, p. 810) ne dit point qu'il fut d'Eymoutiers.

(3) On doit conclure de ce détail que les protestants d'Eymoutiers n'avaient plus le libre usage du temple qu'ils possédaient en 1561.

(4) Le seigneur de la châtellenie d'Eymoutiers était alors l'évêque de Limoges en pariage avec le chapitre.

(1) B. P. Ignatii (de quibus fando mira quædam inaudierant) excolerentur; excultæ sunt, atque (ut sunt providentiæ Dei admirabiles) res ejusmodi quæ oculos plurimorum et animos offensura videbatur sua novitate, majorem in modum excitavit alios ad salutem animæ procurandam, et ipsis monialibus profuit. Eodem ex fonte hauserunt plerique unde animos suos irrigarent fœcundarentque; inter eos religiosi viri duo, sacerdotes aliquot et canonici cum incredibili animorum emolumento. Unus eorum cum Societatem meditaretur et frustra se pulsare sentiret, votum emisit, omnia quæ ad salutem animæ pertinent, faciendi ex nostrorum præscripto. Viri nobiles tres totidemque adolescentes Lutheranismum ab animis suis ejecerunt,

Res scholastica viget maxime. Pietatem discipulorum incredibiliter excitavit congregatio B. Virginis cujus hoc anno fundamenta jacta sunt (2). Ejus primitiæ et prima quasi libamina Deo dicata fuerunt. Tres in Societatem et alii in alios religiosorum ordines asciti.

In oppido Treignacensi (3) concionatus est unus e nostris per Adventum et Quadragesimam : concionum hic fructus fuit. Cum antea die natalis Domini vix ac ne vix quidem quinquageni ad sacram synaxim accederent, hoc anno satis constat accessisse ad octingentos. Curatum præterea ut juventuti rudimenta fidei nostræ die sabbathi a ludi magistro (4) traderentur; ut consuetudines sanctæ penitus obliteratæ

---

(1) Cf. plus haut, p. 113 et 116, *exercitationibus B. P. Ignatii*.

(2). Cette congrégation de la Ste-Vierge appelée aussi congrégation des Ecoliers subsista jusqu'à la fin de l'ancien Collège, concurremment avec celle des Messieurs et celle des Artisans, placées sous le même vocable.

(3) Treignac (arr. de Tulle, Corrèze), était alors l'un des centres calvinistes les plus importants de la contrée.

(4) Ce *ludi magister* désignerait-il le Jésuite chargé de préparer les élèves aux représentations scéniques qui avaient été instituées dans le collège dès la première année ? Ces représentations ayant d'ordinaire pour objet quelque récit de l'Ancien ou du Nouveau Testament, on s'expliquerait mieux ainsi que le même maître eut charge d'enseigner les éléments du catéchisme, ne fut-ce que pour rendre plus intelligible à ses élèves la signification des récits bibliques qu'on leur proposait en action et fortifier en eux l'esprit du personnage qu'on leur faisait jouer.

revivisoerent; ut hæretici qui se vivos templis disjungunt a nostris (1) etiam cœmeterio hæretico mortui uterentur et sejungerentur (2).

Casus conscientiæ bis per hebdomadam sacerdotibus explicati ut rite suo munere fungerentur. Puella quædam quæ acceptum a nostro sacerdote agnum Dei gestabat, cum casu magnum in ignem decidisset, illæsa inde extitit, omnibus miraculo attonitis et vim cereæ imaginis magnopere laudantibus. Hæretici quatuor animos suos lachrymis et confessione, libros hæreticos flammis expurgarunt (3).

Annuæ Litteræ S. J. 1605.

(Douai..?.. p. 542.)

Collegium Lemovicense.

Collegium Lemovicense asylum fuit hoc anno quatuordecim viris honoratis qui a tumultu urbico negotiorumque strepitu recedentes, domi nostræ in otio et quiete exercitationibus spiritualibus ex præscripto B. P. Ignatii, operam maximo animorum suorum fructu dederunt. In illis abbas sæcularis unus, duo primariæ autoritatis viri, ecclesiarum collegialium præpositi, qui ambo ita igne cœlico incaluerunt, ut desiderio societatis ineundæ æstuarent. Unius omnino votis satisfactum. Hunc initio domesticorum negotiorum et materni amoris illecebræ, quasi funes, illigatum tenebant; sed omnia abrupit facile repentina mors unius e canonicis, quem præcipua caritate colebat. Hic ipsis epiphaniorum Domini feriis bene cœnatus, indicto etiam in crastinum vicinis collegisque prandio, noctu subito interiit talemque mundi ac rerum omnium terrenarum contemptum injecit præpositi istius animo, ut quasi quodam pietatis thyrso percussus, nullam pietatis partem capere potuerit, do-

---

(1) Le texte porte *nobis*.
(2) Il y eut vers le même temps des tentatives analogues dans la plupart des localités calvinistes de la région. Mais elles n'aboutirent que plus tard après 1610.
(3) Nous trouverons encore trace, p. 122 et 124, de cette coutume des Jésuites de brûler les livres hétérodoxes.

nec quinto ab inferiis alteri persolutis die, ad tyronicium nostrum convolavit. Iisdem meditationibus excultus antiquæ nobilitatis vir eximius arma posuit, et cum adscribi in Societatem nostram, quam omnibus votis optabat, minime posset, multos ad piarum meditationum usum, plures ad cœlestis ferculi delicias prolectavit.

Exusti hæretici impurique libri non exiguo numero, duodecim a Calvinistica labe perpurgati. Insignis vero inter alios exstitit unius pietas quem omnino mori oportebat ut Deo viveret atque capite minutus, Christo vero capiti necteretur. Nobilis is fuit stipatorum regii corporis tribunus, qui nefarie in regem christianissimum conspirans, capital cum fecisset, capite damnatus, in carnificis manum mancipatus est (1). Prius tamen, quem nunquam patere antea veritati catholicæ aditum voluerat, patefecit de sacerdotis nostri consilio; abjurataque hæresi, elutis conscientiæ maculis, datis etiam ad parentes longe dissitos literis, quibus eos ad catholicorum castra valefaciendo invitabat (2), intrepidus plane plenusque animi, quatuor ut sceleris sic pœnæ socios, quamvis catholicos, ad paratos ignes et gladios, sin minus alacri, certe patienti animo perferendos, sic hortabatur ut maximam sui admirationem decem spectatorum millibus concitaret. Cum jam velatis oculis extremum vulnus prona cervice præstolaretur, semel ut pro se, qui aderant universi, orationem dominicam recitarent postulavit factumque est satis petitioni justæ. Non item aliud concedi potuit ut terræ mandaretur : siquidem de sententia judicum capite truncatus, in ignes projectus ac cinefactus, in ventos jactatus est.

Jam in alios quoque est salubriter labor impensus ; siquidem non pauci a turpi vita revocati. Multarum pudicitia nostrorum consiliis defensa ; unius maxime quæ, inhiante sibi perpetuo impuro amatore et quocumque pergeret impor-

---

(1) Il s'agit probablement de Louis de Crispel, compromis dans la conspiration de 1605. — Sur cet épisode de notre histoire locale, voy. les *Annales* dites *de 1638*, p. 386, et Laforest, *Limoges au XVII° siècle*, p. 65 et ss.

(2) Cette exécution capitale fit alors grand bruit. Nous ne sachons pas toutefois qu'il soit parlé nulle part de l'abjuration *in extremis* de l'un des condamnés. M. Laforest n'en dit mot.

tunc subsequente, indignabunda, masculo plane animo Martem in Venerem armavit. Arrepto enim pugione, hominem in via publica fœde vulneratum et in cœno ac sanie volutatum dimisit.

In quinque scholis, auditores erudivimus supra mille, qui se non minus pietate quam literis insignes probarunt plurimis argumentis. Unus febrim quam medicamentorum multitudo nequiverat, uno aquæ lustralis haustu abegit, cum prius præceptoris hortatu peccata rite confessus sacrum Christi corpus suscepisset. Alius agni cerei ope flammam, quæ domum invaserat, quasi injecto flumine subito restinxit.

E beatæ Virginis in cœlum assumptæ sodalitio, assumpti in societatem duo; quatuor in reformatum S. Francisci ordinem, quam Recollectorum vocant. Plures candidati utramque religionem ambierunt.

Cum reverendissimo episcopo quartam hujus diœces, quæ amplissima est (1), partem obiit unus e patribus nostris (2) et plurimos dissidentes etiam sacerdotes inter se conciliavit. Tria circiter millia sacro pane pavit (3), proposito indulgentiæ missionibus Societatis concessæ beneficio.

Multos nobiles eo adduxit ut se bonis ecclesiasticis, quibus contra jus fruebantur (4), quam primum abdicarent, et collabentia præ vetustate templa restauranda curarent. Quidam non infimi census vir decem annos in tanta perturbatione animi vixerat ut sibimetipsi gravis admodum esset; is accepto agno cereo se maxime levari sensit, nec ita multo post omni molestia liberatus est.

(Ibid. P. 557) :

(1) Le diocèse de Limoges était, en effet, l'un des plus vastes de France. Il avait à l'origine une superficie d'environ 1900 kilom. carrés.

(2) Preuve non équivoque de la faveur croissante des Jésuites et de l'influence acquise par eux dans les conseils de l'évêque.

(3) Le diocèse de Limoges comptant alors un peu plus de 850 paroisses, nous devons estimer à environ 200 le nombre de celles qui furent visitées : *Quartam hujus diocesis partem obiit*, est-il dit plus haut. — En répartissant entre elles également les 3,000 communiants dont il est ici parlé, nous trouvons une moyenne de 15 communiants par paroisse, ce qui est, en somme, un chiffre assez faible.

(4) Cf. plus haut, p. 118, note 3.

[1605] In Lemovicensi [collegio numerantur] septemdecim [socii].

(IBID. P. 562) :

. . . .

Sub finem anni [1605] Joannes Dupeyratius Lemovix annum agens vigesimum, cum studeret rhetoricæ [in collegio nostro Tolosano], pius et bonæ spei adolescens, ex dysenteria obiit. Hæc domi. Quid foris ? Brivam profectus sacerdos, magnos collegit fructus animorum ; supra trecentas vitæ totius confessiones excepit. Restitutiones ingentes impetravit ; odia inveterata gravesque rixas composuit ; hæreticos ad fidem catholicam duos pellexit (1) ; libros hæreticos prope innumeros flammis absumpsit ; beneficia opima e manibus injuste possidentium extorsit..... In domo probationis ex dysenteria mortuus est Mathias Geraudus Lemovicensis, anno ætatis vigesimo, angelicæ puritatis adolescens.

ANNUÆ LITTERÆ S. J. 1606

(Mayence.. ? .. p. 363).

Collegium Lemovicense.

Unus Calvinum, cujus venenum cum lacte suxerat, palam detestatus, totis decem diebus in pias commentationes apud nos incubuit, quas is demum progressus insequutus est, ut cum in patriam rediisset, quotquot incederent hæretici, ad catholicam fidem, catholicos vero longe plurimos, ad spirituales exercitationes et hortaretur et traheret. Idem ibi dirutum et vetustate collapsum sacellum in suos et familiæ usus propriis expensis instaurandum curavit : quin etiam uxorem ad horarias beatæ Virginis preces quotdiebus secum recitandas pie pellexit. Præter hunc sacris iisdem meditationibus exculti plurimi, in quibus vir nobilis, religiosi duo (2),

---

(1) Une des très rares preuves de l'existence de protestants à Brive au XVII° siècle.

(2) Cette influence réformatrice que les Jésuites prétendent exercer sur les autres ordres religieux, est un fait qui mérite d'être relevé. Nous en avons déjà trouvé plusieurs traces.

Augustinianæ alter familiæ, dignitate proximus a priore; dominicanus alter philosophiæ professor (1); parochi duo, quorum unus pro suo munere concionatorem agit, Carthusiam alter meditatus necdum ex integro defunctus exercitiis, eo se contulerat qui et post paulo ab ejusdem ordinis patribus redire jussus, antequam sacræ militiæ adscriberetur, quam inchoaverat, piam operam rite peregit.

Eisdem religiosis auxiliis præmuniti theologiæ auditores duo et patronus unus qui foro et pulpito valere jussus ad sacros se ordines brevi sistendus studiose parat. Monialis quædam nobili orta genere, permota exemplo aliarum quæ iisdem (?) exercitiis superioribus annis operam dedissent, non injussu antistitæ duorum dierum itinere ad nos contendit, ut et a sordibus animum elueret et ab ea qua premebatur difficultatum mole se tutam et liberam præstare posset, quod ei utrumque præclare cecidit e sententia.

Pius quidam et religiosus concionator qui spiritualibus exercitiis, prælucentibus nostris, jam ante animum plene imbuisset, eodem hoc anno sexaginta aliis ex eodem ordine communicare non ante destitit quam plerique omnes ultro agnoverint ac prædicarint, se tum primum sensisse quid a singulis religiosa professio tandem exigeret. Hæresim abjecere nostrorum ductu duodeni in quibus Pictones duo, quos, cum pater Calviniano infectos contagio ad scholas nostras adduceret, præsensit tales futuros; neque id se tamen ægro admodum animo laturum significavit, modo ne coacte fidem catholicam complexos audiret : et complexi illi quidem libentissime : parens tamen ubi eos solito modestiores et studiosiores advertit, quod res habebat suspicatus, a nostris scolis avocatos Lutetiam Parisiorum amandavit (2).

Auditores tricenos supra millenos in quinque scholis recen-

---

(1) Les Dominicains, autrement dit Jacobins, avaient en effet à Limoges un collège fondé au XIIIe siècle et dans lequel ils enseignèrent d'abord la théologie et la philosophie, plus tard les mathématiques et la « physique ».

(2) Cette petite histoire est bien invraisemblable. Si réellement ce père calviniste permit aux jésuites de convertir ses enfants au catholicisme, pourquoi, la conversion une fois opérée, se hâte-il de les enlever du collège de Limoges pour les envoyer à Paris ?

suimus. Trecenis quinquagenis nummis aureis comparata domus ædificando templo.

Quae anno sexcentesimo quarto inchoata fuerat missio Tragnacensis (1), superiore intermissa, hoc denuo renovata est ab uno e patribus qui sacro Quadragesimæ tempore conciones habuit et fratre uno cathechista. Curatum ut novem aut decem affabre factæ cruces diversis extra urbem compitis, unde aliæ quadragesimum ante annum (2) grassante hæresi dejectæ fuerant, nunc demum magno apparatu concursuque multorum erigerentur; et fuere qui eis per maximam itineris partem gestandis ultro humeros supponerent magnoque verterent beneficio illas vel extremis digitis attigisse.

Pii libelli (3) pueris ac puellis qui christianæ doctrinæ rudimenta ex memoria recitassent, abunde satis pro suo cuique merito distributi. Alii nec sane pauci, profani et impii flamma vindice conflagrati. Templum unum urbi vicinum, quod ab hæreticis solo æquatum fuerat, nostrorum suasu in pristinum statum splendoremque restitutum (4).

---

(1) Cf. plus haut p. 120, note 3.

(2) Quarante ans auparavant, c-à-d. en 1567, époque de troubles profonds où les huguenots, maîtres de la ville, pouvaient bien en effet avoir donné cours de cette manière à leurs fureurs iconoclastes.

(3) La suite du récit montre qu'il s'agit ici de petits catéchismes élémentaires. Au XVIe siècle les seuls ouvrages de ce genre usités étaient le *Catechismus major* et le *Catechismus minor* du jésuite Canisius, 1554 et 1556, et surtout le *Catéchisme* de Trente, 1566. L'idée de manuels rédigés sous la surveillance de l'autorité diocésaine remonte à la même époque, s'il est vrai que François le Bœuf, prêtre communaliste de Château-Ponsac († 1555), ait présenté à son évêque un catéchisme, qui fut d'ailleurs repoussé. (Voy. la *Biographie limousine*). Le catéchisme que mentionnent les *Annuæ litteræ* est-il le même que celui qui parut à Limoges, sans date, dans les premières années du XVIIe siècle sous le nom du P. François Solier, premier recteur du Collège († 1628)? Très probablement. On connaît du Père Timothée Pouyade, récollet, une *Instruction chrétienne en forme de catéchisme* dont la 6e édition parut à Tulle en 1662. Mais le premier catéchisme diocésain ne fut imprimé à Limoges qu'en 1680.

(4) Il ne peut s'agir de Ste-Valérie occupée, puis abandonnée par les Huguenots en 1562, mais non détruite, puisque les Récollets rouvrirent cette église à leur profit en 1596 (Voy. les *Annales* dites *de 1658*, p. 377 et les Reg. consul., III, 32). L'auteur de la lettre vise sans doute l'église de St-Gérald, hors les murs, qui fut incendiée en 1576 (Voy. *ibid.* 358). Seulement cet incendie fut allumé par les habitants de Limoges eux-mêmes qui voulaient ôter au duc

(Ibid. P. 344) :

In Lemovicensi [collegio] bini ac viceni [socii] : sacerdotes octo, mansuetioris doctrinæ magistri quinque, discipuli rhetoricæ quatuor, quinque laborum administri.

Annuæ Litteræ S. J. 1607.

(Mayence....?.... p. 564.)

Collegium Lemovicense.

Templi (1) fundamenta cupito dudum opere jacta sunt solemni ritu V idus julii (2). Antistes Lemovicensis, senatus (3), consules et magna pars populi in vetus sacellum convenere ; sacrificante episcopo et Deum precante uti cœpta prosperaret suamque sedem divina ope attolleret, idem universi precabantur. Ingressi mox aream quæ templo dicabatur, spatium omne et lapis fundamenti ædificiique caput rite lustrata. Simul consules studio lætitiaque connixi, sericis funibus saxum traxere et misere in præaltam fossam : in quam præsul et magistratus delapsi gradibus lapidem posuere, necnon pauca hæc in æs incisa (4) :

---

de Ventadour, leur assiégeant, le moyen de « tenir la ville en bride ». Cf. la *Chronique des confrères du St-Sacrement*, à la date. (Le mot *ennemis*, ajouté malencontreusement entre crochets par l'éditeur des *Annales de 1638*, fait dire à ce passage tout le contraire de ce qu'a voulu exprimer l'auteur, comme le prouve l'examen du contexte). — La restauration entreprise par les Jésuites aurait donc eu pour but de donner cette église aux Récollets qui, intallés dans le prieuré de St-Gérald depuis 1596, étaient obligés de célébrer leurs offices à Ste-Valérie.

(1) La chapelle que l'on voit encore aujourd'hui rue du Collège.

(2) Cette date est confirmée par les *Annales* dites *de 1638*, p. 379 : « L'année 1607, le 11º juillet, fut posée la première pierre de leur église..... »

(3) Le Présidial, appelé *judicum curia* dans la lettre de 1599.

(4) L'inscription est donnée à lignes pleines. Nous rétablissons sa forme probable.

Cf. dans notre notice sur l'ancien collège de Limoges (p. XV) l'inscription de 1630 relevée sur la façade de la dite chapelle.

HENRICO IV
REGE CHRISTIANISSIMO
GALLIAM ET NAVARRAM
FOELOCISSIME MODERANTE,
REVER. D. D.
HENRICUS DE LA MARTONIE
LEMOVINCENSIS *(sic)* EPISCOPUS LXXXIII
SOLEMNI RITU
TEMPLO COLLEGII SOCIETATIS JESU
SPATIUM IN URBE
DESIGNAVIT
LAPIDIQUE ANGULARI BENEDIXIT,
QUEM VIGILANTISSIMI CONSULES
POSUERUNT
ANNO CHRISTI MDCVII,
QUINTO IDUS QUINTILES.

Adjunxit episcopus luculentam concionem promisitque operam prolixam ; cæteros ad idem præstandum quo citius ædes cresceret hortatus est haud omnino frustra. Paucos enim post menses collata in eam rem fuere librarum argenti millia quinque. Hujus operis fœlicem cursum pene intercepit improvisa clades, dirutis ædibus sacello veteri contiguis egestaque altius humo ad fundamenta templi, totum sacellum labefactum est (1) : namque et ligneæ compagis nexus solvebantur et subducto solo murus sequebatur. Sacerdotes intenti audiendis discipulorum confessionibus advesperascente die digrediebantur et quæ fuit Dei benignitas pueros omnes dimittebant. Ubi excessere primum vicina domus convulsa, dein conferta mole partem sacelli maximam geminata ruina traxit. Debilitatus vel obtritus nemo omne malum in metu et periculi æstimatione fuit. Sed nostro incommodo obviam fuit antistes, attributa parte in D[ivi] Petri templo (2), non invito curione.

(1) Cf. sur cet événement Bonaventure de St-Amable, *Annales du Limousin*, p. 821. Nous ne connaissons aucune mention contemporaine de ce fait que Bonaventure a peut-être emprunté directement aux *Annuæ litteræ*.

(2) L'église St-Pierre-du-Queyroix voisine du collège des Jésuites. Cf. Bonaventure, *loco cit.*

Calvinianam perfidiam exsecrati sunt quinque et viginti. Liberalitas piæ fæminæ rem sacram auxit cruce ex argento inaurato.

Scholas octingenti plus minus auditores celebrant et, quod bene fœliciterque vertat, nunc primum Lemovici[s] studium sapientiæ admisere, aperta philosophiæ schola, anno postquam huc venimus octavo (1). Discipulorum pietatem ex his pauculis conjice.

Cum aliquis palam a procaci adolescentulo pulsatus excussissima palma fuisset, nihil ea injuria commotus, ultro os obtulit iterato verberandum. Par alterius pietas in vita et obitu. Is secundum Deum, maxime sibi Deiparam quotidianis precationibus conciliabat, tantoque immortalitatis sensu afficiebatur, ad solam uti fœlicitatem festinare videretur. Ergo et quasi futurorum providus, finem proximum prædixit et mox vehementi aliquot dierum dysenteria exhaustus, rite sacramentis omnibus ac præsidiis munitus, quasi in Deiparæ gremium, quam in loco et tempore sibi adesse significabat, concederet, *Ecce*, inquit, *veram parentem meam*. Mox beatam animam efflavit. Sodalitas porro D[ivæ] matris egregie splendida, super alios pietatis amantes, duos dedit nobis informandes meditationibus B. P. Ignatii, quos optimus sacerdos studio ejusdem culturæ imitatus est.

Galliæ totius celeberrimum est cœnobium Fonteveraldum, cujus septis abditæ ut minimum ducentæ e prima nobilitate sanctimoniales, antistita serenissima Eleonora Borbonia, christianissimi regis amita. Petitus fuit (2) ab eis sacerdos consilii gratia, cum ageretur grave negotium, peractaque res multo cum fructu illustrium virginum exhaustæque omnes difficultates, quæ tantum tamque pium opus morabantur.

Nequam et procax rusticus, filium cui paulo ante iratus minas intentarat, sopitum somno nactus dira voce devovit. *Ita te*, inquit, *malus dæmon somno obruat*. Miser eo somno

---

(1) La classe de théologie avait cependant été ouverte dès 1606. Voy. la *Lettre* de cette année.

(2) Non point pour Fontevrault même, mais très vraisemblablement pour Boubon, abbaye de filles nobles, ordre de Fontevrault, qui était située quelque 40 kilomètres S.-O. de Limoges (auj. arr. de Rochechouart, Hte-Vienne).

evigilavit nunquam. At infœlix parens paucissimos intra dies repentina morte oppressus pœnas impietatis dedit. Adita etiam antiquissima monasteria Beneventum (1) et Grandimontium (2) piisque hortationibus incitati religiosorum animi, nostro sacerdoti omnes confessi, ejusdem e manu divinum epulum sumpsere (3). Idemque prestitum in pluribus extremi hujus agri locis.

Hoc demum anno reditus collegio necessarii plene ab episcopo e consulibus contributi, Altivalensi (4) assignato sacerdotio. Probavitque R. P. generalis datis eo fine litteris acceptationis. Sed mirum quæ tragœdiæ ex eo fuerint excitatæ. Rem brevi exequat. In agro Engolismensi pars eorum redituum erat. Eo P. procurator missus, cum socio et famulo qui ea bona tollerent, insidias Deo duce vitavere. Quippe vir nobilis Calvinianus (5) moleste ferebat ereptam sibi, quam aliquot ante annis tenuerat possessionem : eoque nostros procul amoliri parabat vel cœde vel metu. Ergo socium patris qui Engolismam conquestum ierat apud senatum redibatque excito causarum capitalium præposito adversum contumaces, obtruncare deliberat. Interim quo tutius grassaretur convocat sui similes quamplurimos simulatoque omnes habitu primum omnium domum in qua pater diversabatur circumsistunt armati, tum lapidibus sclopetisque fenestras ita quatiunt ut vix tuto consistere intus liceret. Exinversi ad spes priores itinera obsident redeuntemque Engolisma socium patris ac servum ipsa nocte invadunt ; in servum prima et tota rabies incubuit, quem vulneribus conscissum con-

---

(1) Bénévent-l'Abbaye, arr. de Bourganeuf (Creuse).

(2) Grandmont ou Grammont. commune de St-Sylvestre, arr. de Limoges.

(3) Cf. p. 124, note 2.

(4) *De Altis-vallibus*, jadis Altavaux, auj. Tavaux, commune de Dournazac, arr. de Rochechouart, Hte-Vienne. Le prieuré situé en ce lieu dépendait de l'abbaye de la Couronne en Angoumois. Il fut uni au collège de Limoges dès 1605. Voy. notre *Invent. des Arch. dép. de la Hte-Vienne*, D. 269 etss.

(5) Le baron Nicolas Chasteigner des Etangs qui, bien que calviniste, continuait à exercer sur la paroisse de Massignac dépendante du prieuré d'Altavaux, les droits de patronage et autres droits analogues qu'avaient possédés ses prédécesseurs. Nous avons resumé, dans notre *Hist. de la Réforme en Limousin*, ce que nous savons de cette affaire et des conséquences qu'elle entraîna.

fossumque pro mortuo reliquere (1). Nostrum hominem juvit latronum aviditas, nox et melior Deus. Is primum ad strepitum averso repente equo tantum velocitate et fuga certavit ut insequentes frustratus tutum in locum se receperit. Atque hunc quidem Deus servavit. Famulus porro cum diu exanimis jacuisset, redeunte animo ægre ad patrem jam tumultu audito trepidum, adrepit et contra quem erat, socium obtruncatum narrat. Eo nuntio consternatus P. procurator, omnium expers, illum occisum, hunc in oculis suis mox expiraturum, cum nullus in loco vulnerarius esset, se postremo eadem ruina obruendum credebat. Sed reddita luce redditus etiam est socius, simul famulo adhibita fomenta et obligata vulnera. Id facinus in summa Galliæ pace actum, commovit omnium animos ; ejus apud regem cognitio nunc habetur : in illo secundum Deum spes omnes sitæ.

Finis anni funestus incessit, elato ad VII idus decembris Hadriano Hodii Bajonensi (2), anno postquam in societatem venerat 6, vitæ XXIV. Sui egregius erat victor et studio pietatis notus, ut qui multas horas, maxime quoties Christi epulo communicasset, orando continuabat.

(Ibid. P. 544):

Lemovicis sacerdotes undecim, quorum unus philosophiam docet ; magistri quinque, duo scholastici, coadjutores quinque.

Annuæ Litteræ S. J. 1608.
(Mayence...?... p. 268.)
Collegium Lemovicense.

Reparata utcumque piorum eleemosynis sacelli nostri ruina, quod erat ad agendi libertatem nostrique instituti rationem pernecessarium ; ipso cœnæ dominicæ die illius angustias repetiimus, ubi extemplo operæ fructus extitit.

(1) Il n'est pas possible de vérifier l'exactitude des détails ici donnés. Ils sont très probablement exagérés, un homme attaqué et dépouillé n'étant guère porté à ménager en paroles son agresseur. Mais le récit dans son ensemble ne contredit pas ce que nous savons des mœurs violentes du XVIe siècle et de la première moitié du XVIIe.

(2) *Annuæ litt. S. J.* 1608, p. 266 : „.., *Bajona, quæ est urbs Cantabriæ maritima* (auj. Bayonne, Basses-Pyrénées).

Nobilis adolescens Calvinianæ pravitatis virus, quod a primo puero cum nutricis suxerat lacte, salutari conversionis antidoto funditus dispulit; cujus exemplo permotæ sorores ejus duæ paucis post diebus eadem medicina illo ipso morbo levatæ sunt. Erat in Lemovica ditione princeps foemina illustris comitissa Rupefortensis (1), quam vir suus homo cœcus sutelis ac technis ab avita religione ad hæresin traduxerat. Ea simul atque maritus vixit, sese introspicere et de animo suo in christianam libertatem ascribendo serio ac multum cogitare. Edicere palam, nihil apud Calvinum solidi esse, nihil tuti, omnia jejuna, desueta, veteratoria, vanitatis et amentiæ plenissima, fabulis atque ægrorum somnis non absimilia (2). Quare pertæsa Calvinismum nec oblita parentis sui supremas voces, qui hoc ipsum natæ moriens, velut fiduciariam gentiliæ religionis hæreditatem, fidei commiserat, quam ocyssime Lemovicas advolavit et P. rectore ad rem gnaviter gerendam adhibito, in ædicula nostra cum incredibili proborum gaudio et gratulatione, sacrilega fallacis doctrinæ mendacia ejeravit. Adducta in eandem sententiam ex honorariis puellis altera, cui ad devovendum diris execrationibus hæresin, quasi verba præivit. Sed neque in catholicis juvandis nostrorum opero segnior fuit.

Tres B. P. N. commentationibus exerciti, quorum unus episcopi vicarius generalis, alter Franciscanus qui diu inter suos provinciam rexerat. Sunt in hac urbe virgines, quæ cum perpetuo integritatis voto sese ab ineunte ætate ultro devinxerint, apud nos sacramenta pro solemni suo percipiunt. Earum unam tartareus spiritus (3) obscœna specie territabat, hæc a confessario edocta quoties aqua lustrali conclave respersisset, tantisper larvarum et immanissimi hostis importunitate levabatur. Itaque dæmon a puella se tam

---

(1) Rochefort, petite châtellenie voisine de Limoges (auj. commune de Séreilhac). Cf. le *Registre consistorial* de Rochechouart, p. 93 de notre édition, où il est question de Mad. de Rochefort.

(2) L'auteur de la lettre a évidemment donné cours à ses propres idées sous le nom de Mad. de Rochefort.

(3) C'est à dire un esprit infernal, un démon.

crebro lusum non ferens, integratis viribus alius generis arma apparat : ex ternaque illa terricula et fœdas imagines in mentis ludibria et inhonestas cogitationes vertit, quibus virgineum pectus Deo dicatum profanare nitebatur. Sed cum pudicitiam puellæ intactam sacramentorum probe munitam præsidio expugnare non posset, re infecta victus abscessit.

Septem, desertis hæreseos castris, ad Ecclesiæ signa transierunt, inter quos fuit minister unus (1) profanorum atque impiorum dogmatum buccinator, qui dum errorem studiose disseminat, a parente quæ non multo ante excesserat e vita, monetur per quietem ut si consultum sibi vellet, relicto, quem infelici lolio falsitatis adhuc paverat, luporum grege, ad ovile Christi transmigrare non cunctaretur : nec materna quidem monita, licet posthuma, irrita ceciderunt. Re cum nostro communicata, e vestigio catholicam religionem legitimis ac solennibus e Tridentino concilio verbis palam professus est,

Idem sacerdos (2), januario mense fœdissima mensis tempestate, spatiosum Marchiæ tractum una cum comite fere pedes obivit, quo facto convertit in se colonorum animos atque oculos, mirantium hominem devexa ætate, cum frigerent rigerentque omnia, alienæ salutis causa scabras et difficiles oras peragrantem. Hæc animorum compendia, hos questus tartarei monstri invidia et furor jactura et difficultate rei familiaris vindicavit tantasque nobis in decimis et annona colligenda concitavit procellas ut nisi nos salutare aliquod sidus respiciat, certum fortunarum naufragium haud immerito timeamus (3).

---

(1) On a déjà rencontré sous la date de 1603. p. 119, le cas d'un autre ministre calviniste qui passe au catholicisme. Mais leurs noms ne sont point donnés et leur conversion est entourée de circonstances si merveilleuses que l'historien a le droit de révoquer les faits en doute, jusqu'à preuve du contraire.

(2) Le même prêtre auquel il est fait allusion dans la phrase précédente : *re cum nostro....*

(3) Il n'est peut-être pas nécessaire de supposer l'intervention de Satan pour expliquer les contraditions, les résistances et les difficultés de toutes sortes que rencontraient les jésuites dans la perception de leurs dîmes. Ces résistances ont été de tous les temps, non seulement vis-à-vis des ordres

Quantum nobis negotii facesserent faces et prædones religionis et quæ in discrimina venerit collegii procurator, superioris anni litteris scriptum continetur. In Massigniacensi (1) tractu late manavit Calviniana pestis, quam fovent impuri mendacionum præcones et nugarum vanissimi venditores. Hi dum sibi a nostrorum vicinitate metuunt, ut malum a se procul amoliantur, collecto suorum concilio, cum illius factionis frequentes etiam nobiles convenissent, deliberant quemadmodum grassanti in propinquo hosti iri possit obviam. Itaque ille importunus nostrorum vectigalium interceptor et turbo, quod erat natura audax et nobis non vulgariter infensus, aptus et natus ad nos de sacerdotii possessione exturbandos visus est. Hinc illi tumultus et jurgia superioribus proximis litteris explicatas, reconciliatio per sequestros pacis, compromissis etiam interpositis, sæpe tentata, sed inani conatu, minæ et injuriæ ab hæretico homine nostro procuratori oblatæ. Hospitis nostri Massigniacensis ab illis plagiariis direpta domus, unus amicorum in carcerem datus qui nostris rebus faverant, pene omnes falsis testimoniis rei capitis facti. Sociorum unus eodem iniquissimo judicio, indicta causa, comprehensus, nullæ fruges aut census inde toto hoc biennio collectus. Nec spes elucet rerum secundiorum nisi illius furiosi rabiem divina bonitas mansuefaciat. Quod obnixe ab optimo parente Deo contendimus. Interim noster procurator homo impiger, sese præsenti animo objectat illis fluctibus et divina fretus providentia in medio nationis infidæ secatus versatur.

(Ibid. P. 262):

religieux mais aussi vis-à-vis des seigneurs laïques, et s'expliquent pas l'impossibilité où, neuf fois sur dix, se trouvait le paysan de concilier les exigences des décimateurs et les besoins de sa propre existence. Le naufrage que les jésuites redoutent n'eut point lieu immédiatement et l'étoile de salut qu'ils espéraient brilla pour eux chaque fois qu'ils s'avisèrent de recourir aux tribunaux contre leurs débiteurs. Pendant les 164 années de leur existence à Limoges, les jésuites n'eurent pas moins de 500 procès à soutenir qui presque toujours tournèrent à leur avantage (Voy. notre *Invent. des Arch. dép. de la Haute-Vienne,* série D. passim).

(1) Massignac, arr. de Confolens, Charente. Sur ce prieuré uni au collège des jésuites voy l'*Inventaire* cité, D. 355—383.

In Lemovicensi [collegio] unus supra viginti, decem sacerdotes, quorum unus philosophiam docet, magistri quinque, reliqui coadjutores.

Annuæ Litteræ S. J. 1609.

(Dillingen... ?.. p. 162)

Collegium Lemovicense

Duo illustri genere hæretici (quorum alter nostro inimicissimus nomini ac fortunis, triennio Massigniacensis prioratus vectigalia intervertit (1), ad singulare certamen diem sibi vicissim condixerant. Id simul collegii Lemovicensis procurator fando inaudiit, propere admisso equo provinciæ gubernatorem de tota re factum ivit certiorem. Mirari gubernator vehementer pro ejus capite nostrum hominem usque adeo esse sollicitum, cujus maxime intererat ut periret. Ergo ambos per litteras ad se advocat prætor, reque coram composita, cum charitatem belle prædicasset, spopondit ille rerum nostrarum molestissimus perturbator, si ei noster occurreret cujus vitam ante toties appetiisset insidiis, in illius se amplexus illico ruiturum.

Cæterum regi christianissimo Henrico IV pro eo ac de nobis meretur, referri gratia non potest, qui datis ad provinciarum præfectos litteris, procuratorem nostrum in vectigalium illorum possessionem mitti pro regia auctoritate jussit (2), cum id frustra toties oblata transactione aut compromissis interpositis fuisset tentatum.

Artopæus (3), homo minime malus, nec solum antiquis

---

(1) Il s'agit sûrement de Messire Nicolas Chasteigner baron des Etangs, patron du prieuré-cure de Massignac. Voy. *l'Invent des Arch. dép. de la Hte-Vienne*, D. 372 et ss.

(2) Cf. *l'Inventaire* cité. D. 373.

(3) Ce nom est un pseudonyme du XVI° siècle que nous retrouvons jusqu'à trois fois dans l'*Index der verbotenen Buecher* de Reusch, II, 168, 204 et 414. Il est employé ici comme dénomination classique du boulanger.

La même histoire est racontée par Bonaventure de St-Amable (*Annales du Limousin*, p. 821) qui prétend l'avoir tirée d'un livre intitulé *Le Pédagogue chrétien*, p. 353. Il serait peut-être instructif de rapprocher les deux narrations.

moribus sed suo etiam artificio adeo notus Lemovici[s] erat ut ab illius solerti industriaque manu lautiores civium familiæ furnaceos panes compararent. Sed invidit ejusdem opificii anus quædam, orco devota, hunc ei artis successum et quæstum, irrepsitque claveulo in ipsius domum incustoditam, et quod esset incantationum guara, pro clibano et ad arcam pistoriam barbarum nescioquid et absonum infrendens, inopinato est deprehensa. Equidem fuit in præsentiarum despectui risuique vetulæ quasi delirantis inficeta barbaries: at lux postera veneficium et fraudem retexit. Quam enim pistor coquendis panibus materiam solenni suo præpararat vesperi, postridie diluculo evanidam, luridam, graveolentem offendit. Idem altero ac dein tertio die accidit, donec biennium totum expleret infelicitas. Interim male agi cum bono viro jamque eo usque increscere æris alieni pondus, pauperculam uti familiam oppressurum brevi videretur, omnibus arcendi mali viis incassum quæsitis. Prius ergo quam vel precario vitam agere institueret vel insalutatis creditoribus solum verteret, ut erat Dei metuens, visum est, cum uno e nostris communicare animi sensa. Noster, re audita, desperabundum solatus injicit mentem meliorem suadetque ut una cum conjuge de omni noxa fateretur ad placandum numen: atque insuper spontione reos facit, culparum Exomologesin minimum quot mensibus usurpaturos de cætero. Valuit consilium. Ita enim expiatos donatosque agni cerei sigillo et piacularis aquæ phiala, domum dimisit cum monitis, singulis ut diebus massam pistoriam undæ illius lustrarent aspergine et cereum simul Apotropæum super ea deponerent. Fecit pistor quod erat jussus primoque die cum massam aqua intingeret, impurus vapor e magide erumpens tetro habitu afflavit hominem totosque artus tremefecit: ille fronti signum crucis imprimens sedavit in præsens trepidationem. Quare exacto caco dæmone insequenti luce massam reperit mali exortem: unde lautissimos panes excoquens venum proposuit, stupenti vicinia. Fluxit annus in eo remedio pari exitu: quo elapso rem in tuto esse ratus, lustrationem intermisit, itaque viam aperuit maleficio redeunti. Mense toto farinam maceratam, derepente minus

horulæ spatio, lurido contingit colore mucescere adeoque
fœtere totam ut graveolentiam ferret nemo. At enim repetita
Apotropæa demo avertere præstigias. Rursum cum farinam
in mactra pinsuisset aqua lustrali, circumferentem tantus
subito invasit horror ut semianimis inter servulorum manus
fuerit in cubile reportandus : massam tamen postridie invenit belle præfermentatam et coruptelæ omnis expertem, ex
eaque panes fecit optimos; quos proinde statim ad collegium
gustandos attulit, cum contra fusci forent, incantati alii,
olidi, præduri, adeoque degeneres a probitate ut eos jejuni
etiam canes aversarentur.

(Ibid. P. 148) :

Lemovicis : universim XXII, sacerdotes IX, præceptores V,
scholastici [nulli], adjutores VII.

(Ibid. P. 201) :

Excursum hinc (id est a collegio Mauriacensi) in loca
aliquot aliquoties. Belloci (1), quod in finibus Arverniæ
situm est, priscæ religionis et pietatis ardor per sanctiores
patientis triumphantisque Christi ferias excitatus. Nam lue
Calviniana hic locus maxime corruptus est ducebaturque
inter catholicos etiam homines probro frequens sacramentorum usus; sacri quotidiana aut crebrior auditio in otiosos
aut rei domesticæ negligentes retorquebatur : quin sacerdotes aliqui, nihilo cæteris meliores, sannis et irrisionibus
pios quosque excipiebant (2). Consuesse cum hæreticis
solenne et more jam receptum erat. Quibus malis omnibus
opportuna remedia attulit nostrorum adventus tresque
hæreticorum vinculis abstraxit.

---

(1) Beaulieu, (auj. arr. de Tulle, Corrèze) était alors l'un des principaux
centres calvinistes du Bas-Limousin.

(2) Cette assertion, que les pratiques et les cérémonies catholiques étaient
encore au XVIIe siècle objet de dédain et de raillerie pour bon nombre de gens
restés catholiques, laisse deviner que l'esprit de la réforme s'était étendu bien
au delà de ses cadres ecclésiastiques.

Annuæ Litteræ S. J. 1610

(Dillingen...?.. p. 183.)

[Collegium Lemovicense]

Lemovicis ex sodalium partheniorum albo quidam sua culpa expunctus, diem Burdigalam aliquanto post contendit, ipsa sacratissima nocte, quæ Christo Domino natalis est, in silva tenebris oppressus, frigore cœlique injuriis obrutus, solus ac desertus moritur. Nam postero die neque ullum in ejus cadavere vulnus apparuit neque quidquam vel de pecuniis vel vestibus ademptum erat, sed integra et salva omnia aderant ; sola vita aberat. Alius dum cunctatur sodalitium ingredi, in morbum incidit atque eo tamdiu tenetur donec causam morbi penitus sustulit (1).

Inductus in eadem congregatione diebus dominicis per aliquod tempus contemplandi usus, mirum quantas animis delicias pepererit. Quadraginta horarum comprecatio sub veris auspicia solito apparatius hoc anno celebrata est. Post anastaseos ferias alio industriæe genere excitata populi pietas. Solemni namque instituto antiquæ Lemovicensium religionis septimo quoque anno vertente (2), sacra Divorum lipsana, quæ hic multa sunt (3), ex adytis suis in lucem augusto ritu populo ad venerandum expromuntur ; id quod et hoc anno insolita populi frequentia ac fructu peractum. Foris hoc præstitum.

(Ibid. P. 187):

In Conducto, adhuc insalubri ac perangusto Burdigalensis tirocinii domicilio, multis morbo tentatis, unus separatus est, Leonhardus *Dubois*, patria Lemovicensis, egregia indole

---

(1) Il suit de ces deux exemples que les Jésuites faisaient un devoir à leurs élèves d'entrer dans la *Congrégation des Ecoliers* et menaçaient d'une punition divine ceux qui s'y refusaient. — Sur cette congrégation voyez notre notice sur l'*Ancien collège de Limoges*, p. XXI.

(2) Il s'agit des ostensions de reliques, faites en grande pompe à Limoges tous les sept ans.

(3) Voy. en effet dans les *Annales de Limoges*, dites de 1638, p. 253 et ss. le relevé des reliques que possédaient les diverses églises de Limoges au XVIIe siècle.

juvenis. Sesquiannum in tirocinio consuetis experimentis posuerat, cum pridie natalem B. Ludovici Gonzagæ diem, post aliquot dierum religiosum secessum generalemque exomologesim et publicam in Triclinio flagellationem in morbum incidit, quem se Ludovico (ut et alia quæpiam ejusdem precibus impetrata) acceptum referre, uni e sociis ingenue confessus est. Oleum quo postremam ad luctam inaugebatur, vomitum sedavit ut viaticum cœleste admittere posset. Extremo die voces ejus quædam quasi luctantis cum hoste exceptæ sunt : *Falsum est, non sum theologus ; non percipio quæ dicis.* Quam perturbationem eximia vultus hilaritas et tranquillitas mentis excepit, manifestum indicium victoriæ quam etiam exclamans patefecit : *Victus est.* Ad cujus auditum admonitus ab astantibus ut Deiparæ opem imploraret : *Implorata est*, inquit. Et quidem eam præcipuo semper studio coluerat ac paulo ante dum ab excursione redit, in qua uni Patrum comes erat, hæreticos homines quibus se in via conjunxerat, ignarus qui essent, profana quædam in cælestem reginam spurco ore jacientes non modo palam animose coarguit, sed neque ex eo tempore cum eis una cibum sumere nec in eodem cubiculo diversari, nec videre quidem ultra, nec cum eis una cœptum iter prosequi sustinuit. Decessit, cum prius ad societatis vota admitti petiisset et impetrasset.

(IBID. P. 166) :

In Lemovicensi [collegio] universim XXV : sacerdotes X, præceptores V, scholastici III, adjutores VII.

ANNUÆ LITTERÆ S. J. 1611.

(Dillingen...?.. p. 160).

Idem (1) potuit Lemovicis aqua per D[ivi] Thomæ crucem consecrata : ubi et animi duorum ecclesiasticorum et quatuor sanctimonialium sacris exercitiis sunt illustrati.

(IBID. P. 144) :

(1) Scilicet. morbos corporis pellere aut animi procellas sedare.

Collegium Lemovicense : universim XXIIX : sacerdotes IX, præceptores V, scholastici VII, adjutores VII.

Annuæ Litteræ S. J. 1612.

(Lyon, MDCXIIX (sic). p. 702.)

Petrocoriense ac Lemovicense collegia.

Lemovici [s] adolescens ingenio ac ætate florens sodalitatem, cujus erat alumnus, ac seipsum imprimis illustribus virtutum facinoribus egregie commendavit. Frequens erat in xenodochiis ubi nullum non virtutis genus diligentissime obibat : nam ægris verborum reique ipsius solatia, ignaris præceptiones christianas, præmiis ad æmulationem discendi propositis, adhibebat : nudos clam sibi detracto indusio regebat : abluebat statis temporibus vilissimorum de illo conventu pedes : atque hoc nomine petulantium adolescentium æquo lætoque animo excipiebat ludibria. Enimvero is pro ingenti triumpho duceret, si deridiculo esset omnibus mortalibus in eo, ubi divinæ gloriæ impensius serviret, quod hic eventus ipsius manifesto declaravit. In duas anus cæcas, iracundia immodicas, maledicentiæ atque odiorum impotentia sævas adeo ut altera alterius pernicie suum furorem esset creduliter exsaturatura si locus daretur, cum ille aliquando incidisset, muliebres animos ultionis cupiditate æstuantes ita mansuefecit ut utrimque mox rediretur in gratiam, quas nostrum in templum invitatas eo ipse suis manibus prehensas deduxit seque curiose spectandum in publico et æqualibus prolixe redendum præbuit. Ejus præceptor suos auditores commonefecerat nuditatis cujusdem e condiscipulis hortatus ut si cuipiam esset detritum palliolum domi, eo humeros seminudos egentis integeret. Iste continuo ab dimissis scholis magistrum rogat indicari eum sibi, qui amiculo egeret, in quem detractam suis humeris chlamydem erat impositurus evestigio; cui jam se exuenti magister : *Tu vero, ut mendiculorum quispiam, eris in brevi sagulo, expers chlamydis ? Absit hoc, quando quidem neque illius tui condiscipuli tanta est penuria quæ huc te adigat.* Non defuerunt ingenioso pioque in primis adolescenti rationes quibus superior in ea causa evaderet, nisi præceptoris reverentia et confessarii ad consilium adhibiti auditi auctoritas eum proposito abducerent, qui alienæ mallet prudentiæ obsequi quam suæ indulgere cupidini. Istius modi facinora non pauca commemorantur eodem de sodali, cujus incensus animus ad omne nobilium virtutum decus admiratione civitatem ita complevit, ut jam passim sancti et angeli nomine designetur.

Ab civili animorum cura traductæ in agros nostræ operæ nihilo uberem minus messem quam ex urbana satione retulerunt. In vicinis oppidis multi Ecclesiæ salutares ritus aut usurpati numquam aut aboliti vetustate ac neglectu, cum populi fructu sunt introducti : non pauca sublata quæ sacramentorum vel dignitatem vel integritatem etiam minuerent. Duo a Calvinica impietate ad catholici moris religionem gustendam fruendamque persuasi sunt. Matronæ nobili periculose parienti Beati Ignatii patrocinium (1) imploratum præsentissimum remedium fuit.

(Ibid. P. 695) :

Provincia Aquitanica.

Operæ ducentæ triginta et duæ, septem domiciliis, Aquitanicæ provinciæ agrum coluerunt..... decem et novem Lemovicensi [collegio].

Annuæ Litteræ S. J. 1613 et 1614.

(Lyon, 1619, p. 504).

Petrocoriense ac Lemovicense Collegia.

Lemovici[s] alioque finitimo in loco novem hæreseon vinculis exsolvendos se tradiderunt. Infelicitate partus complu-

(1) Cette tentative de substituer saint Ignace à saint Léonard, comme patron des femmes en couches, donnerait à croire que la foi en l'intercession de ce dernier tendait à péricliter, même en Limousin. Pourtant nous lisons dans les *Annales de Limoges* (p. 407), que « au mois d'avril de la dite année [1638], fust depputé à St-Léonard un chanoine de l'église et un consul pour porter une relique de sainct Léonard à la royne étant enceinte de Mgr le Dauphin. Laquelle elle receut honorablement et la porta toujours sur elle. »

ribus jam annis laborantes aliquot matronæ, votis Beato Ignatio factis (1), eam ab se calamitatem in posterum amoverunt. Duabus ex scholis nostris eximiæ notæ adolescentes duodequinquaginta in unum Recollectorum ordinem non toto biennio commigrarunt. Rupefocaldii (*sic*), dioecesis Inculismensis oppido (2), sacri adventus jejuniique majoris diebus, celebres conciones habuimus et hæreticis auditoribus frequenter, quorum cupiditati ut fieret satis, medio sæpissime foro de rebus fidei controversiis verba fecimus (3), quod eo ipsis erat aditus liberior opportuniorque. Aperuere nonnulli oculos pectusque illucescenti veritati eamque admisere penitus ; plerisque illius dogmatis est injecta gravis religio cujus tandem didicerant, aut nulla esse prorsus aut solo mendacio nixa fundamenta : quæ si pergamus concutere, haud dubium quin, eis prostratis, ad eorum ruinas deinceps nolint adhærescere.

Annuæ Litteræ S. J. 1651

(Dillingen, 1658, p. 9.)

[*Collegium Lemovicense*]

Lemovicæ lætabilis imprimis fuit mutatio dexteræ excelsi in marchione *de Meillars* (4), viro familiæ ac belli gloria claro et in sui erroris retentione haud parum obstinato. Ei lucrando (tanti erat) cœlum ipsum adfuisse specie quadam miraculi ferunt literæ in hæc verba : cum conjugem pari nobilitate et eximia virtute fœminam ne palam fidem catholicam profiteretur modis omnibus qua blanditiis, qua minis, ad furorem usque deterreret, omnino voluit ut duo ministelli quos eruditissimos credebat, eam dedocerent.

---

(1) Cf. la note 2 de la page 107.
(2) La Rochefoucauld (auj. arr. d'Angoulême, Charente.)
(3) On peut citer d'autres exemples de ces controverses religieuses sur la voie publique, à Argentat par exemple en 1661.
(4) Meilhars, près Treignac, auj. arr. de Tulle.

Annuit illa; modo coram duobus Jesuitis. In hac multorum dierum disceptatione quia ministri vel succumbebant, vel obmutescebant, exarsit magis marchio, cum ecce sub seremissimæ noctis initium fœda subito tempestas in ædes ipsius fulmen excutit; quod post editam variis in locis stragem per turrium pinnacula et muros, perfracto tandem ipsius pariete cubiculi, in quo ille Deum tunc orabat, ne suam fidem labefactari pateretur, lecti conopæum ustulat et hærentia muro gentilitia insignia matris hæreticæ (quæ in eam domum prima hæresim invexerat) cœteris intactis, momento eradit. Tunc marchio continuo cæpit a Deo intimis sensibus ita commoveri et animo immutari ut repentino errorem dedoctus internaque luce perfusus se ipse miraretur, experimentum capiens tam subitæ ac inusitatæ a spiritu sancto venientis motionis; cujus beneficio sentiebat se nunc velle quæ prius nolebat; et nolle quæ antea plus vita ipsa æstimabat. Fulmen quidem e naturalibus causis esse potuisse; at mutationem tantam non nisi ab eo qui finxit singillatim corda hominum. Itaque Deo dat manus; duos patres iterato advocat : a quibus rite institutus cum conjuge, quatuor filiis ac tribus filiabus coram episcopo qui eo exultans advolarat, et magna nobilium populique multitudine Calvino renuntiavit vivitque admodum pie. (1)

(IBID. P. 9) :

Catholicorum nova et antiqua plantaria operam et spem adeo non fallunt ut alant etiam. Eam in rem adnititur propenso valde animo prorex dux Grammontensis, par Franciæ (2), qui domi nobiscum sacris colloquiis et commentationibus vacat, cum fratribus cælesti mensa accumbit, foris

---

(1) Il existe de cette conversion plusieurs relations contemporaines que nous avons citées dans notre *Hist. de la Réforme en Limousin*, p. 186, note 2. Elles se contredisent sur quelques points.

(2) Antoine III de Grammont, lieutenant du roi en Navarre, né vers 1602, mort en 1673. — Cette famille de Grammont, originaire de Navarre, semble avoir témoigné aux jésuites une faveur particulière. Le P. Joseph Desplaces, originaire de Tulle, procureur de la province de Guyenne, prononça à Pau, en 1726, pendant la tenue des Etats provinciaux, l'oraison funèbre de Antoine IV de Grammont, † 1720. *Biographie Limousine*, p. 182.

vero totis quibus potest viribus nos in reducendis ad Christum errantibus juvat.

(IBID. P. 11) :

Præter ipsum proregem Grammontensem, Lemovicæ quinque viri prorsus eximii sacris S[acri] P[atris] N[ostri] commentationibus se exercuere.

ANNUÆ LITTERÆ S. J. 1652.

(Prague, s. d., p. 17).

Apud Lemovicos vir nobilis qui, Calvinista licet, nescio quo tamen instinctu divinitatis multos jam annos beatissimam Dei parentem præcipua veneratione coluerat ejusque præsidio varias fortunæ tempestates effugerat, hoc anno se nostro cuidam in fide instituendum dedit eamque in magno vicinæ nobilitatis concursu atque gratulatione, damnata palam hæresi, est amplexus.

ANNUÆ LITTERÆ S. J. 1654.

(Prague, s. d., p. 28).

E Lemovicensi collegio Guaractum (1) unus missus e Patribus quadragenis, quas istic habuit concionibus nimiam popinarum licentiam coercuit ; magistratui ut blasphemos mulcta et carceribus plecteret, persuasit ; lites odiaque restinxit ; effecit ut cives campanarum pulsu acciti fere ducenti conveniant, sacrosanctæ eucharistiæ ad ægros deferendæ, officiosi comites, accensis cereis, ituri ac redituri. Xenodochii curam fere profligatam erexit, instruxit et corrogata eleemosyna pro novis ægrorum lectis octoginta linteamina procuravit (2).

(1) Guéret. Les jésuites y fondèrent un collège en 1710.
(2) Notre *Inventaire des arch. comm. d'Eymoutiers* (GG. 3, p. 108) mentionne incidemment la représentation d'une tragédie par les élèves du collège des Jésuites en sept. ou oct. 1654.

CHRONIQUE PAROISSIALE DE MAGNAC-LAVAL
1692-1707

(Extraite des anciens registres paroissiaux et communiquée par M. Roy, secrétaire de la mairie).

(1) Jacques Berger, qui avoit déguizé ce nom en celuy de Deberges, faisant la fonction d'advocat, avant qu'il fut attint du mal d'épilepsie ou mal caduc, de cette ville de Maignac, en la basse Marche, diocèse de Lymoges, mourut en sa maison qui est la dernière en descendant à main gauche à la font Geoffre, où il y a une petite cour, puis et grange qui s'en vast en ruine, l'onzième jour de mars courant mille six cent nonante deux, vers les sept heures du matin, après douze ou treize jours de maladie, et ce d'une fatale mort, ayant refuzé de recevoir les saints sacrements, étant toujours mortellement mal, comme M. François Aubugeois, son médecin, luy disoit actuellement, disant le mercredy de devant sa mort, dimanche après disné, non plustot, ce jour étant venu, luy étant sommé par le sʳ curé, plusieurs prestres et un religieux carme mitigé qui preschoit icy le caresme, et plusieurs autres personnes de se donc enfin confesser, communier et recevoir l'extrême-onction, et que ce dimanche estoit venu, il répond brusquement qu'il n'en scavoit rien, qu'il ne vouloit pas, mais que ce seroit demain, et ainsi toujours demain d'un jour à l'autre, avec une obstination de démon, sans que rien l'aye jamais peu toucher ni convertir, criant, hurlant, s'inquiétant, baillant ordre de fermer la porte au sieur curé et prestres qui venaient à toute heure le sommer de se confesser et convertir, parlant mal, et des réponses et paroles de mespris, traitant de bagatelles, niaiseries, sottises, etc., toutes les choses les plus saintes, et le danger extrême où il es-

(1) La relation suivante, bien qu'appartenant à l'année 1692, se trouve dans le registre paroissial de 1674.

toit de sa damnation prochaine. Il meurt, enfin, le mardy jour onzième susdit de mars 1692, gestant le sang à gros bouillon par la bouche, ce qui paroit un signe visible de la justice de Dieu qui luy fait degorger ce sang, n'ayant voulu degorger et satisfaire à ses péchés énormes dans une sainte et salutaire confession. Car il estoit convaincu, de notoriété de faict, de magie et sortilège, notamment par feu M. Jean Pertat, son cousin germain, D^{elle} Aubugeois, veuve de feu M. Jehan Delacoste, qui parlaient et parlent de visu.

Il est encore constant pour cet effet qu'il avoit autrefois des livres de magie qu'il avoit trouvés entre les livres du feu médecin N. Berger, son oncle, lesquels luy fit brusler un religieux qui preschait à Maignac. Il disoit au sieur Dessaignes, son beau-fraire par alliance, quelque temps avant sa mort, que telle maladie et si grande qu'il peut avoir, il était assuré de vivre 77 ans, faisant comme croire que le diable le luy avoit révélé. Aussi il a paru d'une obstination et d'une dureté de démon. Après quoy les parents ont faict enterer sur le soir son infame cadavre dans les environs du Chaptelat (1), comme celuy d'un chien, à leur grand desplaisir et opprobre éternel de sa famille qui est composée de sa deuxième femme nommée Delabande, natifve de Mortemart; Suzanne, sa fille d'un premier mariage avec Marguerite Chardebœuf; Jehan âgé de 16 ans, autre Suzanne de 15, et Jacques âgé de 4 ans, ou entour; et ce par l'ordre de messire Louis Durfé, l'évesque de Limoges, qui a donné cet ordre aujourd'huy, le mesme jour douzième de mars 1692; ce que j'ay ici voulu mettre ad perpetuam rei memoriam et pour l'exemple et terreur des impies et meschants, comme le dit Berger qui profferroit presque à tout rencontre des paroles impies contre les choses et cérémonies saintes, qui par les justes jugements de Dieu luy ont été refusées, et autres choquantes et diffamantes contre le prochain, sans excepter le sacré ni le profane. Escrit ce même jour, an et mois que dessus. V. FOURNIER, *prestre, ancien curé de Maignac* (2).

(1) Auj. lieu-dit de la commune de Magnac-Laval, arr. de Bellac, Haute-Vienne.
(2) Vincent Fournier décéda le 14 sept. 1693, comme en fait foi l'extrait des registres paroissiaux de Magnac, reproduit ci-après; la relation est donc de

Le dit Jacques Berger se confessoit pourtant d'an en an ordinairement par force, venoit à l'Eglise, mais où il se montroit par ses comportements n'avoir de piété, exemple, dévotion ni religion et ce apparemment seulement pour n'estre grevé (?) sous un public et pour pallier ses crimes et ses injustices, retenant les biens de l'Eglise du tiers et du quart par ses uzurpations, destours et chicanes, niant de luy advenant, mais déguisant et remettant depuis longues années de satisfaire; et enfin abbatu sous le poids de ses dits crimes, il est mort (comme dit est cy devant) comme un impie, un scandaleux, un athé, ne voulant pas mesme répondre ce qu'il croyait d'un enfer, etc., et s'il renonçait au diable et à ses œuvres, mais enfin se désespéroit, crioit, détestoit, lorsqu'on lui disoit la moindre parole de son salut éternel, sans se mettre en peine ni de son salut ni du malheur et opprobre de sa famille et de sa race. Faict, comme dit est, le 12 mars 1692, par l'ordre de Monseigneur l'evesque de Limoges qui a ordonné ainsi de luy refuser la sépulture sainte. On remarquera que la nuit avant sa mort et le jour suivant il s'est élevé des vents et orages prodigieux avec une inesgalité de jour et de tems tout à fait triste et accablante, comme si la nature jusques aux choses insensibles déploroient le malheur de cette âme réprouvée ou comme si, dans ses orages et tempêtes, les diables faisoient feste d'une telle perte. *Quam horrendum est incidere in manus Dei viventis a quo Deus immense misericors nos liberet.* Le dit Berger, dit Deberges, était âgé de soixante et quatre ans.

peu de temps postérieure aux événements qu'elle nous fait connaître. — « Le quatorze septembre 1693, jour de l'exaltation de Ste-Croix, à sept heures du matin est décédé vénérable Messire Vincent Fournier, ancien curé de Maignac mon prédécesseur et mon oncle; et a esté inhumé le quinzième du mesme mois dans la chapelle de nos ancestres dans le cimetière de cette paroisse, à costé de l'antel à main gauche en entrant du costé de l'évangile, m'ayant dit dans sa maladie qu'il laissait à ma volonté de l'ensevelir dans ce lieu ou dans le tombeau de feue sa mère Anne Dudoignon dans le dit cimetière, ainsi que porte son testament. Ont esté présents les soussignés ses nepveux : **Beaugay c. de Maignac** ; **Fournier**.

(En marge de l'acte se trouve cette mention) : *Natus anno 1630, die 12 octobris.*

Le dit Berger est donc enterré sans aucune pierre environ cinq pieds profond, la teste tournée contre le buisson qui sépare le chemin d'Aulberoche et la terre là première qu'on rencontre à main gauche pour aller à Aubroche, et par la quelle aussi l'on passe pour aller à la Barre et à la Mornière au-dessous du ponté, vis à vis du chemin du ponté ou d'Aubroche au Chastelat à qui appartient cette terre. La teste présentement entre un arbrisseau de chesne et un aubépin qui sont dans le buisson quoy qu'elle ne les joigne pas, luy estant proche, mais non pas dans le buisson par lequel on peut aller tout droit à Aubroche, laissant lors ce buisson à main droite et le chemin ordinaire derrière.

Il y a trois chesnes en venant devers la ville dans ce buisson avant arriver au corps de ce malheureux. Il peut y avoir six pas du dit corps au quatrième chesne en suivant, lesquels peuvent tous estre coupez avec le temps qui détruit toutes choses, mais il peut y avoir 50 pas de l'entrée de la dite terre pour arriver à ce cadavre abandonné. Il y a plusieurs inpietez et injustices à la vie et à la mort de cet homme obstiné que je passe sous silence. C'estoit un grand homme sec, les yeux chatins, les sourcils coupez, un regard tournoyant et pensif, le nez long et fort acquilin, toujours prêt à mal parler aussi bien des choses saintes que du prochain et à s'emporter de toutes choses.

On remarquera deux choses très considérables : l'une que quand il se sentoit trop pressé de satisfaire à ses devoirs de conscience, après avoir crié en se lamentant : « Laisse-moi, démon », lorsqu'on ne laissoit pas de continuer, il parloit avec fureur dans le gosier comme certain langage incognu, semblant faire quelques invocations du démon, qui parle ainsi d'ordinaire dans les possédés. Il fit cela principalement sur le point de sa mort à Anne..... qui luy voulut parler de son salut, le voyant sur le point d'expirer, se tournant vers elle avec la mesme fureur, la regardant fixement et tenant le mesme jargon dont elle fut toute effrayée. Après quoy il expira estant suffoqué, le temps d'un *miserere* aprez.

L'autre chose à remarquer est que, comme on croyoit que le

diable le tient ainsi obsédé ou même mieux possédé, sur les raisons cy devant déduites, ayant même une fois fait paraitre dans sa basse-cour quantité de petits animaux devant maistre Jehan Pertat, son cousin germain, qu'il avoit appellé exprez pour ce subjet, dont il eut une telle frayeur que tous ses cheveux se dressèrent et luy sembloient enlever son chapeau, et s'enfuit demi mort de peur. Après quoi on entendit ces petites bêtes sur un pommier d'un jardin du voisinage qui faisoient le mesme bruit et bourbonnement (sic) que dans ceste cour, et en mesme tems le mard du dit pommier ou arbre de renette où elles étoient posées, rompit en mesme temps. C'est ce qu'on scait d'origine.

Pour ces raisons donc et autres on luy fit boire de l'eau benitte, quoy qu'il sembloit s'en défier d'une façon surprenante, afin de chasser le diable, s'il estoit dans son corps. Aprez quoy il crioit et se tourmentoit continuellement jusques à la mort, et commença à jeter le sang et pourriture en si grande quantité qu'il en remplit la place et deux linciaux. Quand en le menaçoit de le faire jeter après sa mort à la voirie, il disoit qu'estant mort il ne s'en mestroit pas en peine, baillant le deffi sur tout ce qu'on luy pouvoit dire, insensible à son malheur éternel et temporel et à celuy de sa famille qu'on luy représenta plus de deux cents fois. Mort abhominable qui n'a jamais hu sa pareille dans ce lieu où elle servira d'un éternel opprobre.

J'ajouste encore à la complexion de son corps qu'il avoit le visage fort long, les joues plates, le front serré et en abattant fort bas, et estoit comme pointu par en hault, la teste longue, eslevée par le derrière, plus pointue que large, ressemblant tout à fait à celle d'une femme. Tout cela marque que la fisionomie n'estoit pas fort bonne. Il avoit l'esprit trez maling et toujours porté à l'injustice et au mal horrible, qui devenoit furieux à tout bout de champ s'il estoit contredit, et mesme fort ombrageux et pointilleux, ce qui le faisoit à toute rencontre effarouché envers les personnes qui luy parloient, quoy qu'elles n'eussent moins intention que de luy desplaire et contredire, ce qu'il ne pouvoit supporter, estant fort brusque et fougueux.

(1) A peine trouvera-t-on d'années dans lesquelles cette ville et paroisse ayent souffert tant de misères et de calamités que celle-cy mil six cents nonante trois, soit par les maladies qui ont enlevé une infinité de leurs habitants, soit par la disette de toutes choses qui ont fait languir ceux que la mort avoit epargnés, soit par les impots, tailles et subsides que le roy Louis quatorze a imposés par tout son royaume pour fournir à la guaire qu'il a sur les bras contre tous les princes de l'Europe, contre l'Empereur, les Electeurs, l'Espaigne, l'Angleterre, la Hollande et le duc de Savoye.

1° Pour ce qui est des maladies, il y en a eu de toutes les façons; les fièvres chaudes ont reigné, mais surtout la dissenterie qui a fait mourir presque tous ceux dont les actes mortuaires sont écris dans le présent livre; la plupart des pauvres gens n'ont pas été secourus dans ces maux, ce qui causait une grande infection dans leurs maisons, de sorte que nous étions obligés de leur aller administrer les saints sacrements dans cet état, ce qui faisait soulever le cœur, voyant l'ordure autour de leurs lits et la sentant; et on a été tellement malade partout et en même tems que souvent il n'y avait que moy ou un de mes vicaires ou quelqu'un de ces autres MM. qui nous aydoint (sic) pour aller partout; quand un était guairy, l'autre tombait malade jusques la que, les festes de l'Assomption et de la Nativité de la très Ste-Vierge, à peine pumes-nous être deux pour psalmodier seulement matines, et il me semble que les messes de paroisse que nous appelons grandes ne furent pas chantées ces jours là. Il ne mourut pourtant de tous MM. les prestres que deffunt vénérable Messire Vincent Fournier, mon oncle, mon prédécesseur et mon bienfaiteur, le 14° jour de septembre (2), de la dissenterie, après avoir reçu les sacrements même celuy de l'extremonction, le jour de la nativité de la Ste-Vierge, quoy qu'il ne parut pas en danger de mort et que les médecins s'y opposassent, disant qu'il n'y avait point de fièvre ; je fus malade aussi deux fois cette année : le 13 d'aout de fièvre

---

(1) La longue mention qui suit est du curé Beaugay.
(2) Voy. ci-dessus, page 146, note 2.

tierce dont j'eus six accès, et ensuitte de dissanterie ou diarée le 27 septembre, et qui ne me dura que quatre jours.

2° Quant à la disette elle a été extrême à cause du peu de blé qui s'est recueilli partout, le tems s'estant mal porté et les saisons bouleversées jusque-là que le douze de may, qui estoit le mardy de la pentecoste cette ditte année, il tomba quantité de neige à gros flocons depuis les huit heures et demie du matin jusques à neuf et demie avec un tems extrêmement froit, ce qui faisoit aprehander que cella ne gasta les blés qui étoint en fleur ; l'apresdinée il tomba beaucoup de gresle et la nuit suivante du jeudy au vendredy il gela bien fort, ce qui gasta les vignes et qui fut cause qu'il n'y eut icy et en beaucoup d'autres endroits point de vin ou presque point, de sorte qu'il fut fort cher. On fut obligé d'en aller chercher à Bergerac et à Domme et étant icy conduit on le vendoit 60 ll. le premier et 90 ll. le second chaque pièce, et 18 et 20 s. le pot ; celuy de Maignac que quelques particuliers avoint conservé de deux ans, (car il n'y eut presque rien et le peu de très mauvais goust l'année précédente 1692) fut vendu 50 ll. la barique. Cette intempérie de l'air provenoit apparemment des pluies continuelles qui duroint depuis vingt et un mois presque tous les jours. Le 9 et dixième de juin, il en tomba en si grande quantité avec de grands tonnères qu'on ne put passer à cheval au ruisseau Vanere (1), et elles montèrent si haut dans cette rue, du pont Marrand aux rues de Beaulieu, qu'il fallut que chez M. Honoré Decressac qui demeure dans la maison des fouretilles Poiron, M. de Feux, Mlle de Lacoste fermassent leurs portes de gazon, et encore ne purent-ils l'empêcher d'entrer dans leurs maisons, surtout les premiers, et de monter bien haut jusques a trois et quatre pieds au dedans. Les chemins ont été aussi mauvais et aussi impraticables l'esté et le printems de cette année que dans les plus facheux hyverts, et on a eu bien de la peine a serrer le peu de blés qui se sont sauvés, a cause des

(1) Le ruisseau Vanere, appelé actuellement *Riounaire*, se trouve sur le chemin de St-Léger, à 100 mètres environ de la sortie de la ville actuelle, au-delà de Font-Geoffre ; il se jette dans la Brame, non loin du jardin de l'ancien collège transformé aujourd'hui en caserne.

pluies qui ont été continuelles ; le blé même ne restoit pas de fleur, étant moulu comme il avait accoutumé ; voila pourquoy n'abondant pas il a été fort cher toute l'année, nonobstant la rareté de l'argent ; dans le tems même des moissons il valut neuf livres et augmenta toujours jusqu'a 17 et à 18 ll. quoy qu'il aye été réglé à onze livres 5 s. a l'évaluation. On ne peut semer ny blés noirs, ny baillarges, ny les blés qu'on appelle de mars, à cause des pluies qui mirent toutes les rivières presque hors de rive toute l'année ; en sorte que les pauvres souffrirent beaucoup, quelque soin qu'on prit pour les faire subsister ; ceux qui pouvoint et qui devoint donner dans Maignac ne donnant ou rien ou presque rien. L'on leur fit cette année la charité chaque jour de la manière suivante : le dimanche j'avertissois au prône celuy qui devait faire l'aumône génóralle chaque jour de la semaine, et il donnait du pain environ demie livre outre la souppe ; il en falloit pour suffire plus de trois grandes marmites de chacune six seillées ; il y avoit plus de 200 pauvres auxquels on avait donné des billiets cachetés pour éviter et empescher que tout le monde ne s'y rendit, n'ayant plus de honte pour mandier comme autresfois. Le roy fit donner sur la fin au mois de may 500 écus, sans quoy il serait mort un plus grand nombre de pauvres de faim, les particuliers de ce lieu ne pouvant ou ne voulant faire davantage. Néanmoins, l'année suivante, on jugea plus a propos et plus commode de donner aux familles nécessiteuses quelque chose par mois de ce que l'on avait taxé par arrêt du conseil sur ceux qui avaient du bien dans la paroisse et qui n'y demeuroient pas ; et a l'égard de ceux qui y demeuroient, on leur donna des pauvres ou chez eux ou à nourir ; j'en pris pour ma part quatre pour le bon exemple et pour aider à subsister les pauvres, quoy que j'en fus exempt par le dit arret du conseil, n'étant que pensionnaire ; tout cella n'empecha pas les pauvres de languir ; il en mourut même de faim et de misères dans ce lieu ; il est vrai qu'il n'y en est pas mort tant que ailleurs, car on les voyait mourir dans les rues à Paris, Limoges et dans les grands chemins, après avoir brouté l'herbe, les racines comme des animaux ; mais quand il n'y en seroit mort qu'un, ce sera toujours un grand sujet de crainte au jugement de Dieu pour ceux qui pouvoint l'empescher.

Non pavisti occidisti (1).

Et je peux dire avec vérité qu'il y avait dans cette ville des familles qui avoint les grosses sommes d'argent dans leurs coffres et le blé dans les greniers qui ont été insensibles, comme d'autres Pharaons, dont les cœurs n'ont pu être touchés par toutes ces misères. Je ne les nomme pas icy de peur de rendre à la postérité leur mémoire odieuse, la charité d'un pasteur devant couvrir plutot les deffaux de ses paroissiens que les rendre publiqs ; je diray pourtant, pour empescher ceux qui liront ce que j'écris de suivre de si mauvais exemples, que Dieu a déjà retiré ses bénédictions de dessus les quelqunes de ces familles et y a versé ses malédictions, comme il l'a promis dans les Saintes Ecritures, et je le marquerois en détail si je ne aprehendois de les faire connaitre. Ce que je crois ne devoir pas faire.

3ᵉ Enfin ce qui a achevé réduire à la dernière misère cette pauvre ville et paroisse a été : 1° les tailles qui, avec le taillon qu'on appelle le cartier d'hyvert, monte à plus de dix mille livres ; 2° la milice, il a fallu équiper et payer 4 soldats et payer les gages de leurs officiers etc., ce qui porta un très notable préjudice ; ceux qui pouvoint faire valoir les lieux s'absantant, les autres donnant de l'argent aux sindiqs, consuls et collecteurs pour n'être pas nommés, et les menans boire avec d'excessives dépenses, ces années que tout est si cher ; 3°.... pour lequel il y eut garnison sur garnison ; 4° les francfiés ; 5° les bans et arrière-bans depuis 8 ans ; 6° la taxe des marchans ; 7° le francaleux quoy qu'il n'y en eut point de droit dans cette province, mais le roy n'a pas laissé de l'exiger ; 8° pour les drapieres (?) d'église j'ay donné 60 ll. ; 9° les amortissements pour les églises ; 10° pour les maisons que l'on possède, il y en a eu comme M. de Fieux qui ont été taxés à 20 ll.

---

(1) Tu n'as pas donné à manger, (donc) tu as tué.

(1) Le 25 octobre 1699 j'ai publié au prone de notre messe paroissiale, par ordre de Monseigneur l'evesque de Limoges François de Carbonel de Canisi, ou quoyqu'il en soit en vertu du mandement de M^r le grand vicaire Michel Bourdon, en datte 28 septembre aud. an 1699, la condamnation du livre intitulé « Explications des maximes des saints sur la vie intérieure », composé par Messire François de Salignac-Fénelon, archevêque de Cambray ; c'est le frère de M. Henri-Joseph de Fénelon, qui est seigneur de Maignac à cause de sa femme Madame de Fénelon, qui s'est mariée en seconde nopces avec luy, quoyque cousine germaine, ayant obtenu dispense de Rome de cette parenté; elle avait été mariée auparavant à Monsieur le marquis de Laval, duquel mariage elle a un fils à présent aussi Monsieur de Laval, colonel d'un régiment.

Cette année 1707, le lambris de nostre église a été fait par François Vignaud, charpenthier du village de la Bachelerie, auquel on a donné pour sa façon quatre cents livres, cy 400 ll. Ce qui a donné lieu à cette bonne œuvre, sans laquelle notre église ressemblait une grange, est une personne de bien et zélée pour la gloire de Dieu, qui me vient trouver et me proposer ce dessein, offrant de donner trois cents livres pour commencer. Je ne nomme pas cette personne qui ne veut pas qu'on sache que c'est elle qui a été cause de ce bien. Si je lui survis je la nommerai après sa mort, m'ayant laissé la liberté de le faire pour lors (2). Mais elle a des raisons

---

(1) La mention suivante se trouve dans le registre paroissial de 1697, au mois de décembre. Elle est également de l'abbé Baugay.

(2) *Addition postérieure de vingt ans* : « C'est damoiselle Marguerite Lacoste, fille dévote, fille de feu Delabrosse de Féolat et de feue Dame Anne Daubroche, et qui est décédée le 10 avril 1727 et a été inhumée le lendemain onzième du dit mois dans les tombeaux de ses ancestres, ce qui s'est trouvé le jour du vendredy saint de cette année 1727, après avoir languy dans son lit malade deux ans et trois mois. Requiescat in pace æterna ».

Voici son acte de décès emprunté aux registres paroissiaux de Magnac-Laval :

« Le dixième jour du mois d'avril 1727 est décédée damoiselle Marguerite Delacoste, fille dévotte, née le 20 septembre 1652, et a été inhumée le onze dud. mois en présence de M. Jean Michelet, marchand, et de venerable M. Joseph Mitraud prêtre, soussignés, tous de cette ville. Signé au registre : **Michellet**, **Mitraud**, prêtre, **Beaugay**, pr. de Maignac.

pour vouloir cacher cette bonne œuvre, surtout son humilité. Je communiquai à MM. les prestres de notre église ce pieux dessein, tous y applaudirent. Mais la plupart ne croyant pas la chose faisable, surtout dans un aussi mauvais temps de cette année que tout le monde était accablé des impos que le roy a mis sur le peuple pour subvenir aux besoins de l'état et soutenir une sanglante guerre contre l'Empereur, l'Angleterre, la Hollande, et le duc de Savoye, on regardait cette entreprise comme impossible, croyant qu'elle coûterait deux mille livres qu'on ne sauroit jamais amasser sur un publiq et paroisse ruinés; j'en parlay encore aux principaux de ce lieu et même à M. et Mme de Fénelon, que je fus voir expres contre ma résolution et ma coutume; tous étaient de ce même avis, que cette réparation serait bien nécessaire, mais qu'il la fallait remettre dans une autre saison et un meilleur tems. Cependant, sans me rebutter, je voulus présenter et ensuite m'assurer avec M. nostre seneschal de ce que chacun voudrait et pourrait faire; nous passames par la ville pour cella, les uns promirent plus, les autres moins, d'autres rien du tout, comme je diray cy après à la louange des uns et à la confusion des autres; et pour être plus assurés, nous obligeâmes tous ceux qui vouloient bien contribuer à cette bonne œuvre à en consentir une obligation par devant Decressac et son connotaire, par laquelle un chacun s'obligeoit à payer ce qu'il promettoit. Il n'y eut que M. et Mme de Fénelon qui crurent que ce seroit leur faire tort que de ne pas se fier à eux et à leurs parolles et qui n'entrèrent pas dans cette dite obligation; mais moy qui scay fort bien leur coutume, qui est de ne donner jamais rien, surtout à l'église, compris fort bien leur dessein et je n'y fus point trompé, car la fin fut telle qu'ils ne donnèrent rien du tout, et même ce que ceux qui viendront après nous auront peine à croire, c'est qu'ils défendirent sous de sévères peines à tous leurs métayers de venir conduire aucun bois nécessaire pour ce lambris; quoyque ces bonnes gens fussent très disposés à le faire de bon cœur et qu'il fussent fort scandalisés des ordres de leurs maîtres, qu'ils regardaient comme des ennemis de l'église, de la religion et de la gloire de Dieu et de ses autels. Ils m'avoient d'abord dit qu'il ne fallait point songer à faire ce lambris dans un si mauvais temps ; quand dans une seconde visite j'insistai tant que tout le monde vouloit contribuer à faire cette bonne œuvre, ils me répondirent qu'ils y penseroient. Dans une troisième, un mois après, ils me dirent qu'ils ne pouvoient point donner d'argent, mais qu'ils donneront des bois de la forest qu'on appelle bolivaux, qu'ils brûlent dans leur chauffage, et que j'envoye François Vignaud notre dit charpentier voir combien il en faudroit. Il y fut, pendant trois jours qu'il perdit, ses trois journées, sans qu'on l'invita d'un morceau de pain ; et sur son rapport qu'il leur fit qu'il y avoit quantité de ce bois inutile à eux qui pourroit servir pour le lambris, il fallut supputer, conter et calculer combien il y aurait de pieds de bois. Ils trouvèrent que le nombre irait trop loin et conclurent enfin qu'ils ne vouloient point donner de bois, mais qu'ils donneroient soixante livres, sur lesquelles on pouvoit faire fond. Lorsqu'il fut question de demander ces 60 ll. si solennellement promises à M. le sénéchal, a moy, a nos M" les prestres, dont même ils avoient fait du bruit dans le monde quand on parlait de ce lambris, M. le sénéchal voyant qu'ils partoient pour aller à Paris leur fut demander ce qu'ils avoient promis, disant qu'ils étaient tenus d'effectuer leur promesse, que l'on manquait d'argent pour payer l'ouvrier et acheter du bois. Ils lui répondirent qu'ils ne vouloient rien donner. M" le sénéchal, leur procureur fiscal, le sieur de la Lanne qui se trouva présent, eurent beau a les solliciter, les prier, les sommer de tenir leur parolle, leur représentant que sans cela on ne se serait pas engagé dans cette dépense et qu'ils passeroient dans le monde pour gens sans parolle, qu'ils devoient considérer que les autres pourroient imiter leur mauvais exemple et laisser la chose imparfaite, qu'étant seigneurs ils étaient obligés de contribuer du tiers pour le moins pour cet ouvrage : ils répondirent qu'on les feroit passer pour ce qu'on voudrait, qu'ils ne s'en souciaient pas, qu'on parlait déjà assez mal d'eux et, en un mot, qu'ils ne vouloient rien donner ; ce qu'ils firent, chose inouïe et sans exemple.

Ceux qui suivirent ce mauvais exemple furent : Simond Mitraud, advocat, qui a été jésuiste cinq ans ; Joseph Beliot, marchand, qui font un plus mauvais employ de leur bien au cabaret où ils sont journellement et dans d'autres mauvaises occasions que je passe sous silence. Il y en a peu d'autres qui n'aye voulu donner quelque chose selon son moyen dans une si bonne œuvre. Ceux qui ont donné sont : M. Vetelay, prêtre, qui a donné 50 ll. ; M. Degorce ou plutôt par son nom propre M. Léonard Nicault, prestre, 40 ll. ; M. Gitton, prestre, 30 ll. ; M. Bigaud, prestre, 10 ll. ; M. Decrossac, prestre, 10 ll. ; M. Gigaud, prestre, 9 ll. ; M. Delacoste de la Bachellerie, prêtre, 10 ll. ; M. Mitraud, prestre, qui est à présent curé de Droux, 10 ll. ; son cousin, M. Mitraud, aussi prestre, avec son père, 12 ll. ; M. Delecluse, prestre, 5 ll. ; M. Dubraq, prestre, avec son frère, M. Defresse, 10 ll. J'ay donné moy curé, 50 ll. ; M. Nicault, vicaire, 5 ll. ; M. le seneschal, 30 ll. ; Mlle Ducouret, 20 ll. ; M. Delaborde, 10 ll. ; M. de la Roques, 10 ll. ; Mlle de Rochequerand, 10 ll. ; M. Aubugeois, advocat, 3 ll. ; Mlle Belot, 5 ll. ; M. de la Lanne, 6 ll. ; M. de Montionand, 20 ll. ; Delagrandroche, 30 ll. ; Mme Detronchat, 3 ll. ; M. Dutheil, 3 ll. ; M. Guiot de la Tibarderie, 5 ll ; la veufve de M. François Dubrac, 30 ll. ; Jean Bracq, 5 ll. ; M. Jean Delacoste, 3 ll. ; M. Jean Buraud, hoste, 2 ll. ; M. Jean Bigaud, arpenteur, 3 ll. ; Surenaud, 2 ll. ; Anne Bonnet, veufve, 2 ll. ; M. Jean Bigaud, tanneur, 1 ll. ; Marie Coste, 2 ll. ; Mme Degorces, 3 ll. ; M. Michellet, 4 ll. ; René Decelles, 10 s. ; Jean Bourillon, 1 ll. ; Etienne Frugier, 10 s. ; M. Desvergne, 1 ll. 10 s. ; Jean Legier, 10 s. ; M. Fournier, 2 ll. ; M, Duchatelat, 1 ll. 10 s. ; M. de la Prucothière, seigle 2 septiers ; Mlle Delacoste, sa belle-mère, autres 2 septiers. Avec cet argent on fit dans un an ce lambris, on acheta du bois en plusieurs endroits, à Azat, à Dompierre et icy, de plusieurs particuliers, tout du bois de chesne, à la reserve des bois de l'eschafaux, qui furent de vergne, et dans un an ce lambris fut fait et parfait ; il peut avoir coûté en tout la somme de mille livres.

Il est à remarquer que les dits seigneur et dame de Fénelon partirent pour aller à Paris cette année (au mois de février le 27), ou etans, nous voyant occupés à faire le lambris de l'église et épuisés par l'argent que nous contribuons pour cella, ne se contentant de n'avoir rien voulu contribuer ny bois ny argent, comme ils avoient promis, ny leurs charetes qu'ils empêchèrent (ce je viens d'écrire), voulurent faire juger le procès de la ville, qu'elle a pour maintenir ses privilèges, ne doutant pas que ils ne vinssent à leur fin, croyant que les habitants ne pouroient trouver de personne ny d'argent pour soutenir des droits si bien établis, et que personne ne s'estait avisé de vouloir détruire que la dite dame de Fénelon qui avait commencé le procès, étant veufve de M. de Laval, comme je l'ai marqué plus en détail et plus au long dans le registre de 1698 (1). En effet, lorsque Levassor, procureur de la ville, manda, au commencement du mois de juillet en la dite année 1707, que Mme de Fénelon poursuivait vivement le procès, voulant le faire juger avant les *vacans* (?), tout le monde de ce lieu fut consterné ; tous disoient qu'il faut aller nécessairement à Paris ; sans cella nous serons condamnés, quelque droit que nous y ayons. On proposa plusieurs personnes : Mrs Bigaud, Mitraud, Rabilhat & un chacun trouva des raisons pour s'en excuser, d'autant qu'ils voyoient qu'on ne serait pas en état de fournir l'argent nécessaire pour soutenir ce procès ; ce fut à moy à quitter mon église, le lambris, ma maison, et je partis d'icy le 12 du mois de juillet 1707 avec 100 ll. seulement qu'on me donna. Etant arrivé à Paris, Mme de Fénelon, qui voulait faire juger, recula de toutes ses forces pour empêcher d'avoir arrêt, et je n'eus pas assez de temps ni d'argent pour l'obtenir ; ce que j'ay marqué ailleurs (2).

(1 et 2) Cette relation se retrouve en effet dans le registre paroissial de 1698. Elle a été publiée, sur une copie fournie par M. Roy, dans les *Archives historiques du Limousin*, tome III, p. 335 à 348. — Une transaction intervenue en 1727 entre les seigneurs de Magnac et les habitants, a été publiée *ibidem*, t. I, p. 306-316.

DOCUMENTS DIVERS
SUR MAGNAC-LAVAL
(1656-1768)

1. — Arrêt du Conseil d'Etat qui ordonne la réduction de la taxe imposée sur la moitié des octrois de Magnac. — 1656. Copie du temps, pap.

Vu au Conseil du roy les requêtes présentées en iceluy par les maire, échevins et habitans de la ville de Maignac et le sieur de la Mothe-Fénelon, marquis du dit Maignac, tendantes : celle des dits maire, échevins et habitans, à ce que pour les causes y contenues il pleut à Sa Majesté les décharges de la somme de 1875 ll. pour laquelle ils étoient poursuivis par Claude de Goullu, commis, porteur des quittances de l'épargne, expédiées pour le recouvrement de la première moitié du revenu des deniers communs et d'octrois dont jouissent les villes et bourgs de la généralité de Limoges, qui doit être portée à l'épargne en exécution de la déclaration et édit de Sa Majesté, du mois de décembre 1647 et 1652, et arrêts intervenus pour l'exécution d'iceux ; à laquelle somme les dits commis de l'epargne prétendent que doit monter le retranchement de la première moitié du revenu de leurs octroys et deniers communs pendant les années 1653, 1654 et 1655, suivant les états de recouvrement qui en ont été expédiés pour cet effet à raison de 625 ll. pour chacune d'icelles, ou du moins la réduire et modérer à telle somme qu'il plaira à Sa Majesté, attendu que tous les revenus des droits dont ils jouissent ne montent pas ainsy à la somme de 700 ll. par chacun an, comme il appert par les baux qu'ils rapportent, qui ne suffit pas pour l'entretien de leur pavé, ponts, chaussées, reffection de leurs murailles et autres nécessités publiques ; pour raison de quoy les dits maire, échevins et habitans sont contraints de s'engager;

joint qu'il ne doit estre fait de retranchement que sur la moitié dudit revenu des dits octroyx dont ils jouissent, l'autre étant touchée annuellement par le sieur marquis de Maignac pour les causes contenues en leur dite requeste; — et celle du sieur marquis de Maignac tendant à ce que, pour les causes y contenues, il plut à Sa Majesté ordonner qu'il sera maintenu et gardé en la possession et jouissance de la moitié du revenu des dits octrois, qui lui a été ceddée et abbandonnée par les dits habitans, sur laquelle il seroit déchargé du retranchement que Sa Majesté y pourroit prétendre en conséquence des dites déclarations, édits et arrêts, attendu qu'il jouit de la dite moitié comme luy tenant lieu d'autres droits plus considérables dont [les dits habitants] lui etoient redevables à cause de son dit marquisat de Maignac, ce que ses prédécesseurs leur ont ci-devant donné pour l'entretien des murs et fossés auparavant l'obtention de leurs lettres patentes, et qu'ainsy la dite moitié luy est comme echangée et commuée par les dits habitans avec d'autres droits dont ils lui étoient redevables, de beaucoup [plus] de valleur que la dite moitié des dits octrois, et fait par conséquent partie du revenu du dit marquizat de Maignac dont il est obligé de rendre avœu et denombrement à Sa Majesté, ainsy qu'il faisoit des dits droits qu'il a quités et remis aux dits habitans de Maignac, les ordonnances étant au bas des dites requêtes en datte du 10 juillet dernier, portant qu'elles seront communiquées au traitant pour, luy ouy ou sa réponse vue, être ordonné ce que de raison (1)...............

Attendu qu'il est constant que le revenu des dits droits accordé aux habitants par leurs lettres patentes et dont ils jouissent monte à plus de 1400 ll. par chacun an, ainsy qu'il se justiffiera tant par la représentation de leurs dites lettres et anciens baux que les dits supplians seront tenus de faire voir pour cet effet, que par l'information que les dits commis de l'épargne requierent en être faite, n'étant au surplus d'aucune considération l'allégation faite par les dits maire, échevins et habitans de Maignac et le dit sieur marquis du dit lieu que la moitié du revenu des dits octrois luy a été échangée ou com-

---

(1) Suit l'énonciation d'une série de pièces interlocutoires.

muée contre d'autres droits, dont les dits habitans lui étoient redevables, qui étoient aussi destinés pour l'entretien du pavé, fossés et murailles de la dite ville, parce que, outre que cette commutation ne peut préjudicier ny servir pour faire diminuer les dits retranchemens, c'est que les dits habitans en retirent toujours la même utillité, puisqu'ils ne l'ont faite que pour desdommager le dit sieur marquis de Maignac d'autres droits dont ils lui étoient redevables, qui valloient beaucoup plus en revenu que la moitié de leurs dits octroyx ; vu aussi les dites déclarations, édit et arrêts cy devant énoncés, les exploits de commandement, significations et contraintes faites en conséquence et autres pièces attachées à la dite requête ; ouy le rapport du sieur Poncet, commissaire à ce député, qui en a communiqué aux autres sieurs commissaires députés pour le fait des octrois ; — *tout considéré, le roy en son conseil* a ordonné et ordonne qu'en payant par les dits habitans, tant pour la dite année 1656 que suivantes, la somme de 350 ll., ils demeureront déchargés du surplus de la dite somme de 625 ll. à laquelle ils ont été taxés pour le retranchement de la première moitié du revenu de leurs octroix, l'autre moitié demeurant au dit sieur marquis de Maignac. Et à l'égard des années 1653, 1654 et 1655 les habitans payeront la somme de 900 ll., moyennant laquelle ils demeureront quites et déchargés du surplus de 1875 ll. portées par les dits états de recouvrement qui seront refformés à cet égard. Au payement desquelles sommes les dits maire, échevins, habitans seront contrains par les mesmes voyes portées par les dites déclarations, édit et arrêts intervenus pour l'exécution d'iceux ; auxquels Sa Majesté a permis et permet, conformément aux déclarations et édit et arrêts, de lever par augmentation la moitié des dits droits, si bon leur semble, sans qu'il soit besoin pour raison de ce d'obtenir autres lettres ny veriffication d'icelles, en aucun lieu ; dont Sa Majesté les a dispensés.

Fait en Conseil d'Etat du roy tenu à Paris le deuxième jour d'aoust 1656. Collationné. Signé : **Ranchin**.

(*Archives communales de Magnac-Laval*. — *Pièce cotée provisoirement n° 1*).

2. — *Adjudication de la moitié des octroys appartenant au roi dans la ville de Magnac-Laval.* — *1661. Copie du temps, pap.*

Les commissaires généraux députés par le roy pour l'aliénation et vente à perpétuité de la moitié appartenant à Sa Majesté de tous les droits et revenus provenans de toutes sortes de dons, concessions et octrois tant anciens que nouveaux accordés aux villes, bourgs et communautez du royaume, suivant l'édit de Sa Majesté du mois d'aoust 1657, deuement vériffié le 6 septembre au dit an, et lettres de commission expédiées en conséquance le 27 ensuivant, *à tous ceux* quy ces présentes verront, salut.

Sa Majesté ayant par son édit et pour les causes y contenues, ordonné qu'il seroit fait levée à l'advenir à perpétuité, à son proffit, de la moityé de tous les droits et revenus procedant de toutes sortes de dons, concessions et octroys tant anciens que nouveaux accordés aux villes, bourgs et communautés de ce royaume, soit auparavant les lettres de déclaration du 21 décembre 1647 ou par icelles, et depuis jusques à présent en quelque mannière que ce soit, à l'exception néantmoins des deniers patrimoniaux, sy aucuns y a, — et que la dite moityé qui seroit par nous vendue a son proffit ne seroit subjecte a aucunes charges, taxations, pensions, debtes, rentes, impositions ny a aucunes despenses en quelque sorte et manière que ce peut estre, ny la levée retardée ou empeschée soubs quelque prétexte que ce fut, ny sujette à l'establissement de parisis ou aucunes taxes ny retranchement, avecq pouvoir à l'adjudicataire de faire les baux de la dite moityé, la donner à ferme et en disposer comme propriétaire incommutable, ainsy qu'il adviseroit bon estre, et deffences aux trésoriers de France, eslus, maires et officiers et syndicqs de la ville de Magnac et autres officiers de s'entremettre de faire les baux de la dite moityé ; à l'exécution duquel édit ayant pleu a Sa Majesté de nous commettre par ces lettres patentes du dit jour 27 septembre 1657, nous aurions pour y satisfaire décerné nos ordonnances et icelles faites (*sic*) apposer et mettre par affiche ez lieux et endroits accoustumez, contenant (1) qu'à certains jours et heure limitée par icelle, il seroit par nous en la grande salle du couvent des Augustins de la ville de Paris faict vente et adjudication de la moityé appartenante à Sa Majesté des octrois, dons et concessions ez villes et bourgs y désignez, au plus offrant et dernier enchérisseur, en la manière accoustumée ; où, le 3ᵉ jour de juillet 1659, nous estants assemblés en la dite grande salle des Augustins pour proceder au fait de nostre dite commission, nous aurions fait faire lecture d'autres affiches mises contre la porte et principale entrée du dit lieu, et demandé à haute voix par l'un des huissiers d'icelle s'il y avoit quelqu'un quy voulut encherir la moityé appartenante à Sa Majesté des octroys de la dite ville de Magnac, consistant aux droits du sol par escu de tout le bétail quy se vend dans les foires de la dite ville et faux bourgs et de tous autres droitz généralement quelconques quy se levent en la dite ville et fauxbourgs, en vertu des lettres patentes du roy bien et dheuement veriffiées à la cour, à l'exception des deniers patrimoniaux, sy aucuns y a, suivant et conformément à l'édit du mois d'aoust 1657 et arrest de vériffication du 6 septembre au dit an, sur l'offre de la somme de 2000 ll., y compris les deux sols par livre, faitte en nostre greffe par Mᵉ Simon Grandjean, bourgeois de Paris ; sur quoy nous aurions remis l'adjudication au 10 juillet ensuivant et ordonné que nouvelles affiches seront apposées aux endroitz ordinaires de cette dite ville de Paris, pour faire savoir à toutes personnes que la vente des dits droits se feroit, au dit jour et au dit lieu, au plus offrant et dernier enchérisseur, à l'extinction des chandelles, en la manière accoustumée ; lequel jour escheu, nous estans derechef assemblez au dit couvent pour procéder aux dites vente et adjudication, nous aurions faict faire lecture des affiches apposées le dit jour à la principalle porte et entrée d'icelluy et publier à haute voix par l'un des huissiers en la dite commission que la moityé des dits droits et octroys

(1) Le texte porte quetenant.

susmentionnés estoient à vendre au plus offrant et dernier encherisseur sur la dite enchère de la somme de 2,000 ll. (1), y compris les deux sols pour livre, faite par le dit Siméon (2) Grandjean, et fait encore allumer trois chandelles les unes après les autres, sur le feu desquelles la moityé des octroys de la dite ville de Magnac auroient esté enchéris par Eustache des Oliers, aussy bourgeois de Paris, jusques à la somme de 2,200 ll., par François Bontemps à 2,400 ll., par Prosper Duchemin à 2,600 ll., par Gedéon Collin à 2,800 ll., par Georges Bontemps à 3,000 ll., par Sarius (?) Benjamin à 3,200 ll., par Philippe Orion à 3,400 ll., par Jean Joyeux, bourgeois de Paris, à 3,600 ll. Et le feu de la dernière chandelle s'estant estaint sans que personne aye voleu surdire et enchérir par dessus l'enchère du dit Jean Joyeux, nous luy aurions comme plus offrant et dernier encherisseur faict l'adjudication de la moityé des octroys appartenans à Sa Majesté de la dite ville de Magnac, moyennant la somme de 3,600 ll., y compris les deux sols pour livre, sauf la huitième eschéante le 24 ensuivant.

Auquel jour estant derrechef assemblés nous aurions faict publier encore d'autres affiches à haute voix par l'un des huissiers de la ditte commission et fait allumer trois chandelles, sur le dernier feu desquelles ne s'estant point trouvé d'autre encherisseurs que le dit M. Jean Joyeux, nous luy en aurions fait l'adjudication pure et simple. Lequel nous auroit à l'instant requis luy en vouloir deslivrer nos lettres et contract de vente et engagement sur ce nécessaires, ce que nous luy aurions accordé, à la charge de payer comptant et actuellement ez mains de M. de Guenegaud, trésorier de l'espargne, la somme de 3,600 ll. pour le principal et les deux sols pour livre.

Et après qu'il nous est appareu du payement faict par le dit Jean Joyeux, bourgeois de Paris, de la dite somme de 3,600 ll. au dit de Guenégaud, trésorier de l'espargne, par sa quittance du dernier jour de septembre 1659, enregistrée

---

(1) Le texte porte exactement comme ailleurs ll^m ll.
(2) Plus haut il y a très lisiblement Simon.

au conterolle général des finances de France, le 20 may 1661, signé **Hervart**, énoncée en fin du présent contract, savoir faisons qu'en exécutant les dits édits, arrests et commission, et en verteu du pouvoir à nous donné par Sa Majesté, nous avons au dit Jean Joyeux vendu et engagé, vendons et engageons par ces présentes la moityé appartenante à Sa dite Majesté des octroys de la dite ville de Magnac, consistant au droit d'un sol par escu de tout le bétail qui se vend dans les foires de la ville et fauxbourgs, ensemble de tous autres droits génerallement quelconques quy se levent en la dite ville et fauxbourgs en vertu des lettres patentes du roy bien et deuement vériffiées à la cour, à l'exception des deniers patrimoniaux, sy aucuns y a, suyvant et conformément à l'édit du mois d'aoust 1657 et arrest de vériffication du 6 septembre au dit an, et sans que la dite moityé soit sujette à aucunes charges, gages, taxations, pension, debtes, rente et impositions, ny a aucunes despences, en quelle sorte et manière que ce puisse estre, ny la levée retardée ou empêchée sous quelque prétexte que ce soit, ny sujette à l'establissement du parisis et à aucunes taxes ny retranchemens, avecq pouvoir à l'adjudicataire de faire les baux de la dite moityé alliénée, la donner à afferme et en disposer comme propre, incommutable, ainsy que bon lui semblera, sans que les trésoriers de France, esleus, maires et échevins, officiers et sindicqs de la dite ville se puissent entremettre de faire les baux de la dite moityé allienée, le tout conformément au dit édit et arrest de vériffication d'iceluy, pour en jouir par le dit Jean Joyeux, bourgeois de Paris, ses hoirs et ayans cause, plainement et paisiblement et à perpétuité, comme de leur chose propre, vray et loyal acquet, aux honneurs, droitz, proffits et revenus qui y appartiennent, conformément au dit édit et arrest de vériffication d'iceluy, sans que sy (*sic*) après ils en puissent estre dépossédez pour quelque cause et occasion que ce soit ; promettant pour et au nom de Sa Majesté d'entretenir observation et entier accomplissement du contenu au présent contract de vente et adjudication cy-dessus faite au dit Jean Joyeux, bourgeois de Paris ; lequel, ensemble ses procureurs, receveurs, fermiers ou commis, seront mis en possession et jouyssance des droits sy-dessus par tous les officiers de Sa Majesté qu'il appartiendra, à commenser du jour et datte de la présente adjudication, nonobstant oppositions ou appellations et sans préjudice d'icelles, pour lesquelles ne sera différé. De ce faire nous leur donnons pouvoir en verteu de celluy a nous donné par Sa Majesté.

(*Suit la teneur de la quittance dont il a été parlé ci-dessus.....* Fait à Paris, le dernier septembre 1659. Signé : DE GUENEGAUD)..

Fait et deslivré à Paris le 22 may 1661. Signé : SANGUIN, LEFEBVRE, AMELON (*sic*), DORIS, LENOIR, PORTAL, DESPINOIS.

Par les dits commissaires généraux. Signé : DE FENIS.

(*Archives communales de Magnac-Laval. — Pièce cotée provisoirement n° 2*).

---

3. — « *Concession et subrogation faitte par le seigneur de Magnac au séminaire du dit lieu de ce qu'il jouissoit et pouvoit jouir pour la moitié des octrois de Magnac en conséquence de l'arrêt contradictoire du Conseil du second aoust 1656.* » — *17 octobre 1664. Orig. pap.*

Nous Anthoine de Sallaignat, chevallier, seigneur marquis du marquisat de Maignac [et] de Lamothe-Fénelon, baron d'Arnac et du Soulier, conseiller du roy en ses conseils d'Estat et lieutenant général pour Sa Majesté de la province de la haulte et basse Marche, sur l'advis qui nous a esté donné par le seigneur evesque de Limoges que le besoin extrême qu'il y a d'ayder à fournir un tiltre à plusieurs pauvres clercs du dit diocèse qui, estans de très bons sujets pour les ministères de l'Esglise en estoint néanmoins exclus faute d'avoir un fons pour leur dit tiltre, nous ayant desjà obligé de commencer à procurer une fondation pour cela dans la maison establye en la ville de Maignac (1) pour estre un secours et une descharge au séminaire de Limoges, conformé-

---

(1) Voyez les pièces relatives à ce séminaire ou collège, que nous avons publiées dans nos *Documents historiques..... concernant la Marche et le Limousin*, 1885, t. II, p. 279-285.

ment aux lettres patentes de Sa Majesté du [.....], il seroit à présent très nécessaire, à cause du grand nombre des dits pauvres clercs qui se présentent tous les jours, d'augmenter le fons de cette maison de Maignac, tant dans cette veue qu'affin aussi qu'on s'en puisse servir pour d'aultres clercs qui, n'ayant précisément que le revenu de leur tiltre, n'ont pas avec cela sufisemment de quoy payer leur pension entière dans le séminaire de Limoges ou la maison de Maignac pendant tout le temps que, conformément aux saincts canons, Messeigneurs les evesques ont acoustumé d'ordonner qu'ils y séjournent avant d'estre receus aux ordres sacrés, et que par ce deffault ils demeuroint privés des dits ordres, ou bien ils y entroint sans avoir acquis les qualités nécessaires pour se rendre aussi utiles à l'Esglise qu'ils le seroint s'ils étoint secourus pour se procurer une bonne instruction ; — nous avons esté si persuadé de la nécessité qu'il y a dans le dit diocèse d'un si important et si sainct establissement et des grands fruicts qu'il produira partout que, de nostre bon gré et franche volonté, nous avons donné et donnons par ces présentes à la dicte maison establye à Maignac par les susdittes lettres patentes la moictié des deniers qui se lèvent dans les foires du lieu de Maignac, dont nous jouissions et pouvions jouir en conséquence de l'arrest du Conseil privé du 2 aoust 1656. A l'effet de quoy nous avons mis et subrogé pour ce regard la ditte maison de Maignac en nostre lieu et place, droicts, actions et privilèges pour en jouir à perpétuité, aux charges, clauses et conditions qui seront réglées entre le dit seigneur evesque et les presbtres de la dicte maison, d'une part, et nous, d'aultre, tant pour le service de nostre ville et paroisse de Maignat que pour tous les grands biens que nous avons sujet de souhaiter que l'augmentation du dit fons procure dans touttes les autres paroisses de nostre marquisat de Maignac par le nombre des presbtres et clercs demeurans dans le dit séminaire, qui sera augmenté par l'augmentation de fons que nous y donnons à présent. En foy de quoy nous avons signé ces présentes, faictes à Paris le dix-septiesme octobre 1664.

(*Signature autographe*) : Antoine de SALAGNAT.

Aujourd'huy est comparu par devant les notaires du roy au chatelet de Paris soussignez Messire Anthoine de Salagniat, chevalier, seigneur marquis de Maignat, demeurant ordinairement en son chasteau de Maignat en la basse Marche, estant de présent à Paris, logé à St-Germain-des-Prez (1), rue Taranne, paroisse St-Sulpice, lequel a recognu avoir faict escrire, puis signé de sa main la donnation cy-dessus escripte, qu'il promet entretenir, exécuter et accomplir selon sa forme et teneur. Laquelle donnation est acceptée par ces présentes, en tant que besoing seroit, pour le dit seigneur évesque et la dite maison par luy establye au dit Maignat, par M⁶ Martial Dunoyer, prestre du dit dioceze de Limoges, demeurant en la maison de la communauté des prestres du dit St-Sulpice, pour ce présent procès obligeant..... renonçant, etc. Faict et passé à Paris..... (2), le dix-septiesme jour d'octobre MVI⁶ soixante quatre. Et ont signé ces présentes en double :

(Signatures autographes) : Antoine de Salagnat ; M. Dunoyer, pbre indigne ; Boyer ; Levasseur.

(Archives communales de Magnac-Laval. — Pièce colés provisoirement nº 3.)

─────────

4. — *Lettres patentes portant fondation d'un séminaire à Magnac-Laval. — 1665, imprimé, papier.*

Louis, par la grâce de Dieu roy de France et de Navarre, à tous présens et advenir, salut. Le zèle que nous avons toujours eu, à l'exemple des roys nos prédécesseurs, pour le bien de l'Eglise, nous obligeant de rechercher tous les moyens possibles pour y contribuer de nostre part, nous avons reconnu que les séminaires déjà establis dans plusieurs diocèses de ce royaume, ont eu un effet aussi heureux que nous nous estions promis, et que par cette raison la conti-

---

(1) Est-ce une enseigne d'hôtel, ou bien les Bénédictins de St-Germain-des Prés donnaient-ils asile, comme beaucoup d'autres couvents, aux gens de qualité qui traversaient la ville ?

(2) Un ou deux mots illisibles.

nuation de ces establissemens faits selon la forme des saints décrets, estoit un des plus solides et efficaces moyens pour procurer la gloire de Dieu et restablir la discipline ecclésiastique dans nostre Estat, ainsi qu'il a déjà paru dans celuy de la ville de Limoges, que nostre bien amé [et] féal conseiller en nostre dit conseil, le sieur de la Fayette, évesque dudit lieu, y a fait depuis peu, en vertu de nos lettres patentes deuement vérifiées. Ayant appris avec grande satisfaction que Dieu y a donné une telle bénédiction qu'on a dès à présent sujet de craindre qu'il ne puisse pas suffire à la grande quantité de clercs qui demandent tous les jours à y estre receus, parce que, quoy que la maison soit très grande, son diocèse est néantmoins d'une si grande estendue et si remply de personnes qui désirent estre receus aux ordres sacrez, qu'il seroit très utile et mesme nécessaire d'avoir encore une maison dans un autre canton de son diocèse, pour servir de secours à son grand séminaire et recevoir les clercs les plus esloignez de la ville épiscopale qui se présentent tous les jours en assez grand nombre pour estre admis audit séminaire ; que pour cet effet ayant besoin d'un fonds suffisant, tant pour avoir une maison dans un lieu commode pour ce dessein, que pour faire subsister les prestres qui y travailleront, il n'auroit pû trouver l'un et l'autre avec plus d'avantage et de commodité que dans la ville de Magnac où plusieurs ecclésiastiques s'estans joints, il y a longtemps, en veue de cette bonne œuvre, y vivent déjà en communauté dans une maison assortie de meubles, jardin et enclos nécessaires, que leur a procuré nostre bien amé Antoine de Salaignac, marquis dudit lieu de Magnac, qui leur a aussi donné, par acte du dix-septième octobre 1664, ce dont il jouyssoit dans les marchez publics dudit Magnac, suivant l'arrest de nostre Conseil du deuxième aoust 1656 ; et parce qu'il ne restoit plus qu'à achever d'y asseurer le fonds suffisant pour un ouvrage si important, le dit sieur marquis a encore depuis peu donné ausdits ecclésiastiques l'argent nécessaire pour acquérir la portion qui appartenoit à Maistre Jacob Chenard, procureur en nostre parlement de Paris, dans ce qui se lève aux foires dudit lieu de Magnac, dont Jean

Joyeux luy avoit fait transport le vingt-troisième juin 1661, en conséquence de l'adjudication qui lui en avait été bien et dument faite pour la somme de trois mil six cents livres de sort principal, le vingt-deuxième mai 1661, par les commissaires à ce députés, en vertu des édits vérifiés et arrêt de nostre conseil et de la quittance de l'espargne de l'année 1659, enregistrée en bonne et due forme le 21 de mai 1661, au contrôle général de nos finances, outre les frais et loyaux cousts que le dit Jean Joyeux et le dit Chenard avaient faits et soufferts pour la dite adjudication et dépendances d'icelle, dont il a fallu aussi les rembourser. A CES CAUSES, et vu le grand avantage qui peut revenir de l'établissement de la dite maison de secours pour le dit séminaire de Limoges et aussi le grand fruit que produira l'instruction que recevront par ce moyen les peuples les plus éloignés de la ville épiscopale d'un si grand diocèse, qui est même infecté d'hérésie en quelques endroits (1), savoir faisons que, désirant avoir [l'é]gard que mérite la supplication d'un évêque qui a toujours sujet de souhaiter que son diocèse ne soit privé d'un si grand bien, si pret et si facile à procurer, Nous, de nostre grâce spéciale et pleine puissance et autorité royale, permettons et accordons par ces présentes qu'il soit fait dans la dite ville de Magnac l'établissement de la dite maison, pour servir de secours audit séminaire de Limoges et demeurer irrévocablement en la dite ville de Magnac, voulant que, pour faire subsister la dite maison, elle reçoive et jouysse des choses cy-dessus données, conformément aux conditions qui seront réglées sur ce sujet par le dit sieur évêque pour l'instruction et institution des clercs du dit diocèse de Limoges, et particulièrement des originaires du dit marquisat de Magnac, aspirant à la prêtrise. Desquelles choses, en tant que besoin serait, nous confirmons la donation à la charge du rachat perpétuel de ce qui sera de notre domaine. SI DONNONS EN MANDEMENT à nos amés et féaux conseillers les gens tenants nos cours de Parlement de

---

(1) Dans la province de Marche, dont faisait partie Magnac-Laval. Il n'y avait d'église hérétique qu'à Aubusson, mais il y en avait cinq ou six dans le reste du diocèse, c'est-à dire en Poitou et Limousin.

Paris, chambre des Comptes et cour des Aides, et à tous nos autres justiciers et officiers qu'il appartiendra, que ces présentes ils fassent registrer, et du contenu en icelles jouir et user pleinement et paisiblement la dite maison, faisant cesser les troubles et empêchements au contraire (sic). Car tel est notre plaisir. Et afin que ce soit chose ferme et stable à toujours, Nous avons fait mettre notre scel à ces dites présentes, sauf notre droit en autres choses et l'autrui. Donné à Paris au mois de mars, l'an de grâce 1665, et de notre règne le vingt-deuxième. Signé : LOUIS. Et sur le reply est écrit Visa, et signé, SEGUIER, pour servir aux lettres de l'établissement d'un séminaire en la ville de Magnac, et par le roy, DE GUENÉGAUD. Et scellé de cire verte avec lacs de soie rouge et verte. Et est encore écrit sur le dit replit : Registrées, oui et ce consentant le procureur général du roi, pour être exécutées selon leur forme et teneur, suivant l'arrêt de ce jour. A Paris en Parlement, le dix-neufième de mai 1665.

Signé, DU TILLET.

Registrées en la chambre des Comptes, oui le procureur général du roi, pour jouir par les impétrants de l'effet et contenu en icelles, selon leur forme et teneur. Fait le neufième jour de juin 1665.

Signé, RICHER.

Extrait des clauses du séminaire fondé à Magnac, tant pour la décharge de celui de Limoges, qui ne peut suffire à recevoir les Ordinants qui s'y présentent, que pour servir de bourse cléricale en faveur des plus pauvres clercs, qui, méritant d'être promus aux ordres sacrés, ne pourraient l'être sans le secours de cette fondation, où l'on s'applique particulièrement à faire, par le moyen de ces pauvres clercs, de bons vicaires pour les paroisses de la campagne les plus abandonnées, que les prêtres qui ont du bien et du talent ne peuvent s'assujettir de servir.

Monseigneur l'Evêque de Limoges ayant fait assembler son Conseil au mois de juillet 1665, à la prière de Monsieur le

Marquis de la Mothe-Fénelon, il a fait examiner murement en sa présence les Lettres patentes de l'établissement du dit séminaire, données par le Roy au mois de mars 1665, vérifiées au Parlement de Paris le dix-neuvième mai, et à la Chambre des Comptes le neufième juin audit an. Et le dit conseil ayant trouvé le tout en très bonne et due forme, et le dit établissement très-utile et même plus nécessaire dans ce pays qu'en nul autre, les choses suivantes ont été arrêtées, tant pour les successeurs de mon dit seigneur evêque, que pour ceux de mon dit seigneur le marquis.

Premièrement.

Que Monseigneur l'évêque diocésain aura à perpétuité la juridiction temporelle et spirituelle du dit séminaire, où l'on recevra principalement les clercs du dit diocèse, qui auront besoin d'avoir en particulier une instruction différente (soit plus familière, soit préparatoire) à celle qu'on est obligé de donner en général dans un aussi grand séminaire qu'est celui de Limoges ;

II

Que mon dit Seigneur l'évêque mettra les supérieurs et économes nécessaires pour cela dans le dit séminaire, où ils seront deffrayés pendant leur séjour par le revenu de cette fondation ;

III

Que tout ce qui restera du dit revenu sera employé pour les pauvres clercs de ce diocèse qui mériteront le mieux qu'on paye une partie de leur pension dans le dit séminaire, afin qu'ils ayent plus de facilité d'y demeurer tout le temps nécessaire (selon leurs différents besoins) pour y être bien instruits et s'y rendre capables bien des ordres sacrés ;

IV

Qu'on fournira plus ou moins de ce revenu pour l'entretien de chacun des dits clercs, selon son mérite et sa pauvreté, laquelle sera considérée par préférence, lorsque les autres qualités seront égales, etc. Car c'est dans cette confiance que ceux qui donnent à présent du bien pour cet établissement se départent tant de la présentation des dits pauvres clercs, que de tous les autres droits qu'ils pourraient prétendre dans la présente fondation, et par l'espérance aussi qu'elle aura du succès en la mettant dans la dépendance entière de l'évêque diocésain, que par toutes les précautions que les fondateurs ont accoutumé de prendre en cas pareil ;

V

Quand Messieurs les Supérieurs et économes du dit séminaire se voudront départir du droit qu'ils auraient que le revenu de cette fondation fût employé pour leur subsistance, et que par ce moyen il y aura chaque année plus de revenant bon dans la dite maison pour y entretenir de pauvres clercs, il est arrêté que la disposition de cette augmentation et le mérite du bon usage qui s'en fera chaque année appartiendra (sic) aux dits supérieurs et économes, qui renonceront ainsi (en tout ou en partie) à la juste rétribution que mon dit seigneur l'évêque avait jugé que mériterait leur travail ;

VI

Les grands désordres qui se commettent dans quasi toutes les paroisses de la campagne, les jours des fêtes de leurs patrons, ayant fait connoistre l'importance d'y remédier, et que le plus court chemin est d'apprendre aux peuples à bien célébrer au contraire ces solennitez, c'est dans cette veuë que le dit seigneur Marquis a donné à présent le revenu nécessaire pour deffrayer les ecclesiastiques que les supérieurs du dit séminaire envoyeront, s'il leur plait, en semblables jours dans les paroisses de ce voisinage, comme Arnac, Saint-Amand, St-Léger, St-Hilaire et St-Prié (1), pour y aider à faire l'office divin. Et afin que les païsans des dites paroisses soient mieux préparez aux dispositions qu'ils doivent apporter à ces grandes festes, les dits supérieurs procureront de plus qu'on les en instruise dès le dimanche précédent, par un catéchisme qu'ils puissent bien comprendre ;

(1) Auj. communes voisines de Magnac-Laval.

VII

Pour la paroisse de Magnac, où le séminaire est establly, on espère que tous les ecclésiastiques qui y demeureront, seront fidèles d'y rendre en général tous les services qui peuvent compatir avec leurs principales obligations, soit pour le service divin, soit aussi pour toutes les autres choses nécessaires pour l'instruction et édification des paroissiens, et qu'ils en feront encor user de mesme par tous les clercs dudit séminaire, surtout dans les choses où il sera utile de les exercer en servant ladite paroisse. C'est pourquoy on se contente, dans cette confiance, de stipuler icy que les supérieurs dudit séminaire feront faire dans ladite paroisse un catéchisme bien instructif chaque dimanche et feste de l'année, et un encore, s'il se peut, la veille des quatre festes solemnelles, duquel on fera advertir les paroissiens au prosne du dimanche précédent, afin qu'ils en sçachent l'heure précise, laquelle sera choisie la plus propre, pour ne point détourner le peuple de son travail ordinaire ;

VIII

Bien qu'il semble n'y avoir rien de si privilégié que les prières que les fondateurs ont accoustumé de désirer qu'on fasse pour eux, on ne veut pas néanmoins charger le dit séminaire de celles qui peuvent détourner les ecclésiastiques qui y demeureront, de l'application principale qu'ils doivent tous avoir, les uns à donner, et les autres à recevoir les instructions nécessaires pour se perfectionner dans leur ministère. C'est pourquoy l'on se contente que le dit séminaire soit chargé à perpétuité d'un annuel de messes basses pour ceux qui font cette fondation et pour toute leur famille ;

IX

Pour le surplus des prières qu'on pourroit souhaiter pour la mesme intention, on demande seulement que dans le *Memento* de toutes les autres messes de chaque prestre dudit séminaire, ils recommandent soigneusement à Dieu les mesmes personnes, et qu'afin qu'ils s'en souviennent mieux, les supérieurs fassent mettre dans la sacristie, au devant du lieu où s'habilleront les dits prestres, une placque de cuivre contenant l'obligation qu'ils ont tous à celà, comme estant une condition expresse de la présente fondation ;

X

Lesdits supérieurs feront aussi mettre dans le lieu du séminaire, où l'on fera les prières domestiques, un grand carton contenant encore l'obligation expresse qu'ont pour lors tous ceux qui y assisteront, de prier Dieu pour lesdits fondateurs, desquels le supérieur dudit séminaire aura soin de faire mention en général tout haut, dans la prière commune qui se fera chaque matin et soir dans la dite maison ;

XI

Quand le secours que les pauvres clercs recevront de cette fondation, leur aura donné le moyen de demeurer dans ce séminaire, le temps nécessaire non seulement pour y estre bien instruits, mais aussi pour y estre faits prestres, ils seront obligés en cette considération de dire chacun une neufvaine de messes basses, aussitost après leur ordination, pour ceux qui leur auront procuré ce bonheur, et de prier encore Dieu pour les mesmes personnes dans chacune de toutes leurs autres messes, autant qu'ils pourront s'en souvenir pendant leur vie ; à quoy les supérieurs du dit séminaire les exhorteront très-particulièrement lorsqu'ils en sortiront, comme à une reconnaissance perpétuelle qu'ils doivent avoir pour ceux qui les auront ainsi aidez à recevoir les ordres sacrez, dont sans cela ils auroient toujours esté exclus ;

XII

L'expérience ayant fait voir qu'il n'y a rien de plus utile, ni mesme de plus nécessaire que de procurer à plusieurs curez de la campagne la commodité de faire quelque retraite où ils puissent s'instruire de leurs obligations (qu'ils connoissent d'ordinaire très peu), et que cette bonne œuvre a bien encore plus de succez lors que pendant la retraite des dits curez on peut faire servir leurs paroisses par quelques bons prestres estrangers, qui soient comme des confesseurs extraordinaires, auxquels les paroissiens ont plus de croyance qu'en ceux qu'ils voyent tous les jours, c'est dans cette veue que ledit seigneur marquis donne à présent le revenu nécessaire pour obliger les supérieurs dudit séminaire de nourrir gratis pendant douze ou quinze jours les curez et prestres des paroisses indiquées au 6ᵉ article, lesquels voudront faire une retraite de cette nature, durant laquelle lesdits supérieurs procureront de plus, s'il leur plaist, que les paroisses desdits curez soient servies par de bons ecclésiastiques, qui puissent y faire le bien qu'on a remarqué cy-dessus; et l'on laisse à la prudence et au zèle de Messeigneurs les évesques de Limoges et des supérieurs qu'ils mettront dans la dite maison, d'exercer la mesme charité vers autant d'autres curez que leurs dispositions et le revenant bon du revenu dudit séminaire le pourront permettre;

XIII

Pour l'accomplissement de toutes ces conditions, le dit séminaire demeurera dotté à perpétuité de tout le revenu dont jouissait le dit seigneur marquis dans les foires de la ville de Magnac, conformément à l'arrêt du Conseil du douzième aoust 1656 et aussi de ce qui a esté acquis pour faire cet establissement de messire Jean Joyeux, bourgeois de Paris, le dix-septième juillet 1656 et 29 aoust 1661, ce qui a esté affermé cette année seize cens cinquante livres de revenu; desquelles choses le roy a confirmé amplement la concession et le transport en faveur du dit Séminaire par les lettres patentes de son establissement, cy-dessus transcrites, et deuement vérifiées au Parlement de Paris et à la Chambre des comptes; dont copie a esté mise entre les mains des supérieurs du dit Séminaire, en bonne et due forme, avec tous les autres actes cy-dessus;

XIV

Item, le dit seigneur Marquis donne à présent à mesme fin et par donnation entre vifs, pure, simple et irrévocable, les maisons où l'on a mis le dit séminaire, avec les jardins et enclos; toutes lesquelles choses ledit seigneur marquis a achepteez dans cette vuë, il y a longues années, de plusieurs bourgeois de Magnac, par contract des 8, 19 et 27 octobre et novembre 1650, lesquels on a remis en bonne et duë forme entre les mains des supérieurs du dit séminaire ;

XV

Item, le dit seigneur marquis déclare ne demander rien de la somme de cinq mil cent quatre-vingts trois livres treize sols qu'il à cy-devant fait délivrer sur les lieux pour mettre les maisons cy-dessus en estat de loger tous les clercs du dit séminaire et pour les fournir d'abord de tous les meubles nécessaires, lesquels il a fallu encore renouveller depuis ; et enfin pour l'entretien et le deffray de plusieurs ecclésiastiques qu'il a fallu faire venir de Paris et autres lieux esloignez, en divers temps, pour former et conduire le dit séminaire, lesquels ecclésiastiques il a aussi esté juste de deffrayer lors qu'ils sont retournez chez eux ; le tout suivant les estats faits et arrestez par chaque supérieur et économe du dit séminaire, des choses cy-dessus fournies pendant leur administration ;

XVI

Item, le dit seigneur déclare qu'il ne demande encore rien de diverses sommes qu'il a fait employer depuis dix-huit mois pour tous les frais de l'adjudication, faite à Paris, des octroys de Magnac et pour l'expédition et remboursement de la quittance des finances de trois mille six cens livres, du vingtième may 1661, et pour le transport fait de tout ce dessus au profit du dit séminaire de Magnac, ny enfin pour ce qu'il a donné pour faire dresser et expédier les lettres patentes, confirmatives du susdit droict, et les faire vérifier au Parlement de Paris et à la chambre des Comptes ; toutes lesquelles pièces ont esté remises en bonne forme entre les mains du supérieur qui en est déjà entré en possession ;

XVII

Item, le dit seigneur marquis donne la rente constituée de la somme de trois cens vingt-cinq livres à luy deuë chaque année par monsieur de Savignac, prestre, demeurant à Limoges, la dite rente affectée sur la baronnie de Meillar et amortissable pour la somme de six mil cinq cens livres, comme il est porté au long par deux contracts du 20 mars 1663 et du 25 juillet 1665, receus par Chasaud, notaire royal à Limoges, lesquels ont esté remis en bonne forme entre les mains du dit supérieur dudit séminaire, qui toutefois ne pourra jouir de ladite rente que dans quatre ans, attendu que, par l'avis de mondit seigneur l'evesque, on a destiné à une autre bonne œuvre le revenu de ces quatre premières années, après lesquelles ledit séminaire entrera en la pleine et paisible possession et jouissance, tant du revenu, que du principal de ladite rente ;

XVIII

Item, ledit seigneur marquis donne la somme de mil livres à luy deuë par maistre Jean de Nemon (1) sieur de Pesart, advocat au Dorat, par contract du 22 septembre 1662, qui a esté remis en bonne forme entre les mains du supérieur dudit Séminaire ; et comme le dit sieur de Pesart a establi cette somme en constitution de rente sur tout et chacun ses biens, ledit seigneur marquis (par l'advis encore de mondit seigneur l'evesque) destine à la mesme bonne œuvre cy-dessus, le revenu des quatre premières années de ladite rente ; après lesquelles le dit séminaire entrera aussi en la pleine et entière possession et jouissance tant du revenu que du principal de ladite rente ;

XIX

Item, ledit seigneur donne le principal et les arrérages de plusieurs autres sommes à luy deues par plusieurs bourgeois de la ville de Magnac, dont les contracts sont spécifiez au long au bas des présentes, et ont esté délivrés en bonne forme aux supérieurs du dit séminaire, avec la déclaration que ledit seigneur marquis avait fait sur ce dessus, en faveur des dits bourgeois énoncés dans les dits contracts, dont le principal est de mil cinq cens vingt livres, et les intérêts qui en sont légitimement deubs, de deux cens neuf livres cinq sols trois deniers ;

XX

Item, ledit seigneur marquis donne d'autres revenus en fonds de terre, consistants en rentes et dixmes dont l'estat

(1) On écrit d'ordinaire Nesmond.

spécique (*sic*) a esté fait au long et mis entre les mains du supérieur dudit séminaire, avec tous les titres et pièces nécessaires pour jouyr de ce bien estimé environ six cens soixante livres;

XXI

Item, les supérieurs et économes dudit séminaire ayant représenté qu'ils avaient besoin de quelque somme comptant pour des dépenses les plus pressées, pour lesquelles ils ont mesme advancé quatre cens livres de leur argent, le dit seigneur leur donne à prendre pour cella sept cens livres qui lui sont deuës présentement sur Villechenon, de Cressac, Monnereau et Jammet, tous bourgeois de Magnac, et cent livres sur le sieur de Pesart, advocat au Dorat, et soixante quinze livres sur Monsieur de Bagnac;

XXII

Plus, ledit seigneur marquis, en qualité de patron laïque de la chapelle de Saint-Claude, nomme les ecclésiastiques dudit séminaire pour servir ladite chapelle et jouyr plainement tant du courant de son revenu que des arrérages qui en sont deubs, etc.;

XXIII

Toutes les susdites donations concernant seulement la bonne éducation des clercs, on voudroit encore pourvoir à celle des enfants si recommandée par le concile de Trente; car ce soin sera d'autant plus utile à l'église dans ce canton que les jeunes gens y sont très portez à l'estat ecclésiastique. C'est pourquoy on souhaite de donner cet employ à un ecclésiastique dudit séminaire qui veuille bien faire les petites escoles, parce qu'il sera plus propre et plus soigneux que tout autre, pour eslever dans la piété les enfants qu'on luy confiera, et pour apprendre mesmes chacun d'eux à bien servir selon son âge et sa capacité, dans l'église paroissiale dudit Magnac. C'est donc dans cette assurance que ledit seigneur marquis promet qu'outre toutes les choses cy-dessus, il sera fourni chaque année, dans le temps que mondit seigneur le trouvera à propos, trois cens livres de revenu au supérieur dudit séminaire, pour y entretenir un bon ecclésiastique qui ait le soin d'y faire publiquement lesdites petites écoles dans l'esprit cy-dessus;

XXIV

Si les habitants de Magnac veulent fournir cette somme, leurs enfants seront instruits gratis ; mais quand ils n'en fourniroient rien, ledit seigneur marquis s'oblige en son nom propre de ne pas laisser de la faire payer annuellement toute entière, à condition qu'en ce cas ledit maistre d'escole ne sera obligé d'enseigner gratis que les enfants que le dit seigneur marquis luy nommera et qu'à l'égard des autres enfans, que ledit maistre d'école pourra enseigner (sans faire tort à ceux pour lesquels il sera payé par ledit seigneur marquis), il dépendra de luy d'en retirer une rétribution raisonnable et d'avoir mesme pour cela quelque autre personne avec luy, qui luy aide à instruire un plus grand nombre d'enfants et mesmes de divers âges et de différente capacité ;

XXV

Si à l'advenir messeigneurs les evesques croyent que cette obligation de fournir et entretenir le dit maistre d'escole embarasse trop ledit séminaire, ils pourront l'en décharger en faisant rendre ce fonds de trois cens livres de revenu ; lequel en ce cas sera employé (par ceux qui l'auront donné) pour l'entretien d'un autre bon maistre d'escole, dont néantmoins il est arresté que les ecclésiastiques dudit séminaire auront la préférence, tant qu'il plaira à mon dit seigneur l'evesque qu'ils en fassent la fonction ;

XXVI

Les fondateurs ayant grand intérêt d'apporter toutes les précautions possibles pour que le bien qu'ils donnent ne s'aliène ny ne s'engage et mesme ne s'employe à d'autres usages qu'à ce qu'il est destiné, il est arresté par cette raison que les supérieurs et esconomes dudit séminaire n'en pourront dépenser que le revenu ordinaire et ce pour les choses contenues dans la présente fondation, et par les ordres de mon dit seigneur l'evesque. Que si néantmoins il arrive des besoins extraordinaires ou des affaires privilégiées [et] que les dits supérieurs et esconomes croyent devoir faire passer cette règle, ils le représenteront à mon dit seigneur l'evesque pour scavoir de lui si la chose mérite qu'on demande le consentement par écrit desdits fondateurs, sans lequel les dits supérieurs et esconomes ne pourront, sous quelque pretexte que ce soit, contrevenir à cet article ;

XXVII

Pour plus grande assurance qu'il ne se fera rien au préjudice de pas une de toutes les présentes conditions, lesdits supérieurs et esconomes seront obligez de donner de trois ans en trois ans un certificat auxdits fondateurs comme quoy ils les ont fidellement exécutez, et par exprés qu'ils ne laissent nulles debtes, à la fin de chaque triennie, sur la dite maison et qu'ils n'en ont rien aliéné ;

XXVIII

Il est aussi arresté que, pour la décharge plus particulière des esconomes de cette maison à l'égard de la dépense qu'ils auront faite chaque année, ils en rendront compte annuellement par devant messeigneurs les évesques de Limoges ou ceux qu'ils commettront, afin qu'ils ayent une connaissance plus exacte de l'estat de cette maison. Et comme les seigneurs de Magnac estant sur les lieux peuvent être mieux informez que nulle autre personne de la vérité du dit compte, ils seront par cette raison advertis du jour auquel il devra se rendre, afin qu'il ayent loisir de faire donner les mémoires nécessaires pour son examen : auquel mesmes ils feront assister quelqu'un de leur part, au cas seulement que mon dit seigneur l'evesque le trouve à propos ; et l'on met cette condition pour éviter toutes les contestations qui pourroient arriver si les seigneurs de Magnac avoient ce droict, sans qu'il dépendist de l'approbation des évêques diocésains, auxquels on veut laisser la disposition entière de tout ce revenu tant qu'ils feront subsister le dit séminaire de Magnac : et ce dans la confiance qu'on a dit dans le troisième article qu'on vouloit avoir en leur zèle et en leur prudence ;

XXIX

Comme il est nécessaire de prévoir les inconvéniens à venir (autant qu'il est possible à la faiblesse de la prudence des hommes), afin qu'on se précautionne des remèdes qu'on y croit meilleurs, il est arresté par cette raison que, si par quelque malheur impréveu le dit séminaire de Magnac estoit obligé de cesser sous un autre évesque, le revenu de cette fondation sera, audit cas, transféré au séminaire ds Saint-Nicolas du Chardonnet de Paris, pour y instruire et nourrir autant d'ecclésiastiques de ce diocèse que le revenu de cette fondation le pourra permettre, suivant le prix où seront les pensions de chaque année dans la dite maison de Saint-Nicolas;

XXX

Le choix qu'on fait dudit séminaire de Saint-Nicolas, plustost (sic) que d'aucun autre, est fondé sur ce que, depuis longtemps, on a commencé d'y establir (dans une intention semblable à celle-cy) une bourse cléricale, dont on voit déjà un très grand succez; car on y reçoit et instruit, tous les ans, divers pauvres ecclésiastiques de la campagne, qui y revont ensuite travailler avec beaucoup de fruits; mais comme on ne veut pas que cette fondation puisse estre à charge à Messieurs de Saint-Nicolas, ils ne seront obligez de recevoir, en vertu de cette fondation, aucun ecclésiastique de cette qualité qu'après avoir touché de quoy y estre payé de sa pension, six mois par advance; moyennant quoy aussi Messieurs de Saint-Nicolas seront obligez de les nourrir et instruire, comme ils font à présent ceux qui demeurent chez eux;

XXXI

Comme l'on ne veut rien oublier pour exiter à l'advenir Messeigneurs les évesques de Limoges à conserver plus soigneusement le dit séminaire de Magnac ou mesme à le restablir plus promptement, s'il avait cessé, c'est par cette raison qu'on ne leur laisse le droict de disposer du revenu de cette fondation qu'autant qu'ils feront subsister le dit séminaire de Magnac, et qu'il est arresté que si, au contraire, ils le laissent destruire, les seigneurs du dit lieu auront le droit de présenter aux supérieurs de Saint-Nicolas les clercs qu'ils croiront en leur conscience les mieux disposez pour se perfectionner en leur vocation; mais si les dits supérieurs de Saint-Nicolas ne les jugeaient pas tels, ils en donneront incessament advis aux seigneurs de Magnac, afin qu'ils en nomment d'autres qui ayent toutes les qualitez requises. Et s'il se trouve la mesme difficulté aux seconds qu'aux premiers, et qu'enfin ils ne puissent convenir sur celà, il est arresté qu'on ne pourra faire de procez à Messieurs de Saint-Nicolas, pour le refus qu'il feront des dits clercs, quel que réitéré qu'il soit, ny prendre de la aucun prétexte de les troubler dans la jouyssance de la présente fondation. Et tout ce que les dits seigneurs de Magnac pourroient faire en cas de refus, s'ils le croyoient injuste, c'est de s'en plaindre à Monseigneur l'Archevesque de Paris, (ou, à son deffaut, à Messieurs ses grands vicaires), qui fera sur cela la justice qu'il trouvera à propos, à laquelle toutes les parties seront absolument et également soumises;

XXXII

Les ecclésiastiques de ce diocèse qui seront ainsi entretenus aux dépens de la dite fondation dans le dit séminaire de Saint-Nicolas, y feront les prières marquées dans les 8e et 9e articles, pour les présents fondateurs; et à l'égard des clercs qui seront faits prestres dans le mesme lieu, par le moyen de ce mesme secours, ils diront de plus la neufvaine des messe basses et les autres prières portées par le 10e article. Et Messieurs du séminaire de Saint-Nicolas auront, s'il leur plaist, un soin particulier de soliciter les uns et les autres à se bien acquitter des prières de cette nature qu'ils doivent continuer dans la mesme intention quand ils en seront sortis;

XXXIII

Comme cette fondation, quoy que transférée (aux susdits cas) à Messieurs dudit séminaire de Saint-Nicolas, ne laissera pas de procurer peu à peu un grand nombre de bons ecclésiastiques à Messeigneurs les évesques de Limoges, ils aideront, s'il leur plaist, dans cette veuë, aux seigneurs de Magnac, de prendre les précautions nécessaires vers les ecclésiastiques qu'ils feront recevoir et instruire dans Saint-Nicolas, pour qu'ils viennent, en sortant de là, travailler dans ce diocèse et particulièrement dans les paroisses nommées au 6ᵉ article ;

XXXIV

Bien que l'on se confie fort à la reconnaissance et à la piété des clercs qui seront ainsi instruits dans Saint-Nicolas, on croit néantmoins se devoir confier encore plus à la charité des supérieurs de cette maison. C'est pourquoy, lorsque, déduction faite de la pension des dite clercs en cette qualité, il se trouvera du revenu de reste de cette fondation, il est arresté qu'en ce cas les dits supérieurs de Saint-Nicolas l'employeront à procurer quelque considérable secours spirituel dans les dites paroisses nommées au 6ᵉ article ; pour le service desquelles le dit seigneur marquis donne à présent du revenu. Mais afin qu'on ne puisse jamais sous ce prétexte empescher Messieurs de Saint-Nicolas de toucher tout ce qui dépend de cette fondation, il est ordonné que, quand mesme il y aura du revenant bon, il ne se pourra jamais distribuer que par les ordres des supérieurs de Saint-Nicolas, qui l'employeront, s'il leur plaist, pour aider de bons prestres à servir en qualité de vicaires dans les dites paroisses, où les dits supérieurs auront de plus la charité de procurer, s'il leur plait, quelques bonnes missions de temps à autre, suivant les fonds qu'ils auront de reste pour cela ;

XXXV

Messieurs de Saint-Nicolas rendront compte, chaque année, à Monseigneur l'archevesque de Paris ou, à son défaut, à Messieurs ses grands vicaires, en présence de Monsieur le curé de Saint-Nicolas, de l'administration de ce revenu. Et afin que personne ne puisse jamais douter qu'il est employé conformément aux intentions cy-dessus et que Messieurs de Saint-Nicolas ont exécuté fidellement toutes les clauses dont ils se chargent, il est arresté de plus que les seigneurs de Magnac pourront pour cela assister ou faire assister quelqu'un de leur part audit compte, dont on a fixé le jour au 4 de juillet, pour que toutes les parties puissent plus facilement s'y trouver; et lorsque le dit 4 juillet se trouvera un dimanche, on remettra le dit compte au lendemain ;

XXXVI

Tandis que Messieurs du dit Saint-Nicolas jouyront paisiblement de tout ce revenu, ils seront obligez de faire faire à Magnac les petites escolles conformément à l'article 28, et d'entretenir pour cela, dans la maison où est le séminaire de Magnac, un ecclésiastique qu'ils choisiront tel qu'il leur plaira pour estre bien capable de cet employ ;

XXXVII

Si des ecclésiastiques de Magnac demandent que Messieurs de Saint-Nicolas y envoyent quelque habile prestre pour qu'ils puissent vivre en communauté sous sa direction, Messieurs de Saint-Nicolas sont suppliez que, s'ils jugent ce désir sincère et qu'on en puisse espérer du fruit, d'avoir la charité sincère d'envoyer au dit Magnac quelque prestre pour demeurer dans la maison où est le séminaire ; lequel soit bien capable de diriger les dits ecclésiastiques de Magnac et de leur donner ce moyen de vivre ainsi plus clericalement que chez eux ; car on espère que cela portera plusieurs bons prestres, tant dudit Magnac que du voisinage, à préférer ce séjour à celuy de leurs familles, comme la pluspart ont fait jusqu'à présent ; et en ce cas la dépense que Messieurs de Saint-Nicolas feront, pour envoyer là ledit prestre et pour l'y entretenir, sera allouée comme celle qu'ils feront pour nourrir chez eux les clercs qu'on y mettra ;

XXXVIII

Il dépendra, au susdit cas, du dit ecclésiastique de Saint-Nicolas, de recevoir ceux de Magnac qu'il trouvera à propos, comme aussi de faire sortir de la dite communauté ceux qu'il croira ne s'y pas conduire comme il est nécessaire pour bien profiter. Et lesdits ecclésiastiques de Magnac qui vivront ainsi sous la direction de celuy de Saint-Nicolas, recevront et partageront entre eux chaque année trois cens livres par préférence sur le revenu de cette fondation, moyennant qu'ils satisfassent à l'annuel des messes basses porté par le 8ᵉ article, dont il est juste que ladite fondation demeure toujours chargée. Mais dès qu'ils sortiront de ladite communauté soit par leur désir particulier, soit aussi par celuy dudit ecclésiastique de Saint-Nicolas, ils cesseront dès aussitost de recevoir la part qu'ils avaient eue jusques là ausdits trois cens livres pour le dit annuel;

XXXIX

L'on dira à Magnac le dit annuel, non seulement au susdit cas, mais aussi tant que les seigneurs du lieu y feront une résidence actuelle; mais quand cela ne sera pas et qu'il ne se trouvera pas aussi de prestres de Magnac qui ayent la capacité et le désir nécessaire pour obliger Messieurs de Saint-Nicolas de leur envoyer un ecclésiastique propre pour les diriger ainsi en communauté dans ladite maison, il est arresté qu'en ce cas Monsieur l'évesque diocésain réglera le lieu où ledit annuel devra estre dit. Et si l'on trouve plus à propos que ce soit dans l'église de Saint-Nicolas du Chardonnet et que par ce moyen cette communauté là reçoive les trois cens livres destinez pour ledit annuel, outre tout le reste du revenu de cette fondation, les supérieurs de ladite maison auront, en ce cas là, égard à la prière que les seigneurs de Magnac leur feront en faveur de pauvres prestres qui se présenteront pour dire ledit annuel dans la dite église, et qui auront aussi les qualitez propres pour demeurer dans ledit séminaire et pour s'y rendre capables d'aller après cela servir dès paroisses de la campagne. Et lorsque Messieurs de Saint-Nicolas jugeront qu'ils ont esté assez instruits dans leur maison, ils en advertiront les seigneurs de Magnac, afin de savoir s'ils n'ont point d'autres pauvres prestres à leur présenter, qui puissent être capables de la mesme chose;

XL

Si lorsque Messieurs de Saint-Nicolas se mettront en possession du séminaire de Magnac, il y demeuroit encore des ecclésiastiques que Monseigneur l'évesque diocésain certifie mériter qu'on reconnaisse leur travail, comme ayant servi des cinq et six années de suitte très dignement et très utilement dans ladite maison, ils y pourront demeurer en communauté avec l'ecclésiastique de Saint-Nicolas tant qu'il leur plaira, suivant la règle que prescrira entre eux pour cela Monseigneur l'évesque de Limoges qui, selon le mérite desdits ecclésiastiques et l'importance du service qu'ils auront rendu, ordonnera ce que chacun d'eux devra tirer plus ou moins du revenu de cette fondation, pour le deffray de la nourriture, tandis qu'ils vivront ainsi en communauté dans la dite maison;

XLI

Le susdit cas de cessation du séminaire de Magnac arrivant, les seigneurs dudit lieu en donneront advis aux supérieurs de Saint-Nicolas, afin qu'ils se mettent aussitost en possession du revenu de la présente fondation, et qu'ils en jouyssent ainsi que peut faire à présent ledit séminaire de Magnac. Mais si, au contraire, lesdits seigneurs et autres personnes, abusant de leur autorité sur les lieux, voulaient usurper les biens donnez par la présente fondation, ou en empescher la jouyssance à Messieurs de Saint-Nicolas, on suplie très humblement audit cas Monseigneur l'archevesque de Paris, qui sera pour lors, de faire poursuivre vigoureusement, mesme en son nom, ceux qui troubleraient ladite jouyssance, ou qui usurperoient quelque chose de cette fondation;

XLII

Quand il viendra un autre évesque de Limoges qui voudra restablir le séminaire de Magnac dans toutes les clauses et conditions cy-dessus, ledit séminaire entrera, aussitost après son rétablissement, dans la plaine possession et jouyssance de ladite fondation, et il n'en pourra estre empesché par nulle prescription ny par quelque temps qu'il eut demeuré sans subsister, ny enfin sous aucun prétexte, en telle sorte qu'il ne tiendra tousjours qu'à Messeigneurs les évesques de Limoges de procurer de nouveau ce bien à leur diocèse et d'estre ainsi les maistres absolus de tout le revenu de cette fondation ;

XLIII

Le tout arresté dans le palais épiscopal de Monseigneur l'évesque de Limoges, par l'advis de son conseil, en présence tant de Monseigneur l'évesque de Sarlat et de Monsieur le marquis de la Mothe-Fénelon, son frère, que de Messieurs Bourdon et Fraisse, témoins. Tous lesquels ont signé à l'original de l'acte, qui a esté délivré en bonne et deuë forme par Chasaud, notaire royal à Limoges, le 29 juillet 1665

Aujourd'huy sont comparus pardevant les notaires garde-nottes du roy nostre sire, en son chastelet de Paris, soubssignez, haut et puissant seigneur Me Anthoine de Salagnac, marquis de la Mothe-Fénelon, conseiller d'Estat et lieutenant général pour le roy en la basse et haute Marche, demeurant à présent en sa maison rue Princesse, fauxbourg Saint-Germain-des-Prez les Paris, paroisse Saint-Sulpice, d'une part ; et Messire Ypolite Feret, prestre, docteur en théologie et curé de l'église paroissiale de Saint-Nicolas du Chardonnet de cette ville et grand vicaire de Monseigneur l'archevesque de Paris, Messire Jean Barat, prestre, économe et supérieur de la communauté et séminaire dudit Saint-Nicolas du Chardonnet, Messires Nicolas-Thierry et Simon Cervé, aussi prestres de ladite communauté et assistans dudit sieur Barat, économe, d'autre part ; lesquels après avoir fait lecture des articles cy-dessus et des autres parts écrits, contenant la fondation et establissement d'un séminaire dans le diocèse de Limoges en la ville de Magnac et les clauses et conditions y contenuës, ont respectueusement promis les entretenir ; et en tant qu'à eux est les concernent, sous le bon plaisir de mondit seigneur l'archevesque de Paris, supérieur dudit séminaire de Saint-Nicolas, ils les ont approuvés et promettent exécuter selon leur forme et teneur. Ainsi a esté accordé entre les parties. Promettans, etc., Obligeans, etc., chacun en droit soy. Renonçans, etc.

Fait et passé en la maison dudit sieur Feret, scize dans l'enclos des Bernardins, après midy, le seiziesme jour de janvier mil six cens soixante-six. Et ont signé lesdites parties avec lesdits notaires soubssignez en la minute des présentes demeurée par devers Chalon, l'un desdits notaires soubssignez.

Signez, De Sainct-Jean et Chalon, notaires.

(*Note manuscrite*) : Collationné aux originaux à l'instant renduz par les notaires du roy notre sire en son chastellet de Paris, soubsignez, le huitième jour de febvrier 1666. Dalon.

(*Archives communales de Magnac-Laval. — Pièce cotée provisoirement n° 7*).

---

5. — *Lettres patentes portant approbation et confirmation de tous les actes, titres et arrêts faits en faveur du séminaire de Magnac-Laval. — Mai 1683. Copie du temps, pap.*

Louis, par la grâce de Dieu roy de France et de Navarre, à tous présents et à venir, salut. Nos chers et bien amés le sieur évêque de Limoges et les supérieurs du séminaire de l'ordination du dit Limoges et du séminaire particulier de Magnac établi par nos lettres patentes de mars 1665, registrées au parlement et chambre des comptes de Paris les 19 may et 9 juin suivants, nous ont très humblement fait remontrer conjointement avec notre cher et bien amé Antoine de Salagnac, marquis du dit Magnac et de la Mothe-Fénelon, premier baron de la Marche et notre lieutenant général en la haute et basse Marche, fondateur du dit séminaire, qu'en conséquence de nos dites lettres patentes le deffunt sieur évêque diocézain (1) fit les règlements nécessaires pour l'instruction tant des jeunes clercs du diocèze de Limoges que des peuples voisins du dit séminaire de Magnac, et que, pour la fondation d'iceluy, ledit sieur fonda-

---

(1) François de la Fayette.

teur donna plusieurs choses considérables énoncées dans nos dites lettres (1)...... dont il a fait ensuite sa déclaration le 29 août 1662 en faveur du dit séminaire de Magnac, qui par ce moyen avoit toujours joui paisiblement des dits droits jusqu'à ce que le nommé Martin Dufresnoy se mit en possession indue de la moitié des dits octrois, sous prétexte d'un arrest qu'il obtint sur requeste le 17 juillet 1677 et sous prétexte aussy de notre déclaration du 28 novembre 1661 ; lequel trouble fait au dit séminaire par le dit Dufresnoy ayant obligé le sieur évêque de Limoges d'à présent (2) et le supérieur du dit séminaire de Magnac de se pourvoir en notre dit Conseil, ils obtinrent contre ledit arrest sur requête deux arrests contradictoires, dont le premier du 20 novembre 1677 renvoya les parties devant le sieur de Bouville, commissaire départy en la généralité de Limoges, dans le détroit de laquelle sont les dits droits, afin que ledit sieur de Bouville fit représenter les titres des parties et en dressât son procès-verbal et de leurs dires et envoyat son avis à notre Conseil, ce qu'il fit le 3 janvier 1678 ; sur toutes lesquelles contestations est intervenu arrest contradictoire et déffinitif, le 11 février 1679, portant que, sans s'arrêter à celuy sur requête du dit Dufresnoy, nous maintenons le dit séminaire de Magnac en la possession et jouissance de la moitié des dits octrois, sans préjudice d'un autre quart faisant en tout les trois quarts des dits octrois, lesquels sont jugés définitivement appartenir entièrement au dit séminaire, avec deffenses au dit Dufresnoy et tous autres d'y plus troubler le dit séminaire. Après toutes lesquelles choses le sieur évesque diocezain ayant voulu procurer que le dit séminaire de Magnac produisit de plus grands biens pour le dit diocèze, il a pour cet effet non seulement confirmé par acte du 29 mars 1678 ceux faits en faveur du dit séminaire par le deffunt évêque, les 15 mars et 10 novembre 1675, mais il a de plus autorisé et homologué le contrat passé en dernier lieu le 29 juin 1690 entre les supérieurs et directeurs du dit séminaire de l'ordination de Limoges et le dit fondateur ; par lequel con-

---

(1) Voy. ci-dessus, p. 166.
(2) Louis de Lascaris d'Urfé.

trat le dit séminaire de Magnac est uny à celuy de l'ordination de Limoges; en faveur de laquelle union le dit sieur marquis tant pour luy que pour dame Marie de Salagnac, sa fille unique, à présent épouse de notre très cher et bien aimé cousin le marquis de Laval, et pour leurs successeurs, a non seulement confirmé toutes les dites donations mais consenty de plus que la moitié du revenu d'icelles soit employée chaque année dans le dit séminaire de l'ordination de Limoges, afin d'y payer les pensions de quelques-uns des plus pauvres clercs qu'on y reçoit chaque année pour estre promus aux ordres sacrés, selon le choix qui sera fait des dits clercs ou ordinants, en la manière expliquée par ledit contrat, qui porte de plus qu'à l'égard de l'autre moitié du revenu de la dite fondation elle sera toute employée au proffit particulier du dit séminaire de Magnac pour l'exécution et perfection entière des clauses de ladite fondation, dont l'une est que le dit séminaire de Magnac fera gratis l'instruction chrestienne de tous les enfans qui seront dans la dite ville. Mais comme le dit séminaire s'est réservé la faculté de pouvoir se décharger du soin de ces petites écoles dans les cas qui y sont expliqués, en donnant 100 ll. par an à un régent particulier, le dit sieur fondateur a remarqué sur cela que ce revenu de 100 ll. ne suffirait pas pour qu'un honnête homme s'employât aussi exactement qu'il le faut pour cette éducation chrestienne de tous les dits enfants. C'est pourquoy le dit sieur fondateur a cédé de plus et transporté au dit séminaire de Magnac, par contrat passé le 19 septembre 1682, le tiers ou triage qui luy appartient comme seul seigneur de la dite ville dans les landes ou champs communs qui y joignent, pour en jouir par ledit séminaire en toute propriété, soit à leur proffit particulier pendant qu'ils feront les dites petites écoles, soit pour en donner le revenu au régent qu'ils mettront en leur place, outre les dites 100 ll. de revenu; le tout suivant le dit contrat et l'arrest de notre Conseil du 17 décembre 1678; en exécution duquel arrest le dit séminaire de Magnac a payé, le 19 octobre dernier, la taxe faite en notre Conseil pour le tiers ou triage des dites communautés, ainsi qu'il est ordonné par notre dit arrest.

Toutes lesquelles choses les dits sieurs evêque et supérieurs des dits séminaires et le fondateur d'iceluy nous ayant très humblement requis de vouloir confirmer par nos lettres, pour ces causes et autres à ce nous mouvans, de notre grace spécialle, pleine puissance et autorité royalle, avons par ces présentes signées de notre main, agréé, autorisé et confirmé, agréons, autorisons et confirmons le dit arrest de notre Conseil du 2 aoust 1656, le dit contrat d'adjudication du 22 mai 1661, nos lettres patentes d'établissement dudit séminaire de Magnac du mois de mars 1665, ensemble les dits arrests de notre Conseil du 19 septembre 1678 et du 11 février 1679, et le contrat du 29 juin 1680 d'union dudit séminaire de Magnac à celui de l'ordination de Limoges, et celuy du 19 septembre 1682 en augmentation de fonds pour l'instruction chrestienne des dits petits enfans; voulant que ledit séminaire de l'ordination de Limoges et celuy de Magnac jouissent à perpétuité et irrévocablement de toutes les choses contenues dans nos lettres patentes..... à la charge de dire tous les jours le verset *Domine, salvum fac regem* et autres prières accoutumées pour notre prospérité et santé.....

Donné à Versailles au mois de may, l'an de grâce 1683 et de notre règne le 41e. Signé : Louis, et, *Par le roy* : Colbert.

Collationné par nous écuyer, conseiller, secrétaire du roy. maison, couronne de France : Muret.

(*Archives communales de Magnac-Laval.* — *Pièce cotée provisoirement n° 8.*)

---

6. — « *Extrait des piesses consernant les foires de la ville de Maignac* » *et le séminaire de la dite ville.* — *1683. Orig. pap.*

Du 8 nov. 1500, lettres patantes par lesquelles Sa Majesté, sur la suplication de Gilles Brachet, seigneur de Maignac, et des habittans du dit Maignac, en confirmation de celles à eux octroyées en 1494, leur donne les octroys des dites foires pendant quatre ans pour en employer le montant aux réparations des murs de la dite ville ; à laquelle est attaché l'entérinement fait par le seneschal de Poictou du 8ᵉ déc. au dit an 1500. — Original en parchemin.

Du 15 déc. 1541, autres lettres de Sa Majesté par lesquelles, à la suplication des habitans de la dite [ville], il leur donne à prendre les dits deniers d'octroys pendant six ans pour employer aux réparations de la dite ville. — Original en parchemin.

Du 17 nov. 1547, donnation des dits octroys pendant quatre ans aus dits habittans pour employer aux réparations des murs de la dite ville, et commission du sieur lieutenant général de la Basse Marche y attachée. — Original en parchemin.

Du 25 fév. 1550 [1551?], autre donnation des dits octroys faite par Sa Majesté aus dits habittans pendant quatre ans pour employer aux murs de la ville, et commission d'icelle y attachée. — Original en parchemin.

(*Suit l'indication de sept autres concessions analogues sous les dates des 22 déc. 1554, — 2 juin 1558, — 8 oct. 1562, — 18 janv. 1566, — 23 oct. 1570, — 27 sept. 1577, — et 20 janv. 1614*).

Du mois de déc. 1644, confirmation des privilleges aux habittans [de Maignac] de jouir des octroys, aux charges de les employer aux réparations des murs, concédés par Sa Majesté avec cognoissance de cause. — Original en parchemin.

Du mois de mars 1650, lettres patantes portant création de deux foires dans la ville de Maignac, scavoir les 28 may et 14 juillet de chasques années.

2 aoust 1656, arest du Conseil qui ordonne la reduction de la taxe de la première moithié des octroys de la ville de Maignac, l'autre moithié demeurant à M. le marquis de Maignac à qui elle appartenoit ; le dit arest en parchemin. Signé : RANCHIN (1).

.·.

Du 5 juillet 1657, copie des patantes accordées en faveur

---

(1) Cf. ci-dessus p. 159.

du séminaire de Limoges pour acquerir et anexer à icelluy tous hérittages sans payer à Sa Majesté aucuns droicts de main morte.

22 may 1661, contrat de vente fait par les commissaires deputtez par le roy pour l'aliénation des dons et octroys octroyés [et] accordés aux villes et bourgs du royaume, à Mre Jean Joyeux, bourgeois de Paris, de la moithié appartenante au roy des octroys de la ville de Maignac pour 3,600 ll.; en suitte duquel est la quittance de la ditte somme par Me du Plessis Guenégaud, trésorier de l'espargne, du 20e may 1661, le tout en parchemin, signé Amelot, Dorien (1), Lenoir, Sanguin, Portail, Depinoy (?), Lefaure, et plus bas de Fenis (2).

17 oct. 1664, minute originalle de la dite donnation faite au séminaire de Maignac par M. le marquis de Fénelon, des riefves à luy appartenantes en la dite ville. Ensuitte est la recongnoissance de la ditte donnation faite devant Boyer [et] Levasseur, notaires au chastelet de Paris, le 14 oct. 1664, signée Anthoine de Salaignac, M. Dunoyer, prestre, Le Boyer et Le Vasseur.

Mars 1665, lettres patantes du roy, en parchemin, contenantes l'establissement du séminaire de Maignac pour servir de secours à celui de Limoges et demeurer irevocablement en la ville de Maignac; les dites lettres signées Louis et sur le reply *Par le roy*, Guenegaud, et à costé *Viza :* Seguier, pour servir aux lettres de l'establissement d'un séminaire de la ville de Maignac, sur lequel reply est aussy l'enregistrement des dites lettres qui sont scellées du grand scel de cire verte à latz de soye rouge et verte. Fait au parlement ce 19e may 1665 et à la chambre des comptes ce 9e juin au dit an (3).

20e may 1665, arest, en parchemin, d'enregistrement des dites lettres au parlement, signé du Tillet.

Du 9e juin 1665, lettres patantes pour l'establissement du

---

(1) *Alias* Doris.
(2) Cf. ci-dessus p. 162.
(3) Cf. ci-dessus p. 168.

séminaire de Maignac, collationné[es] sur l'original par Denis, conseiller et secrettaire du roy, maison et couronne de France.

29 juillet 1665, un cayer imprimé contenant plusieurs donnations faites par M. le marquis de Fénelon pour la fondation du dit séminaire, et autres clauses et articles en manière de règlement, arest entre M. l'evesque de Limoges en présence de M. l'évesque de Sarlat et M. le marquis de la Mothe-Fénelon, son frère, et de Mrs Bourdon et Fraisse ; au bas desquelles clauses est une aprobation d'icelles, faite par Mrs les curé de St-Nicollas de Chardonnet, grand viquaire de M. l'archevesque de Paris, l'esconosme du séminaire de St-Nicollas et de deux prestres de la dite communauté, avec promesse de les entretenir, du 16ᵉ janvier 1666, passée devant Chaslon et son compaignon, notaires au chastelet de Paris.

31 oct. 1674, quittance de 3,000 ll. donnée par le supérieur du séminaire de Maignac pour dix années de rente à raison de 300 ll. chascune, constituées par Mᵉ Martial de Maledan au proffit de Mr le marquis de Fénelon qui en avoit fait don à notre séminaire pour augmenter la fondation d'icelluy.

14 mars 1675, requeste du supérieur du séminaire de Maignac présentée à Mr l'évesque de Limoges aux fins de la confirmation des règlements ci-devant faits pour le dit séminaire, avec l'ordonnance portant que la dite requête sera communiquée au seigneur de Maignac, lequel déclare ensuitte par acte du dit jour 14ᵉ mars qu'ayant eu communiquation de la dite requête, ensemble des règlements qui y sont propozés pour la conduite spirituelle et temporelle du dit séminaire de Maignac, déclare qu'il les trouve parfaitement semblables et conformes aux intentions qu'il a eues en fondant le dit séminaire. C'est pourquoy il consent que le dit seigneur évesque authorize toutes les choses y contenues aux conditions qu'il explique ensuitte par articles. Sur quoy il baille sa requeste au dit seigneur evesque, par laquelle il conclut à ce que les dits articles et règlements soient confirmés et homologués sur la requeste ; ordonné qu'elle sera communiquée au promo-

teur, lequel par ses conclusions n'empesche la dite homologation et confirmation, ce qui est ensuitte ordonné par mon dit seigneur l'évesque par son ordonnance du 13 nov. 1675. Toutes les dites piesses sont escriptes en papier, l'une ensuitte de l'autre, et en fin : Drouet, secrettaire de l'évesché.

17 déc. 1678, copie collationnée en papier d'un arest du conseil d'Estat qui ordonne que tous les triages et partages des biens apartenans aux communautés, pour quelques causes et soubz quels prétextes que ce soit, depuis l'année 1603, seront subjects aux taxes du huitiesme denier; le dit arest signé par collation : Lenoir, secrétaire du roy.

11 fév. 1679, arest du conseil qui maintient le séminaire de Maignac en la moithié des octrois du dit Maignac, sans préjudice du quart de l'autre moithié concédée au séminaire par les habittans du dit lieu ; le dit arest estant en parchemin, signé Berrier.

28 juin 1680, contrat d'union du séminaire de Maignac à celluy de l'ordination de Limoges, passé entre M. le marquis de Fénelon et les supérieur et scindiq du dit séminaire de Limoges, devant Nicollas, notaire à Limoges.

2 avril 1682, lettres d'union dudit séminaire de Maignac à celluy des Ordinans de Limoges, signées Louis, *évesque de Limoges*, Drouet, *promotteur général*, et plus bas, Faure, et scellées.

29 sept. 1682, contrat portant augmentation de fonds et donnation par M. le marquis de Fénelon au séminaire de Maignac du tiers ou triage à luy appartenant comme seigneur du dit Maignac devers les landes ou champs communs joingnants la dite ville ; passé devant Charrot, notaire au Chastellet de Paris.

19 oct. 1682, quittance du huictiesme dernier, payée par le séminaire de Maignac pour le tiers des communaux du dit Maignac; signée Larocque, chargé du recouvrement du huictiesme denier.

May 1683, lettres patantes accordées par le roy au dit séminaire, par lesquelles Sa Majesté confirme l'arest du conseil du 2ᵉ aoust 1656, le contrat d'adjudication du 22ᵉ may 1661, les lettres patentes d'establissement du dit séminaire du mois de mars 1665, ensemble les arests du conseil du 19ᵉ sept. 1678 et du 11ᵉ fev. 1679, et le contrat du 29ᵉ juin 1680 d'union du dit séminaire de Maignac à celluy de l'ordination de Limoges et celluy du 19ᵉ sept. 1682 en augmentation de fond pour l'instruction chrestienne, les dites letres estant en parchemin, signées Louis, et sur le reply : *Par le roy*, Colbert, et scellées du grand sceau de cire verte en latz de soye rouge et verte, et à costé, *Visa*, Le Tellier, pour confirmation de contrat.

Plus toutes les procédures faites contre Dufresnoy, traictant des droits du roy, lequel s'estoit emparé des deniers d'octroy.

(*Archives communales de Magnac-Laval. — Pièce cotée provisoirement n° 9.*)

---

7. — Déclaration des fermiers de l'octroi de Magnac-Laval reconnaissant le droit d'exemption des officiers du siège royal du Dorat. — 1719. Orig. pap.

Nous soussignés reconnoissons de bonne foi que, — quoiqu'il ne soit pas porté par le bail et ferme des trois quarts des octrois de cette ville de Magnac appartenant au séminaire que M. Gitton, directeur d'iceluy, nous a consenti ce jour d'huy pour six années, que messieurs les officiers du siège royal de la ville du Dorat ne seront pas exempts de payer ce droit pendant le cours de notre bail pour les bestiaux qu'ils pourront vendre aux foires et marché[s] de cette ville, — la vérité néantmoins est telle que nous sommes convenus avec le dit sieur Gitton que nous ne pourrons lever et prétendre aucuns droits des dits sieurs officiers de tous les bestiaux qu'ils pourront vendre aux dites foires et marchés pendant le tems du dit bail pour leur moitié seulement et non pour la part de leurs colons et chetaliers. Ce que nous promettons d'entretenir et exécuter sans aucune diminution du prix annuel de notre dite ferme. Et lesquels dits sieurs officiers sont M. le président lieutenant général, M. le lieutenant criminel, si aucun il y a, M. le lieutenant civil, M. de Lagasne, assesseur, M. de Mallevaud, conseiller, M. de Cleret, conseiller, M. le procureur du roi, M. le maire et M. le receveur des consignations, et même tel autre officier qui pourroit être reçu dans la suite au dit siège. En foy de quoy nous avons signé et approuvé l'écriture, quoique de main d'autruy, à Magnac, ce 14ᵉ novembre mil sept cent dix neuf.

AUBUGEOIS, POURTAIN (?), VIGIER, DUBRAC, T. MITRAUD, C. MITRAUD, S. MITRAUD, MICHELLET.

(*Archives communales de Magnac-Laval. — Pièce cotée provisoirement n° 10*).

---

8. — « *Mémoire pour le syndic des habitants de la ville de Laval, autrefois Magnac, et pour le principal du collège et seminaire establi en la dite ville de Laval opposant l'enregistrement des titres portant établissement des foires et marchés au bourg de Lussac-les-Eglises, obtenus par le seigneur du dit lieu, le 30 novembre 1763, enregistrés au parlement le 12 octobre 1764.* » — Vers 1767. *Copie du temps, pap.* (1).

Avant d'établir les moyens des opposants il convient d'établir leur interest, et pour cela il faut observer qu'il se tient dans la ville de Laval autrefois Magnac des foires de toutes espèces de bestiaux, tous les lundys de chaque semaine, depuis le lundy d'après le 25 novembre, feste de sainte Catherine, jusqu'au carnaval de chaque année.

Ces foires se tenoient originairement tous les mardys de chaque semaine ; mais depuis l'établissement de Sceaux et de Poissy, ils ont été transférés au lundi pour l'avantage du commerce et surtout pour la facilité de l'approvisionnement de Paris, parce que le lundy se trouve plus commode pour faire conduire les bestiaux vendus dans les foires de Laval aux marchés de Sceaux et de Poissy.

(1) L'orthographe de cette copie est si défectueuse que nous prenons le parti de la réformer du commencement à la fin, sans en avertir autrement le lecteur.

Les foires de Laval se sont toujours tenues avec un grand concours de toutes sortes de bestiaux et principalement des bestiaux gras que l'on achète non seulement aux marchés de Contre (?), Sceaux et Poissy (1), mais encore pour les boucheries des villes de Poitou, Tourraine, Berry et autres circonvoisines.

Les foires établies en la ville de Laval s'y sont tenues régulièrement et depuis une antiquité si reculée que l'on ne trouve aucun mémoire de leurs commencements, mais seulement des titres qui les annoncent ou qui les confirment.

Il paraît par un dénombrement du 3 mars 1492, rendu par le seigneur de Magnac au comte de la Marche, que le dit seigneur de Magnac a droit de rentes et plassages aux foires et marchés qui ont accoutumé de se tenir en la dite ville de Magnac.

Par les lettres patentes accordées aux seigneur et habitants du dit Magnac, le 8 novembre 1500 (2), qui font mention d'autres lettres patentes du 1 décembre 1494, il est octroyé aux habitants du dit Magnac de lever quatre deniers pour livre du bétail qui seroit vendu, revendu [et] échangé dans la dite ville et [ses] faux bourgs. On ne suivra pas toutes les concessions et confirmations qui ont été accordées par tous les rois depuis Louis XII jusqu'à Louis XIV. On se contentera de rapporter les lettres patentes du mois de décembre 1444 (sur le reply desquelles est l'arrest d'enregistrement de la chambre des comptes du 21 décembre), qui font mention que, par le malheur des temps, les premières concessions, dons et octroys, lettres patentes et de confirmation des dit octrois et droit de rièvre qui se lève en la dite ville, ont été perdus (3). . . . .

Plus autres lettres patentes obtenues par le seigneur de Magnac au mois de mars 1650, par lesquelles il est fait relation que les roys précédents avoient permis et accordé l'establissement d'une foire de toutes sortes de bestiaux dans la

---

(1) Le marché de Sceaux avait été établi an 1539 ; celui de Poissy datait du XIII° siècle.

(2) Le texte porte 1300.

(3) Suivent trois lignes inintelligibles dans leur ensemble.

dite ville de Magnac, tous les mardys de chaque semaine depuis la feste de Ste-Catherine jusque au carnaval. Ces dernières lettres ont été enregistrées et publiées en la sénéchaussée de la basse Marche.

Il est donc constaté par ces seuls titres qu'il s'est tenu de toute antiquité des foires de bestiaux dans la ville de Laval, tous les mardys de chaque semaine depuis le 25 novembre jusque au carnaval de chaque année, et que sur le prix des bestiaux vendus dans les foires il s'est perçu par l'octroi des roys prédécesseurs de Sa Majesté quatre deniers pour livre : de ces quatre deniers pour livre il en appartient aujourd'hui les trois quarts au collège et séminaire de la dite ville de Laval, et de l'autre quart il en appartient une moitié au roy et l'autre moitié à la communauté des habitants de la dite ville de Laval. Cette distribution s'est ainsi faite en vertu de l'édit du mois d'août 1657 qui ordonna l'aliénation et vente à perpétuité de la moitié de toutes les concessions et octrois accordés aux villes, bourgs et communautés du royaume ; en vertu duquel édit l'adjudication de la moitié des octrois de la dite ville de Laval fut faite le 22 mai 1766 (1). . . . .

C'est pour la conservation de ces foires et de l'octroy qui y est attaché que les habitants et le principal du collège de la ville de Laval se sont opposés au nouvel établissement de foires que le seigneur de Lussac vient de tenter dans son bourg du dit lieu. Il ne reste donc qu'à faire voir que les dits habitants et principal du collège de Laval sont fondés dans leurs oppositions, quoyque les titres obtenus par le dit [seigneur] de Lussac pour l'establissement de ses foires et marchés, le 30 novembre 1763, paraissent avoir été enregistrés en la cour le 12 décembre 1764. Pour cela il convient de faire attention à l'exposé des dites lettres et ensuite aux conditions sous lesquelles elles ont été accordées.

Le seigneur de Lussac expose d'abord que de temps immémorial il s'étoit tenu au lieu de Lussac un marché, le lundy de chaque semaine, et quatre foires par an : la première des Innocents, la seconde le mardy d'après la Quasi-

---

(1) Suivent quelques détails sans intérêt.

modo, la troisième le mardy d'après la Pentecôte, et la quatrième de Saint-Estienne du mois d'août; dans la jouissance desquelles foires et marchés René Liviaud (?) de Lussac, un de ses ancêtres, avait été confirmé par lettres patentes du mois de février 1609, portant en outre concession de deux nouvelles foires au dit lieu, les jours de Saint-Mathieu et de Saint Martin. A cela la réponse est qu'il n'a jamais été tenu au bourg de Lussac aucune foire dans les jours ci-dessus marqués, ni avant ni après les lettres patentes de 1609.

La simple énonciation de quatre foires, mise dans les lettres sans l'indication d'aucune concession précédente, ne suffit point pour en justifier; et comme il est de fait que les lettres patentes de 1609 n'ont eu aucune [exécution], non seulement par l'espace de dix ans, ce qui suffit pour faire perdre le droit *Lege prima, de nundinis*, mais même dans tous les temps postérieurs à 1609, [elles] ne subsistoient plus non plus que la commission ou confirmation y portée.

Le dit de Lussac [énonce] dans son exposé et dit que les habitans de Lussac et lieux circonvoisins ne retiraient pas tout l'avantage qu'on avoit lieu d'attendre de l'establissement des susdites foires, parce que la seconde et la troisième se trouvaient dans une saison peu favorable pour la vente des bestiaux, un des principaux objets de commerce du pays, et que d'ailleurs, vers les différents temps où se trouvent les autres, il avoit été établi depuis plusieurs années de semblables foires dans des villes et lieux peu éloignés de Lussac, et de plus, dans celle de Magnac qui n'en est distante que de cinq lieues, un marché qui se tient aussi le lundy de chaque semaine.

Réponse. — Il est aisé de voir par la suite de cet exposé que le seigneur de Lussac voudrait donner le change et [insinuer] que les foires énoncées dans les lettres de 1609 n'ont jamais été tenues [et] faire entendre qu'elles ont seulement souffert une diminution de commerce par des establissements de foires dans le voisinage. Mais on répond toujours que jamais les foires énoncées dans les lettres patentes de 1609 n'ont eu d'exécution; et cette concession n'existait plus en 1763.

Quant à ce qu'il dit d'un marché établi tous les lundis dans la ville de Laval, distante de cinq lieues de Lussac, l'insinuation est également fausse puisqu'on a démontré ci-dessus que ce que le seigneur de Lussac qualifie de marchés sont de véritables foires qui se tiennent de toute antiquité dans la ville de Magnac, aujourd'hui Laval, depuis le 25 novembre jusqu'au carnaval, originairement les mardys et, depuis plusieurs années, par la raison de l'approvisionnement de Paris, le lundi de chaque semaine (1)......

L'établissement de foires à Lussac emporterait nécessairement les anciennes foires de la ville de Laval par la raison des quatre deniers pour livre qui se lèvent à Laval et qui ne se perçoivent pas à Lussac. La raison est sensible. Les propriétaires de bestiaux qui ont accoutumé de les conduire aux foires de Laval préféreroient toujours de les conduire aux foires de Lussac, d'abord qu'ils sauront qu'aux foires de Lussac ils ne paieront point les quatre deniers pour livre qu'ils paieront aux foires de Laval. L'objet parle : un particulier aura pour trois mille livres de bétail à vendre. S'il le vend à Laval, il lui en coûtera 50 ll. S'il le conduit à Lussac, il ne lui en coûtera rien ou du moins un droit qui est rien.....

Les foires tenues en la ville de Laval ne sont fréquentées que par les habitans du pays qui avoisinent la dite ville à quatre ou cinq lieues à la ronde. Ce sont les bestiaux gras de cette petite étendue de pays qui fournissent les foires tenues en la ville de Laval, et à peine s'y en trouve-t-il suffisamment pour les fournir, de manière que si les foires de Lussac ont lieu et que les habitans de cette petite contrée y conduisent leurs bestiaux gras, comme ils le feroient certainement par la raison de l'affranchissement des droits cy-dessus marqués, dès lors il ne restera plus de bestiaux pour fournir les foires de Laval. Les foires deviendront nulles et désertes. Il n'y aura plus de deniers d'octroi pour fournir aux charges municipales de la ville de Laval. Le domaine de Sa Majesté se trouvera diminué, et la plus grande

(1) Suit une page qui ne fait guère que répéter ce qui a été déjà dit.

perte pour la ville de Laval et pour le public sera la chute et la destruction du collège et séminaire de la dite ville de Laval. On ne doit donc point restreindre ici la prohibition de tenir des foires à Lussac dans le cas précisément où il se tiendrait, les mêmes jours, des foires dans les lieux circonvoisins. Ces mots *les mêmes jours* ne peuvent jamais être pris juridiquement, mais doivent s'entendre de façon que les foires de Lussac ne fassent pas de préjudice à celles qui sont établies à quatre lieues à la ronde, dans les lieux circonvoisins, car on sait, du reste, qu'il est égal pour les foires établies de toute antiquité dans la ville de Laval que les foires de Lussac se tiennent le même jour que celles de Laval, ou des jours différents, mais dans la même saison.....

Le second objet est la perte des droits du roy. Cette perte est évidente. Le roy ne percevrait aucun droit dans les foires de Lussac. Il en perçoit dans celles de Laval..... On dira peut-être que ce droit n'est pas considérable. Mais c'est toujours un droit qui est sacré et qui entre dans la réserve portée par les lettres patentes du 30 novembre 1763.

Outre l'intérest du roy on ajoute que l'établissement projeté par le seigneur de Lussac entraineroit la destruction du collège de Laval.

Dans le collège qui subsiste depuis plus d'un siècle, on enseigne avec un grand concours toutes les classes jusques et y compris la rhétorique.

Il y a actuellement un principal, un préfet et les régents pour les classes. Outre l'utilité de cet enseignement public et gratuit, il y a de très beaux bâtiments dans lesquels on tient en pension plus de 60 jeunes gens qui vont aux leçons publiques du collège et qui ont, outre ce, une répétition (?) particulière. Il n'y a point de collège à la distance de 10 lieues. Il n'y a point de pension à la distance de 20 lieues à la ronde. Une des attentions des maîtres du collège de Laval est de former plusieurs clercs qui s'y mettent à la pratique des vertus de leur état. Toutes ces considérations font connaître combien le collège de Laval est utile et avantageux à l'Etat.

Cependant ce collége n'a exactement aucun autre revenu que les trois quarts des deniers d'octroy qui se perçoivent sur les bestiaux qui sont vendus dans les foires de Laval, depuis le 25 novembre jusque au carnaval de chaque année. C'est cet unique revenu qui a fait l'établissement du collége. C'est lui seul qui le soutient. Or, comme l'établissement de foires projeté par le seigneur de Lussac entraineroit nécessairement la chute du commerce des bestiaux gras qui se fait dans la ville de Laval, il est évident que le collége de la dite ville de Laval tomberoit et seroit détruit, puisqu'il n'y auroit plus de revenus et ensuite que le public perdroit un moyen aussi avantageux pour l'instruction de la jeunesse.

Les marchés de chaque semaine, dont il est parlé dans les dites lettres patentes, ne doivent s'entendre que des marchés où l'on expose en vente les choses venables d'une ville ou d'un bourg, c'est-à-dire ce qui est nécessaire pour faire vivre les habitants d'une ville ou d'un bourg, comme œufs, beurre, fromage et autres denrées de cette espèce, à la différence des foires qui sont des assemblées publiques où se rendent les forains et étrangers pour vendre et acheter et autrement traffiquer de toutes marchandises.....

(*Archives communales de Magnac-Laval. — Pièce cotée provisoirement n° 12.*)

---

9. — *Thèse du collège de Magnac-Laval.* — 1768.
Orig. pap.

Quod nostro huic felix faustumque sit

SEMINARIO LAVALLIENSI.

In prima exercitatione publica theses propugnandæ

1. Rhetorica est ars vere et proprie dicta.
2. Legitime definitur facultas bene, ornate et apposite dicendi ad persuadendum.

3. Objectum rhetorices immediatum est ipsemet orator in re oratoria instituendus, seu orator est materia proxima rhetorices docentis.
4. Objectum vero rhetorices mediatum seu materia remota rhetorices utentis sunt res omnes.
5. Finis rhetorices proximus est apposite dicere ad persuadendum.
6. Remotus est revera persuadere.
7. Rhetorica est ars liberalis.
8. Est scientia proprie dicta et quidem practica.

Ambrosius Charolus Perigord de Beaulieu, Rupecavardensis; — Joannes Bap. Bazennerie, Dunnensis; — Joannes Bap. Gaullier, e loco St-Sornin; — Petrus Grolhier, Petrocoriensis; — Petrus Villaugez, e loco les Chezeaux; — Petrus Duclos de Prélong, Confluentanus.

Die 5ª aug., mane a 9ᵃ ad 11ᵃᵐ horam 1768.
AD. M. D. V. Q. D. P. G. E. H (1).

(*Archives communales de Magnac-Laval. — Pièce cotée provisoirement n° 13*).

---

10. — *Procès-verbal de visite de la nouvelle chapelle du séminaire de Magnac-Laval. — Août 1768. Orig. pap.*

Aujourd'huy dix neuf aoust 1768, nous vicaire général de Monseigneur l'évêque de Limoges et supérieur des Ordinans de la ville de Limoges, nous sommes transporté dans la ville de Laval-Montmorenci pour faire la visite de la chapelle nouvellement construite au séminaire et collège de la dite ville de Laval-Montmorenci. Et étant entré dans la dite chapelle accompagné de Messieurs Mitraud, Fournier, Mitraud, curé de Foulventour, et autres prêtres tant communalistes que vicaires de la dite ville, et de Messieurs Rabilhac de

(1) C'est-à-dire *Ad majorem Dei virginisque Deiparæ genitricis ejus honorem.* Ces initiales, de même que le titre général, sont imprimés. Le reste est écrit à la main, dans un cadre festonné fort simple.

Pontalier, trésorier de France et sénéchal de la dite ville de Laval-Montmorency, Decressac de Villagraud, procureur fiscal du duché de Laval, et autres principaux habitants, plus de François Ducoux, principal, de J.-Baptiste Plazias, de Jacques Guillot et autres prêtres et professeurs du dit collège de Laval-Montmorenci, plus de sieur Joseph Laroque, vicaire et communaliste de la dite ville, que nous avons pris pour nous servir de secrétaire, avons trouvé la ditte chapelle en bon état, décemment décorée et suffisamment pourvue de livres, linges, ornemens, vases sacrés et autres choses nécessaires à la célébration du saint sacrifice de la messe. Et avons procédé à la bénédiction d'icelle suivant le rit de ce diocèse, et l'avons dédiée à la très sainte Vierge présentant son fils notre Seigneur au temple, et y avons célébré le saint sacrifice de la messe et permis à tous prêtres séculiers et réguliers de l'y célébrer par la suitte. Dont et de quoi nous avons dressé le présent procès-verbal en double, pour être déposé l'un au secrétariat du diocèse de Limoges, et l'autre dans les archives du dit collège. Et avons signé avec plusieurs de ceux qui ont assisté à la cérémonie.

GIRARD, vicaire général ; MITRAUD, prêtre ; MITRAUD, curé de Folventour; BRISSAUD, curé de Fromental ; FOURNIER, prêtre; DUMAUBERT, prêtre, sindic ; DECELLE, prêtre ; DUPRÉ, curé de la Jonchère ; MITRAUD DU PRADEAU, prêtre ; DE CRESSAC, vicaire d'Azac ; DUBREUIL, premier vicaire de Laval ; DECRESSAT ; RABILHAC DE... ? ... ; RABILHAC DE PONTALLIÉ ; PONTET ; DUCOUX, principal du collège ; VILLEBARD, prêtre ; PLAZIAS, sous-principal du collège ; DE VERINE, diacre ; DECRESSAC, diacre ; par mandement : DE LAROQUE, secrétaire.

(*Archives communales de Magnac-Laval. — Pièce cotée provisoirement n° 14.*) (1).

---

(1) Quelques-uns des documents que nous venons de reproduire intégralement figurent déjà, par extraits, dans l'*Histoire du collège de Magnac-Laval*, par J.-H. Normand [1872]. — On en trouvera quelques autres, relatifs au même collège, dans nos *Documents historiques sur la Marche et le Limousin*, t. II, 279 et ss.

DOCUMENTS

RELATIFS

AU FLOTTAGE & A LA CANALISATION

des rivières du Limousin [1]

1765-1786

Lettre d'un sieur Doublet à l'intendant de la généralité de Limoges. — Orig. sans date. [Seconde moitié du XVIIIe siècle].

Monsieur, en voyageant cette automne dans votre intendance, j'ai fait quelques réflexions sur une branche de commerce que je crois aisée à y établir, et qui augmenteroit considérablement les fonds et revenus de cette province.

Le mémoire que je prends la liberté de joindre à ma lettre (2), vous en fera connaître l'objet. Comme M. le marquis de Beuvron (3) y est singulièrement intéressé, il désirerait que vous voulussiez bien lui accorder un moment d'audience

---

(1) La Vézère, la Corrèze, la Dordogne et même la Charente qui prend sa source près de Rochechouart et était alors comprise, quant à la partie supérieure de son cours, dans la généralité de Limoges. — Sur les premiers projets de canalisation de la Vézère, voy. les lettres patentes de 1606 et le mémoire de 1766 que nous avons publiés dans les *Archives historiques du Limousin* t. III, p. 315 et 319.

(2) Voy. la pièce suivante.

(3) Messire d'Harcourt, comte de Beuvron, propriétaire des forges de la Grénerie et de Meillars près Uzerche, dont il sera question dans le mémoire ci-après.

pour vous déveloper les idées du mémoire; et il vous prie d'avoir la bonté de me faire scavoir le jour et l'heure où il pourra se rendre chez vous sans vous être incommode.

J'ai l'honneur d'être avec respect,

Monsieur,

Votre très humble et obéissant serviteur,

DOUBLET.

à l'hôtel Damas, rue Tarranne.

« *Mémoire présenté par le marquis de Beuvron, par lequel il propose de rendre la Vésère navigable depuis Terrasson jusqu'à Uzerches* » (1). — *Sans date.* [*Seconde moitié du XVIIIe s.*]

Tout le monde scait combien les grands chemins et les rivières navigables et flottables sont nécessaires au commerce, et que les grandes villes et les provinces qui les avoisinent ont un égal interrêt à la confection des chemins et à l'établissement du flottage et de la navigation sur les rivières et ruisseaux qui sont à leur portée.

D'après cette idée, il semble que les généralités de Bordeaux et de Limoges devroient se réunir pour obtenir du roy la permission de rendres navigables et flottables le plus près de leurs sources qu'il seroit possible, les rivières et ruisseau affluans dans la Garonne et dans la Dordonne.

Aujourd'hui que la France voit avec autant de joye que d'admiration et seconde avec le plus vif empressement le zèle et les vues d'un grand ministre (2) pour le rétablissement de sa marine, on peut dire que l'état entier est sensiblement intéressé à ces travaux et entreprises.

(1) Ce titre ne figure que sur la chemise du dossier. La pièce elle-même porte simplement: *Mémoire sur le flottage.* Le véritable auteur est peut-être le sieur Doublet, signataire de la lettre qui annonce le mémoire.

(2) Sans doute M. de Choiseul-Praslin, qui dirigea le département de la marine de 1766 à 1770.

En voici la preuve. On va construire 4 vaisseaux de guerre à Bordeaux et il y a lieu d'espérer que par la suite on y en construira beaucoup d'autres, tant pour le compte du roy que pour la marine marchande. Les bois de toutes espèces sont assez chers à Bordeaux et dans les environs, et ils n'ont presque pas de valeur dans le Limousin, et surtout dans le haut Limousin, faute de débouchés.

Cependant cette province n'est point éloignée de la Guyenne et elle est traversée par différentes rivières et ruisseaux qui viennent se jeter dans la Dordonne, tels que la Vesere, la Coraise, l'Ille, etc.

Il ne s'agiroit donc, pour procurer au Limousin une vente avantageuse de ses bois et pour diminuer le prix de cette marchandise à Bordeaux et dans les environs, que d'aplanir quelques difficultés qui se sont jusqu'à ce jour oposées au flottage et à la navigation de ces rivières.

On ne parlera icy que de la Vesère, comme la rivière qu'on connoit le mieux ; et afin qu'on soit prévenu d'avance que les obstacles dont on va parler ne sont pas insurmontables, on observe que, dès à présent et depuis près de deux siècles, on flotte du mérain sur cette rivière, dans les endroits mêmes qui sont l'objet de ce mémoire, et que ce flottage a été autorisé par des arrêts contradictoires du Conseil rendus contre les riverains opposants.

Ce qu'on se propose donc icy est de faire voir qu'il ne seroit ny difficile ny dispendieux de faire flotter sur la Vesère d'autres bois que du mérain, tels par exemple que des planches, madriers, bordages, petites pièces de construction et autres bois de sciage et charpente, et cela au moins jusqu'à Uzerche et au-dessus.

En effet, les obstacles qui ont empêché jusqu'à ce jour le flottage de ces différentes espèces de bois sont les rochers et ce qu'on apelle dans le pays *les pas de roy* ou écluses pratiquées pour les moulins et pêcheries.

Or, il parait aisé de surmonter ces obstacles au moyen d'écluses ou pertuis qu'on ferait construire au milieu des pas de roy dans les endroits de la rivière où il y a des rochers ; et l'espèce d'écluse qu'on propose seroit certainement la moins coûteuse et la moins incommode pour les propriétaires des moulins et pêcheries.

En voicy la description : dans les endroits où le lit de la rivière est étroit et rempli de rochers, c'est-à-dire entre Uzerche et le Saillant (trajet d'environ 3 ou 4 lieues), on poseroit au fond de l'eau une pièce de bois en travers, dans laquelle on feroit des entailles ou mortaises fort près les unes des autres du côté de la source (on pourroit même se dispenser de faire ces entailles). Au dessous et en descendant on feroit un glacis ou talus avec les pierres qui ne manquent pas dans cette rivière et qu'on pourroit retenir par des liernes.

Environ à 6, 8 ou 10 pieds au-dessus de la superficie ordinaire de l'eau, on poseroit soit sur des bouts de mur en maçonnerie soit sur des poteaux, deux pièces de bois horizontalement à celle d'en bas qu'on apelle solle ou sous-gravier, lesquelles ne seroient éloignées l'une de l'autre que d'environ 6 pouces, de façon que la plus faible avançat de cet intervalle au dela du sous-gravier et que la seconde pièce fut sur la même ligne.

Ensuite on feroit faire en bois blanc ou hêtre ce qu'on apelle communément des aiguilles ; ce sont des morceaux de bois en forme de rames ou d'aviron, c'est-à-dire larges d'en bas et étroits du haut ; en glissant ces éguilles entre les deux pièces de bois élevées au-dessus de la rivière comme un petit pont, le poids de l'eau les pousse par en bas contre le sous-gravier, et comme elles sont plus larges du bas que du haut elles se joignent et empêchent l'eau de passer jusqu'à une certaine hauteur, et par ce moyen on élève l'eau dans la partie supérieure de la rivière autant qu'il est nécessaire pour couvrir le plus grand nombre de rochers qui arrêtoient les bois, qui par la flottent sans peine ; et quand ils sont près de l'écluse, on lève les éguilles pour les laisser passer, et ainsi d'écluse en écluse ; et le nombre n'en seroit pas fort grand, on croit que cinq ou six suffiraient dans la partie de rivière où il se trouve des rochers entre Uzerche et le Saillant.

La Vesère étant déjà flottable en vertu d'arrêts du Conseil, on ne pense pas qu'il y eut rien de contraire à la justice d'obliger les riverains à faire cesser les difficultés que les pas de roy ou gautiers de leurs moulins ou pêcheries opposent au flotage, et ils le peuvent sans grande dépense, en faisant contruire, au milieu de ces pas de roy, des pertuis semblables à ceux dont on vient de parler ; et à cet égard il sufiroit d'ordonner l'exécution des dispositions de l'ordonnance des eaux et forets de 1669, et de l'ordonnance de la ville de Paris de 1672 concernant le flottage, et d'enjoindre aux officiers de la nouvelle maitrise de Brives (1) de veiller à leur exécution.

Du reste de Terrasson à Uzerches il n'y a pas plus de 6 lieues et d'Uzerche à Treignac 3 à 4 ; c'est seulement dans ce trajet qu'il y a des embarras à surmonter et cela paroit facile quand on a vu les ruisseaux du Morvant et des Pyrénées sur lesquels on fait flotter pour Paris et pour le bas Languedoc. Quelques hommes intelligens qu'on feroit venir de ces cantons en aprenant la manœuvre aux Limousins faciliteroient beaucoup l'entreprise proposée.

Reste à examiner s'il se trouve à portée de la Vesère des bois qui méritent la peine que le gouvernement s'occupe de cet objet de commerce, et c'est ce qui paroit incontestable.

La Vesère prend sa source dans les montagnes du haut Limousin au-dessus de Treignac, et elle traverse la plus grande partie de cette province et une partie du Périgord où elle vient se jeter dans la Dordonne près la ville de Limeil. On scait que le Limousin et le Périgord sont des pays forts couverts et où il y a beaucoup de bois ; on ne saurait manquer d'en trouver de toutes espèces et même de construction à portée d'être flottés sur la Vesère, et cela à partir depuis les environs de Treignac, où on commence à flotter du merain et du bois à brûler : on en a bien vu de droite et de gauche de cette rivière et de la Corrèze qui y afflue, qui paroissent être dans ce cas.

Les plus considérables et ceux auxquels on s'est particulièrement attaché sont : 1° une futaye de 3 à 4000 pieds d'arbres dépendante de la terre de St-Aulaire, appartenant à M. le marquis de Beuvron.

Cette futaye, dont les arbres portent depuis 3 pieds de

(1) Etablie en 1756.

tour jusques à 6, n'est qu'à deux lieues de la ville de Terrasson, où il remonte des barques quand les eaux sont hautes ; ainsi il y aurait au plus deux lieues de charroy de terre pour ce bois ; si on se déterminoit à les flotter, il n'y en auroit pas une lieue et demi, parce qu'on pourroit les mettre à flot dès l'Arche près d'une lieue au-dessus de Terrasson.

Dans l'usage actuel, on ne flotte que jusqu'à St-Léon qui est à 3 1/2 lieues au-dessous de Terrasson et environ à 25 lieues de Bordeaux ; à St-Léon on arrête les bois pour les embarquer.

M. de Beuvron a des forets bien plus considérables dans ses terres de Meilhard et de la Grennerie situées en haut Limousin, 2 à 3 lieues au dessous d'Uzerches et environ à pareille distance de la Vesére.

Ainsi, dans le moment présent, il n'y a qu'environ 2 lieues de charroy par terre des marchandises qu'on tire de ces bois, et on est persuadé qu'on pourroit aisément racourcir ce trajet, parce qu'il coule aux pieds des dites forêts des ruisseaux en état de flotter et qui ont certainement flotté autrefois, lesquels vont se jeter dans la Vesére.

On pourroit aisément établir sur ces ruisseaux plusieurs moulins à scier qui diminueroient beaucoup les frais d'exploitation.

On est assuré que dans les terres de Meillard, la Grennerie et aux environs, on trouvera plus de 60,000 arbres de chênes depuis 3 pieds de circonférence jusqu'à six et au-dessus, sans parler des autres espèces.

M. de Beuvron vendroit volontiers ses bois sur pied tels qu'ils sont ou à raison de tant le pied des différens échantillons, en se chargeant par les marchands des exploitations et voitures.

Il y a encore à la Grennerie (1) une très belle forge dans laquelle il y a fourneaux à fondre la mine, affineries, fondries, et autres usines.

Cette forge n'est qu'à une demie lieue de la grande route de Toulouse, à huit lieues de Limoges près la poste de Frege-

---

(1) Près Uzerche. Cette forge fut autorisée par lettres patentes de 1746. Voy. notre notice sur *La Généralité de Limoges*, p. CXXVI.

fond et environ à huit lieues de Terrasson où la Vesère commence à être navigable.

Peut-être que dans le moment présent le ministre patriote, qui a le courage de créer de nouveau la marine de France (1), pourra trouver cette forge utile à ses desseins.

On croit du moins que le mémoire lui fournira de justes motifs pour établir un commerce de bois de construction entre la Guyenne et le Limousin, en étendant aux rivières et ruisseaux de ces provinces les dispositions des ordonnances de 1669 et de 1672 concernant le flottage.

Précis du mémoire

Les bois et surtout ceux de sciage, charpente et construction sont rares et chers dans la Guyenne et notamment à Bordeaux, Bourg et Blaye.

Il s'en trouve dès à présent en assez grande quantité et il s'en trouveroit encore davantage par la suite dans le haut et bas Limousin et dans le Périgord, si on aplanissait les difficultés qui s'oposent au flotage des longues et groses pièces sur les rivières et ruisseaux où l'on flotte le merain.

Ces obstacles paroissent aisés à vaincre au moyen des écluses ou pertuis proposés, qui ne sont point couteux : il ne s'agiroit que de faire rendre un arrêt du Conseil qui ordonnat l'exécution des dispositions des ordonnances de 1669 et 1672, concernant le flottage sur la rivière de Vesère et autres.

« *Observations sur le cours des rivières de Corèze et de Vézère pour faire connaître la possibilité de rendre ces rivières navigables, depuis Brive jusqu'à Limeuille, situé au confluent de la Vézère et de la Dordogne, traversant le Bas-Limousin et le Périgord sur 35 à 40 lieues de longueur suivant leurs sinuosités.* » — *S. date [Seconde moitié du XVIII*ᵉ *s.]*

On n'entrera pas dans le détail des avantages que produiroit au commerce la navigation de ces rivières, ils ont été

(1) Sans doute M. de Choiseul-Praslin, qui fut ministre de la marine de 1766 à 1770.

assés démontrés par plusieurs bons mémoires et particulièrement par celuy de M. Malpeyre du Saillant, négociant, de la Société Royale d'agriculture de Limoges au Bureau de Brive (1); on se propose seulement d'en parcourir les canaux pour s'asseurer la possibilité d'y pratiquer avec le secours de l'art une navigation sure et commode ; on scait d'ailleurs que cette navigation a été proposée sous les règnes d'Henry IV et de Louis XIV, ce qui prouve que de tous tems on en a reconnu l'utilité, qu'il y a eu des traités formés par des compagnies et des fonds imposés sur les deux provinces du Limousin et du Périgord, mais que l'exécution de ces projets a été arrêtée par les guerres et autres circonstances que l'on ignore.

La rivière de Vézère prend sa source dans la paroisse de Millevache en Limousin, passe à Treignac et à Uzerche ; elle reçoit la Corrèze au-dessous de Brives ; cette dernière prend sa source près la ville de Corrèze d'où elle prend aussi son nom, passe à Tulle et à Brive et se décharge dans la Vézère, comme il vient d'être dit, à une lieue au-dessous de Brive.

Ces deux rivières ont beaucoup de pente depuis les sources et sont encaissées dans des vallons étroits, très profonds, hérissés de rochers escarpés et fort élevés ; la Vézère pourroit être cependant susceptible de navigation depuis Uzerche, 10 à 12 lieues en suivant ses sinuosités au-dessus de Brives ; mais la Corrèze, beaucoup moins abondante en eau, ne pourroit l'être au-dessus de Brives sans des dépenses très considérables à cause de ses fréquentes chutes.

La rivière de Vézère est actuellement navigable dans les grandes eaux depuis Limeuil à son embouchure dans la Dordogne jusqu'à Montignac à peu près moitié chemin de Brives, desquelles on profite pendant quelques jours jusqu'à ce qu'elles soient écoulées ; ensuite les bateaux attendent une autre crue ; ces temps de grandes eaux rassemblés peuvent faire une navigation de deux ou trois mois de l'année, mais une navigation toujours très difficile par les obstacles

---

(1) Nous l'avons publié dans les *Archives historiques du Limousin*, t. III, p. 319.

continuels des pêcheries construites à demeure ou provisionelles, comme pieux, picquets, jettes de pierres ou fassines, par les pas ou pertuis placés au gré des meuniers ou propriétaires des moulins dont le mauvais emplacement et leur peu d'ouverture rend le passage difficile et très dangereux. La quantité des arbres plantés depuis peu d'années et ceux qui se plantent journellement interdissent aussi le hallage et concequament la navigation, qui ne peut se faire qu'en passant et repassant continuellement d'un bord à l'autre dont souvent, dans les endroits où il n'y a pas d'arbres, les bords en sont inaccessibles par les rochers ou la hauteur des côtes escarpées et impraticables dont cette rivière est bordée depuis Montignac jusqu'à son embouchure; mais il y a toujours soit d'un côté ou de l'autre un passage suffisant pour les hallages s'ils n'étoient pas couverts de plantations anticipées.

Il y a 15 à 20 ans que l'on montoit cette rivière jusqu'à Terrasson, 5 lieues au-dessus de Montignac, à trois lieues de Brives, mais ces anticipations multipliées l'ont fait abandonner; les arbres devenus forts et plantés extrémement épais, joint à la quantité des pêcheries, en ont rendu le lit et les bords absolument inaccessibles; quoyque cette navigation fust difficille dans tous les temps, elle étoit cependant d'un grand secours au commerce; les trois lieues de Brives se fesoient par terre sur la grande route de Bordeaux jusqu'à Terrasson où l'on embarquoit ensuite jusqu'à la Dordogne; on a perdu en totalité par tous ces obstacles cinq lieues de navigation, et ce qui subsiste encore à peine au-dessous de Montignac sera également abandonné lorsque les plantations seront devenues au point des précédentes, ce qui sera avant peu, parce que ce ne sont que des peupliers, saules ou aunes qui poussent très vite et dont le plus grand nombre est sufisament fort pour intercepter le passager.

La visite de ces deux rivières ayant été faite dans les tems des plus basses eaux de l'été, on y a trouvé le volume d'eau suffisant pour y pratiquer une navigation commode en y employant les secours de l'art nécessaires pour vaincre les obstacles qu'elles présentent tant de la part de la nature que ceux faits de mains d'homme.

Ordonnance royale prescrivant la visite de la Vézère. — Fontainebleau, 13 oct. 1765. Copie du temps.

Sur les représentations qui ont été faites au roi en son Conseil par les habitants du bas-Limousin, du Périgord et de la Guyenne, que la rivière de Vézère qui passe à Brives porteroit à Bordeaux un grand nombre de différentes marchandises du crû desd. provinces et entre autres les charbons de terre dont on a découvert des mines dans le bas-Limousin (1), si cette rivière étoit rendue navigable plus près de sa source et delà jusqu'à la Dordogne, mais que la navigation de la Dordogne elle-même est embarassée par des rochers qui occasionnent des naufrages fréquents à l'endroit appellé *le pas de la Grateuse*, de manière que, pour retirer de la navigation de la Vézère tout l'avantage qu'elle présente, il conviendrait de commencer par rendre la Dordogne navigable en cet endroit : A quoi désirant pourvoir, ouï le rapport, le roi étant en son conseil a ordonné et ordonne que, par les deux ingénieurs des ponts et chaussées du Limousin et de la généralité de Bordeaux, il sera fait incessamment des devis et estimations, savoir, par le sieur Trésaguet, ingénieur du Limousin, des ouvrages à faire pour établir la navigation de la rivière de la Vézère depuis Brives jusqu'à Limeuil où cette rivière se jette dans la Dordogne ; et par le sieur Tardif, ingénieur de la généralité de Bordeaux, des ouvrages à faire dans le lit de la Dordogne jusqu'à son embouchure. Ordonne Sa Majesté que lesdits ingenieurs détailleront les différents obstacles qui s'opposent à la navigation de ces rivières. Enjoint Sa Majesté aux sieurs intendants et commissaires départis dans les généralités de Bordeaux et de Limoges de tenir la main à l'exécution du présent arrêt.

(1) A Lapleau près Meymac, et à Marsac près Brive. Voy. notre notice sur la *Généralité de Limoges*, p. CXXII.

Lettre du ministre Bertin à l'intendant de la généralité de Limoges, relative à la navigation de la Vézère et de la Dordogne. — Orig.

A Versailles, le 25 février 1767.

Je vous ay adressé, Monsieur (1), le 24 octobre 1765, l'expédition de l'arrêt du 13 du même mois qui commet les ingénieurs du Limousin et de la Guyenne pour faire le devis des ouvrages à faire pour rendre les rivières de Vézère et de Dordogne navigables. Les ordres que vous avés donnés à ce sujet n'ont pas eu sans doute leur exécution, puisque je n'ai point encore reçu les devis et estimations qui ont été demandés. Je vous prie de renouveller vos ordres de concert avec M. l'intendant de Bordeaux à qui j'écris à ce sujet. Vous sentés, Monsieur, que la navigation de ces rivières seroit infiniment utile au commerce et à l'agriculture des deux généralités, et qu'on ne saurait s'occuper trop tôt des moyens de l'établir. Vous voudrés bien me faire part des mesures que vous aurés pris pour faire procéder aux travaux préalables qui sont ordonnés par l'arrêt du 13 octobre 1765.

Je suis très parfaitement, Monsieur, votre très humble et très obéissant serviteur.

BERTIN.

Lettre adressée au ministre Bertin, par l'intendant de la généralité de Limoges, relativement à la canalisation de la Vézère, de la Corrèze, de la Dordogne et de la Charente. — Minute non signée.

A Paris, le 2 aoust 1767.

Monsieur (2). Le s^r Trésaguet, ingénieur des Ponts et chaussées de la Généralité de Limoges, me mande qu'il part pour exécuter la commission dont il a été chargé, de vérifier la possibilité de rendre les rivières de la Vézère et de la Corrèze navigables en remontant depuis Limeil où la Vézère se jette dans la Dordogne, jusqu'à la ville de Brive.

(1) *En marge* : Monsieur Turgot, Intendant de Limoges.
(2) Dans la marge, en haut : « M. Bertin ».

Différentes circonstances relatives à sa santé et aux occupations indispensables dont il a été chargé en arrivant dans la généralité, l'avaient mis dans l'impossibilité de remplir plus tôt vos vues à cet égard, et je n'ay pas cru nécessaire d'entrer avec vous dans aucun détail sur cette opération jusqu'au moment où je pourrai vous parler avec certitude de sa possibilité, de la dépense qu'elle entrainera et des moyens d'y pourvoir. Quoique je n'aye pas à beaucoup près négligé de m'en occuper et que j'aie déjà fait avec le sieur Trésaguet une première visitte de la partie de ces rivières où se trouvera (sic) les plus grandes difficultés à vaincre, je réserve tout ce que j'auroy à vous dire sur cet objet, au tems où des opérations plus précises et des nivellements pris avec scrupule me mettront en état de porter un jugement assuré de l'entreprise et de vous présenter un plan tout fait pour son exécution. Jusques là, je vous supplie de n'être point étonné de mon silence.

L'objet de cette lettre est moins de vous rendre compte de ce qui se fait actuellement sur la Vézère que de vous faire part d'un autre projet du même genre, que j'ay au moins autant à cœur depuis longtems et dont les mêmes raisons qui ont mis l'ingénieur dans l'impossibilité de terminer son travail sur la Vézère m'ont obligé de retarder aussy l'exécution.

Il s'agit de la navigation de la Charente qui, comme vous le savés, traverse les deux provinces d'Angoumois et de Saintonge et tombe dans la mer au-dessous du port de Rochefort. Cette rivière a été de tout tems navigable en remontant depuis la mer jusqu'à Cognac. Depuis Cognac jusqu'à Angoulême, elle n'est devenue navigable que dans des tems peu anciens, et la navigation y est encore sujette à beaucoup de difficultés. La pente de la rivière est trop rapide et l'eau y manqueroit si elle n'étoit retenue, d'espace en espace, par des digues. Ces digues ont été originairement construites par les propriétaires des moulins ou usines établies sur cette rivière. On a profité de ces digues et on les a adaptées à l'usage de la navigation en y pratiquant des ouvertures qu'on ouvre pour le passage des bateaux, ce qu'on appelle des pas. Ces pas forment des espèces de chutes plus ou moins élevées où l'eau acquiert une très grande rapidité, et où les bateaux chargés ne passent pas sans un assez grand péril, soit en descendant soit même en montant. Les naufrages y sont assés fréquens.

Pour rendre cette navigation sûre et facile, il seroit absolument nécessaire de changer en beaucoup d'endroits la construction et même la situation de ces pas ; peut-être faudrait-il y joindre d'autres ouvrages plus dispendieux.

Il y a déjà quelques années qu'on s'est occupé de cet objet assés sérieusement. D'abord les officiers de la maîtrise d'Angoulême, sur les plaintes des marchands fréquentant la rivière, se proposèrent d'y remédier par voye de réformation en dressant un procès-verbal de tous les obstacles qu'apportoient à la navigation les riverains propriétaires des îles, et des contraventions à l'ordonnance des eaux et forêts, et en faisant assigner les contrevenans pour se voir condamner à faire les démolitions, réparations et ouvrages qui seroient jugés nécessaires.

On pensa en 1734 avec raison qu'il résulteroit de ces assignations une foule de procès, dont la décision étant sujette à l'appel à la table de Marbre, entraineroit des frais immenses et des longueurs interminables, pendant lesquelles la navigation resteroit aussi difficile et aussi dangereuse qu'auparavant. D'ailleurs, pour remédier à tous les inconvéniens dont on se plaignait, il n'était pas seulement question de juger et de punir des contraventions. La mauvaise construction et la mauvaise position de plusieurs de ces pas, construits originairement au hasard et par des gens fort ignorans dans la science du cours des eaux, influaient probablement plus que la mauvaise volonté et la négligence des riverains sur les difficultés de la navigation. Tous les procès-verbaux et les ordonnances des officiers des maîtrises ne pouvaient remplir l'objet qu'on se proposait et suppléer à des ouvrages entrepris en connaissance de cause et projettés par d'habiles ingénieurs, d'après des nivellemens bien faits.

Ces considérations déterminèrent le Conseil à évoquer toutes les contestations nées et à naître à l'occasion de la Charente et à les renvoyer par devant M. de Tourny, alors intendant de la généralité de Limoges (1), pour les juger souverainement et en dernier ressort en appelant des gradués au nombre de sept au moins, et ce sur les poursuites et diligences du sr de Vassigny, alors procureur du roy de la maîtrise d'Angoulême, qui établi procureur du Roy de la Commission.

Cette attribution a été renouvellée par différens arrêts du Conseil pour chacun des intendans qui ont succédé à M. de Tourny ; mais depuis le départ de M. de Marcheval (2) il n'a point été rendu d'arrêt pour me subroger à lui, et les opérations de la Commission ont été suspendues.

Je vois par l'examen que j'ay fait des papiers qui se trouvent dans les bureaux de l'Intendance de Limoges, qu'à l'exception de quelques procès qui ont été jugés peu après l'établissement de la Commission, il n'a été fait aucune opération sérieuse qui tende véritablement à perfectionner la navigation de la Charente. Seulement en 1755, M. de Lamillière (3) chargea le sr de Montgazon, son ingénieur des ponts et chaussées, de visiter la rivière conjointement avec le sr du Tillet-Dauberie, procureur du roy de la maîtrise et de la Commission, pour former les projets de différens ouvrages à faire dans les endroits les plus difficiles.

J'ay examiné les plans et les projets qui furent dressés par ces deux personnes et qui n'ont jamais eu d'exécution. Je les crois beaucoup trop dispendieux, et nullement nécessaires. Ils consistent en des projets d'écluses construites sur les mêmes principes que celles qui servent à la navigation du canal du Languedoc et des autres grands ouvrages de ce genre ; mais on peut très bien se passer de pareilles écluses pour la navigation d'une rivière telle que la Charente, où il ne sauroit être question de faire franchir à la fois à des bateaux une aussy grande différence de niveau que dans le canal du Languedoc.

Je regarde donc le travail fait à cet égard comme à près inutile, et il me paroit indispensable de le recommencer. C'est un

---

(1) De 1730 à 1743.
(2) Intendant de 1757 à 1761.
(3) Intendant de 1751 à 1756.

des objets de l'opération dont je crois nécessaire de charger dans ce moment-cy le sʳ Trésaguet. Au-dessus d'Angoulême la rivière de Charente n'a jamais été navigable, quoique depuis 1637 il ait été fait plusieurs projets et tentatives pour la rendre telle.

Il n'avoit été d'abord question que de faire remonter la navigation jusqu'à Montignac, à quelques lieues au-dessus d'Angoulême ; mais depuis, M. le duc de Larochefoucauld a proposé de la rendre navigable jusqu'auprès de Verteuil, et l'on prétend même dans le pays qu'il y a assés d'eau pour qu'on puisse faire remonter les bateaux jusqu'à Civray en Poitou, sur la frontière de l'Angoumois. L'utilité d'une pareille entreprise serait inappréciable pour une partie du Poitou, pour l'Angoumois presqu'entier, et pour plusieurs cantons très fertiles de la généralité de La Rochelle, dont cette rivière déboucheroit les blés, les eaux-de-vie, les bois, les fers et les denrées de toutes espèces jusqu'à la mer. Il y a de fortes raisons de croire la chose possible, et les ingénieurs qui ont été envoyés en differens temps pour examiner l'état des choses, ont tous assuré que la rivière était susceptible d'être rendue navigable. Le sʳ Ferry, ingénieur de La Rochelle, a donné à cet effet son avis en 1696, et le sʳ Lefèvre, ingénieur, employé par M. le duc de Larochefoucauld, a depuis donné mêmes assurances, en conséquence d'une nouvelle visitte ; il a même fait l'évaluation de la dépense des ouvrages nécessaires pour exécuter le projet.

J'ay eu aussi sous les yeux les plans qu'avoit fait faire feu M. le duc de La Rochefoucauld, lequel avoit beaucoup de zèle pour l'exécution du projet, et qui en effet y avoit un grand intérêt, les principales terres de sa maison étant situées sur les bords de cette rivière.

D'après l'examen de ces plans, je crois pouvoir vous dire qu'ils ne suffisent pas pour juger de la possibilité et de la chéreté de cette entreprise. En conséquence, il est absolument nécessaire qu'un ingénieur habile visitte de nouveau le cours de cette rivière, en lève tous les plans, fasse les nivellements, s'assure de la quantité d'eau qui y coule en différentes saisons, projette et évalue tous les ouvrages à construire et l'indemnité de ceux, appartenans à différens particuliers, qu'il faudra supprimer ou changer.

Je compte charger le sr Trésaguet de cette double opération, l'une au-dessus d'Angoulême, depuis les frontières de la généralité de Limoges, et l'autre au-dessous, depuis Angoulême jusqu'à Cognac. Si la totalité de la Charente dans cet intervalle étoit renfermée dans la généralité de Limoges, il pourait vacquer à son opération sans autre autorisation que la commission que je luy en donnerois. Mais comme la Charente dans son cours passe et repasse plusieurs fois de la généralité de Limoges dans celle de la Rochelle et de celle-cy dans la première, et que le sr Trésaguet pourroit éprouver des difficultés dans la partie de la généralité de la Rochelle, je crois qu'il est à propos que vous ayés la bonté de le faire commettre par arrêt du Conseil pour dresser les projets relatifs à la navigation de la Charente depuis Civray en Poitou jusqu'à Cognac, ainsi qu'il est commis pour faire la même opération sur les rivières de la Corrèze et de la Vézére, depuis Brive jusqu'à Limeil. Je vous seray obligé de vouloir bien luy adresser cet arrêt directement à Limoges, afin qu'il lui parvienne plus promptement.

Je ne crois pas qu'il soit nécessaire, quant à présent, de s'occuper des plans relatifs à l'exécution et aux moyens de trouver des fonds pour y subvenir. Je crois même qu'on peut laisser en suspens ce qui concerne l'attribution à l'Intendance des contestations auxquelles de pareilles opérations donnent nécessairement lieu, attendu la multitude des propriétaires riverains qui auront des intérêts particuliers, quelques fois difficiles à concilier avec l'intérêt public, et qui réclameront avec fondement des indemnités pour le dérangement que le changement d'état de la rivière apportera dans la jouissance de leurs usines et des rivages qui leur appartiennent.

Je me réserve de remettre ces objets sous les yeux du Conseil lorsqu'il en sera tems et lorsque je sauray ce que la nature des lieux permet et ce qu'elle exige pour parvenir à établir la navigation au-dessus d'Angoulême et à la rendre au-dessous plus facile et plus sûre. Je me borneray quant à présent à vous demander l'autorisation dont l'ingénieur a besoin pour examiner le local.

Je suis avec respect, Monsieur..,..

Lettre du ministre Bertin à l'intendant de la généralité de Limoges, relative à la navigation de la Vézère et de la Corrèze. — Orig.

Compiègne, le 23 aoust 1767.

J'ai vu, Monsieur (1), par la lettre que vous m'avés écrit le 2 de ce mois que le sieur Trésaguet, ingénieur des ponts et chaussées de la généralité de Limoges, a été chargé à son arrivée dans ce département d'occupations indispensables qui l'ont empêché de vaquer à la vérification qui a été ordonnée, par l'arrêt du 13 octobre 1765, des ouvrages à faire pour rendre la Vézerre et la Corrèze navigables jusques à la Dordogne; que néantmoins vous avés fait une première visite de ces rivières avec le sieur Trésaguet, et qu'aussitôt que le travail sur cette partie sera en état, vous m'en enverrés le plan tout fait pour son exécution. Je dois vous faire observer à cet égard que le même arret ayant commis l'ingénieur de la généralité de Guyenne pour faire de son côté le devis des réparations de la Dordogne au pas de la Gratuse qui, s'il subsistoit, rendroit nulle la navigation de la Vézère, je voudrois être en état de presser les devis de la Dordogne, parce qu'ils paroitroient moins nécessaires si la navigation de la Vézère ne pouvoit avoir lieu, et je vous prie de presser un peu les opérations sur la Vézère qui, étant terminées, nécessiteront ceux (*sic*) de la Dordogne qui doivent en être le complément.

J'étois informé, par le rapport de quelques négociants qui fréquentent la rivière de Charente et qui ont le premier intérêt à la sûreté de la navigation, du mauvais état où celle-cy se trouve. lorsque j'ai reçu les détails intéressants que vous m'avés adressés et les mesures que vous comptés

(1) « M. Turgot, Intendant de Limoges. »

de prendre pour connoitre au moins tout ce qu'il est possible de faire sans de trop grandes dépenses pour rendre la Charente plus navigable ; on m'a assuré qu'on pourrait même la mettre en état jusques à Manles à sept licues au dessus d'Angoulême, ce qui seroit infiniment avantageux à la province. puisque Manles est le marché général des bleds qui vont d'une partie du Limousin et du Poitou dans l'Angoumois et dans les pays vignobles qui l'avoisinent. Peut-être devrait-on commencer des opérations peu importantes, quoique d'une très grande utilité, telles que de baliser des endroits de la rivière, où la vaze qu'elle dépose s'est amoncelée de manière à intercepter le passage. Cet encombrement est, dit-on, si considérable depuis quelque temps près de la ville d'Angoulême que les batteaux sont obligés de rester au faubourg de Loumeau où le commerce a été forcé de se porter ; encore y arrivent-ils bien difficilement. C'est ce dont je vous prie de faire rendre compte par le sieur Trésaguet, et de l'engager à voir si, avant tout, il n'y auroit pas moyen de faire quelque chose pour remédier provisoirement au triste état de cette navigation.

Je vois avec plaisir, Monsieur, que vous avés porté vos vues sur tout le cours de la Charente depuis les frontières de la généralité de Limoges au-dessus d'Angoulême, jusqu'à Cognac. La maison de la Rochefoucauld a, en effet, le plus grand intérêt au rétablissement de cette navigation ; mais anciennement ces seigneurs en étoient sans doute peu occupés, puisqu'on lit dans des mémoires du siècle passé que le commerce se plaignoit qu'ils faisoient servir les eaux de la rivière et les détournoient pour l'embellissement de leurs jardins. C'est à des dégradations pareilles et à la construction d'un nombre infini de moulins sur toutes les rivières qu'on peut attribuer le mauvais état où se trouve en général leur navigation. La voye de la réformation par les eaux et forêts est, comme vous le pensés, sujette à trop de formalités et de longueurs à cause des appels à la table de Marbre. Il est à propos de renouveller l'attribution qui avoit été donnée à MM. de Tourni et Marcheval vos prédécesseurs et de vous subroger à eux pour connoitre de toutes les contestations relatives au rétablissement de la navigation de la Charente, même des autres rivières de votre généralité. Vous voudrez bien m'en envoyer le projet d'arrêt avec votre avis pour en faire mon rapport au Conseil, quand vous jugerés à propos.

J'envoye par cet ordinaire au sieur Trésaguet l'arrêt qui le commet pour faire le devis des réparations de la rivière de Charente dans son cours en Limousin, Poitou et dans la généralité de la Rochelle, et je vous en remets ci-joint une seconde expédition; j'attendrai avec empressement (1) l'effet de vos soins pour le rétablissement d'une navigation si intéressante pour l'agriculture et pour le commerce.

Je suis, Monsieur, votre très humble et très obéissant serviteur.

BERTIN.

Lettre de Turgot à l'intendant de la généralité de Limoges. — Orig.

A Paris, le 17 septembre 1776.

J'ai reçu, Monsieur (2), votre lettre du 20 août dernier par laquelle vous me demandez des renseignements sur ce qui a été fait au sujet de la navigation de la Vezère et de la Corrèze, dont vous n'avés trouvé aucuns ecclaircissements dans les bureaux de l'intendance.

Quoique j'ai reconnu tout l'avantage de cette navigation pour Brive et le Bas-Limousin, et qu'en effet j'ai fait commettre M. Trésaguet dans le même arrêt qui ordonne celle de la Charente pour faire les projets de celle-cy, je n'ai point pressé ces ingénieurs de s'en occuper, parce qu'il a paru que l'on ne pouvait entreprendre ces deux navigations ensemble, et que pendant l'exécution des travaux de la Charente on aurait tout le tems de projetter ceux de la Vézère ; par conséquent il ne doit y avoir aucun papier concernant cette affaire dans les bureaux de l'intendance.

(1) Peut-être faut-il corriger *impatience*.
(2) « M. Daine ».

M. Trésaguet en a seulement fait la visite et m'a rendu compte de la possibilité de rendre ces deux rivières navigables depuis Brives jusqu'à Limeuil au confluens de la Vézère et de la Dordogne.

Je suis très parfaitement, Monsieur, votre très humble et très obéissant serviteur.

TURGOT.

Lettre, sans adresse, de l'ingénieur Trésaguet. — Orig.

Limoges, le 18 novembre 1776.

Monsieur, j'ai l'honneur de vous envoyer tout ce que j'ay de relatif au projet de rendre les rivières de Corrèze et de la Vézère navigables, qui est le résultat d'un 1er voyage ; il n'y a eu jusqu'à présent aucunes opérations faites. Il estoit seulement question de constater la possibilité de l'entreprise, et je n'ai rien vu qui puisse s'opposer à l'exécution de ce projet.

Je viens de recevoir la lettre que vous m'avés fait l'honneur de m'écrire au sujet des atteliers de charité dont vous destinez une partie à commencer l'ouverture d'icy à Eymoutiers, et je crois que c'est une des parties la plus pressante et la plus utile. Quoyque cette saison soit peu favorable pour lever des plans et former des projets, je vais cependant prendre les arrangements avec M. Caron pour estre en état d'y établir un fort attelier.

Je suis avec respect, Monsieur, votre très humble et très obéissant serviteur.

TRÉSAGUET.

Lettre, sans adresse, de l'intendant de la généralité de Limoges. — Minute non signée.

Limoges, le 19 novembre 1776.

Je vous suis obligé, Monsieur, de m'avoir adressé copie de votre mémoire, au sujet du projet de la navigation de la Vézère et de la Corrèze ; je viens d'en écrire à M. Taboureau.

Je pense qu'il ne faudra établir d'atteliers pour la communication d'Eymoutiers que dans le courant du mois de février, et de ne pas y mettre d'ouvriers avant que la direction de cette route soit déterminée et définitivement arrêtée par un plan que vous voudrés bien m'adresser aussitôt qu'il sera levé, avec des observations dont il pourra être susceptible, afin qu'on puisse l'approuver.

J'ai l'honneur d'être avec respect et attachement, Monsieur.....

Lettre de l'intendant de la généralité de Limoges à M. Taboureau. — Minute non signée.

Limoges, le 19 novembre 1776.

Monsieur(1). Dans les différens voiages que j'ai fait à Brive, à Tulle et dans les autres parties du Bas-Limousin dépendantes de ma généralité, on m'a souvent entretenu de l'utilité dont seroit pour cette province de rendre les rivières de Vezère et de Corrèse navigables ; il paroit même que ce projet a frapé le gouvernement depuis longtemps, ainsi que vous le verrés par le mémoire dont je vous envoie une copie et qui a été lu dans une assemblée du bureau d'agriculture établi à Brive ; on y a détaillé les avantages qui résulteroient de cette navigation pour le commerce et l'agriculture qui languisent par le défaut de communication.

J'ai fait rechercher dans les anciens papiers de l'intendance ce qui pourroit avoir été fait à ce sujet, au temps de mes prédécesseurs, relativement à cette navigation ; je n'y ai point trouvé d'éclaircissement, j'y ai vu seulement par une lettre de M. Bertin qu'il a été rendu un arrêt du conseil le 13 du mois d'octobre 1765, par lequel les ingénieurs du Limousin et de la Guyenne ont été commis pour dresser le devis des ouvrages à faire pour rendre ces rivières navigables ; mais cet arrêt ne se retrouve point dans les papiers ni aucune trace de la suite que l'on a du y donner.

M. Turgot, auquel j'ai succédé dans cette intendance, avoit selon toute apparence provoqué cet arrêt ; je lui ai écrit pour

(1) *En marge :* M. Taboureau.

lui demander s'il lui étoit resté quelques papiers relatifs à ce projet, ou si sa mémoire lui fournissait quelques éclaircissemens qui pussent me mettre à portée de mettre en mouvement cet objet ; il ne m'a point fait de réponse et je présume qu'il n'a rien retrouvé. Le S. Trésaguet, inspecteur général des ponts et chaussées et ingénieur en chef de cette généralité, n'a pu m'en dire autre chose, sinon qu'il s'étoit borné à reconnoitre par une inspection des lieux, il y a quelques années, la possibilité de l'exécution de cette navigation. Je vous prie, M., de vouloir bien faire rechercher l'arrêt du 13 octobre 1765 et de m'en donner copie : s'il contient des dispositions pour l'exécution d'un projet aussi avantageux, je les suivrai avec grand plaisir et avec le regret qu'elles ne l'ayent point été dans le tems ; on jouiroit aujourd'hui, au lieu que c'est à recommencer.

Quand vous aurez pris, M., les éclaircissements sur cet objet que vous ne pouvez retrouver que dans vos bureaux et que je suis dans l'impuissance de vous donner, n'en ayant pu trouver ni dans les miens, ni par mon prédécesseur, ni par l'ingénieur, vous pourrez m'autoriser à faire faire par l'ingénieur qui doit remplacer le sieur Trésaguet les plans, devis et détails estimatifs des ouvrages qui seroient nécessaires à faire ; ces frais préliminaires pourroient se prendre sur les fonds qui seroient faits, l'année prochaine, pour les ouvrages commencés, cet été, sur la Charente, et ceux en exécution seroient la matière d'une augmentation que vous feriez ordonner pour 1778 à l'imposition pour les canaux du royaume.

Ce moyen de fertiliser et vivifier cette province, ajouté aux ouvrages de pareille nature qui s'exécutent sur la Charente et aux travaux des communications par terre, que je fais accélérer autant qu'il m'est possible, la sortiroit peut-être enfin de l'état de misère et d'inertie où l'ingratitude de son sol, l'émigration d'une partie de ses habitans et le peu d'industrie des autres la plongent depuis si longtemps.

Je vous observeray aussi, M., que si vous vous déterminés à faire exécuter cet ouvrage, comme il est d'usage d'accorder à l'ingénieur en chef ses honoraires particuliers pour la conduite de ces sortes de travaux, cela rendra la place de celuy qui va être nommé plus avantageuse, et cela mettra M. Trudaïne à portée de préférer pour cette généralité où il reste plus d'ouvrages et plus difficiles que partout ailleurs, l'ingénieur qui sera le plus en état de les exécuter sans craindre que son sort ne soit pas assez avantageux.

Je suis avec respect.....

Lettre de M. Taboureau à l'intendant de la généralité de Limoges. — Orig.

Le 2 décembre 1776.

J'ai reçu, Monsieur (1), la lettre que vous m'avez fait l'honneur de m'écrire le 19 de ce mois, avec le mémoire sur l'utilité de la navigation de la Vézère et de la Corrèze ; je feray faire la recherche de ce qui s'est passé depuis 1765 sur ce projet de navigation et je verrai cet hiver avec M. Trudaine le parti qu'il conviendra de prendre pour établir cette navigation dont je sens comme vous toute l'utilité.

Je suis très parfaitement, Monsieur, votre très humble et très obéissant serviteur.

TABOUREAU.

Autre lettre de M. Taboureau à l'intendant de la généralité de Limoges. — Orig.

Paris, le 3 février 1777.

J'ai reçu, Monsieur, la lettre que vous m'avez fait l'honneur de m'écrire le 19 novembre dernier avec un mémoire sur la navigation des rivières de Vézère et de Corrèze. J'ay fait rechercher dans les papiers qui ont été remis à M. Trudaine par M. Bertin, lorsque les canaux et les navigations ont été réunis au département des ponts et chaussées. Il ne s'est trouvé dans ces papiers qu'un mémoire de M. Malepeyre (2)

---

(1) « M. Daisne ».
(2) Sans doute le mémoire de 1766, que nous avons déjà signalé

sur lequel il n'a rien été statué ; on n'y a vu aucune trace de l'arrêt du Conseil du 13 octobre 1765 dont vous me demandez la copie ; au surplus j'examineray avec attention les projets de rendre ces rivières navigables. Je suis persuadé des avantages qui résulteroient de cette navigation pour le commerce et l'agriculture de la province du Limousin. Je vous prie d'être persuadé de l'attention que j'y donneray.

Je suis très parfaitement, Monsieur, votre très humble et très obéissant serviteur.

TABOUREAU.

Lettre, sans adresse, de l'intendant de la généralité de Limoges. — Minute non signée.

Paris, 8 février 1777.

Monsieur, mon prédécesseur s'étoit occupé, il y a quelques années, des projets anciennement formés sur la navigation des rivières de la généralité de Limoges ; c'est en conséquence des recherches qu'il fit à cette occasion que vous fûtes à portée de faire autoriser les ouvrages de ce genre sur la Charente, que j'ay fait commencer l'année dernière. J'ay sû à ce sujet que vous aviez pareillement fait autoriser par un arrêt du Conseil l'examen par des ingénieurs de ce qu'il y auroit à faire dans le même objet sur la Corrèze et la Vésère, et j'ay trouvé dans mes bureaux une de vos lettres à mon prédécesseur, qui luy annonce l'envoy de cet arrêt du 13 octobre 1765. Mais l'arrêt ne se trouve pas joint à la lettre et a sans doute été égaré par l'ingénieur des ponts et chaussées, lequel est d'autant moins en état de le retrouver qu'il ne s'en rappelle pas même l'existence. J'ay demandé à M. Turgot si cette expédition ne se retrouveroit pas dans les papiers qui peuvent être restés en sa possession de l'Intendance de Limoges ; il m'a assuré ne le point avoir. Enfin, j'ai prié M. le C. G. (1) et M. Trudaine de faire rechercher la minute de cet arrêt dans les papiers concernant les canaux, qui ont passé de vos bureaux aux ponts et chaussées, lorsque

---

(1) C'est-à-dire M. le Contrôleur général.

vous remîtes ce département. M. le C. G. me mande par une lettre du 3 de ce mois que cet arrêt ne s'y trouve point. Je vous serais très obligé, M., d'après sa datte consignée dans une de vos lettres, de vouloir bien m'indiquer le dépôt où cette minute pourrait se retrouver, ou, si elle étoit resté dans vos bureaux, de vouloir bien m'en faire donner une copie.

Je suis avec respect, Monsieur.....

Lettre de l'intendant de la généralité de Limoges au contrôleur général. — Minute non signée.

Paris, 24 février 1777.

Monsieur (1), d'après ce que vous m'avez fait l'honneur de me marquer, le 3 de ce mois, au sujet de la lettre que j'avais eu celuy de vous écrire, le 19 novembre dernier, sur les anciens projets de rendre navigables la Vézère et la Corrèze, j'ai eu recours à M. Bertin pour connaitre l'arrêt du Conseil rendu à cet effet et dont l'expédition envoyée dans le tems à mon prédécesseur ne se trouve plus dans mes bureaux. Ce ministre vient de m'en adresser une copie et j'en joins ici une que j'ay fait faire sur celle-là dans la même forme.

Il n'a rien été fait dans ma généralité en conséquence des dispositions de cet arrêt dont M. Trésaguet, ingénieur en chef, n'a point même de connaissance de souvenir ; car il m'avait dit que les opérations dont il avoit été chargé pour la Vésère et la Corrèse étaient comprises dans le même arrêt qui le charge d'en faire sur la Charente ; et dans cet arrêt postérieur de deux ou trois ans à celuy dont je vous adresse la copie, il n'en est pas dit un mot.

Il s'agiroit donc aujourd'hui, M., que vous voulussiez bien nous faire informer de la suite qui a pu être donnée à l'arrêt du 13 octobre 1765 dans la généralité de Bordeaux, pour aviser à ce qui seroit à faire dans la mienne, pour que le projet fut exécuté concurremment.

(1) M. le C[ontrôleur] G[énéral].

J'ay écrit il y a quelque tems à M. Trudaine pour le prier de vous rappeler que les fonds qui m'ont été promis pour l'exécution des ouvrages sur la Charente, devoient être de 237.000 ll. chaque année, et que c'est ce nouvel objet de dépenses de navigation qui avoit principalement influé en 1775 sur le doublement qui fut fait de l'imposition pour les canaux et rivières navigables; il n'a pourtant été mis à ma disposition pour cet ouvrage que dix mil livres par mois, à commencer du mois d'octobre dernier.

En continuant, M., de réclamer cette somme de 237,000 ll. par an à laquelle ma généralité a un droit si certain, je suis trop vray pour ne pas vous dire que l'expérience que j'ay de la lenteur avec laquelle s'y exécutent depuis longtems les travaux publics, me persuade que la campagne la mieux employée et les indemnités dues aux riverains ne consommeroient pas cette somme. Prévenu de cette idée j'ay demandé à M. Trésaguet, et je l'attends de jour à autre, un état du peu d'ouvrages qui ont été exécutés sur la Charente l'année dernière, et un état de ceux que l'on peut espérer raisonnablement d'y exécuter celle-cy, avec l'estimation de ces ouvrages d'après les plans et devis qui ont été approuvés. Si chaque campagne ne pouvoit employer que 40 où 50 mil écus, ce seroit un bien bon usage du surplus, M., que d'entamer les opérations de la Vésère et de la Corrèse, conformément à l'arrêt de 1765; même celles de la partie de la Dordogne qui coule dans ma généralité et qui sont plus anciennement projettées, dont j'auray l'honneur de vous entretenir dans une autre lettre.

Ces utiles travaux concourant avec ceux des routes auxquels je m'efforce de donner toute l'activité possible, il y aurait lieu d'espérer que dans l'année la misère et l'engourdissement des habitans de ce pays, qui en est une suite, seraient enfin vaincus, et qu'une grande province méditerranée, au lieu de réclamer continuellement des secours du gouvernement qui ne luy sont que trop nécessaires, contribueroit un jour à la splendeur du royaume.

Je suis avec respect.....

Lettre du ministre Bertin à l'intendant de la généralité Limoges. — Orig.

Versailles, le 19 février 1777,

Je vous envoye ci-joint, Monsieur, la copie que vous me demandez, par votre lettre du 8 de ce mois, de l'arrêt du conseil du 13 octobre 1765 qui a ordonné les devis et estimations des ouvrages nécessaires pour faciliter la navigation de la Vézère ou de la Dordogne.

Je suis, Monsieur, votre très humble et très obéissant serviteur,

BERTIN.

Observations sur les travaux de la Charente. — Vers 1784. Minute, pap. (1).

Il s'en faut bien que l'on prétende être plus habile que les gens de l'art, mais l'on doit dire ce que l'on pense, et proposer ses réflexions en les soumettant.

En rendant justice à M. Tresaguet (2), en disant qu'il a plus fait pour le Limousin et même pour tout le royaume que l'ingénieur de la plus grande réputation, puisque c'est à lui seul qu'on doit la bonne confection des routes et le plus parfait entretien, avec la plus grande économie, comme les hommes ne sont point universels et qu'il n'a point été connu par de grands ouvrages d'art, on pourroit peut-être hasarder qu'on auroit pu trouver parmi les ingénieurs des

---

(1) Cette minute, sans signature, est tout entière de la main de M. Meulan d'Ablois, qui fut intendant de la généralité de Limoges de 1784 à 1789 — Elle porte en marge cette adresse : « M. de la Millière, pour vérifier ». M. de la Millière (fils d'un ancien intendant de la généralité de Limoges, 1754-56) était directeur des travaux publics au contrôle général, ou, comme on disait alors, intendant général des ponts et chaussées.

(2) Ingénieur de la généralité de Limoges, sous Turgot, et fort connu par ses mémoires et les travaux qu'il exécuta.

ponts et chaussées quelques individus plus forts pour projeter les travaux de navigation de la Charente ; on s'en rapporte sur cette opinion à ceux qui sont plus en état de juger cette espèce de talent tout différent de celui des chemins. Si on joint à cette opinion l'ardeur bien naturelle de M. Turgot pour rendre la Charente navigable, plusieurs projets rejettés comme [étant] d'une dépense excessive, on trouvera tout simple que M. Turgot ait exigé et que M. Tresaguet ait cherché un projet économique. Encore une fois, c'est aux gens de l'art à juger tout. Ceci ne sont (*sic*) que les réflexions d'un homme raisonnable et impartial.

Pour remplir cette donnée, il n'a fallu détruire aucun moulin, aucune digue ; il auroit fallu accorder des indemnités considérables ; on a toujours saisi le faux-bras pour la navigation et on s'est contenté d'une écluse à une seule porte. Aussi le projet n'étoit-il que d'environ 1,200,000 ll. ; j'ignore si on pouroit exécuter un projet aussi mesquin à meilleur compte, mais je crois qu'on a mis la même parcimonie dans l'exécution et je crains que les fondations ne soient pas aussi solides qu'elles devroient l'être pour un ouvrage éternel ; que la pierre qui seroit devenu très chère en l'allant chercher très loin ne soit d'une nature trop tendre et de peu de durée, et que l'économie du moment ne se paye bien cher par la suite. M. de Cessarts et les autres ingénieurs qui ont travaillé dans l'eau seroient plus en état de juger, s'ils le vouloient. Puisqu'on a cru devoir ordonner de substituer aux écluses simples les écluses à sasse qui doublent la dépense, j'ay lieu de croire que les gens de l'art ont pensé comme moy que le premier projet étoit insuffisant, et je me croirois autorisé à suposer qu'ils n'ont indiqué ce moyen que comme un remède indispensable pour que la dépense faite ne fut pas en pure perte, qu'ils n'ont pas voulu détruire entièrement le projet de leur confrère, respectable à tous égards, et que s'ils avaient eu à projetter, ils auroient pris un party tout différend, auroient choisi de meilleurs bras, réuni plusieurs branches pour n'en former qu'un canal, cherché à se procurer plus d'eau. Ils auroient peut-être par ces moyens diminué le nombre des écluses et trouvé dans ces réductions des fonds pour payer les indemnités pour destruction de digues et de moulins. Quoiqu'il en soit, le projet est adopté, en pleine exécution : il ne reste plus qu'à souhaiter de ne pas se repentir de l'économie avec laquelle il a été conçu.

Quant à l'exécution, M. Musnier est un très honnête homme, très exact et très laborieux, capable d'exécuter ce qu'on lui prescrit, mais rien au-delà !

Le compte que rend M. Trésaguet de l'état où il a trouvé les travaux est très exact. Les paremens des écluses sont fort rongés et fort dégradés. On prétend que c'est le frottement des gabares. Cela peut être, mais il y a sûrement de la pierre gelive et bien tendre ; on espère que le sasse rendant le passage des gabares tranquiles, cet inconvénient n'aura plus lieu. Je le souhaite.

Pour supplément de précaution, j'ay fait mettre à l'entrée et à la sortie de chaque écluse des madriers de 3 pouces encastrés d'un pouce 1/2, et par conséquent d'un pouce 1/2 de saillie pour recevoir le choc et prévenir le frottement. Je n'avais demandé qu'un essay. M. Munier a saisi avidement cette idée et en a fait mettre à toutes, ce qui me fait penser que son inquiétude égaloit la mienne.

Les travaux de cette année sont aussi avancés qu'on peut le désirer et ils le seroient davantage sans la modicité des fonds et les avances de l'entrepreneur ; l'année a été très favorable, les eaux très basses sans aucunes crues, et il n'y a que des éloges à donner aux soins de M. Munier et des élèves.

Il est indispensable d'augmenter les fonds ; ils devoient être de 200 mil livres lorsque les projets n'étaient que de 1,200 mil livres, et ils devroient donc être de 400 aujourd'hui qu'ils sont portés par les écluses à sasses à 2 millions 400 mil livres. Il faut au moins accorder 200 mil livres ; sans cela on ne jouira jamais et le seul moyen d'indemniser d'une pareille dépense est une jouissance prompte.

Il est encore nécessaire, comme le propose M. Trésaguet,

d'établir un ordre différent dans les payemens qui se font en 12 mois. L'entrepreneur est en avance de 50,000 ll., ce qui est trop considérable ; il ne peut point aller au-delà, et il ne peut se récupérer de ses avances pendant le tems de la cessation des travaux. Il faudroit donc : 1° donner un supplément de fond pour qu'il ne soit plus en avance que d'un cinquième, et arranger le payement des 200 mil livres qu'on ne peut se dispenser de fournir en neuf mois, de mars en décembre, ce qui doit être indifférent pour le trésorier.

M. Trésaguet n'a pas moins raison dans la demande qu'il fait de deux contrôleurs. Quoique les ouvrages de la Charente se fassent par adjudication, personne n'ignore que la plus grande partie de ces ouvrages comme épuisement, battage de pièces, palplanches, etc., ne peuvent se faire que par attachement. Il faut donc, pour l'ordre et l'économie, qu'ils soient contrôlés, et si je ne songeois qu'à ces travaux, j'adopterois sans restriction la proposition de M. Trésaguet et les 3 sujets qu'il propose sont bons. Mais je dois voir le bien général et je dois à M. de Lamillière mon opinion. L'école des ponts et chaussées est excellente pour la théorie ; mais la pratique est plus utile ; et les jeunes gens sortant de l'école n'aquièrent des connaissances et de l'expérience qu'aux dépens de la besogne : je voudrois donc attacher des élèves à tout ce qui s'appelle travaux ; et au lieu des deux contrôleurs que propose M. Trésaguet, je voudrois 2 élèves fort bien choisis attachés aux travaux de la Charente et qui y passassent non de may en septembre, mais depuis le jour où commencent les travaux jusqu'au jour où ils cessent. Ce seroit à eux à redoubler de travail à l'école pendant les 3 ou 4 mois qui leur resteroient. Comme cette idée tient à l'administration générale des ponts et chaussées, je m'en rapporte à M. de Lamillière, pourvu qu'il ne perde pas de vue que ces 2 jeunes gens verroient travailler et tiendraient des comptes et des attachements, deux bonnes habitudes à prendre avant que d'être sous-ingénieur. Pour moy cela m'est absolument indifférent ; je perdrois même l'agrément d'avoir deux places à donner.

Lettre de M. Munier, ingénieur de la généralité de Limoges, à l'intendant de la dite généralité. — Orig. pap. (1).

A Angoulême, le 4 mai 1784.

Monsieur, j'ai l'honneur de vous envoyer ci-joint l'état préliminaire de l'entretien que l'on prévoit devoir être nécessaire pendant la présente année pour la conservation de tous les ouvrages faits sur la Charente jusqu'au 31 décembre dernier. M. de la Millière m'ayant demandé cet état par la lettre du 2 avril dernier que vous avés eu la bonté de m'addresser, contenant les états de situation, je vous supplie de le viser après que vous l'aurés examiné et de le lui faire passer de suite.

Vous verrés, Monsieur, que les légères dégradations occasionnées sur les travaux par la fonte des neiges sont déjà réparées ; il étoit indispensable de le faire sur le champ pour empêcher qu'elles ne devinssent plus considérables et conséquemment plus dispendieuses.

J'ai l'honneur d'être avec un profond respect, Monsieur, votre très humble et très obéissant serviteur.

MUNIER.

Lettre, non signée, de l'intendant de la généralité de Limoges à M. de la Millière. — Minute, pap. (2)

Paris, le 16 mai 1784.

J'ai l'honneur, M. et cher confrère, de vous envoyer l'état préliminaire que le sieur Munier vient de m'adresser pour l'entretien des ouvrages faits sur la Charente jusqu'au 31 décembre 1783 (3).

J'ai examiné et visé cet état qui m'a paru en règle.

J'ai l'honneur d'être,.....

---

(1) *En marge, de la main de M. Meulan d'Ablois* : « 13 may 1784, faire une lettre d'envoy à M. de la Millière ».

(2) *En marge* : M. de la Millière.

(3) La copie de cet état ne se retrouve pas aux Archives de la Haute-Vienne. Il existe peut-être en original aux Archives nationales.

Lettre de M. de la Millière à l'intendant de la généralité de Limoges. — Orig. pap.

Paris, le 25 may 1784.

J'ai l'honneur, Monsieur et cher confrère (1), de vous envoyer l'état préliminaire de la dépense à faire pour l'entretien des ouvrages de la Charente pendant la présente année, que vous m'avez adressé par votre lettre du 16 de ce mois. Je l'ai fait examiner et n'y ayant trouvé que des réparations indispensables, je vous prie de vouloir bien renvoyer cet état à l'inspecteur chargé de la conduite de ces travaux, en luy donnant vos ordres pour l'exécution dont il rendra compte dans l'état de situation au 31 décembre prochain, suivant l'usage.

J'ai l'honneur d'être, avec un sincère et respectueux attachement, Monsieur et cher confrère, votre très humble et très obéissant serviteur.

LA MILLIÈRE.

Lettre, non signée, de l'intendant de la généralité de Limoges à M. Munier, ingénieur. — Minute, pap.

Le 29 may 1784.

Je joins à ma lettre, Monsieur (2), l'état préliminaire de la dépense à faire pour l'entretien des ouvrages de la Charente pendant la présente année; cet état a passé sous les yeux de M. de La Millière qui l'a approuvé et me charge de vous le renvoyer pour que vous fassiez exécuter les travaux et en rendiés compte dans l'état de situation au 31 décembre prochain, suivant l'usage.

---

(1) *En marge*: M. d'Ablois
(2) *En marge*: M. Munier.

Lettre de M. Trésaguet, ingénieur, à l'intendant de la généralité de Limoges. — Orig.

A Montauban, le 13 septembre 1784.

Monsieur (1), j'ai l'honneur de vous envoyer copie du compte que je rends à M. de la Millière, de mes observations, tant sur l'état des routes de votre généralité que sur les travaux de la Charente (2), où vous verrés, Monsieur, à peu de chose près ce que j'ai eu l'honneur de vous dire, pour le rétablissement de ces routes, qui ont le plus grand besoin d'être protégées, surtout celle de Bordeaux. Je ne doute pas que M. de la Millière ne vous consulte, Monsieur, sur les moyens que je propose pour remettre cette route dans l'état de perfection où elle devrait être ; il m'a paru que vous n'étiés pas éloigné d'adopter le second moyen que je propose et que je crois le plus simple et le moins sujet à erreur; au surplus bien assuré que vous choisirez le meilleur, je me résigne à ce que vous déciderez sur cet objet.

Quant aux travaux de la Charente je vous suplie instamment d'appuyer ma proposition sur la suppression des élèves et l'établissement de deux controleurs résidant toute l'année sur les travaux ; vous en avez connu la nécessité. Je ne vous solliciterai pas pour nous faire obtenir une augmentation de fonds, je connais assez vos bonnes intentions, Monsieur, pour être assuré que vous voudrez bien vous y intéresser ; nous vous devons déjà 10,000 livres cette année et nous devons en espérer la continuation pour l'année prochaine, au moins cette somme et plus s'il est possible.

Je joints aussi le dossier des réclamations du sieur Broussaud contre le compte définitif du palais et des prisons, avec le réglement que j'en ai fait. montant à 15,804 ll. 15 s. en

---

(1) *En marge*: M. Dablois.
(2) Ne se retrouve pas dans le fonds de l'intendance de Limoges.

passant encore sur une infinité de petits objets, que l'entrepreneur seroit en droict de réclamer et qui lui seroient dus à la rigueur ; il est inconcevable que M. Cadié se refuse à l'évidence de la justesse de ces réclamations.

Je suis avec respect, Monsieur, votre très humble et très obéissant serviteur.

TRÉSAGUET.

Lettre, non signée, de l'intendant de la généralité de Limoges à M. de la Millière. — Minute.

Du 30 septembre 1784.

J'ai l'honneur, Monsieur et cher confrère (1), de vous envoyer la copie que m'a adressée M. Trésaguet de ses observations sur la situation des travaux de la Charente au mois d'avril dernier : j'ai observé comme lui que les paremens des écluses sont forts dégradés, et je crois qu'on ne peut l'attribuer qu'à la mauvaise qualité des matériaux que l'économie a obligé d'employer. Les travaux de cette année sont aussi avancés qu'on peut le désirer et ils le seraient davantage sans la modicité des fonds et les avances de l'entrepreneur. L'année a été très favorable et les eaux très basses sans aucune crue, et il n'y a que des éloges à donner aux soins de M. Munier et à ceux des élèves.

Je ne puis assez insister, Monsieur et cher confrère, sur les différentes observations de M. Trésaguet. Il demande : 1° une augmentation de fonds et rien n'est plus juste ni plus nécessaire ; ces fonds devoient être de 200,000 ll. lorsque les projets n'étoient que de 1,200,000 ll. ; ils devroient donc être de 400,000 ll. aujourd'huy que les projets sont portés par les nouvelles constructions d'écluses à 2,400,000 ll. Il me paroit donc au moins nécessaire d'accorder les 200,000 ll. montant de la première fixation qui avait

---

(1) *En marge* : M. de la Millière.

été faite des fonds annuels ; sans cela on ne jouira jamais et le seul moyen d'indemniser d'une pareille dépense est une jouissance prompte. M. Trésaguet demande, en second lieu, qu'il soit établi un ordre différent dans les payemens qui se font en 12 mois, et qu'on réduise les termes à neuf mois; vous avez effectivement vu, Monsieur et cher confrère, par l'état de fixation du mois de décembre dernier, que l'entrepreneur est en avance de 50,000 ll., ce qui est beaucoup trop considérable ; il ne peut point aller au delà et il ne peut se récupérer de ses avances pendant le tems de la cessation des travaux ; il faudroit donc donner un supplément de fonds pour que l'entrepreneur ne fut plus en avance que d'un cinquième et fixer les payemens des 200,000 ll. qu'on ne peut se dispenser de donner en neuf mois, de mars en décembre. 3° enfin, M. Trésaguet demande deux contrôleurs à demeure ; cet établissement me paroit nécessaire pour l'ordre et l'économie, plusieurs ouvrages ne pouvant être faits que par attachemens qui doivent absolument être contrôlés.

Si je ne considérois que mon administration particulière, je serois entièrement de l'avis de M. Trésaguet, et comme les deux sujets qu'il propose sont fort bons, je lui donnerois des commissions de contrôleur, j'y trouverois une espèce d'avantage en disposant de ces deux places ; mais en considérant l'administration générale, je pense qu'il est beaucoup plus convenable d'y envoyer deux élèves de l'école des ponts et chaussées, non pas comme auparavant depuis le mois de mars jusqu'au mois de septembre, mais depuis le jour où commencent les travaux jusqu'à celui où ils cessent. Ce seroit à eux de redoubler leur travail à l'école pendant les 3 autres mois qu'ils y retourneroient et que les travaux leur laisseroient libres ; ce seroit autant de jeunes gens qui se formeroient, qui ajouteroient à la théorie excellente de l'école la pratique qui y manque. Au surplus, Monsieur et cher confrère, je ne puis que vous soumettre les réflexions qui ne sont dictées que par l'envie du bien général et des plus grand progrès de l'art.

J'ai l'honneur d'être..........

Lettre de M. de la Millière à l'intendant de la généralité de Limoges. — Orig.

Paris, le 19 avril 1786.

J'ai mis sous les yeux de M. le contrôleur général, Monsieur et cher confrère (1), le tableau des besoins du département des ponts et chaussées et de ceux de votre généralité en particulier. J'ai l'honneur de vous prévenir qu'elle a été comprise dans l'état de répartition des fonds de l'exercice 1785 accordés pour la campagne de 1786, pour une somme de 60,000 ll., savoir : pour les dépenses ordinaires, celle de 25,239 ll. et pour les dépenses extraordinaires celle de 34,761 ll.

Il a été aussi accordé à cette même généralité une somme de 120,000 ll. pour la navigation de la Charente sur les fonds destinés aux travaux des canaux et navigations.

Ces deux sommes formant ensemble celle de 180,000 ll. seront remises en douze payements égaux, à compter du 10 de ce mois jusqu'à pareille époque de 1787.

Je vous prierai, Monsieur et cher confrère, de charger l'Ingénieur en chef de votre généralité de rédiger un avant-projet d'état du Roy de l'exercice 1785, conformément aux fonds cy-dessus annoncés et de lui recommander de vous en remettre quatre expéditions que vous voudrez bien m'envoyer visées de vous, avec les pièces de formalités qui doivent accompagner cet avant-projet, pour que je puisse le faire approuver par M. le contrôleur général.

J'ai l'honneur d'être, avec un sincère et respectueux attachement, Monsieur et cher confrère, votre très humble et très obéissant serviteur.

LA MILLIÈRE.

(1) *En marge* : M. Dablois, à Paris.

Lettre, non signée, de l'intendant de la généralité de Limoges. — Minute (1).

20 avril 1786.

M. de la Millière vient de m'annoncer, Monsieur (2), qu'il avoit été accordé pour cette année, à la généralité de Limoges, 120,000 ll. de fonds pour la navigation de la Charente et 60,000 pour les ouvrages d'art des ponts et chaussées ; vous voudrés bien les disposer de manière à ce qu'il y ait 25,239 ll. de destinées pour les travaux ordinaires, la somme nécessaire pour les petits ponts et ponceaux à faire sur les routes ouvertes, 2,400 pour le pont de St-Léonard, et le surplus pour commmencer les approvisionnements du pont de St-Angel.

Vous voudrés bien dresser du tout un avant-projet d'état du roy et me l'adresser quadruple pour que je puisse le faire approuver par M. le Contrôleur général ; vous y joindrés les pièces de formalités.

En faveur de l'augmentation que m'a accordée M. de la Millière, j'ay consenti à ce que les frais de plantation de cette année ne fussent pas compris dans les dépenses des ouvrages d'art des ponts et chaussées et nous verrons quand je seray à Limoges à trouver un moyen de les faire rembourser.

J'ai l'honneur d'être............

Lettre, non signée, de l'intendant de la généralté de Limoges à M. de la Millière. — Minute (3).

20 avril 1786.

Recevés, Monsieur et cher confrère (4), mes remerciements de la somme de 60,000 ll. que vous m'avez accordée cette

---

(1) De la main de M. d'Ablois, intendant de la généralité.
(2) *En marge* : M. de Gay (?).
(3) De la main de M. d'Ablois, intendant de la généralité.
(4) *En marge* : M. de la Millière.

année pour les ouvrages d'art des ponts et chaussées et des 120,000 pour les travaux de la Charente ; quoyque ces fonds n'aprochent pas à beaucoup près de mes besoins, je les emploiray avec tant de soin et si utilement, que j'espère que vous les augmenterés considérablement l'année prochaine.

J'ai l'honneur d'être............

Lettre, non signée, de l'intendant de la généralité de Limoges à M. Munier, ingénieur. — Minute (1).

22 avril 1786.

Je vous annonce avec plaisir, Monsieur (2), qu'il a été accordé 120.000 ll. de fonds cette année pour les travaux de la Charente ; vous voudrés bien faire vos dispositions en conséquence ; vous réserverez la somme nécessaire pour les travaux d'agrandissement du port et nouveaux projets qui sont aprouvés, et vous ferés du surplus les écluses qui pourront être exécutées en remontant la haute Charente.

Vous voudrés bien faire et m'envoyer suivant l'usage des avants-projets d'état du roy pour les faire aprouver.

J'ai l'honneur d'être..........

(*Archives départementales de la Haute-Vienne, fonds de l'intendance, C. 308*).

---

(1) De la main de M. d'Ablois, intendant de la généralité.
(2) *En marge :* M. Munier.

DOCUMENTS

RELATIFS

AUX DROITS DE FLOTTAGE & DE PÊCHE

sur les rivières du Limousin

XVIIe - XVIIIe SIÈCLES

Requête des consuls de Limoges à l'intendant de la généralité au sujet des droits de péage prétendus par l'évêque sur les bois amenés par la Vienne. — Fin du XVIIe siècle. Orig. pap.

Les prévostz et consuls de Limoges disent pardevant vous, Monsieur l'intendant, qu'ils croyent avoir suffizamment expliqué les moyens légitimes qu'ils ont de contexter le droit prétendu par M. l'évesque de Limoges sur le bois qui est conduit par la rivière de Vienne, et que sy de la part dudit sieur évesque il avait employé toutes les pièces et raisons qu'il peut avoir pour le soutenir (1), mais ils ont été bien surpris lorsqu'après deux mois de silence on leur a encore fait signifier un dire, le 12 novembre, par lequel on redit partie des raisons ; et outre cela, on tasche d'insinuer des choses qu'on prétend tirer des pièces produites, et qui cependant, soubs respect, ne sont pas dans le sens dont on veut s'en servir. C'est pourquoy lesds. consuls sont obligés d'y respondre en peu de mots et de dire :

---

(1) La phrase paraît interrompue.

En premier lieu, qu'il ne se trouvera pas qu'ils ayent cognu que le droit dud. sieur évesque, dans l'estendue qu'il le prétend, soit suffisamment establi par ses titres et par sa possession; car au contraire ils ont toujours soutenu et soutiennent, comme ils font encore, qu'il n'y a aucun titre qui parle de ce droit dans les termes qu'on le demande, et que pour la possession dont on ne rapporte de preuves que dèz l'an 1592, qui mesme n'est pas justifiée pour ce que l'on demande, elle n'a esté paisible que tout autant qu'on ne l'a pas estendue au delà des anciens réglemens de 1565-1577. Mais lorsque depuis quelque 40 ans les agens de M. de la Fayette ont voulu porter ce droit à des choses exorbitantes, il a toujours esté contexté, comme diverses instances, tant au sénéschal qu'aux requeste au Palais et du Parlement, en font foy. Ainsin, quoyque pendant ce temps quelques particuliers pour le respect et la defférence qu'ils avoient pour leur évesque ayent condescendu à tout ce qu'il vouloit, on ne peut par des actes sy récens énoncés par quelques particuliers, préjudicier au public. Au contraire, il est bien plus dans les règles de considérer à la décharge du public ce qui résulte des susdits réglemens, de 1565 et 1577, énoncés dans les actes autentiques de l'enqueste faicte en 1639, qui contienent tous la quantité des busches qu'on avoit droit de lever, laquelle est beaucoup moindre que celle qu'on prétend; car de dire comme l'on faict qu'on ne marque ny le juge ny le greffier qui a faict expédier le règlement et que cette enqueyte est faicte par un juge incompétent et ne faict aucune preuve, c'est à quoy il est facile de respondre, puisque par le premier il est dit expressemment que c'estoit le nommé Disnematin, juge de pariage de la cité, qui faisoit ce règlement au nom du roy et de M. l'évesque; et pour le greffier c'estoit le nommé Nicolat Gérit, l'an 1565 et 1577. Mais comme tous les papiers ont demeuré au pouvoir des officiers dudit évesque, il n'y a pas eu le moyen d'en recouvrer des coppies. Néantmoins il suffit qu'ils soient dans le veu des sentences, il y a 40 ans.

A l'égard de l'enqueyte on ne voit pas pourquoy on soutient le sénéchal incompétent de cognoistre, dans la levée de ce droit, de l'excès qu'on y commet, puisque l'association de 1307 (1) n'y est aucunement contraire, ne parlant que du droit de la justice et juridiction où l'on avoit associé Philippes-le-Bel. Mais pour preuve que les officiers royaux cognoissent de ce droit, il ne faut que remarquer ce qui résulte mesme des pièces produites par led. sieur évesque, qui est que en 1563 le vicaire général de M. l'évesque s'adressa au sieur lieutenant général Bermondet, pour se plaindre de ce que les fermiers de ce droit luy avoient faict payer 18 deniers, pour le droit d'un abal de bois, lesquels on luy fit rendre et qui n'estoient pas 14 busches comme l'on prétend aujourd'huy. Et en 1592 qu'on faisoit les bailes affermes au bureau des finances de ce qu'il estoit tenu d'en partager, on y énonce expressement les règlements faicts dans cette matière par les juges de police de cette ville, lesquels on enjoint d'observer; après quoy on ne peut doubter ny de la validité ny de la force de cette enqueste qui justiffie clairement de l'entreprize et excès auquel on veut porter ce droit; pour raison de quoy et des mesures des abaux, lesd. consuls se rapportent à ce qu'ils ont déjà dit dans leurs requestes et dires précédants où ils n'ont rien avancé touchant les mesures et la hauteur du pavé, qui est visible que vous, Monseigneur, n'ayez vériffié et trouvé véritable, quand vous avés pris la peine de vous transporter au lieu où elles sont, où la place du règlement dudit droit cramponné dans la pierre vous a bien paru, mais duquel on n'a voulu donner aucune congnoissance.

Et au fond on ne trouvera pas dans toutes les pièces que jamais on aye contexté sur les articles des mesures ny qu'on les aye prétendües dans cet état irrégulier, que depuis que les agents de l'évêché, de çà quelques années, continuant toujours leurs entreprises ont voulu ettablir cette nouveauté.

Venant après cela à l'induction que veut tirer led. seigneur évesque, du tittre de l'année 1307 et à l'aplicquation

---

(1) C'est-à-dire l'acte de pariage passé en 1307 entre l'évêque de Limoges et le roi de France.

de l'ordonnance de 1669, lesdits consuls soutiennent que le mot de péages dont il est parlé dans ces tittres est confondu avec tant d'autres droits qu'il paroit bien que cela y a esté mis seulement pour expliquer qu'on [n']associait le roy qu'à la justice ; tout le reste estoit réservé ; outre que, quant ce mot aurait son application particulière, il faudroit toujours qu'on justifiat que c'estoit pour le droit de busches dont il s'agit. Il n'y a rien qui doibve paraître de trop fixe à la rivière de Vienne et au Naveix plustost qu'à la ville de St-Léonard et aux endroits où sont les fiefz et arrière fiefz, cens et autres droits qu'on a mis et fondés sans aucune explication dans ce titre. Et d'ailleurs comme on doibt rechercher l'éclaircissement de ce qui est ambigu dans les contratz anciens pour l'usage et la possession, on ne peut avoir une plus forte preuve pour les consuls que dire que ce droit a esté incognu jusques aux temps de M. de la Martonie qui est en 1597, qui parle d'un droit de busche dans la vente qu'on luy faict du pariage de la cité de Limoges ; et duquel droit on ne faict aucune explication. Ainsin, s'il estoit véritable que le mot de péage mis dans le tittre de 1307 se doit entendre du lieu du Naveix, il y auroit asseurément quelque possession et quelque acte du depuis qu'en parleroit ; car encore qu'on dit que les papiers de l'évesché furent bruslés par le prince de Galles, du moins depuis cette incendie et les commissions prises par messieurs les évesques de Limoges pour faire un nouveau terrier, qui sont de 1472, on auroit quelques preuves de cette possession et on n'auroit pas manqué de faire des actes d'un droit sy considérable. Enfin ce qui justifie qu'on ne peut pas establir ce droit sur le tittre de 1307 et dire que c'est le même qui a esté vendeu en 1597, c'est que, dans ce premier acte, M. l'évesque se réservoit tout entier, et cependant c'est le roy qui le veut dans le dernier avec le pariage de la cité ; tout cela en marquant bien la différance. Car de dire, comme l'on faict, que le roy l'a uzurpé sur l'évesché de Limoges, c'est une expression bien hardye de ceux qui ont dressé ce dire et qu'on ne croit pas qu'ils soient approuvé par ledit sieur évesque.

Mais quoy qu'il en soit on ne scauroit se deffendre de l'ordonnance de 1669 qui supprime généralement tous les droits qui se lèvent sur les rivières, lorsqu'on n'est tenu d'aucunes charges ; et il n'est pas proposable, soubs respect, de dire qu'il falloit une clause derogatoire pour y comprendre cellui dont il s'agit, comme sy la Vienne avoit quelques privilèges sur les autres rivières ou qu'il y eut quelque exception particulière pour les habitants de Limoges pour ne jouir de la mesme justice que Sa Majesté a voulu establir dans tout le royaume par cette ordonnance générale, qui a bien cognu les abus qui s'y commettoient dans ces levées et la charge qu'on imposait induement à ces peuples. Et elle est sy bien observée partout que, quoi qu'on veuille dire qu'il y a des villes où on oblige les marchands de bois à le conduire dans un lieu destiné pour le vendre, néantmoins, outre que cela se fait en peu d'endroits, c'est encore qu'on n'exige pour cela aucun droit pour le simple passage sur les rivières dont on a restabli la liberté, si ce n'est lorsque pour l'entretien de ce passage on est obligé de faire des frais, ce qui ne se rencontre pas icy, et y est inutile d'avancer que le droit qu'on demande est avantageux au public pour des raisons sans fondement. Car la seule proposition fait bien voir que le public auroit le bois à meilleur marché quant les marchands ne payeront pas un impôt si considérable qu'on y veut établir, et que le bourgeois qui fait la provision à la campagne trouvera mieux son compte de se servir de la rivière pour le conduire librement que quand on luy faira payer l'uzage de cette eau que le droit naturel rend commune.

Enfin on ne répète point ce qu'on a déjà dit au subject de l'achapt faict par M. de la Martonie dont on veut rendre le prix considérable ; car la justice de la cité et les autres droictz y contenus, sans comprendre le droit de busche, sont sy considérables que, s'yl estoit en autre main, on trouveroit facilement des personnes qui le retireroient, pour le prix duquel mesmes on est plus que remboursé par les jouissances.

Partant persistent lesdits consuls en leurs précédentes conclusions.

(*D'une autre main*) : Ce fut la justice, le greffe, les rentes et les amandes qui furent vendus, et non le seul Naveix, ou droit de busche dans iceluy, comme l'on veut insinuer; et est à remarquer que la seule justice, greffe et rentes et tous les droits y contenus valoint mieux que tout ce qu'on a financé, et que le droit de busche qu'on y a inséré, au lieu de l'argent et des deux perches *sive* comptes anciens, y est quasi pour rien et que s'il estoit en autre main, on trouveroit facilement des personnes qui le retireroient pour le même prix, duquel mesme on est plus que remboursé par les jouissances.

Requête de deux particuliers demandant à affermer le droit de pêche sur la Vienne. — Orig. pap. Ecriture du XVIIIe siècle.

A Monseigneur de Bonnaire des Forges, maître des requêtes.

Jean-Baptiste Bordier et Léonarde Pinchaud, conjoints et communs en biens, de la ville de Limoges, ont l'honneur d'exposer à Votre Grandeur qu'ils désireroient prendre à titre d'accensement et de propriété incommutable à perpétuité le droit de pêche sur la rivière de Vienne dans l'étendue de la haute justice appartenant à Sa Majesté des deux côtés de ladite rivière, à commencer depuis la Roche-au-Gôt jusqu'au-dessous du moulin appelé Beaumoulin, en la paroisse St-Gérald, là où commence la justice du seigneur évêque de Limoges, et d'un côté toute l'étendue de la paroisse de St-Paul, qui finit à un ruisseau appelé Ligourau aussi dépendant de la haute justice appartenant à Sa Majesté en la ville et sénéchaussée de Limoges. A ces fins et pour y parvenir ils ont l'honneur de faire leur soumission contenant offre de payer au domaine de Sa Majesté une redevance annuelle et perpétuelle emportant droits seigneuriaux aux mutations, suivant la coutume, de 50 ll. de blé froment payable néanmoins en argent à raison de 18 d. la livre, et ensuite, suivant l'estimation qui en seroit faite et renouvellée à chaque changement de propriétaire, d'après les mercuriales des dix dernières années du marché le plus prochain, sans qu'en aucun cas la dite estimation put être moindre de 18 d. la livre, encore que le prix n'en eut pas monté aussi haut pendant les dites six dernières années, et de payer en outre le sou pour livre du principal de la dite redevance sur le pied du denier trente. A ces causes ils ont recours à vous, Mgr, aux fins qu'il vous plaise leur accorder le dit droit de pêche ci-dessus narré aux conditions ci-dessus détaillées, les formalités en tel cas requises préalablement observées.

Signé : PINCHAUD.

Lettre d'attache de l'arrêt suivant. — *1732. Orig. parch.*

Louis, par la grâce de Dieu roy de France et de Navarre, au premier notre huissier ou sergent sur ce requis, nous te mandons et commandons par ces présentes signées de notre main, que l'arrest cy attaché sous le contre-scel de notre chancellerie donné ce jourd'huy en notre conseil d'Etat, nous y étant pour les causes y contenues, tu signifies au sieur evesque de Limoges y dénommé et à tous autres qu'il apartiendra, à ce que personne n'en ignore ; et fais en outre pour l'entière exécution d'iceluy, à la requeste de notre amé et féal Mailhard de Balosre, notre conseiller en nos conseils, maître des requêtes ordinaires de notre hôtel, et notre procureur général en la commission établie par l'arrest de notre conseil du vingt-neuf aoust mil sept cent vingt-quatre pour l'examen et vérification des droits de péages, bacs et autres droits de cette nature dans l'étendue de notre royaume, tous commandemens, sommations et autres actes et exploits requis et nécessaires sans autre permission, car tel est notre plaisir. Donné à Versailles, le quinzième jour de juillet, l'an de grâce mil sept cent trente-deux et de notre règne le dix-septième.

LOUIS.

Par le roy : PHELIPPEAUX.

Arrêt du Conseil d'Etat au sujet des droits de péage, arrivage et plaçage prétendus par l'évêque de Limoges sur les bois amenés par la Vienne. — 1732. Orig. parch.

Extrait des registres du Conseil d'Etat. — Vu par le roy, étant en son conseil, les titres et pièces représentez en exécution de l'arrest du conseil du vingt-neuf aoust mil sept cent vingt-quatre, et autres rendus en conséquence, par le sieur de Lisle Dugast, évesque de Limoges, se prétendant, en qualité de seigneur de la cité de Limoges et de la prévosté du Naveix, en droit de percevoir des droits de péage, arrivage et plaçage sur les bois amenez et conduits par la rivière de Vienne dans la ville de Limoges et placez dans les grand et petit Naveix ou autres lieux de lad. ville. Scavoir :

Extrait collationné et légalisé d'une transaction passée entre le Roy Philippe le Bel et le sieur évesque de Limoges, tant pour eux que pour leurs successeurs, par laquelle ils se sont réciproquement associez au domaine et en la seigneurie haute et basse de la ville de Limoges et du lieu de Noblac et droits en dépendans pour en jouir en commun et par égale portion, à l'exception entre autres choses des droits de leudes et péages qui apartiendroient en entier comme par le passé audit sieur évesque et aux doyen et chapitre de l'église de Limoges. Copie collationnée d'une ordonnance rendue par le juge de la cité de Limoges, le quatre avril mil cinq cent soixante-cinq, en forme de règlement, sur ce qui devoit être observé par les marchands, marqueurs de bois et autres pour le plaçage des bois au lieu du Naveix, et par laquelle les droits dus sur chaque abal de bois ont été fixez à quatre buches par le prevost et une à chacun des marqueurs, avec deffense d'en percevoir plus grande quantité, à peine de cinquante livres d'amende contre le prévost, contre les marqueurs, et d'être privez de leur employ comme exacteurs. Extrait pareillement collationné d'un procès-verbal de visite faite par le même juge, le dix-huit novembre mil cinq cent soixante dix-sept, des abaux de bois emplacez dans le lieu du Naveix, contenant de semblables deffenses. Copie collationnée et légalisée d'un contrat du vingt-sept décembre mil cinq cent quatre-vint dix-sept par lequel les commissaires deputtez par Sa Majesté pour la vente et aliénation de son domaine en la généralité Limoges ont vendu au sieur de la Martonie, évesque de Limoges, les droits de justice de la cité de Limoges, greffe de la jurisdiction, ensemble la prévosté du Naveix, droit de bûche et justice commune entre le Roy et led. sieur évesque, et généralement tous les droits apartenans à Sa Majesté dans lesd. lieux moyennant la somme de douze cents écus sol., et les deux sols pour livre de lad. somme, en conséquence de l'adjudication qui luy en avoit été faite par lesd. sieurs commissaires le vingt-trois du même mois. Pareille copie de lettres patentes d'Henry quatre du quatre février mil cinq cent quatre-vingt dix-huit portant ratification de lad. vente. Semblable copie du procès-verbal du quatorze may mil cinq cent quatre-vingt-dix-neuf desd. sieurs commissaires, contenant qu'ils ont mis led. sieur évesque de Limoges en possession des droits à lui vendus par les susd. contracts. Autre copie de lettres patentes du même Roy Henry quatre du vingt-neuf octobre mil six cent un, portant réunion et incorporation desd. droits à la manse épiscopale de Limoges. Pareille copie de lettres de survivance accordée par led. sieur de La Martonie, le deux may mil six cent deux, à Joseph du Boucheys de l'office de courtier et marqueur de bois au port et rivage du Naveix dont étoit pourvu Joseph Chasfot son ayeul. Semblable copie d'un bail du vingt-sept juin mil six cent trois, fait par led. sieur de La Martonie, de la prévosté du Naveix et du droit de bûche en dépendant pour trois années, moyennant quarante-six abaux de bon bois, et tels qu'ils seraient perçus par le fermier dud. droit. Autre copie d'un procès-verbal fait par le juge de la cité de Limoges le dix-huit décembre mil six cent huit, portant que, conformément aux délibérations des consuls et habitans de lad. cité, il seroit fait des publications au sujet de l'arentement annuel d'une partie du fossé de lad. cité et d'un petit terrain situé le long de la rivière de Vienne, proche le pont St-

Etienne. Pareilles copies d'autres procès-verbaux faits par le même juge les quatorze, vingt-un janvier et vingt-neuf juillet mil six cent neuf, contenant lesd. publications et les enchères de différens particuliers. Semblable copie du procès-verbal d'adjudication faite le huit juin mil six cent dix, desd. fossé et terrain, au proffit du nommé Jean Boisse, pour en jouir à titre de propriété, moyennant la somme de trente livres et dix sols de rente annuelle, et à la charge de payer les droits et devoirs dûs aux prévost et courtiers du Naveix; ensuitte duquel procès-verbal est la déclaration faite par led. Boisse, le vingt-neuf du même mois, que lad. enchère étoit pour et au nom de François Martin. Pareille copie d'un autre procès-verbal du même juge du dix-huit décembre suivant, contenant que led. Martin a été mis en possession desd. fossés et emplacement ou terrain par les officiers de la même juridiction. Autre copie d'un arrest du Conseil du vingt-six juin mil six cent dix, rendu sur la requeste dud. sieur de La Martonie, évesque de Limoges, par lequel, sans avoir égard au tiercement fait par le sieur Benoist ny aux offres de Jean Joffrenet, il a été ordonné que led. sieur évesque jouiroit de la moitié de la justice et seigneurie de la cité de Limoges, prévosté du Naveix et autres droits à luy adjugez, lesquels demeuroient réunis à la manse de l'évesché. Pareille copie d'une commission du grand sceau expédiée sur led. arrest le même jour. Semblable copie d'un autre arrest du Conseil du douze mars mil six cent douze, rendu sur la contestation d'entre led. sieur évesque de Limoges et le receveur du domaine de Sa Majesté au sujet d'une taxe payée par led. evesque de Limoges à cause de l'acquisition par luy faite de la moitié de la prévosté du Naveix et droits en dépendans, par lequel les parties ont été mises hors de cour et de procès, et cependant il a été ordonné que les Trésoriers de France à Limoges envoyeroient les motifs de lad. taxe. Pareille copie d'une commission du grand sceau expédiée sur led. arrest le même jour. Autre copie d'une transaction sur procès entre Raymond de la Martonie, evesque de Limoges, et Etienne Vidaud, prieur du prieuré de St-André de la cité de lad. ville, le neuf juin mil six cent vingt-quatre, par laquelle entre autres choses il a été convenu que led. sieur Vidaud et ses successeurs prieurs de St-André auroient la propriété et jouissance du fond appellé le petit Naveix, suivant les bornes et limites anciennement faites et que led. sieur Vidaud ny ses successeurs ne pourroient rien prétendre aux droits apartenans aud. sieur évesque sur tout le bois abordant au lieu du Naveix, soit qu'il fut emplacé aud. petit Naveix ou ailleurs. Pareille copie d'une sentence rendue par le juge de la prévosté du Naveix le seize janvier mil six cent vingt-neuf, sur la remontrance du procureur d'office en lad. juridiction, par laquelle il a été ordonné que les règlemens faits en l'année mil cinq cent soixante-cinq, pour la police qui devoit être observée sur le port du Naveix, seroient exécutes, et qu'ils seroient de nouveau publiez et affichez. Semblables copies de deux baux faits par le sieur évesque de Limoges les vingt-six avril mil six cent trente-trois et trois octobre mil six cent trente-huit, chacun pour cinq années de prévôtage sur les bois passans sur la rivière de Vienne et abordans au Naveix, moyennant sept cent cinquante livres et deux abaux de bois par an. Autre copie de provisions accordées par le sieur de Lafayette, évesque de Limoges, à Bernard Maisonneuve, le trente-un décembre mil six cent trente-huit, des deux offices de courtier marqueur de bois au port du Naveix. Pareille copie d'une sentence rendue par le lieutenant général au siège présidial de Limoges le dix mars mil six cent quarente, entre Pierre Luras, marchand à Angoulesme, d'une part, et Jacques Boisse, fermier dud. sieur évesque de Limoges, d'autre, portant que les règlemens faits les quatre avril mil cinq cent soixante-cinq et dix-huit novembre mil cinq cent soixante-dix-sept, pour la levée des droits descendans par la rivière de Vienne au port du Naveix seroient exécutés avec deffenses de percevoir de plus grands droits que ceux cy après, scavoir pour chaque abal de bois à brûler qui seroit levé sur le plaçage dud. port, deux sols trois deniers pour l'arrivage, et six bûches, dont quatre pour le droit de prévost dud. sieur évesque, et deux pour les marqueurs et courtiers dud. bois ; pour chaque fret de bois de scie et à bâtir qui aborderoit aud. port, deux sols trois deniers, et les perches et riottes avec lesquelles led. bois seroit attaché ; et par chaque fret de mairain qui aborderoit aud. port et se transporteroit hors la ville de Limoges deux sols trois deniers seulement, le tout à peine d'exaction et de cinquante livres d'amende. Copie collationnée d'une sentence des requestes du Palais à Paris du douze juin mil six cent quarante, par laquelle la précédente sentence a été cassée comme rendue au préjudice de l'évocation faite de l'instance principale. Copie collationnée et légalisée d'un acte du trente novembre mil six cent quarante passé entre Jacques Boisse, fermier dud. sieur evesque, et Léonard Grenier, au sujet des bois que led. Grenier avoit fait passer et de ceux qui lui restoient à conduire au lieu du Naveix, par lequel il a été convenu que pour le droit de onze bûches, trois bois ronds et vingt-sept deniers dus aud. sieur évesque par chaque abal de bois, led. Grenier payeroit trente-cinq sols soit pour bois de chêne, fayen ou à brûler. Pareille copie d'un contract du huit février mil six cent quarante-deux par lequel, pour l'agrandissement du terrain des grand et petit Naveix, le sieur évesque de Limoges a cédé au nommé Tournier, à titre d'échange d'un pré situé aud. lieu du Naveix, une rente foncière de neuf septiers de seigle dépendante de son evesché. Semblable copie d'un acte passé entre led. Boisse et le nommé Gontier le treize février mil six cent quarante-deux, portant que, pour le même droit de onze bûches trois bois ronds et vingt-sept derniers, ledit Gontier payeroit vingt-cinq sols par abal pour tout le bois qu'il avoit fait et feroit conduire au pont de St-Martial sur l'Ecluse, au bas duquel acte est la quittance dud. Boisse du dernier du même mois de quarante livres à compte sur les conventions faites par led. acte. Autre copie d'une quittance devant notaire donnée par led. Boisse le vingt-cinq janvier mil six cent quarante-trois aux nommez Mathieu et Faure de la somme de cent seize livres, pour le droit de cinquante-neuf abaux fayen qu'ils avoient fait passer au port du Naveix. Pareille copie d'une sentence rendue à la sénéchaussée de Limoges le seize janvier mil six cent quarante-sept, sur la requeste du nommé Rouvery, marchand de bois, contenant qu'au préjudice des réglemens faits pour la levée du droit de bûches au port du Naveix, fixé à six bûches par abal, le fermier dud. droit en exigeait quatorze, et encore dix sols par abal de bois flotté, par laquelle sentence il a été ordonné qu'il seroit informé sur cette plainte, et cependant il a été fait deffenses aud. fermier de percevoir d'autres droits que ceux fixez par lesd. règlements à peine d'exaction et de cinq cents livres d'amende. Copie collationnée d'une ordonnance rendue par le sieur de Corberon, intendant en la généralité de Limoges, le vingt-six janvier mil six cent quarante-sept, sur la requeste du sieur de Lafayette, évesque de Limoges, portant entre autres choses, qu'attendu la possession dans laquelle led. sieur évesque étoit de lever led. droit de bûche, il seroit sursis à l'exécution et publication de la précédente sentence, jusqu'à ce que par le Conseil ou par le Parlement de Bordeaux, il en eut été autrement ordonné. Copie collationnée et légalisée d'un bail du dernier septembre mil six cent quarante-huit, fait par le sieur évesque de Limoges des droits de prévosté du Naveix qui se levoient sur toutes sortes de bois abordans et passans sur la rivière de Vienne pour cinq années, moyennant huit cent quatre-vingt onze livres treize sols quatre deniers par an. Pareille copie d'un acte capitulaire des religieux carmes déchaussez du couvent de St-André de la cité de Limoges du vingt-six juin mil six cent cinquante-un, portant entre autres autres choses qu'ils vendroient au sieur évesque de Limoges la troisième partie d'un pré situé proche la ville de St-Léonard qu'il leur avoit cydevant cédé pour tous les droits qu'ils pouvoient prétendre sur le petit Naveix. Semblables copies de deux actes des deux aoust et vingt-quatre octobre de la même année, contenans les ratifications faites par le provincial et le définiteur général dud. ordre du précédent acte capitulaire. Autre copie du contrat de vente faite, le vingt-quatre aoust mil six cent cinquante-deux, aud. sieur evesque de lad. troisième partie de pré, moyennant la somme de trois mil cinq cent livres, par lequel il a été convenu que lesd. religieux pourroient à l'avenir placer sur le petit Naveix le bois qu'ils feroient flotter pour la provision de leur maison, sans payer aucun droit de bûche. Pareille copie d'un bail fait par led. sieur évesque de Limoges, le huit octobre mil six cent soixante-trois, des droits à luy appartenans à cause de la prévosté du Naveix sur toutes sortes de bois abordans et passans sur la rivière de Vienne pour cinq années, moyennant mil livres par an. Semblable copie d'un acte du vingt-six janvier mil six cent soixante-quatre, passé entre le fermier desd. droits et Martial Faudry et Pierre Hervy, par lequel il a été convenu qu'ils payeroient pour le bois qu'ils feroient flotter sur la rivière de Thaurion pendant une année, vingt sols par abal de bois, et quarante sols pour le fayen qui flotteroit sur la rivière de Vienne et qui seroit conduit du costé de St-Léonard. Autre copie d'une sentence rendue en la sénéchaussée de Limoges le sept juin mil six cent soixante quatorze sur la plainte de plusieurs marchands de bois au sujet des violences et exactions commises par le fermier des droits, lad. sentence portant permission d'informer et cependant deffense aud. fermier de percevoir d'autres droits que ceux portez par les jugements de lad. sénéchaussée ; au bas de laquelle est la signification qui luy en a été faite le même jour. Pareille copie d'une autre sentence faute de comparoir obtenue en la même juridiction le 19 aoust mil six cent soixante dix-sept par Jean Barry, marchand de bois, contre Guillaume Boisse, fermier desd. droits de buches, par laquelle il a été ordonné que les sentences et réglemens concernans ces droits seraient exécutez, et il a été fait deffences aud. Boisse et autres fermiers dud. sieur évesque d'en percevoir d'autres que ceux qui y sont énoncez. Semblable copie d'une ordonnance rendue par le sieur Joubert de Bouville, intendant de la généralité de Limoges, le dix-huit avril mil six cent soixante dix-huit, sur la requeste du sieur Durfé, évesque de Limoges, contenant entre autres choses qu'il était en possession de lever sur la rivière de Vienne, au port du Naveix, quatorze buches et vingt-sept deniers en argent par abal de bois, pour l'arrivage et plaçage ; la ditte ordonnance portant deffenses à toutes personnes de troubler led. sieur évesque de Limoges dans cette possession jusqu'à ce que par la cour du Parlement de Paris il en eut été autrement ordonné ; au bas de laquelle est la signification qui a été faite desd. resqueste et ordonnance aud. Barry le même jour. Copie collationnée d'une autre ordonnance du sieur de Beson, intendant de la même généralité, du six octobre mil six cent soixante dix-neuf, portant que dans deux mois led. sieur évesque de Limoges feroit sa déclaration du droit de bûche par luy prétendu au port du Naveix et en justifiroit les titres de propriété, pour le tout être inséré au papier terrier des domaines de Sa Majesté. Copie collationnée et légalisée d'un arrest du conseil du vingt neuf janvier mil six cent quatre-vingt, rendu sur la requeste dud. sieur évesque de Limoges, tendante à ce qu'il plut à Sa Majesté évoquer à soy et à son conseil l'instance pendante au parlement de Paris entre luy et les marchands de bois de la ville de Limoges au sujet desd. droits, par lequel Sa Majesté a renvoyé la dite requeste aud. sieur intendant et ordonné que devant luy les parties seroient entendues sur leurs demandes respectives pour, son avis renvoyé au conseil, être ordonné ce qu'il appartiendrait. Extrait pareillement collationné et légalisé d'un arrest du Parlement de Paris du trente janvier mil six cent quatre vingt-huit, rendu entre led. sieur evesque de Limoges, rappelant de la sentence du lieutenant général de Limoges dud. jour dix-neuf aoust mil six cent soixante dix-sept d'une part, et led. Barry intimé d'autre et sur plusieurs demandes respectivement formées tant par les Carmes déchaussés que les prévost et consuls de lad. ville et autres intervenant, par lequel ladite sentence a été confirmée et il a été fait deffense au dit sieur évesque de Limoges, ses fermiers et préposez, de lever plus grands droits que deux sols trois deniers et six bûches par chaque abal de bois à brûler qui aborderoit et se déchargeroit aux portes des grand et petit Naveix et deux sols trois deniers par chaque fret de bois de scie à bâtir, et bois mairain avec les perches et riottes ; et sur les exemptions prétendues par lesds. Carmes déchaussez et autres, les parties ont été renvoyées devant le lieutenant général de Limoges. Imprimé dud. arrest du parlement. Copie collationnée et légalisée d'une sentence rendue par led. sieur lieutenant général de Limoges le dix-neuf décembre mil sept cent neuf, entre le sieur de Gennetines, évesque de Limoges, d'une part, les Carmes déchaussez de lad. ville, et le sieur Constant de Beaupeirat, conseiller en lad. sénéchaussée, prenant la cause de Nicolas Faudry, marchand de bois, d'autre ; par laquelle lesd. de Beaupeirat et Faudry ont été condamnez à payer aud. sieur évesque de Limoges les droits portez par le précédent arrest, par chaque abal de bois qu'ils feroient venir pour revendre et placer dans les domaines qui leur appartenoient en propre, à l'exception des bois que les particuliers feraient venir à leur périls et risques pour leur usage et consommation et qui ne seroient pas emplacez dans les ports des grand et petit Naveix ; lesquels seroient exemts desd. droits, sauf de deux sols trois deniers pour l'arrivage, qui seroient seulement payez pour tout droit aud. sieur évesque ; et les Carmes déchaussez ont été maintenus dans l'exemption des mêmes droits pour les bois qu'ils feraient aborder dans les ports du Naveix pour l'usage de leur couvent seulement. Pareille copie d'une transaction sur procès passée le quatre février mil sept cent douze entre led. sieur évesque de Limoges d'une part et le prieur dud. couvent des Carmes déchaussez d'autre, par laquelle le bois que led. prieur avoit droit de faire entrer pour le chauffage et usage dud. couvent sans payer aucun droit a été fixé à quarante abaux de bois à brûler par an. Et il a été convenu que si lesd. prieur et religieux en faisaient venir une plus grande quantité soit dans leur emplacement ou ailleurs, ils seroient tenus de payer les droits ordinaires. Deux mémoires dud. sieur évesque de Limoges par le premier desquels il prétend qu'anciennement tous les fonds destinez pour l'emplacement des bois aux portes du Naveix appartenoient à son évesché ; et qu'ayant été trouvés d'une étendue plus considérable qu'il ne falloit, il en a été délaissé à plusieurs particuliers par forme de baux emphitéotiques ; et par le second qu'il a la justice haute, moyenne et basse de la cité de Limoges et prevosté du Naveix, avec le droit d'y faire exercer la police, de nommer un prévost pour vérifier les bois qui arrivent, et un marqueur ou deux auxquels il a été attribué le droit de bûche, et qu'estant propriétaire des fonds où se placent les bois et en ayant la justice directe suivant la transaction passée entre le roy Philippe le Bel et ses prédécesseurs évesques, l'an mil trois cent sept, il luy a été attribué deux sols et trois deniers par abal de bois pour le bois d'arrivage et plaçage. Vû pareillement une copie collationnée par les notaires royaux à Limoges le dix-huit décembre mil sept cent trente-un dud. arrest du Parlement de Paris du trente janvier mil six cent quatre vingt huit, dans lequel entre autres pièces se trouve visée une requeste des prévost et consuls de Limoges du dix-sept décembre mil six cent quatre-vingt-six (1), tendant à ce qu'ils fussent reçus appellans des ordonnances en forme de règlemens du juge commun du pariage de la cité de lad. ville, desd. jours quatre avril mil cinq cent soixante-cinq et dix-huit novembre mil cinq cent soixante dix-sept, et des sentences du lieutenant général de Limoges des dix may mil six cent quarante, seize janvier mil six cent quarante sept, vingt-et-un juillet et dix-neuf aoust mil six cent soixante dix-sept, en ce que les droits avoient été fixez à vingt-sept deniers et six bûches par abal de bois; ce faisant que les anciens règlemens des années mil trois cent cinquante huit et suivantes jusqu'en mil trois cent quatre vingt sept fussent exécutez, et en conséquence qu'il fut fait deffenses au sieur évesque de Limoges, ses fermiers ou préposez de lever sur le bois qui aborderoit au grand Naveix plus de quatre deniers et deux perches par abal ou corde de bois et six deniers pour le fermier qui le retireroit de l'eau, le placeroit et garderoit, et quatre deniers et deux perches aussy par abal ou corde de bois qui aborderoit au petit Naveix, et cinq deniers pour le fermier qui le tireroit de l'eau, le placeroit et garderoit. Mémoire des marchands de bois de Limoges, par lequel ils exposent que la levée du droit de vingt-sept deniers et six bûches sur les bois qu'ils ne font pas emplacer dans les ports du Naveix,

---

(1) La requête ici visée est peut-être celle que nous avons reproduite ci-dessus, page

fait un tort considérable aux propriétaires d'autres terrains ou chantiers, en ce que cette perception les oblige de diminuer le prix de leurs fermes. Conclusions du sieur Maillard de Balosre, maitre des requestes et procureur général de Sa Majesté en cette partie. Vû aussi l'avis des sieurs commissaires nommez par led. arrest du conseil du vingt-neuf aoust mil sept cent vingt quatre. Ouy le rapport du sieur Orry, conseiller d'état au conseil royal, contrôleur général des finances.

Le roy étant en son conseil, conformément à l'avis desd. sieurs commissaires, a suprimé et suprime les droits de peages prétendus par led. sieur évesque de Limoges sur les bois passans ou séjournans sur la rivière de Vienne dans la ville de Limoges. Sa Majesté fait très expresses inhibitions et deffenses aud. sieur évesque et à ses successeurs d'en continuer la perception à l'avenir sous les peines portées par les ordonnances. Au surplus Sa Majesté déclare n'avoir entendu statuer par le présent arrest sur les droits prétendus par led. sieur évesque de Limoges sur les bois qui abordent et sont déchargez aux ports de lad. ville et mentionnez en l'arrest du parlement de Paris du 30 janvier mil six cent quatre-vingt-huit, attendu que lesd. droits ne sont sujets à la vérification ordonnée par led. arrest du conseil du vingt-neuf aoust mil sept cent vingt-quatre. Fait au conseil d'état du roy, Sa Majesté y étant, tenu à Versailles, le quinze juillet mil sept cent trente deux.

PHELIPPEAUX.

Louis-Urbain Aubert, chevalier, marquis de Tourny, baron de Nully, seigneur de Pressaigny, Laqueudaix, Thil et autres lieux, conseiller du roy en ses conseils, maitre des requêtes ordinaire de son hôtel, intendant de justice, police et finances en la généralité de Limoges.

Vu l'arrêt du conseil cy-dessus et commission sur iceluy :

Nous ordonnons que led. arrêt sera exécuté selon sa forme et teneur, et pour cet effet lu, publié et affiché partout où le besoin sera.

Fait à Limoges le douze décembre mil sept cent trente deux.

AUBERT DE TOURNY,

« *Arrest des juges en dernier ressort de la cour de la Table de marbre du Palais à Bordeaux, portant règlement pour le flotage sur la rivière de Vezère et autres rivières navigables et flotables du ressort.* » — *17 juin 1754. Impr.*

Extrait des registres des audiences du dernier ressort de la cour de la Table de Marbre du Palais à Bordeaux.

Entre Gabriel Durant, sieur de Bayot, bourgeois et négociant de la ville d'Uzerche, demandeur (*sic*) le déboutement d'une opposition formée envers un arrêt de la Cour du 25 du mois de mai dernier, d'une part; et Pierre Sudrie, munier, sa femme et leur fils aîné, opposans et défendeurs d'autre : ouïs Dubouil assisté d'Etienne, avocat et procureur dudit Durand, Laval assisté de Reynal, avocat et procureur dudit Sudrie, et autres, défendeurs, ensemble Robert pour le substitut du procureur général du roi de la présente Cour.

Les juges ordonnés par le roi pour juger souverainement. en dernier ressort et sans appel, les procès des réformations des eaux et forêts de France, au siège général de la Cour de la Table de Marbre du palais de Bordeaux, ont reçu et reçoivent la partie de Laval opposante pour la forme envers l'arrêt précédent, et néanmoins, comme autrefois, faisant droit de l'appel interjetté par la partie Dubouil de la modicité du décret décerné contre les parties de Laval, ont décreté et décrètent les dites parties de Laval de prise de corps, et néanmoins évocant et retenant le fond et principal de la cause et y faisant droit, ont condamné et condamnent lesdites parties de Laval solidairement en la somme de cinquante livres de dommages et intérêts envers celles de Debouil, et en tous les dépens, aussi solidairement; leur font inhibitions et défenses de recidiver à telle peine que de droit ; font main-levée à la partie de Dubouil de la demande consignée à raison de son appel, à la remise de laquelle le receveur sera contraint par toutes voies, et faisant droit tant des conclusions de la partie de Dubouil que de celles du procureur général, ordonnent les dits juges que les articles 42, 43 et 45 du titre de la police des bois et rivières, de l'ordonnance de 1669, seront exécutés selon leur forme et teneur ; en conséquence font inhibitions et défenses à tous propriétaires des moulins et écluses, tant sur la rivière de Vezere que autres rivières navigables et flotables, à tous fermiers et mûniers, de troubler directement ni indirectement les marchands et négocians dans les flotages et transports qu'ils fond des méreins, autres bois et marchandises ; en conséquence leur enjoignent de fermer et tenir fermés les empalemens des dits moulins toutes les fois qu'ils en seront requis, et pendant le tems qu'il sera nécessaire pour le flotage des méreins, bois et marchandises ; leur enjoignent également de tenir les étaux des digues et écluses libres et ouverts, pour la liberté des passages des dites marchandises, méreins et bois ; font inhibitions et défenses aux propriétaires des moulins, aux mûniers ou fermiers des dits moulins, de prendre et exiger pour le chaumage d'iceux à l'occasion dudit flotage, au-delà de ce qui est prescrit et réglé par le susdit article 45 de l'ordonnance de 1669, et à concurence du tems que ce chaumage durera, à peine de concussion, de 1000 livres d'amende et de tous dépens, dommages et intérêts. Permettent lesdits juges à la partie de Dubouil de faire imprimer, publier et afficher le présent arrêt partout où bon lui semblera. Prononcé à Bordeaux, en l'audience du dernier ressort de la Cour de la Table de Marbre du Palais, le dix-sept juin mil sept cent cinquante-quatre. Monsieur Leberthou, premier président. Collationné. Signé, Barrière, greffier.

Louis, par la grâce de Dieu roi de France et de Navarre, au premier notre huissier ou sergent sur ce requis : te mandons et commandons à la requête de Gabriel Durand, bourgeois et négociant de la ville d'Uzerche, signifier et mettre à dûe et entière exécution de point en point, selon sa forme et teneur, l'arrêt par lui obtenu au dernier ressort de notre Cour de la table de marbre du Palais, à Bordeaux, le 17 du présent mois, qui est ci sous le contre-scel de notre chancellerie attaché, contre les y nommés et autres qu'il appartiendra ; pour l'entière exécution duquel, en vertu des présentes fais toutes significations et autres actes requis et nécessaires ; de ce faire te donnons pouvoir. Donné à Bordeaux, au dernier ressort de notre dite cour de la Table de Marbre du Palais, le dix-neuf juin mil sept cent cinquante-quatre et de notre règne le trente-neuvième. Collationné. Signé par les juges en dernier ressort. Signé, Dumas, et scellé.

(Archives départementales de la Haute-Vienne, fonds de l'intendance, C. 307.)

ROUTES ROYALES

DU LIMOUSIN

« *Réponses de l'Ingénieur aux demandes faites par un de MM. les Administrateurs du département de la Haute-Vienne, relativement aux travaux publics,* » (1790).

La somme imposée sur la ci-devant généralité de Limoges pour le rachat de corvée étoit en 1789 de 450,375 liv. 4 s. 5 d., déduction faite des droits de perception, tant pour les collecteurs que les receveurs des tailles. En 1790, par la suppression des privilèges, elle s'élève à 471,987 liv. sous la même déduction.

Les élections qui composoient la Généralité contribuoient à ladite somme de 471,987 liv. dans le rapport suivant :

Limoges	157 951
Angoulême	143 454
Tulle	82 449
Brive	72 429
Bourganeuf	15 704
Total pareil	471 987

En imposant la somme de 180,000 livres sur le département de la Haute-Vienne, dont la surface est un peu plus étendue que l'ancienne élection de Limoges, par la réunion des parties démembrées de la ci-devant généralité de Moulins, de Poitiers et de Bourges, on n'aura point augmenté la contribution pour le rachat de la corvée dans la partie dite anciennement l'élection de Limoges, puisqu'il est vraisemblable que, dans le même rapport, les parties réunies pourront supporter 22,047 liv. et peut-être davantage ; et l'on pense que l'on aura une somme suffisante pour continuer les travaux avec activité.

Le département de la Haute-Vienne a cet avantage, que presque toutes les routes de 1er ordre sont finies, à l'exception de celle de Poitiers, de laquelle on n'a pu encore s'occuper faute d'accord entre les anciennes administrations sur les directions à prendre.

Cette route devient donc le 1er objet que l'administration nouvelle doit prendre en considération, et l'on pense qu'elle se déterminera à y employer une bonne partie de ses moyens, après toutefois qu'elle aura fini la route de Lyon à Bordeaux par St-Léonard et Bourganeuf, sur laquelle il reste à terminer la partie appelée ci-devant l'Enclave de Sauviat, détachée de la généralité de Moulins, pour être réunie au département de la Haute-Vienne.

Ensuite se présente la route de Limoges à Sarlat par St-Yrieix, comme tenant le premier rang parmi les routes de second ordre à cause de ses relations directes avec Limoges. Les grands obstacles qui s'opposoient à la communication de ces deux villes, les passages du Vigen sur les bords escarpés de la Briance et celui de Bétour sont déjà levés. La difficulté du passage de Rébouillac une fois surmontée, toutes sortes de voitures pourront fréquenter cette route.

On observe qu'il est très pressant d'exécuter le pont du Vigen sur la Briance, rivière torrentielle, qui n'est rien dans les momens de repos de la nature, mais qui dans ses crises devient très considérable. Ce pont devra être composé de trois arches de trente pieds, et la dépense à cause des accessoires pourra s'élever à 70,000 livres.

La route d'Auvergne par Limoges, Masléon, Eymoutiers, Meymac et Bort, devra également fixer l'attention de MM. du Département. Cette route deviendra praticable en tout temps sitôt qu'on aura exécuté la partie de la Veitisou, entre Masléon et Eymoutiers.

Il est également pressant de finir l'ouverture de la route du Périgord en Bourbonnais par Ayen, Juillac, Pompadour,

Lubersac, Meuzac, St-Germain, St-Léonard et Bourganeuf. La nouvelle division des départements laissera peu de travail à celui de la Haute-Vienne.

Pour suivre l'ordre d'utilité générale, on passe à la route du Poitou en Marche par Montmorillon, Azat-le-Ris, le Dorat, Magnac-Laval, Dompierre, la Souterraine, St-Vaulry et Guéret. Cette communication intéresse beaucoup le département de la Creuse, et l'on sait qu'il est dans l'intention de s'occuper de la partie de St-Vaulry à la Souterraine. Dans le département de la Haute-Vienne, il ne reste guère à ouvrir que de Magnac-Laval à la route de Paris ; encore dans cet intervalle y a-t-il une lieue faite depuis vis-à-vis Etruchat, jusqu'à Dompierre.

Vient après la route du Poitou en Périgord par Montmorillon, Azat-le-Ris, le Dorat, Bellac, Mortemart, St-Junien, Rochechouart, St-Mathieu et Nontron. Tout est à faire sur cette route depuis Bellac jusqu'à une lieue par dela Rochechouart, limite de la Haute-Vienne. La partie la plus pressante est la communication devenue indispensable entre les deux villes de St-Junien et de Rochechouart ; et dans cette communication, il faut distinguer la sortie de St-Junien, au-delà du pont, qui est impraticable, ainsi que les abords de la petite rivière de Gorre. Il est donc instant d'assigner des fonds pour commencer les travaux au printemps 1791.

Enfin, le dernier objet sera de fournir à Rancon et à Château-Poinsac une communication avec la route de Poitiers et celle de Paris, au moyen de laquelle ces deux endroits pourront jouir des autres routes.

Voilà donc sept routes, dont deux du premier ordre, deux du second, trois du troisième (le dernier article, de Rancon à Château-Poinsac, ne devant être considéré que comme un embranchement utile), qui doivent, du moins on le pense, fixer de préférence l'attention. Si par trop de facilité MM. les administrateurs accueillaient les demandes indiscrètes qui seront faites de toutes parts pour des intérêts partiels ou individuels, il arriveroit que, fixé à une dépense de 180,000 liv. que l'administration ne peut guère excéder dans les circonstances présentes, on commenceroit partout et on ne finiroit rien ; que ne pouvant, faute de fonds, mener concurremment les travaux d'art avec l'ouverture des routes, on seroit arrêté à chaque pas par les ruisseaux et les rivières, de manière que ce qui se feroit sans cette concurrence deviendroit inutile ; que ce qui auroit été fait, quoique inutile, ne devrait pas moins être entretenu pour ne pas se perdre ; qu'en entreprenant trop à la fois on augmenteroit en pure perte la dépense pour les indemnités, sans compter les reproches mérités auxquels on se trouveroit exposé pour avoir enlevé prématurément à la culture des terrains quelquefois précieux ; qu'enfin en éparpillant ainsi les fonds sous le prétexte spécieux de les répandre dans chaque district, on sacrifieroit l'intérêt général à l'intérêt particulier.

Après avoir exposé tout ce que l'on peut dire relativement à la trop grande subdivision des fonds ou, ce qui est le même, aux dangers de trop entreprendre, on va proposer l'emploi de la somme de 180,000 liv. que l'on suppose pouvoir être imposée en 1791 pour la prestation des chemins ; et comme il est vraisemblable que le département de la Haute-Vienne obtiendra son contingent dans les quatre millions pour ateliers de charité, proposés par le comité des impositions, le département aura à dépenser en 1791, pour la partie des routes, d'une part 180.000 liv. et de l'autre 30,000 livres. Total : 200 dix mille livres.

PROJET D'EMPLOI DE CETTE SOMME

Entretien

La totalité des longueurs de route à l'entretien dans la partie du département démembré de la ci-devant généralité de Limoges, étoit au 21 décembre 1789 de 180.994 toises qui, suivant les différents baux, montent à environ .... 62.120 l.

Il faut ajouter 1.000 liv. à peu près pour les parties de routes qui, finies en 1789, sont

62.120 l.

passées à l'entretien de 1790, et pour celles qui, finies en 1790, passeront à l'entretien de 1791, cy........................... 62.120 l.

1.000 l.

Ensuite pour 1.970 toises de longueur de la partie ci-devant appelée Enclave de la Malaise détachée de la généralité de Poitiers, à raison de 1 liv. 10 s. par toise au moins pour la première, cy 2.955 10

Sur la route de Paris, deux parties détachées de la ci-devant généralité de Bourges, l'une connue sous le nom d'enclave de Morterole, de 2.300 t. de longueur et l'autre comprise entre les métairies de Ruffec et le ruisseau le plus près de Chavinière, sur une longueur de 5.000 toises, ensemble 7.300 toises à 11 s. 6 d. la toise, prix de l'entretien de la route de Paris.. 4.197 10

Indépendamment des sommes ci-dessus on ne pourra se dispenser d'augmenter le prix d'entretien de la route d'Angoulême. Il est démontré que la charge de cette route est plus forte que celle de toutes les autres ensemble depuis qu'elle est entièrement ouverte : on sera trop heureux si par la concurrence des entrepreneurs cette augmentation ne s'élève qu'à 5 s. par toise, que l'on peut réduire à 4, parce que la même concurrence pourra réduire le prix de celle de Lyon à Bordeaux, depuis Limoges jusqu'à Firbeix, soulagée depuis que le commerce de Limoges à Bordeaux, forcé par le mauvais état des routes dans le ci-devant Périgord, a pris sa direction par Angoulême. Désignée sous le nom de Lyon à La Rochelle, dans le département de la Haute-Vienne, non compris la cy-devant enclave de la Malaise, dont on a fait cy-dessus une mention particulière, elle a de lon-

70.273 ll.

gueur depuis la fin des chaussées de pavé du faubourg appelé d'Orçai jusqu'à l'endroit appelé la Roche, au-delà St-Junien, 14.946 toises qui, à raison de 4 s. par toise, montent, cy... 70.273 ll.

2.989 »

Total prévu pour les entretiens des routes pendant l'année 1791... .... 73.260 ll. (1)

On observera que cette dépense déjà bien forte augmentera chaque année. Cette considération déterminera sans doute l'administration à rejeter tous projets de routes qui n'auront pas de grands rapports ou des vues d'utilité générale.

Nouveaux ouvrages

Route de Lyon à Bordeaux, entre Bourganeuf et Limoges

Il convient, préférablement à tout, de finir la route de Lyon à Bordeaux, dans la partie nommée ci-devant enclave de Sauviat; mais quelque pressée que soit l'exécution de la totalité, il faut calculer la somme à dépenser sur les bras que peut fournir le canton ; par cette raison locale, on propose seulement pour une année .... 25.000 l.

Route de Poitiers

On pourra destiner sur la route de Poitiers, pour ateliers l'un au lieu ci-devant nommé les justices de Nieul et l'autre entre Berneuil et Bellac, la somme de..................... 24.000 l.

49.000 ll.

---

(1) Le texte imprimé porte 73,261 liv. 14 s., ce qui semble résulter d'une erreur d'addition.

                                                49.000 ll.

Route de Limoges à Sarlat par St-Yrieix

Pour continuer avec célérité la route de Limoges à Sarlat, on propose d'employer, entre St-Maurice et Limoges, la somme de 20 mille livres, et pour faire des chaussées d'empierrement sur les parties ouvertes par atelier de charité aux abords de St-Yrieix, la somme de 10 mille livres, ensemble................. 30.000 l.

Route de Limoges en Auvergne

Il est à propos d'établir un atelier au lieu appelé de la Vétizou entre Masléon et Eymoutiers, pour quoi, ci........................... 6.000 l.

Route du Périgord en Bourbonnais

Pour continuer les travaux, tant du côté de St-Léonard qu'entre le Teil-au-Mas et le Mas-Riveré, la somme de..................... 12.000 l.

Routes du Poitou en Marche et du Poitou en Périgord

Entre Dompierre et Magnac, sur la route du Poitou en Marche, entre le Dorat et Bellac, et à la sortie de St-Junien, allant vers Rochechouart, route du Poitou en Périgord, on propose, pour faire des chaussées d'empierrement dans les parties basses et marécageuses et qui deviennent impraticables l'hyver .... 8.000 l.
                                                ─────────
                                                105.000 ll.

	105.000 ll.
Enfin pour indemnités de terrain la somme de	1.738 06
Total pareil à la quantité de fonds proposés pour la prestation des chemins..............	180.000 l.

Fonds de charité

Ces fonds pourront être distribués ainsi qu'il suit sur les routes d'un ordre inférieur :

Afin de continuer l'ouverture de la route du Périgord en Bourbonnais par Terrasson, Juillac, Lubersac, Meuzac, le Martoulet, St-Germain, etc., entre Mongibaud et Meuzac et entre Meuzac et le Martoulet, pour deux ateliers la somme de............................... 6.000 l.

Sur la route du Poitou en Marche par Montmorillon, Azat-le-Riz, le Dorat, Laval-Magnac, Dompierre et la Souterraine, un atelier en continuation d'ouvrages entre Dompierre et Magnac .... 4.000 l.

Sur la route du Poitou en Périgord par Azat-le-Riz, le Dorat, Bellac, Mortemart, St-Junien, Rochechouart, etc, deux ateliers entre St-Junien et Rochechouart, l'un à la sortie du pont Notre-Dame de St-Junien, l'autre aux abords de la rivière de Gorre, ensemble................... 10.000 »

Pour procurer à Château-Poinssac et à Rancon une communication aisée avec les routes de Poitiers et de Paris, deux ateliers chacun de 2.000 liv. l'un entre Bellac et Rancon, l'autre à la sortie de Château-Poinssac, ensemble,.... 4.000 »

Il sera convenable de laisser sur ces mêmes fonds une somme en réserve, pour des besoins qui pourraient survenir dans quelques cantons du département, ci......................... 6.000 »

Total des fonds à consommer.. 210.000 l.

On ignore quelle sera la somme destinée chaque année aux ouvrages d'art désignés sous le nom de fonds des ponts et chaussées ; si elle sera envoyée, comme par le passé, du trésor public aux départements, ou si les départements se réserveront ce qui est perçu pour cet objet. Avant 1787 le trésor public s'appropriait une partie de ce produit : ce n'est que depuis cette époque qu'il en a remis la totalité qui était pour la généralité de Limoges de 99.544 liv. 12 s. 8 d. Encore n'a-t-il été fidèle à cet engagement qu'en 1787 pour les dépenses de 1788. Sur l'exercice 1788 pour les travaux de 1789, il n'a payé que 46.690 liv. Il est vrai qu'il s'est chargé de rembourser aux entrepreneurs l'arriéré de 1789, qui, au 31 décembre, montoit à 71.679 l. 12 s. 8 d. dont il a payé un à compte de 20.000 liv. qui a été pris sur les 90.000 liv. de fonds accordés pour les ouvrages d'art en 1790 : ce qui a réduit la somme à dépenser, dans ce qu'on appeloit la généralité de Limoges, à 70.000 liv. Prenant donc pour base la somme de 99.544 liv. qui se levoit sur la Généralité, le département étant à peu près le tiers en surface, ne pourra guères supporter pour cette dépense au-delà de 35 milles livres, dont on va indiquer l'emploi.

Entretien de chaussées de pavé du tour de ville de Limoges et des différentes routes du département, distraction faite de ce qui passe dans les départements de la Charente et de la Creuse, suivant l'état remis : 6.120 livres, qu'il convient de porter à 7.000 liv. par la raison que, si le neuvième des relevés à bout a été suffisant chaque année avant l'ouverture entière des routes, il ne l'est plus aujourd'hui, le roulage ayant fait plus que doubler et augmentant tous les jours. Dans le nouveau bail à passer il faudra porter les relevés à bout au 1/6 au lieu du 1/9. Ci par apperçu... 7.000 l.

Il faut observer que cette dépense pour chaque année ne peut varier.

Pour les appointements de l'Ingénieur en chef et d'un ingénieur en second, qui suffira, si l'on

7.000 ll.

	7.000 ll.
n'appelle aux adjudications que des hommes entendus dans la conduite des travaux............	7.000 l.
Pour ceux d'un secrétaire et d'un dessinateur servant de conducteur principal...............	2.000 l.
Faux frais pour levée de plans et nivellemens, dépense variable............................	300 l.
Il restera à employer en travaux d'art la somme de......................................	18.700 l.
Total.......	35.000 l.

Dans l'emploi de cette somme on ne compte point celle de 1,000 livres accordée à l'inspecteur général pour ses frais de tournée, ni celle de 1,800 livres pour la retraite du sieur Cadié, ancien ingénieur en chef, devenu infirme. On présume que le trésor public restera chargé de ces deux objets.

Cette somme de 18,700 liv. avec quelque économie qu'elle soit employée, est sans doute bien médiocre, relativement aux besoins du département. Tous les ponts sur la route du Poitou sont à refaire, à la réserve de deux. Sur la route de Lyon à Bordeaux, on ne pourra se dispenser d'exécuter, cette année, un pont sur la petite rivière qui est près de Sauviat ; et le pont du Vigen, sur la Briance, route de Limoges à Sarlat, qui ne peut être différé, présente une dépense de 60 à 70 mille livres divisibles en trois années. Cette observation rappelle ce que l'on a déjà dit sur les inconvénients d'ouvrir de nouvelle routes, puisque, par l'impossibilité d'exécuter les ponts sur les ruisseaux ou rivières que l'on rencontreroit dans leurs directions, ces routes ne serviroient à rien et il ne faudrait pas moins les entretenir. Peut-être serait-il à propos que MM. les administrateurs instruits à peu près aujourd'hui de leurs besoins, et les comparant avec les moyens qu'ils peuvent se procurer pour les remplir, voulussent se déterminer à faire des démarches pour obtenir une somme quelconque sur les quatre millions qui vraisemblablement seront décrétés, pour aider aux besoins extraordinaires des départements dans lesquels il se trouvera de grands travaux à exécuter.

Lorsque une fois les travaux à exécuter dans l'année sont arrêtés par l'administration, l'ingénieur du département, d'après des indications qui lui sont données par l'ingénieur en chef, se transporte sur les lieux. Il examine quel sera le parti à prendre pour arriver d'un point donné à un autre par la direction la plus courte, en subordonnant cependant cette condition à des pentes douces et allongées, ce qui forme essentiellement la beauté et la solidité des routes, et en tâchant de réunir la beauté avec l'économie. Une fois que l'ingénieur s'est déterminé au parti qui lui semble réunir tous les avantages, il fait lever le plan de la direction par un géographe et, de son côté, il nivèle le terrain pour pouvoir parvenir à une connoissance exacte des pentes et à un apperçu des dépenses peu différent de la vérité. Ce travail est communiqué à l'ingénieur en chef; celui-ci fait ses observations, ensuite il adresse le plan à l'administration centrale, en y joignant un mémoire instructif pour la mettre à portée de juger. Si, comme il peut arriver quelquefois, il se rencontre deux partis à prendre, dont les avantages et les inconvéniens se balancent, ou par rapport au local seulement, ou par des intérêts opposés de villes ou de communautés, alors on présente deux projets. On expose ce qui est à dire pour et contre chacun, avec un tableau comparatif de la dépense. L'administrateur central, auquel ont été adressés ces projets, les communique à l'inspecteur général du département; celui-ci en fait le rapport devant le conseil des ponts et chaussées et, dans la discussion, on approuve ou l'on fait les changements qui paroissent convenables; on renvoie ensuite le projet à l'ingénieur en chef pour le faire exécuter ou tel qu'il l'a présenté ou avec les corrections que l'on a jugées nécessaires. Telle a été jusqu'ici la marche pour l'adoption des projets; ce qui prouve qu'à cet égard il ne pouvoit y avoir rien d'arbitraire de la part des ingénieurs. Il est bon de prévenir que cette formalité n'étoit point nécessaire quand, pour quelques parties de route, on suivait les anciennes directions.

Les directions une fois approuvées par l'administration centrale, l'ingénieur faisoit les opérations convenables et tous les calculs nécessaires pour parvenir à une estimation exacte. Ce travail, de nouveau soumis à la révision de l'ingénieur en chef, étoit ensuite présenté à l'administrateur qui faisait des observations, si l'ingénieur en chef avait négligé quelque chose, ou qui approuvoit par sa signature si tout avait été prévu.

Les devis et détails une fois approuvés par l'administrateur, on procédoit à l'adjudication des travaux : elle n'étoit que de forme, puisque l'entrepreneur qui devoit en être chargé étoit désigné d'avance. Plus ordinairement le nouveau travail étoit confié à celui qui avoit fait le travail précédent ; ou si l'on débutait sur une nouvelle route, l'adjudication étoit passée à celui des entrepreneurs qui s'en trouvait le plus à portée, ou qui avoit avancé le plus ses travaux, afin qu'aucun d'eux ne restat sans occupation, l'intention de l'ancienne administration ayant toujours été de faire un état de celui d'entrepreneur, afin d'avoir des hommes sûrs et instruits dans leur partie.

Cette manière d'adjuger, sans concurrence, paroit d'abord arbitraire : elle semble appeler avec elle tous les abus et elle est l'origine des préventions contre les ingénieurs : mais il seroit dangereux de se livrer sans réserve à ce préjugé qui se détruira de lui-même, sitôt que la nouvelle administration sera un peu au courant et quand elle saura qu'au moyen du régime institué par M. Turgot et suivi constamment par ses successeurs, les travaux publics, pour la partie des routes, ont toujours été mieux exécutés en Limousin que dans aucune autre province, et que cependant, en général, ils ont moins coûté malgré la lenteur naturelle de l'ouvrier. Ce qui prouve au moins que, si ce régime n'étoit pas le meilleur possible, il avoit l'avantage sur tous ceux que l'on suivoit dans les autres généralités. Il reste à démontrer qu'il étoit parfait sous tous les points de vue, même de l'économie, quoique les adjudications ne se donnassent point à la concurrence. Cette assertion paroit d'abord un paradoxe, mais avec quelques éclaircissements sur l'organisation intérieure du Limousin et sur le mélange des matières qui en composent le sol, on verra qu'il est physiquement impossible aux ingénieurs de faire des estimations justes non quant à la quantité des matières à déblayer et transporter, ainsi qu'à celle de pierre à employer (ce qui dépend du calcul doit être exact), mais quant à la nature des déblais qui varie à chaque instant et dont la difficulté augmente à raison de la profondeur des fouilles, et quant à celle des carrières, qui ont cet inconvénient qu'à l'œil souvent elles paroissent promettre beaucoup, tandis que souvent elles ne fournissent presque rien, n'étant autre chose que des filons de rochers épars et sans suite. Il résulte de là que l'ingénieur ne pouvant évaluer le prix des déblais à faire pour régler les pentes des routes, ni celui de la pierre à employer aux chaussées, que sur les probabilités qu'une longue expérience lui aura fournies, son détail estimatif n'est jamais qu'une approximation un peu plus, ou un peu moins éloignée de la vérité. Il suit encore que l'ingénieur craignant de se compromettre, parce qu'il n'a aucune base fixe pour l'estimation des matières, par ce mouvement naturel à l'homme de chercher à se mettre à l'abri du reproche, est toujours disposé à estimer faiblement, même avec le sentiment intime qu'il le fait au détriment des entrepreneurs, quitte à leur faire rendre une justice exacte lorsque dans l'exécution des travaux la vérité se montre, c'est-à-dire à faire accorder une augmentation à l'entrepreneur lorsque les déblais se trouvent d'une nature plus difficile qu'il n'avait été prévu, ou à rabattre sur l'adjudication dans le cas contraire. C'est ce qui a été exécuté jusqu'ici avec la sanction des administrateurs et sans abus, et ce qui produit ces différens, tantôt en plus tantôt en moins, entre le prix passé dans l'adjudication et le compte définitif de l'entrepreneur, sans que celui auquel on rabat ait droit de se plaindre, puisque la condition de tous les devis est que l'ingénieur en chef conservera le droit de faire les changemens qui conviendront, ou pour la plus grande solidité ou pour l'économie.

Ce qui s'observoit pour les adjudications des travaux des routes étoit d'usage pour celle des ouvrages d'art ; par exemple le pont de St-Yrieix, exécuté en 1789 et compris dans une adjudication de 77 mille livres, est porté au détail pour la somme 5,131 liv. 13 s. 4 d. sans compter les épuisements des fondations : cependant il n'a été payé à l'entrepreneur que 3,043 liv. 17 s. 1 d., en y comprenant la dépense des épuisements. Le pont de la Garde sur la route du Périgord en Bourbonnais, compris dans une adjudication de 98 mille livres, en date du 1ᵉʳ juillet 1787, est porté dans le détail pour la somme de 4,791 liv. 8 s. 1 d., et cependant n'a été payé à l'entrepreneur que 2,770 liv. 1 s. 9 d.

La seule différence dans l'adjudication, c'est qu'au bas de tous les détails pour ouvrages d'art on trouve une somme à valoir dont la destination est de pourvoir à des dépenses que l'on a pu prévoir, telles que des réparations fortuites à des ponts, et à d'autres que l'on n'a pu fixer, telles que celles des fondations des ponts qui quelquefois peuvent excéder la profondeur que des sondes faites auront pu indiquer; la construction de batardeaux qui quelquefois deviennent nécessaires, et dont quelquefois on peut se passer ; enfin les épuisements pour tenir à sec la maçonnerie pendant l'exécution des fondations, lesquels peuvent occasionner plus ou moins de dépenses, suivant que l'on rencontre plus ou moins de sources, ou que l'été, saison dans laquelle on exécute de préférence les travaux de maçonnerie, est sec ou orageux. Si cette somme à valoir à la fin des comptes excède les travaux imprévus, le surplus passe en revenant-bon et sert de premier à-compte sur de nouveaux ouvrages.

Les baux d'entretien sont de même adjugés sans aucune concurrence. Ceux qui ont été nouvellement passés à François Alluaud pour la route de Paris à Toulouse depuis Limoges jusqu'au ci-devant Quercy, de Lyon à Bordeaux depuis les limites du Bourbonnais jusqu'à Limoges, et de Limoges à Angoulême jusqu'à Fontavi ; et à Martial Dupuy pour l'entretien de la route de Paris depuis les métairies de Ruffec jusqu'à Limoges, ont tous été renouvellés sans détail préliminaire. Ces quatre derniers baux doivent être considérés comme des marchés faits par l'ancien administrateur avec les entrepreneurs mêmes, sans la participation des ingénieurs, en prenant pour base la quantité de pierre passée dans les anciens baux, et déterminant une augmentation en argent, à raison de l'augmentation du roulage occasionné par l'ouverture de nouvelles routes et la perfection de quelques autres, aux conditions que les entrepreneurs suivront les clauses du devis qui sont de tenir constamment les chaussées sans flaches ni rouages, de conserver leur bombement primitif aussi pur qu'il est possible, d'avoir dans deux époques de l'année, au printemps et à l'automne, les routes garnies des deux côtés de tas d'approvisionnemens de pierre cassée, de la contenance de douze pieds cubes, espacés de dix en dix toises lorsque les chemins sont en plaine, et de cinq en cinq toises lorsqu'ils sont à mi-côte.

Si l'on croit apercevoir de l'arbitraire dans la manière dont ces derniers baux d'entretien ont été adjugés, on sentira bientôt qu'il est tout contre l'intérêt de l'entrepreneur ; car quand même par quelque événement imprévu, il auroit été réduit, pour remplir les conditions du devis, à employer le double et même le triple de matières qui représentent le prix qui lui est passé, il ne lui seroit rien dû, si l'on vouloit être injuste avec lui. Il est à propos d'observer qu'en fait d'entretiens, l'imagination peut se créer un tel degré de perfection qu'un entrepreneur ne pourra physiquement l'atteindre, même en dépensant fort au delà de ce qui lui est passé, parce qu'une route très fréquentée ne peut jamais être dans un état de propreté et de tenue tel qu'il n'y ait encore à désirer ; quoique cependant, aux conditions du devis, elle doive toujours être comme si on venoit de la finir. D'où il résulte qu'un entrepreneur peut être ruiné par un bail de cette espèce, surtout si, ayant pris l'entretien d'une route lorsqu'elle n'étoit qu'en partie ouverte, le prix de cet entretien ne lui est pas augmenté lorsqu'elle est à sa perfection. Mais quelles seront les suites de la ruine d'un entrepreneur auquel on connoit d'ailleurs les talens de son état, lorsqu'il sera question de renouveler le bail ? C'est que ceux qui se présenteront pour le remplacer feront la loi ; parce que instruits des risques qu'ils auront à courir, risques que l'imagination leur exagérera encore, ne voyant d'autre terme fixe que les conditions d'un devis qu'ils sentiront ne pouvoir remplir, ils mesureront leurs demandes au danger auquel ils peuvent être exposés.

En réfléchissant sur les formes jusqu'ici pratiquées et que l'on vient d'indiquer dans le mode d'adjudication des travaux publics de la ci-devant généralité de Limoges, on sentira que, pour la partie des ouvrages neufs, on a pris le moyen le plus sage, étant bien démontré à quiconque connoit l'organisation intérieure du sol qu'il est impossible aux ingénieurs de faire des estimations exactes ; et que pour les baux d'entretien des routes on a pris également le parti le plus économique, si l'on sait s'arrêter au point raisonnable, c'est-à-dire au degré de perfection dont ce genre de travail est susceptible, degré qui doit varier encore malgré la différence des prix, suivant que les routes sont plus ou moins fréquentées, et suivant que la police à l'égard du roulage se fait avec plus ou moins de sévérité.

Que si l'administration nouvelle, quoique sentant, d'après ce qu'on vient d'exposer, le danger de toucher au régime suivi jusqu'ici avec un tel succès qu'il s'adopte tous les jours de proche en proche, se déterminerait à quelque changement pour détruire les préventions de ceux qui n'ont aucune connoissance dans la partie des travaux publics, sans doute elle ne feroit que des essais partiels pour, d'une part, satisfaire l'opinion, et de l'autre, ne pas s'exposer à des regrets.

La perfection portée jusqu'ici dans les travaux publics et qui a fait une sorte de réputation au ci-devant Limousin, n'est pas due en totalité à l'art des ingénieurs. Les entrepreneurs n'y ont pas moins contribué par leurs talens pour l'exécution. Si donc, dans l'espoir d'obtenir de grandes diminutions sur le prix des travaux, vous présentez les adjudications au rabais, en appelant des individus absolument dépourvus des connoissances nécessaires, il n'est pas douteux que ces concurrens, sans idée de travail et sans autre donnée que ce préjugé que les entrepreneurs font des fortunes immenses, vous offriront tête baissée ces rabais considérables et éloigneront ainsi les anciens entrepreneurs. Mais cette espèce de jouissance, ou de triomphe, sur l'ancien régime, sera de bien peu de durée. A peine ces hommes ineptes auront-ils commencé les travaux qu'ils sentiront leur imprudence, et on les verra, présentant requête sur requête, mettre l'administration dans l'alternative ou de résilier leur marché, ou de les ruiner avec leurs cautions, pour n'obtenir encore que des travaux imparfaits.

Cet homme que l'on aime tant à citer, M. Turgot, à qui le Limousin doit la suppression de la corvée, prévenu contre ces adjudications simulées, d'usage avant son administration, essaya d'abord de les donner au rabais; cet essai aurait fait nombre de victimes, si son humanité ne fut venue à leur secours. Il fallut rappeler les anciens entrepreneurs pour terminer les travaux et corriger les fautes de ceux que le rabais leur avait substitué. Il fallut encore augmenter le prix de ces travaux, de manière que les premiers adjudicataires ne se trouvassent en perte que de leur temps, et que ceux chargés de finir eussent le bénéfice dû à leur peine; aussi cette expérience, de laquelle on attendait l'économie, fut au détriment de la chose publique. De ce moment M. Turgot revint sur ses pas. Il sentit que l'unique moyen de bien monter l'interressante machine des travaux publics, étoit de former des entrepreneurs pris dans une classe honnête de citoyens et d'exciter l'émulation en leur offrant un état que la bonne conduite et les talens rendraient fixe et suffisamment lucratif. D'un autre côté M. Turgot, en suivant de près les ingénieurs, reconnut que cette classe d'hommes vouée aux arts et aux sciences, étoit pure; alors il s'abandonna à la confiance. Les avantages du Limousin sur les autres provinces montrèrent bientôt que l'administration avoit pris le meilleur système; aussi celles des provinces qui purent se soustraire au régime de la corvée, ne manquèrent pas de l'adopter, d'abord avec des modifications dépendantes des circonstances et des localités; ensuite quelques-unes sans restriction.

Ce seroit une injustice de penser qu'un ingénieur peut avoir ses raisons pour éloigner la concurrence aux adjudications, quand l'opinion publique semble l'exiger; c'est au contraire de la publicité de ses premières opérations, de ses devis et détails que dépend son repos; car après le rabais, n'étant plus responsable, il cesse d'être en butte à la malignité qui poursuit indifféremment tous les fonctionnaires publics. Mais celui auquel on a confié une machine bien organisée et qui, par une expérience de plus de trente années, sait qu'un changement brusque peut la détruire, doit-il pour se soustraire à des préventions qui quelquefois ont altéré sa tranquillité, s'isoler et devenir indifférent à la conservation du dépôt qui lui a été remis? En agissant ainsi ne s'exposeroit-il pas, par un égoïsme lâche, aux reproches mérités, que seroient en droit de lui faire ceux qui, chargés de veiller à l'intérêt public, mais sans connaissances suffisantes dans la partie des ponts et chaussées, seraient, en cherchant le bien, tombés dans des erreurs funestes, faute d'avoir été prévenus.

En se résumant sur le mode des adjudications, objet sur lequel repose l'économie dans les travaux publics, on pense que, pour les routes importantes qui exigent de grands ouvrages en déblai dont on ne peut jamais connoître la nature, qui tantôt, comme on l'a dit, se présentant sous un aspect facile, tantôt sous un aspect contraire, mettent à chaque instant la plus longue expérience en défaut, il conviendroit que les ingénieurs fissent leur estimation faible et comme si les déblais étoiens tous en tufs simples (car on sait que généralement dans le Limousin il n'existe qu'une surface végétale de sept à huit pouces d'épaisseur, après laquelle immédiattement on trouve le tuf); qu'au bas de cette estimation, dont les prix supposeroient un tuf simple, hypothèse la plus favorable, on portat une somme à valoir préjugée par l'ingénieur, pour que, dans le cas où il se trouveroit des matières plus difficiles à fouiller, comme le tuf composé, pierreux, argileux, dont la fouille excède quelquefois la difficulté du rocher même, on put, d'après un examen fait en présence de l'administrateur préposé à la surveillance des travaux, dédommager l'entrepreneur de l'excédant de dépense que lui auroit occasionné cette différence dans la nature des déblais. Avec cette précaution, les travaux seroient faits au meilleur compte possible; car les entrepreneurs ne courrant jamais de grands risques, se contenteroient de bénéfices médiocres qui seroient assurés, tandis que, sans cette clause qui les garantiroit des événemens, en s'approchant des adjudications ils porteroient une inquiétude justifiée par l'expérience, qui les détermineroit à des mises exagérées, proportionnées aux risques à courir : alors on procéderoit sans danger et avec sécurité au rabais dans les adjudications, parce que ce rabais ne porteroit jamais que sur le corps de l'estimation, dont les bases sont connues, sans atteindre la somme à valoir qui resteroit toujours indépendante pour parer aux difficultés imprévues. A ce genre particulier d'adjudication déterminé par la variété constante du sol, il conviendroit de n'admettre que des entrepreneurs instruits dans la partie des travaux publics, qui, tous jaloux entre eux et ayant besoin d'occupations, pousseroient le rabais aussi loin qu'il peut aller et dont les talens connus assureroient une belle et solide exécution. On s'est assés étendu sur l'inconvénient d'appeler à la concurrence toute espèce d'individus, pour devoir y revenir.

Pour les adjudications de travaux d'art, la concurrence devra être encore plus circonscrite. Il faut des architectes constructeurs, et ils sont rares. Il n'en est pas de ces travaux comme ceux des routes. Sur les routes une faute se montre et se répare facilement; dans les constructions en maçonnerie une faute cachée peut déterminer la ruine d'un pont ou de tel autre ouvrage.

Les adjudications des baux d'entretien méritent la plus grande attention. Il semble d'abord, quand on n'approfondit pas cette matière intéressante, qu'un travail aussi simple, qui ne consiste réellement qu'à placer de la pierre dans les parties affaissées, à faire disparoître de petites inégalités qu'on appelle flâches et à détourner à propos les eaux, soit à la portée du premier manœuvre; cependant rien ne demande ni plus de soin, ni plus d'intelligence ; car si le travail journalier qu'exigent ces entretiens est suspendu, ce n'est plus un entretien simple qu'il faut sur la partie négligée, c'est une réparation. D'ailleurs il est si difficile de fixer un point de perfection sur une chose où il y a toujours à faire, que si on s'abandonne tellement à l'imagination qu'elle veuille trouver des routes entretenues comme les allées d'une promenade, il n'y aura plus de terme à la dépense. Il faut donc, avant tout, déterminer quelle est cette perfection ; elle est relative à l'objet auquel elle s'applique, de manière que sur une route très fréquentée, quoique le prix d'entretien en soit plus fort, elle ne peut être la même que sur une autre qui l'est beaucoup moins, par la raison qu'à mesure que sur la première on répare le mal de la veille, ce qui a été réparé se dégrade le lendemain bien plus sensiblement que sur la route qui est moins fréquentée, d'où il suit qu'à soins proportionnés dans l'entretien de la part des entrepreneurs, les routes très fréquentées ne peuvent jamais être aussi belles que celles qui le sont beaucoup moins ; et de là ces différences que l'on trouve dans l'état de quelques routes.

Pour ne laisser rien d'arbitraire ni à l'avantage ni au détriment de l'entrepreneur dans cette partie des travaux publics dont l'étendue et l'importance croissent chaque année, il semblerait d'abord que l'unique moyen est de fixer la quantité de matériaux à employer par toise de route, en obligeant l'entrepreneur, à une certaine époque de l'année, de placer sur les bords des accotemens cette quantité déterminée pour en vérifier le cube. Mais ce parti mène avec lui un grand inconvénient. Il arriveroit que, pendant que l'entrepreneur approvisionneroit ses matériaux, les feroit casser, entoiser et attendroit la vérification des cubes, ce qui ne laisse pas que d'employer du tems, il y auroit, faute de matière, une cessation d'entretien, pendant laquelle, plus ou moins vite, suivant la saison, suivant le degré de fréquentation de la route et la nature du sol sec ou humide, sur lequel sont établies les chaussées, il se formerait des rouages, où l'eau venant à séjourner, amoliroit et décomposeroit les premières couches ; d'où il résulteroit que les chaussées seroient bientôt coupées dans toute leur épaisseur et perdroient absolument leur première forme ; et qu'au lieu d'un entretien simple et continuel qui les auroit conservées, on auroit à certaine époque de l'année, un rechargement toujours plus coûteux, indépendamment de l'incommodité pour les voyageurs d'avoir toujours des routes raboteuses à frayer.

Quelques départemens voisins, pour s'assurer que la matière payée à l'entrepreneur est réellement employée, ont usé de ce moyen ; il est préférable à tous, si leurs routes sont mieux entretenues, et si cet entretien, à charge égale, ne coûte pas davantage. Mais si c'est le contraire, le régime suivi jusqu'ici dans le Limousin, quoique un peu arbitraire, quant à la quantité de matière à employer, est le meilleur. S'il fallait citer un exemple, on parleroit ici de ce qui s'est passé chaque année sur l'enclave appelée de la Malaise, près de la Barre, détachée de la ci-devant généralité de Poitiers pour être réunie au département de la Haute-Vienne. Jusqu'en 1789, époque à laquelle la route d'Angoulême a été entièrement ouverte, les entretiens de cette partie ont coûté environ 20 sous la toise. En 1789 on y a dépensé sous les yeux de l'administration provinciale 50 sous par toise. Enfin pour l'année 1790 on a payé l'entretien 12 sous. Que l'on compare l'état de cette enclave avec ce qui appartient au Limousin, sur lequel l'entretien coûtoit, avant 1787, 10 sous 6 deniers, et que l'on paye aujourd'hui 11 sous 10 deniers : on verra que, quoique la partie du Limousin ne soit pas belle, elle est en meilleur état que la Malaise. Cependant quelle différence de dépense ! même en comptant celle qui s'est faite aux dépens de l'entrepreneur. Il convient donc de continuer l'adjudication des baux d'entretien dans la forme jusqu'ici usitée, en n'admettant à la concurrence que des entrepreneurs instruits, car il est telle route, notamment celle d'Angoulême, qui pourroit se perdre entièrement dans l'espace de six mois, si le soin de l'entretien étoit confié au premier venu.

Un objet bien intéressant que rappelle cette route et que l'administration doit prendre sur le champ en considération, c'est l'abus qu'a fait le commerce du défaut de police sur le roulage, en profitant d'un moment d'anarchie, abus poussé à un tel excès que le transport qui se payait, il y a deux ans, 4 livres par quintal, est tombé tout à coup à quarante sous. Comment ce rabais s'est-il opéré dans une si grande disproportion ? C'est que certains objets de commerce ayant été tout-à-coup suspendus sur la route de Paris en Espagne, ceux des rouliers dont l'emploi étoit de voiturer des eaux de vie qui ont manqué, faute d'occupation se sont portés sur la route d'Angoulême, qui leur présentoit des ressources dans le transport des grains, du sel, des épiceries, et des bois de marine et de merrain. Alors la concurrence pour le roulage étant devenue trop grande, chaque spéculateur a profité de l'occasion pour faire la loi à des hommes qui avoient besoin de vivre et d'entretenir leurs équipages. Ceux-ci pour trouver, outre leur vie, quelque bénéfice, ont forcé la charge, de manière que celle ordinaire, qui doit être de quatre milliers pour quatre chevaux que fixe la loi, a été portée jusqu'à sept milliers, et que d'autres méprisant ouvertement cette loi, ont employé cinq et six chevaux de manière à conduire jusqu'à neuf milliers. Le sieur Dupeyrat que l'on cite, entrepreneur de roulage, demeurant à Angoulême, tient toujours sur cette route quatre guimbardes qui ne sont jamais chargées moins de quatorze milliers. Quels moyens humains d'entretenir une route, dont les chaussées sont toujours posées sur une base humide, sur laquelle il y a constamment près de cent voitures en mouvement, chargées comme on vient de le dire, et se suivant par bandes de sept à huit, afin de se prêter mutuellement des secours lorsqu'elles trouvent la moindre rampe, qui les met dans l'impossibilité de traîner avec quatre chevaux ou six des poids aussi énormes ! Ces excès qu'à entraînés le sommeil de l'autorité, méritent d'être réprimés sur le champ. Car après avoir écrasé les entrepreneurs et démeublé les environs du caillou que l'on trouvait sur la surface des champs pour subvenir à une consommation incalculable, ils finiraient par ruiner la route et entraîner le département dans des dépenses sans termes.

Rien ne s'opposeroit à ce qu'avant qu'on eut rédigé à cet égard un code de police, qui devient si important pour tous les départements, on ne put provisoirement, non pas fixer la charge, ce seroit une espèce d'inquisition, mais réduire sous les plus grandes peines les attelages à trois chevaux pour les voitures à deux roues (on seroit sûr qu'elles porteroient encore au moins quatre milliers), et réduire à quatre ou six chevaux les voitures à quatre roues qui pourroient être encore chargées de huit à dix milliers, et à ordonner, sous les mêmes peines, l'usage des roues à jantes larges un mois après la publication de l'ordonnance, au moins sur cette route d'Angoulême désignée dans les états sous le titre de Lyon à la Rochelle par Limoges et Angoulême, et qui est faite dans tout ce qui formoit la ci-devant généralité de Limoges. On ne pourroit cependant astreindre rigoureusement à cette loi les rouliers qui sont chargés du transport des bois pour la marine : ce service exige des tolérances. Mais il conviendroit de connoître le nombre de voitures qui y sont destinées, afin d'éviter les abus et de rendre responsables les entrepreneurs de ces transports des manœuvres de leurs charretiers, qui, par insouciance, brutalité ou étourderie, détruisent entièrement les parapets des ponts sur lesquels ils passent.

Il faut observer ici, à propos de cette même route d'Angoulême, que l'enclave de la Malaise réunie à ce département, malgré la dépense de douze sous par toise que le Poitou y a fait cette année, est dans un état tel que l'on risquera bientôt de s'y embourber. Il paraitroit juste qu'avant de la remettre au département de la Haute-Vienne, l'ancien Poitou fut chargé de la réparer. Si cela ne se fait, le département de la Haute-Vienne doit compter au printemps prochain sur une réparation qui, à raison de quarante sols par toise, lui coûtera près de mille écus en sus de l'entretien ordinaire.

Enfin l'administration de la Haute-Vienne doit solliciter vivement celle du département de l'Isle ou de Périgueux, pour qu'elle s'occupe du rétablissement de la route de Lyon à Bordeaux par Limoges, Châlus, Thiviers, Périgueux, Mussidan et Libourne. C'est le mauvais état où est parvenue cette route, faute d'entretien dans la traverse du ci-devant Périgord, qui l'a faite abandonner quoique la plus courte, et qui a déterminé en grande partie le commerce qui se faisoit de Lyon à Bordeaux par Périgueux et Libourne, à prendre la voie d'Angoulême, au détriment de Périgueux ; au moyen de quoi la Haute-Vienne se trouve réduite à entretenir la partie de Limoges à Firbeix au delà de Châlus, sans qu'il en résulte pour elle les avantages auxquels elle devoit s'attendre, et qu'en même temps pour entretenir celle d'Angoulême, surchargée en partie par le reflux, elle est exposée aux dépenses excessives qu'occasionne cette interversion momentanée de l'ordre.

Il ne reste plus qu'à parler des ateliers de charité.

L'institution des ateliers de charité est un moyen du gouvernement de pourvoir dans les temps malheureux aux besoins des journaliers ou artisans qui manquent de travail : dans ce sens, les fonds qui sont accordés sembleroient devoir être répartis proportionnellement aux surfaces de chaque canton, pour ensuite porter la vie dans toutes les subdivisions. Mais que résulteroit-il d'une telle manière de répandre ces fonds ? Ce seroit que les sommes employées pour l'avantage des individus ne seroient aucunement profitables à la chose publique. Si M. d'Ablois, dernier administrateur(1), se fut assujetti scrupuleusement à l'esprit de l'institution, ce qui formoit la ci-devant généralité de Limoges seroit privé de beaucoup de routes essentielles qui ont été ouvertes avec ces secours, tandis qu'à peine s'apercevroit-on de l'emploi des sommes, si elles eussent été consommées à la réparation de quelques chemins vicinaux, qui, faute d'entrettien, seroient déjà détruits. Il est donc de la sagesse de l'administration de déterminer l'emploi des fonds de charité d'une telle manière que le journalier trouve des ressources, et que son travail reste d'une utilité générale : ce qui peut se faire en disposant d'une partie des fonds pour ouvrir des communications nouvelles, ou pour continuer l'ouverture avancée de quelques autres, et en en réservant une portion pour le soulagement des cantons sur lesquels la misère se fairoit la plus sentir.

Les contributions fournies jusques ici par certaines communautés, ou par des particuliers riches jaloux d'avoir des chemins, étoient ordinairement du tiers. C'est-à-dire que celui qui vouloit obtenir deux mille francs offroit cent pis-

(1) De la généralité de Limoges.

toles. Ces contributions avoient l'avantage d'augmenter la somme à dépenser ; mais il en résultoit un grand inconvénient ; elles servoient quelquefois de prétexte à faire entreprendre des routes peu utiles et souvent elles génoient l'ingénieur dans le choix des directions lorsqu'il étoit question de routes essentielles. On croit donc qu'autant il seroit à propos de renoncer à cette ressource des contributions sur les routes d'un certain ordre, autant on devroit les exiger pour des chemins qui ne sont que d'une utilité particulière. Ce seroit le moyen efficace d'éloigner les demandes indiscrètes.

Fait par nous, ingénieur en chef des ponts et chaussées, le 11 décembre 1790.

Signé : Dumont.

(Transcrit sur l'exemplaire imprimé de la Bibliothèque communale de Limoges, dans le recueil factice coté 1157).

EXTRAITS

DU

LIVRE JOURNAL DE LÉONARD DENARD

Chanoine de l'Artige

1715-1782

Livre journal pour Me Léonard Denard, prestre, chanoine, contenant cinquante feuillets, à commencer du 12 mars 1740, auquel jour il prit possession du canonicat de l'Artige (1) ; où il est exactement marqué les affaires qu'il a eues, ce qu'il a prêté et ce qui peut lui être deu et peut devoir jusque au présent jour, avec les messes qu'il a reçues et doit acquitter. A la plus grande gloire de Dieu.

(*Première section du registre*) :

1715. Le 25 du mois d'août, je Léonard Denard, fils à Me Léonard Denard et à Jeanne Dupré, mes père et mère, fus baptisé en l'église paroissialle de St-Etienne de Noblac (2), né le jour précédent au moulin de l'Artige, susdite paroisse.

1730. Le 2 novembre, je fus admis en logique au collège des RR. PP. Jésuites de Limoges, et après les deux ans de philosophie, je soustins thèses générales, *preside* le père Masloulie, mon professeur.

---

(1) Auj. hameau de la comm. de St-Léonard arr. de Limoges. Possédait un prieuré fondé au XIIe siècle et qui s'intitulait chef d'ordre. Il fut uni en 1682 au collège des Jésuites de Limoges. (Voy. notre *Invent. des archives du dit collège*, art. D. 973 à 1021).

(2) Eglise auj. détruite de la petite ville de St-Léonard de Noblat près Limoges.

1732. Le 2 novembre, je commençai mon cours de théologie au dit collège de Limoges où je restai pendant quatre ans, *presidibus et professoribus* les PP. Fonbonne, Fournier et Lachabrerie.

1736. Le 29 décembre, je fus reçu au séminaire du dit Limoges, âgé seulement de 21 ans, et après trois ans de séjour au dit séminaire je fus faict et ordonné prestre, 19 déc. 1739, par Mgr Duverdier, évêque d'Angoulême, notre prélat de Limoges étant mort.

1740. Le 10 mars, je fus nommé *in defectum regularium* par R. P. Lacroix, recteur du collège de Limoges, à une place monachale ou prébende du prieuré de l'Artige, vacante par le décès de M° Jean Gay Delage, dernier titulaire, et ay pris possession du bénéfice le 13 du courant par devant Dumont, notaire royal.

1741. Le 25 janvier, j'ay reçu du collège de Limoges la quantité de quarante setiers seigle, mesure de St-Léonard, avec la somme de 87 ll. 10 sols d'argent pour le montant de ma pension canoniale.

Le 12 novembre on a entrepris l'union des places monacales de l'Artige, l'extinction et suppression de l'office divin, et la réunion des revenus d'icelles au collège des RR. PP. Jésuites de Limoges (1), à condition d'établir un prêtre séculier amovible, *ad nutum* de R. P. recteur, au lieu et place des chanoines, pour célébrer la sainte messe, fêtes et dimanches. Je fus conseillé de former opposition à la démarche du commissaire député de la part du seigneur évesque pour procéder au procès-verbal *de commodo et incommodo.* Sur l'opposition l'affaire fut suspendue jusque à nouvel ordre.

1743. Le 30 mai, je me suis départi de l'opposition que j'avais formée à la suppression des places monachales du prieuré de St-Laurens de l'Artige et ay consenti à ladite union en me réservant, pendant mon vivant, ma pension canoniale qui consiste en 40 setiers blé, mesure de St-Léonard, la tierce partie de la rente foncière et directe de Char-

---

(1) Voy. notre *Invent. des archives du collège de Limoges,* D. 495, 496 et 987.

bouniaux, en la paroisse de Roziers-St-Georges (1), revenant à 10 setiers seigle, mesure de St-Léonard, argent 20 sols, gélines 3 : plus de pension, argent 87 ll. 10 sols, un abbal de bois, un jardin, chenevière et vignasle, un pré et un apartement avec droit de pêche, etc., ainsi qu'il est plus amplement stipulé dans le contrat reçu par Mabaret, notaire royal à Limoges.

Nota. Je n'ai pas mieux fait.

Le 17 août, le seigneur évesque de Limoges, par son décret (2), supprima le titre des places monacales du prieuré de St-Laurens de l'Artige, éteignit l'office divin et en réunit le revenu au collège des RR. PP. Jésuites de Limoges, à condition qu'on établiroit un prêtre séculier au dit lieu de l'Artige pour célébrer la messe, fêtes et dimanches, etc., auquel on doit donner de pension annuelle 400 ll.

Nota. Il est porté par le décret qu'on réserve les fruits et pension des titulaires pendant leur vivant.

1747. Le 1ᵉʳ juillet, j'ay été nommé *in defectum regularium* au prieuré-cure de St-Amand-Jartoudeix (3) par le R. P. Loyat, recteur du collège de Limoges, et ay pris possession du bénéfice le 4ᵉ du dit par devant Lomon et Dumasneuf, notaires royaux à Bourganeuf.

Le 22 novembre, j'ay fait une démission du dit bénéfice entre les mains du recteur du collège, qui en a pourveu Mᵉ Voisin, de la ville d'Eymoutiers.

Le 7 octobre, est décédé Mᵉ Fleuret, chanoine de l'Artige. Une des places a commencé à vacquer par son décès.

Le 9 dudit, est décédé Léonard Denard, mon beau-frère. Il m'a fait son héritier par devant Deloménie, notaire royal.

Le 20 octobre..... j'ay fait réparer mon moulin à neuf. Tant pour les empalements que pour les chenaux et autres bois il m'en a coûté, y compris la meule et soutre ou cheminée, 600 ll.

---

(1) A quelques kilomètres S-E. de St-Léonard.

(2) Cf. l'*Inventaire* cité, D. 495. La véritable date du décret épiscopal est 14 août 1743.

(3) Auj. commune du canton de Bourganeuf (Creuse).

1748. Le 30 novembre,...... j'ay fait remonter les pilles du pont de l'Artige de deux côtés à neuf, poser le pilotis, placer les poutres et madriers. Il m'en a coûté pour ma part 140 ll. Il m'est dû quelque chose par les gens du voisinage qui doivent s'en servir pour le passage. J'auray bien de la peine à être payé.

1749. Le 30 juillet, j'ay fait faire à neuf et remonter ma maillerie ou foulon. Il m'en a coûté 100 ll.

1750. Le 20 avril, j'ay fait vitrer toutes les fenêtres de ma maison. J'ay donné au suisse, de convention faite, 40 ll.

1752. Le 18 mars, j'ay fait faire, du consentement des tenanciers du moulin de l'Artige, l'arpentement de la dite tenure [de las Pradillas] par le sieur Breton, arpenteur royal de la ville d'Aixe.

Le...... juin est décédée Jeanne Denard, ma sœur. Elle m'a fait son héritier usufruitier, à la charge d'avoir soin de l'éducation de son fils et de luy faire la remise de l'hérédité quand il aura atteint l'âge de 20 ans.

1752. Le 28 décembre, j'ay reçu décharge du sindic du collège de Limoges pour le rétablissement de la muraille de la terrasse de l'Artige, auquel j'avois été condamné par sentence du sénéchal de Limoges, pour n'avoir pas bien fait deffendre ma cause.

1753. Le 1er mars, j'ay mis en pension Léonard Gorceix, mon nepveu chez le petit Fabry. Je donne 20 sols par mois et dois tout fournir.

1754. Du 23 juillet. J'ay mis en pension ma cousine Léonarde Villemonteix chez les religieuses d'Eymoutiers (1). Il m'en a coûté pour trois mois et quatre jours 35 ll., sans les autres suites qui reviennent à plus de 18 ll.

1755. Du 7 juillet. J'ay donné au R. P. gardien des Récollets de St-Léonard la somme de 20 ll. et..... 40 ll. pour pour être employées la moitié en service et l'autre moitié en rétribution de messes pour le repos des âmes de mes parents.

Le 7 septembre, j'ay convenu avec M. de Maumont, sgr du

---

(1) Religieuses ursulines établies en 1629.

Chalard, pour lui donner la messe, fêtes et dimanches, à commencer de ce jourd'huy pour finir à semblable jour, dans la chapelle du Chalard (1)..... Et le dit sieur du Chalard doit me payer pour ma rétribution 220 ll.

1756. Le 1ᵉʳ juillet, j'ay mis en pension Léonard Gorceix, mon nepveu, chez M. Fournier, notaire royal à Limoges, rue Croix-Neuve, à raison de 200 ll. par an et un écu de 3 ll. à la servante. Moyennant ce, on doit le blanchir, etc. J'ay payé d'avance 50 ll. pour le premier quartier de trois mois et donné 3 ll. à la servante.

Le même jour j'ay convenu avec M. Lefèvre, mᵉ écrivain et arithméticien, pour son logis (?), et luy ay payé 3 ll. pour le présent mois.

1757. Du 15 février. J'ay fait la remise à Léonarde Villemonteix, ma cousine, du montant de sa succession paternelle et maternelle..... Il m'en a coûté cent pistoles du mien pour avoir nourri et élevé cette mineure pendant 17 ans et demi. Je conseille à tous mes parens et amis et même mes ennemis, si j'ay le malheur d'en avoir, de ne se jamais charger de la conduite et effets des mineurs. Ce sont des vipères qu'on élève dans son sein et qui ensuite éventrent la mère qui les a nourries. J'en suis bien content et rassasié.

Le 4 juillet, Léonard Denard, le jeune, a passé son contrat de mariage..... Je luy ay promis la somme de 300 ll. payable dans six mois et cela par pure gratification, et ay fait tous les frais de la nopce à mes dépens. Il m'en a coûté 100 ll. que je précompteray sur la dite somme que j'ay promise.

— J'ay fait un coup de généreux.

1763. Du 6 février. Reçu du régisseur de l'Artige sur un mandement du sieur Fournier, séquestre des revenus des cy-devant Jésuistes de Limoges, la quantité de 40 sestiers seigle, mesure de St-Léonard, à compte sur ma pension canoniale de l'année dernière 1762, déjà révolue.

1782. Nota. Ma pension canoniale de l'Artige..... a commencé à courir du 1ᵉʳ janvier aux mêmes clauses et conditions que cy-devant.

---

(1) En la commune de Bujaleuf, au S-E. de St-Léonard.

(Deuxième section du registre) :

1764, 16 février. J'ay pris en rente constituée de M. Tandeau de St-Nicolas, prieur de Marsat (1), la somme de 500 ll. au denier vingt.

(Troisième section du registre) :

1773, 10 juin. Reçu [le prix de] 69 messes pour les Pénitents feuille-morte à 10 sols de rétribution.

(Registre relié, de 24 c. de haut sur 17 c. de large, contenant 59 feuillets chiffrés, en la possession de la famille Gorceix, de Limoges).

---

(1) En la commune de St-Léonard.

REGISTRE CONSULAIRE

DE SAINT-YRIEIX

NOUVEAUX EXTRAITS

1595-1688

Aug. Bosvieux, ancien archiviste de la Creuse, a connu ce registre. Il en a même tiré une demi-douzaine de pièces qu'il publia, en 1848, dans le *Bulletin de la Société archéologique du Limousin* (t. III, p. 155-160). Nous croyons bon d'en reproduire quelques autres, prises au cours d'un examen sommaire de ce recueil.

Ce registre in-folio de 120 feuillets appartenait, en 1848, à la mairie de St-Yrieix. Bosvieux l'emprunta pour l'étudier à loisir, puis oublia de le rendre. Nous l'avons retrouvé dans les cartons que notre confrère a légués en mourant aux Archives de la Haute-Vienne. La mairie de St-Yrieix se trouvant, par sa négligence même, déchue de ses droits de propriété, nous avons classé son registre consulaire dans la série E des Archives départementales de la Haute-Vienne, sous le nº provisoire 9311.

« *Sentance arbitralle rendue entre Messieurs du chappitre et les mère* (sic) *et eschevins de la ville de St-Yrieyx.* » — *10 mars 1595.* (Fº 117 du ms.)

Sur les différans d'antre les mère (*sic*) et eschevins de la ville de St-Yrieyx, d'une part, et le sindicq des doyens, chanoines et chapittre de l'église collégialle et séculière du dit St-Yrieyx, d'aultre ; veu le compromis des dittes partyes contenant nostre pouvoir du vingt huitiesme janvier mil cinq cent quatre vingt quinze et les tranzactions et aultres piesses mizes pardevant, et ycelles partyes amplemant ouyes, nous soubsignés, arbittres arbittrateurs et amiables compozitteurs, avons déclairé et déclarons l'affaire de la pollice de la ditte ville de St-Yrieyx estre de la cognoissance des dits maire et eschevins, comme l'assiette des gardes sentinelles, netoyement et allignement des rues, réception d'artizans, vizitte des marchandizes, capture et emprisonnemant des délinquants en crime flagrant, et ce par prévantion et concurrance avec les officiers des dits doyen et chanoines ; taux des vivres avec les dits officiers. Et généralement disons le dit maire et eschevins avoir cognoissance de tous aultres affaires de pollice qui ne consisteront en juridiction contamptieuse et où il n'y aura point de partye civile instiguante. Et pour le reguart des poids et aulnages, les habittans de la ditte ville et communauté seront réglés suivant le poids et aulnage du roy et ainsein qu'il est porté par les ordonnances du roy François premier, de l'an mil cinq cent quarante, et du roy Henry segond, de l'an mil cinq cent cinquante sept ; et pour les aultres mesures incertaines et non arrestées, les dits doyen et chappittre comme seigneurs haults justissiers, estant le dit droit dépandant de leur justice, laquelle leur est domanialle et pattrimonialle, règleront aux dits habittans les dittes mezures, les dits maire et eschevins à ce voir faire appelés. Disons néanmoingt n'y avoir lieu d'impozer nouveau tribut sur les bleds, farines et aultres marchandizes qui sortiront de la ditte ville et antreront dans ycelle ; touttes foys où il sera néssesaire de réparer et racommoder les ponts, fontaines, murailles, fossés, chemins et passages, les dittes partyes contribueront, scavoir est : ledit chappittre pour les deux tierces partyes, et les dits maire, eschevins et habittans l'aultre tierce partye de tous les frais qu'il serat besoingt exposer aux dittes réparations ; réservé touttes foys que ceux des habittans qui ont leurs maisons édiffiées apuyées sur les murailles ou estant sur celles de la ditte ville, seront tenus faire les dittes réparations en l'androit de leur maison et auttant qu'elles s'eptandront à leurs propres couts et despans, non conpreins les jardreins et bassecours sans appuy, le tout suivant les tranzactions faites cy devant entre les dits chapitre et ycelle communauté; demeurant au dit chappittre les droits appellés communément de leyde, cil et poulons. Et ordonnons qu'il en jouyrat ainsein qu'il a accoustumé de faire, jouxte et conformémant aux dites transactions, sans préjudice du droit du suchet obtenu du roy par les dits maire et eschevins. Et quant aux louages qui se peuvent prandre annuellemant des pourteaux et boulevart de la ditte ville, fauxbourg d'ycelle, demeureront et appartiendront au dit maire et eschevins pour estre par eulx employés aux réparations des murailles et aultres affaires publics de la ditte ville, ainsein qu'il véront estre à faire. En ce qui concerne les poudres, boulets, despances des gens de guerre, maguazein de vivres, fraix et voyages auxquels le dit maire et eschevins prétandront le dit chappittre devoir contribuer, disons les dits doyen et chanoines devoir jouyr des privilèges et immunittés [et] franchizes telles que de droit et des ordonnances royaux, sauf où l'affaire sera sy pressant et de telle conséquance, qu'il s'agiroit du bien et du repos publiq et qu'il [y] courroit généralement de l'intérest tant du chappittre que des habittans. Lors, selon la grandeur de la choze et importance d'ycelle et selon l'ocurrance qui se présenteroit, devra y estre pourveu ainsein qu'il appartiendrat par raison. Et pour la guarde des clefs des portes de la ditte ville ordonnons qu'en tamps de paix les dits doyen et chappitre les guarderont et en temps de guerre, affein que la ditte ville soit plus surement guardée et conservée; et pour oster touttes deffiances, seront faictes deux clefs ayant chasqune sa sérure et à divers resors, desquelles les dits doyen et chappittre guarderont l'une et les dits maire et eschevins l'aultre, tant que la guerre durerat. Déclairons que les dits maire et eschevins pourront cognoistre des contrevantions faictes par les dits habittans aux estatus et ordonnances qu'ils feront pour le reguart de la pollice, estant les dits estatus authorizés et approuvés par le dit chappittre ou officiers. Et s'il advenoit par ocazion de guerre ou de quelque contagion ou quelque aultre accident qu'il fust besoingt de changer de lieu pour tenir les marchés et les foires, les dits doyen et chappittre bailheront et assigneront lieu commode pour ce faire par l'advis des dits maire et eschevins et principaux habittans. En oultre, suivant les ordonnances des cayers d'Orléans et de Bloys, ordonnons que de la première prébande cy enprés vaquante les fruitz seront assurés et employés à l'entretenement d'un précepteur et pédagogue pour l'instruction de la jeunesse en la religion catholique, appostolique et romaine et bonnes lettres; laquelle prébande en ce faisant serat et demeurerat supprimée sy mieux les dits doyens et chappittre n'ayment, en conservant et retenant le nombre des prébandiers et chanoines, bailher aultant de reveneus par an pour le dit effaict que pourront monter les fruicts de la ditte prébande; et en ce faisant seront déchargés par appres de la pansion ou prestation qu'ils font annuellemant pour la nouriture du dit pédagogue, lequel serat instituable et destituable suivant la forme contenue ez dittes ordonnances. Ordonnons aussy que les dits habittans, suivant les dittes tranzactions, ne payeront aulquns debvoirs pour les danrées qu'ils ont et retireront de leur creu, ains seront innumés des dits droits de poulons, péages, leyde et aultres tribus; comme pareilhement les dits maire et eschevins pour les actes de justice concernant le public ne seront tenus payer aulquns salaires au greffe de la juridiction du dit chappittre, et leur seront tous actes délivrés gratuitemant. Exortons les dits doyen et chappittre de faire les processions ordonnées et accoustumées en leur esglize, et néanmoingt à processions et aultres assemblées publiques les dits maire et eschevins tiendront leur rant le plus honorable apprés le viguier, son lieutenant et procureur fiscal. Et pourront les dits maire et eschevins dresser un lieu commode dans l'église pour s'y assoir avec les dits officiers, selon leur ordre, durant le service divin et tant que le service se dirat. Et aux feins que l'élection du dit maire et eschevins soit plus solempnizée, ordonnons que la grande cloche de la ditte esglize sonnerat pour faire assembler ceux qui procéderont à la nomination d'yceux. Au surplus des conclusions prinzes respectivement par les partyes devers nous, ycelles avons mis et mettons hors de cour et de procés sans despans, sauf du présent arbitrages que les partyes payeront par moytyé. Ainsein signé : Du Sault, du Vergier, des Mouleins, Darche.

Aujourd'huy dixiesme de mars mil cinq cent quatre-vingt quinze, en la maison de Monsieur mestre Charles du Sault, conseiller du roy et son advocat général en la cour de parlement de Bourdeaux : la sentance arbitraire cy-dessus escripte et signée tant du dit sieur du Sault que de Messieurs du Vergier, Darche et de Molins, s' de Grenier (?), advocat en la ditte cour, arbittres, a esté par le dit s' du Sault prononcée à Messieurs mestre François Fabry, doyen en l'esglize séculière et collégialle de la ville de St-Yrieyx en Limouzein, et à Anthoine Labrouhe, bachelier en droit et chanoine de la ditte esglize, tant en leur nom que comme députés et ayant charge des aultres chanoines et chappitre de la ditte esglize, ensemble à mestre Pierre Chiquet, notaire royal et un des eschevins du dit St-Yrieix, et à Bernard Guarabeuf, marchand et habittant du dit lieu, comme député et ayant charge de Messieurs les aultres eschevins, prudhommes et habittans du dit St-Yrieyx, et tous à ce presans en la présance de moy, notaire et tabellion royal en la ditte ville de Bourdeaux, soussigné, et des tesmoingts nommés, lesquels s" Fabry, Labroue, Chiquet et Garabeuf ès dit noms, apprés avoir vu et ouy la ditte lecture et prononcé de la ditte sentance ont faict responce qu'ils l'acceptoient en ce que faict pour eulx et non aultrement, en ce qu'elle leur est prejudiciable ; protestent de se pourvoir par appel et aultrement, ainsein qu'ils veront estre affaire. Et a esté la ditte sentance mize en présence et entre les mains de moy dit notaire, par les s" arbitres pour en expédier en dhue forme une et plusieurs coppies aux dittes partyes, lesquelles m'ont du tout requis acte sans préjudice de leur dit appel à intervenir, que leur ay octroyé dans la ditte maison avant midy, en présence de Gratian Bonnet et de Robert Carabout, clerc, demeurant au dit Bourdeaux, paroisse Puypaulin, tesmoingts à ce requis. Ainsein signés à la cede : Fabry, la Brouhe, Chiquet, sans préjudice de mes appellations, Guarabeuf, sans préjudice de mes appellations, de Bonnet, présent, et de Carabou, présent. Gailhard, notaire royal.

« *Dict de l'arrest de la cour de parlement de Bourdeaux entre Messieurs du chapittre et le maire et eschevins de la ville de St-Yrieix.* » — 2 septembre 1617. (F° 118 du ms.

Nostre ditte cour par son arrest mest les appellations et ce dont a été appellé au néant et déclaire la guarde des clefs de la ditte ville de St-Yrieix appartenir au dit scindic privativement aux dits maire et eschevins d'ycelle. Et pareillement ladite cour déclaire appartenir au dit scindic les droits appellés communément de layde, cil et poulons jusques à présent et les maire et habittans de la ditte ville subjets au payemant du dit droit, sauf et réservé les vins et les bleds de leur creu. Et pour les bleds par eux acheptés au marché public des dits lieux, desquels les vendeurs auroient payé les dits droits, déclaire aussy les dits maire et échevins subjects au payemant des droits du greffe et procès où ils plaideront en qualité de maire et eschevins. Et a la dite cour maintenu le dit scindicq en la possession et jouyssance des louages des fossés, pourteaux et boulevart de la ditte ville, à la charge d'employer les dits louages aux réparations des dits murs d'ycelle; et ordonne la ditte cour que, suivant la transaction dudit jour, treizième mars mil cinq cent trante-sept, la moytyé du suchet qui serat octroyé par le roy serat employé aux réparations nécessaires des pavés, fontaines, murailhes, chemeins et passages; et le surplus des deux tierces partyes serat payé par le dit chappittre et le tiers par les dits manans et habittans. Néantmoingt la dite cour maintient lesdits manans et habittans au droit de pouvoir créer, selon les formes accoustumées et annuellemant, un maire et quatre échevins en la ditte ville, suivant la permission portée par les lettres patantes de mil cinq cent soixante-cinq, lesquels maire et eschevins auront cognoissance de la pollice de la ditte ville en ce qui reguarde l'alignemant et netoyement des rues, taux des vivres qui serat faict par les dits maire et échevins conjointement avec les officiers de la ditte ville et en leur présence et aultres officiers; et où il n'y aurat contestation, qu'ils videront sommairement et sur le chant (*sic*), sans figure de procés et sans en pouvoir prendre aulquns esmolumens ; comme pareilhemant pouront capturer tous délinquans trouvés en crime flagrant et dresser procés-verbail de la capture, sans les pouvoir retenir ou faire aultres procédures ; ains les conduiront promtemant és prisons de la ditte ville de St-Yrieyx.

Auxquels maire et eschevins serat donné rant honorable dans l'esglize en lieu commode, au-dessous touttefoys du vigier, lieutenant et procureur de la ditte juridiction. A l'eslection des dits maire et eschevins assisterat et présiderat, suivant les dittes lettres de l'an mil cinq cent soixante-cinq, le viguier, sans que la grande cloche de l'esglize puisse sonner pour convoquer les élizans sans la permission du chappittre. Auxquels maire et eschevins la ditte cour anjoint de rendre au dit chappittre le respect qui est dheu à leur ordre et en la qualité de hault seigneur justissier de leur ville. Pour le surplus en ce qui conserne le prix et aulnage et mezures, les contributions pour les poudres, boulets et frais des gens de guerre, les réparations des aboutissans et prébande destinée à la préceptoralle, ladite sentance arbitralle du dit jour douziesme mars mil cinq cent quatre-vingt et quinze sortirat en son plein et antier effaict, sans despans entre les dittes partyes et pour cauze.

Cy donnons en mandemant au premier de nos amés et féaux conseillers de nostre ditte cour, [se] trouvant sur les lieux, ou aultre nostre juge sur ce requis, que à la requeste du dit scindicq, doyen, chanoines et chapitre de St-Yrieix, de notre fondation, ces présentes il mette à dhue et antière excécuttion, en ce qu'elle y eschoirat et serat requize de point en point, selon la forme et teneur; appeller ceux qui pour ce fairont appeller et les contraignant à ce faire et souffrir, nonobstant oppozitions ou appellations quelconques et sans préjudice d'ycelles. Mandons et commendons à tous nos justissiers, officiers et subjets aux dits executteurs ce faysant, obeyr.

Donné à Bourdeaux en nostre dit parlemant, le segond septambre, l'an de grâce mil six cent dix-sept, et de nostre règne le huitiesme. Signé : DE PONTAU.

Création des maire et eschevins de l'année 1651. — (F° 85 du ms.).

Le premier de janvier mil six cent cinquante un, en la meson commune de la présant ville, par devant Monsieur de Jarrige, escuyer, sieur de la Guionnye, conseiller du roy, juge vigier de la cour royale de ladicte présant ville, ont esté créés et nommés sur l'avys et attestation des prudhommes de la présant ville, pour estre maire et eschevins la présente année d'icelle ville, scavoir : M° Anthoine Lanaud, sieur de la Vouzelle, pour maire de la retenue des eschevins de l'année dernyère, et pour eschevins Françoys Grangevielle, sieur de la Chabrouilhe, Pierre Meytraud sieur de la Gasne, Anthoine Lespereu et Bernard Andraud, merchentz, ainsin qu'est porté par acte remys au greffe de la dicte cour royalle suivant le stille du dit sieur Vigier.

LANAUD, *maire;* GRANGEVIELHE, *eschevin;* MEYTRAUD, *eschevin;* CHICQUET, *procureur du roy;* DE JARRIGE, *juge viguier.*

Actes concernant l'établissement d'un bureau de poste à St-Yrieix : déclaration au nom d'Etienne Gramaignac, grand-maître des courriers et messageries de la genéralité de Limoges, février 1651 ; arrêt confirmatif du parlement de Bordeaux, décembre 1653 ; transcription du dit arrêt sur le registre de la mairie de St-Yrieix, janvier 1654. — (F°˚ 88, 89 et 90 du ms.)

Création et nomination des maire et eschevins de l'année 1654. — (F° 91 du ms.)

Le dimanche quatriesme jour du moys de janvier mil six cent cinquante quatre, en la maison commune de la présent ville, par devant Monsieur de Jarrige, sieur de la Guionnie, conseiller du roy, juge vigier de la cour royalle de ladicte présent ville, ont estés créés et nommés par les prudhommes de la présent ville : pour maire M° Annet

Aultier, notaire royal, procureur en la cour royale d'icelle, de la retenue des eschevins de l'année dernière, et pour eschevins M⁰ François Bellengard le jeune, aussi notaire royal et procureur; Martial Reys, marchant; Antoine Labrouhe, et Jehan Labrune, aussy marchant, ainsin qu'est porté par l'acte faict en ladicte maison de ville, remis au greffe de la cour.

AULTIER, *maire*; BELLENGARD, *eschevin*; REYS, *eschevin*; LABROUHE; DE JARRIGE, *juge viguier*.

Nomination des maire et eschevins de l'année 1655. — (F° 95 du ms.)

Le premier jour du mois de janvier mil six cents cinquante cinq, en la maison commune de la présant ville, pardevant M. de Jarige, sieur de la Guionnie, conseiller du roy, juge vigier de la cour royalle de ladicte présent ville, ont esté créés et nommés par les prudhommes de la présent ville : pour maire, maistre François Bellengard, notaire royal, procureur en la cour royalle d'icelle, de la retenue des eschevins de l'année dernière, et pour eschevains Jehan Rouchaud, maistre appotiquere de la présant ville, maistre Yrieyx Brun, notaire royal et procureur d'icelle ville, Jehan Garabeuf, marchand, et Jehan Burguet, maistre sirugien, ainsin qu'est porté par l'acte faict en ladicte maison de ville, remis au greffe de la cour.

BELLENGARD, *maire*; ROUCHAUD, *eschevin*; BRUN, *eschevin*; BURGUET, *eschevin*; DE JARRIGE, *juge viguier*.

Création des maire et eschevins de l'année 1656. — (F° 96 du ms.)

Le premier jour du mois de janvier 1656, en la maison commune de la présent ville, par devant M. de Jarrige, escuyer, sieur de la Guyonnie, conseiller du roy, juge viguier de la cour royalle de la présent ville, ont esté créés et nommés par les prudhommes de la présent ville : pour maire Me Jean Rochaud, appoticaire d'icelle, de la retenue des eschevins de l'année dernière, et pour eschevins Yrieys Rempnaud, Pierre Moureau, Jehan Boysseilh, marchant, et Guillaume Lamy, m^e chirurgien, ainsin qu'est porté en l'acte fait en ladite maison de ville, remis au greffe de la cour.

ROCHAUD, *maire ;* BOISSEUILH, *eschevin ;* LAMY, *eschevin ;* DE JARRIGE, *juge viguier.*

Création des maire et échevins de l'année 1657. — (F° 98 du ms.).

Le premier jour du moys de janvier mil six cent cinquante sept, en la maison commune de la présent ville, pardevant Monsieur de Jarrige, escuyer, sieur de la Guyonnie, conselier du roy, juge viguier de la cour royalle de la dicte ville, ont esté créés et nommés par les prudhommes de la présent ville : pour maire, maistre Guillaume Lamy, maistre chirurgien de la dicte ville, de la retenue ; maistre Yrieys Deshous, appotiquere ; Jean Chouly, bourgeois ; Jean Jouvy, marchand ; Jeacques Seniat, maistre serurier, ainsin qu'il est porté en l'acte fait en ladicte maison de ville, remis au greffe de la cour.

LAMY, *maire ;* DESHOUS, *eschevin ;* DE JARRIGE, *juge viguier.*

Création des sergens de la maison de ville. 1658. — (F° 98 du ms.)

Le vingt septiesme jour du moys de janvier mil six cent cinquante huict, par devant nous Guillaume Lamy, maistre chirurgien de la dicte ville et maire d'icelle, maistre Yrieys

Dehous, appotiquere, Jehan Choully, bourgeois, Jehan Jouvy, marchant, Jacques Seignac, maistre serrurier, eschevins de la dicte ville, se comparant en sa personne Lionard Salvanet, sergent ordinaire de la dicte ville, lequel nous a priés très humblement de le vouloir recevoir l'ung de nos officiers de sargent de la maison commune de la dicte ville, vu l'indisposition dudict Amoureau qui estoit en charge de sergent et ne pouvant servir et exercer ledict office à cause d'une grande maladie qu'il a depuis longtemps. Nous avons pourveu ledit Salvané dudit office de sergent après avoir prêté le serment de fidélité de bien servir le roy et le public à son possible. Et en foy de ce avons signé la présente :

LAMY, *maire* ;

DESHOUS, *eschevin* ; JOUVY, *eschevin* ; SEIGNIAT, *eschevin*.

Nomination des maire et eschevins de l'année 1659. — (F° 99 du ms.).

Le segond jour du mois de janvier mil six cent cinquante neuf, en la mezon commune de la prézent ville, pardevent Monsieur de Jarige, escuier, sieur de Laguyonnie, conselier du roy, juge viger de la cour royalle de la dicte prézent ville, ont esté créés et nommés par les prudommes de la prézent ville : pour maire, Pierre Ludier, sieur de la Rebière, de la retenue des eschevins de l'année dernière ; et pour eschevins Jean Paignon sieur de la Plaignie ; mestre Maximin Matieu, sieur de Veyrignas, lieutenent de la cour des apeaux du vicompte de Limoges ; Léonard Jouhaud, m^e sirurgen (*sic*) ; Jean Valier, insin qu'est porté en l'acte faict en la dicte mezon de ville et mis au greffe de la cour.

LUDIER, maire.

Création des maire et eschevins de l'année 1661. — (F° 100 du ms.).

Le onziesme jour du mois de janvier mil six cent soixante un, en la maison commune de la présent ville, pardevant Monsieur de Jarrige, escuyer, sr. de Laguyonnie, conseiller du roy, juge viguier de la cour royalle de ladite ville, ont esté créés et nommés par les prudhommes de la présent ville : pour maire, Monsieur M° Noel Rocchaud, advocat en la cour de parlement de Bourdeaux et juge de prévosté de la dite ville, et François Dubourg, Anthoine Virideau, Pierre Dubourg et Pierre Sarre, bourgeois et marchands, pour eschevins, tout ainsin qu'il est porté par l'acte de ladite nomination faict en ladite maison commune, remis au greffe de la dite cour royalle ez mains de Jean Thouron, greffier, ladite année.

Dubourg, *eschevin*; Rocchaud, *maire*; Virideau, *eschevin*; Dubourg, *eschevin*; Sarre, *échevin*.

Création des maire et eschevins de l'année 1662. — (F° 105 du ms.).

Le troiziesme jour du mois de janvier mil six centz soixante deux, en la maison commune de la présent ville, pardevant Monsieur de Jarrige, escuyer, sieur de la Guyonnie, concelier *(sic)* du roy, juge viguier de la cour royalle de la dite ville, ont esté créés et nommés par les prudhommes de la présent ville : pour maire, M° Anthoine Virideau; François Delafon sieur de Vendheuil ; Pardoux Vallette, sieur de Labregère ; Joseph Jouay, François Veyrière, bourgeois et marchantz, pour eschevins, tout ainsin qu'est porté par l'acte de la dite nomination faict en ladite maison commune, remis au greffe de la dite cour royalle ez mains de Léonard Devaux, greffier la dite année.

Logement de compagnies d'infanterie, 1664. — (F° 106 du ms.).

Nous sieurs Dehort et Rousière, cappitaines de deux compagnies du régiment de Champagne, certiffions avoir logés dans la ville de St-Yrieyx ce jourd'hui huitiesme janvier mil six cent soixante quatre, environ quatre heures du soir ; ycelles compagnies composées de cinquante hommes chacune, en comprenant les officiers, et payant suivant les ordres de Sa Majesté. En foy de quoy avons signé le présent certificat quoy qu'escript d'autre main, au dict Saint-Yrieyx ce dernier janvier mil six cens soixante quatre, pour servir aux habitans ainsy que de raison. Ainsy signé : ROUSIÈRE.

Nous sieur du Chatellier, lieutenant colonel commandant une compagnie du régiment de Champagne, certiffions avoir estés logés dans la ville de Sainct-Yrieyx par le sieur Dubrueil de la Morélie, maire d'icelle, cejourd'hui sixiesme du courant ; icelle compagnie composée de cinquante hommes en comprenant les officiers, en payant suivant la taxe quy y a esté faicte par Sa Majesté. En foy de quoy avons signé le présent certificat au dict Sainct-Yrieyx, le septiesme jour du mois de février mil six cens soixante quatre. Ainsy signé : CHASTELLIER.

Logement d'une compagnie d'infanterie, 1667. — (F° 108 du ms.).

Nous Lagorse, capitaine d'une compagnie d'augmentation dans le régiment de Sa Majesté, certiffions avoir estés logés dans la ville de Saint-Yrieyx avec nostre compagnie, composée de cent vingt huict soldats, tous les officiers présens, par le sieur Bonnet, maire d'ycelle, où nous a esté fournye l'estape suivant les ordres de Sa Majesté pendant dix jours francs. En foy de quoy avons signé le présent certificat, escrit de main d'autruy, au dit St-Yrieyx le vingt cinquiesme febvrier mil six cens soixante huict. Signé : Lagorse.

Le dit logement fust faict suivant la lettre du Roi qui s'ensuyt.

De par le roy

Chers et bien amez. Ayant ordonné que la levée et assemblée d'une compagnie d'augmentation de nostre régiment d'infanterie sera faicte à St-Yrieyx pendant dix jours, nous vous faisons cette lettre par laquelle nous vous mandons et ordonnons de recevoir et loger les officiers et soldats de la dite compagnie à mesure qu'il y arriveront ou seront levés, et de leur fournir les vivres nécessaires par forme d'estape, suivant nos règlemens, le tout pendant le dit temps de dix jours ; vous assurant que nous vous fairons rembourser de ces fournitures. N'y faites donc faute, car tel est nostre plaisir. Donné à Paris le XVIIIme novembre 1667. Signé Louys, et plus bas Le Tellier.

A nos chers et bien amez les consuls et habitans de St-Yrieyx-la-Perche.

Nomination des maire et eschevins pour 1688. — (F°. 117 du ms.).

Le vingt troisiesme du mois de décembre mil six cens huictante sept (1), en cette maison commune ont esté nommés eschevins pour l'année prochaine mil six cens huictante huit : Me Léonard Pinot, advocat de la cour ; Me Pierre Bonneries, procureur postulant de la cour royalle de cette ville ; Yriey Bonhôme, m^e chirurgien, et Jehan Buisson, marchand. Et y ont esté reçus par M. Me Marc de Jarrige, escuyer, sieur de Puyredon et juge viguier en la ditte cour.

(1) Le registre porte *septante-sept*, ce qui est une erreur du scribe.

CHARTES COMMUNALES

DE PIERREBUFFIÈRE

(1247-1407)

Traduites du latin (1), écriture du XVIIᵉ s.

« *Transaction passée entre les seigneurs barons de la ville de Pierrebuffière et les bourgeois et habitants d'icelle, contenant les droits et devoirs dus par les dits habitans auxd. seigneurs, en date du 18 février 1406* ».

Nous, Martial Bisa, garde du scel autentique du roy notre sire, étably au baillage de Limoges, scavoir faisons à tous que par devant nos féaux commissaires et jurés, et les témoins sous écrits, personnellement établis noble homme sieur Louis, seigneur de Pierrebuffière l'ainé (2), chevailler. seigneur de lad. ville, pour luy, ses hoirs et successeurs présens et à venir, d'une part ; et Gérald Dupré, clerc, Jean Vaguay (3), Estienne Brunet, Guillaume Lafont, Pierre Baillot, Pierre de Bossac, Guillaume Rouverin, bouchier, Jean Labrosse, Aymeric Lobret, Pierre de Freyssanges, Jean Duchiex, Guilhaume Nicolas, Pierre Sivalhe, Bernard Benoist, Michel Mangen, Léonard Laville, Bernard Bordend, Jean Roy, Pierre Durou, sieur Pierre Lasplanchas, prestre, Georges Villatte, Pierre et Bernard Mercier, Jean Codet, Pierre

---

(1) Comme il ressort de certaines expressions insolites que l'on rencontre dans ces documents.

(2) D'après le *Nobiliaire limousin*, III, 330. il s'agirait de Louis II de Pierrebuffière, † 1426.

(3) Forme douteuse, bien qu'elle se retrouve plusieurs fois dans la pièce. C'est peut-être Vayray, qui figure dans divers actes du XVIᵉ siècle passés à Pierrebuffière au profit du prieuré de l'Artige. Voy. notre *Inv. des Arch. dép. de la Haute-Vienne*, D. 1044.

Manule, Pierre Paradinau, Jean de Saméa, Guillaume Soyrat jeune, Aymeric Degaille, Aymeric Tarneau, Guillaume Falipo, Noël Faure, clerc, Pierre Triquart, Pierre Durou dit Bonduffe, Pierre de Lebolerye, Léonard de Pontroux, le nommé Léonard Jean Chabrier, Jean Rieyrol dit Lalieu, Jean Ferrut dit Dolgias, Bernard Garlandier, Jean Redon, Jean Rouverin, Aymeric Archambaud, bourgeois et habitans de la ville de Pierrebuffière, pour eux et les autres bourgeois et habitans de lad. ville et leurs hoirs, d'autre part.

Led. seigneur de Pierrebuffière a dit et exposé auxd. habitants qu'il étoit nouveau seigneur de la ville de Pierrebuffière et nouveau chevailler et que, à cause de sa ditte nouvelle chevaillerie, lesds. habitans étoient tenus de luy donner et payer comme au seigneur de lad. ville six vingt livres monnoye courante; c'est pourquoy disoit led. seigneur que lesd. habitans devoient choisir quatre hommes de probité de lad. ville qui eussent lad. somme pour la payer audit seigneur, ainsy qu'il est de coutume; et néanmoins disoit led. chevailler que lesds. habitans étoient tenus de luy faire et prester serment de fidélité, lequel serment il a demandé luy être fait et l'a requis avec instance; lesquelles choses ayant été dittes, exposées et requises, ledit Gérald Dupré, en parlant pour luy et les autres bourgeois et habitans de lad. ville le voulant et l'avouant en cette partie, a dit et répondu au dit seigneur qu'ils étoient prêts de faire lad. élection, et aussy prester le dit serment audit seigneur, mais que avant toutes choses led. seigneur devoit et étoit tenu de prester serment auxds habitans avant qu'ils procédassent à ce que le dit seigneur a cy-dessus exposé. Lequel serment ledit clerc par led. seigneur a requis avec instance et demandé de prester et faire auxds. habitans; et à présent led. seigneur reconnaissant et avouant y être tenu légitimement et qu'il doit se faire sur les saints Dieu évangiles, le livre touché manuellement, a fait et presté led. serment de fidélité aux habitans icy publiquement, en présence de nos commissaires et jurés et des témoins souscrits, et a prié et promis par led. serment être bon, fidel et loyal auxds habitans de Pierrebuffière, tant présents, absents, que futurs et les garder et deffendre et lad. ville tant présents que absents et leurs successeurs, et tenir et inviolablement observer et garder toutes et chacunes les coutumes, libertés et franchises de lad. ville et desd. habitans autres fois données et accordées tant par feu sieur Jean de Pierrebuffière, chevailler, son père, en son vivant seigneur de lad. ville, que par tous et chacuns les autres seigneurs de la ditte ville ses prédécesseurs et par chacun d'eux conjointement et divisement auxds habitants. Et le dit seigneur pour lui et ses successeurs les a allouées, approuvées et confirmées et voulu qu'elles ayent leur force et vigueur comme si elles avoient été accordées par ledit seigneur, moyennant led. serment. Et lesds habitants ont représenté certains privilèges et libertés autres fois à eux accordées par les prédécesseurs dud. seigneur, et entre autres certaines lettres autres fois reçues par maîtres Bernard Cheyros et Elie de Bonac, sous le scel royal, lesquelles led. seigneur a fait lire de mot à mot par maître Jean Faure, clerc, notaire juré sous écrit, et certaine autre lettre faitte sous le scel royal, lesquelles led. seigneur a aussy veu et lu; la teneur desquelles lettres du consentement dud. seigneur est cy-après insérée de mot à mot. Et lesds. habitants ont exhibé plusieurs autres lettres et privilèges, lesquelles led. seigneur a voulu et accordé avoir pour luës et les a, comme ci-dessus, ratifiées toutes.

Et ce fait, lesds. habitants ont fait et presté audit seigneur les serments, scavoir qu'ils garderont et deffendront led. seigneur de Pierrebuffière et qu'ils luy seront bons et fidels, et néanmoins pour taxer lad. somme et la payer aud. seigneur ils ont choisy et nommé Aymeric Tarneau, clerc, en seul et pour le tout; cependant avec protestation qu'ils n'entendoient point renoncer pour l'avenir à la faculté d'élire quatre hommes de probité pour faire ce payement ; lequel susdit Aymeric à la requette desd. habitans s'est chargé de ce faire ; et led. seigneur luy-même a donné audit Aymeric pleine et entière puissance de taxer, diviser, lever et percevoir lad. somme, ainsy que les fraix de la levée d'icelle, et de contraindre par toutes voyes de droit au payement ceux qui le refuseroient. Et néanmoins comme led. seigneur disoit et reconnoissoit que lesds habitants n'étoient aucunement tenus à luy faire ou donner aucune journée de leur corps ou gros bétail, bœufs, chevaux ou ânes, ny à aucune autre servitude concernant l'agriculture, travail ou quelque autre chose que ce puisse être, il a voulu et consenty que si dans quelque cas, comme seroit celluy de charroyer ou de lever des impôts ou quelque autre que ce puisse être, lesds. habitants luy faisoient quelques journées soit dans les affaires, soit dans les ouvrages, soit dans l'agriculture ou partout ailleurs, s'ils luy prétoient ou à ses officiers quelques animaux pour faire ses affaires de luy dit seigneur ou qu'ils luy fissent charroys ou d'autres services à luy ou à ses gens: que tout cecy ne lui soit point censé rendu et fait à raison de servitude, et que cela ne nuise point aux habitants susdits dans leurs libertés et franchises en aucune façon, et que par les dits services l'action de servitude ne soit nullement acquise audit seigneur ny à ses gens, et que lesds. services ne se réduisent jamais à la façon d'une servitude; et même que sy lui dit seigneur ou ses successeurs demandoient à l'avenir une telle servitude, que les susds. habitans et leurs successeurs en demeurent libres et quittes, et que, à l'avenir, les susds. habitans, pour eux et les leurs, jouissent de leurs anciennes libertés et franchises.

Et toutes et chacunes les choses susdittes, ainsy qu'elles sont exprimées et énoncées, tant led. seigneur que lesds. habitans et un chacun d'eux pour ce qui les concerne, ont promis pour eux, leurs héritiers et successeurs de tenir, garder, faire, accomplir et inviolablement observer et de ne dire, faire ou revenir contre par eux ny autruy tacitement ny expressément, de ne donner lieu, à personne, ny matière ny conseil de venir au contraire, et ce avec les serments et jurements susds; ainsy que sous l'hypothèque et obligation expresse de leurs personnes et successeurs, et de tous et un chacun leurs biens, et avec renonciation à tout autre droit d'un chacun et même de caution.

Et pour l'observance et accomplissement de toutes les choses susdites, lesds. parties ont demandé, chacune pour ce qui la concerne, qu'elles puissent y être forcées par toutes voyes de droit, soit par nous, nos successeurs, soit par quelques autres gens ou officiers royaux, soit par quelque autre juge que ce puisse être, ou eclésiastique ou séculier, séparément ou conjointement, une ou autant de fois que besoin sera. Pour lesquelles susds. choses faire, accomplir, tenir et observer inviolablement et ne venir au contraire, les susds. parties ont été présentées l'une devant l'autre, le voulants, y consentants et stipulants solennellement chacune pour elle et ses successeurs, à quoy elles sont condamnées à notre place par Mrs Pierre de la Roche et Jean Faure, clercs jurés, que nous avons à ce commis et qui ont entendu et reçu les choses susdittes à notre place par ces présentes lettres signées au bas de leurs propres mains ; auxquels sur ce nous y avons donné nos pouvoirs ; à la relation desquels faisant pleine et entière foy, louans et approuvans les choses y contenues, ainsy et de même que si elles s'étoient passées devant nous en jugement, nous avons jugé à propos de les munir de notre scel royal et autentique pour que foy y soit ajoutée.

Lesds. choses ont été faittes et passées au château de Pierrebuffière, présents Jean Gérald, homme religieux, moine, et Jean de Marse, autrefois maitre d'hôtel de St Paul. témoins pour ce appelés et priés, le dix-huit du mois de février, l'an du Seigneur mil quatre cent six (1).

S'en suit maintenant la teneur des dittes lettres, [1345] :

Au nom de Dieu soit, nous Martial Bisa, bourgeois du château de Limoges, garde du scel royal autentique au baillage de Limoges, étably aux contracts, scavoir faisons à tous que autresfois devant Mr Léonard de Cheyros et Elie de Bonnac, vivants notaires publics et commissaires jurés dud. scel, en présence des témoins bas nommés, furent personnellement establis noble et puissant homme Jean, seigneur de Pierrebuffière, de Châteauneuf et de Maignhac, diocèse de Limoges, fils et héritier universel de feu de bonne

(1) Nouveau style 1407.

mémoire Gaucelin (1), seigneur desds. villes, mineur de vingt cinq ans, majeur cependant de dix-huit ans, comme il nous l'a asseuré et comme il nous a apparu par l'aspect de son propre corps, lequel a juré sur les saints Dieu évangiles, par l'atouchement du livre, qu'il ne viendroit jamais sous prétexte de minorité ou quelque autre chose que ce puisse être contre le contenu en ces présentes lettres, pour lui ses héritiers et successeurs présents et futurs, d'une part : et Aymeric Daniel, Pierre Brassar, Pierre surnommé Jean Michel, Jean Boudoy, Aymeric Bonduffe, Pierre Durou clerc, Pierre Degailh, Estienne de Riberie, Pierre Roy, Estienne des Orts, Jean Roy, Pierre Vaguay, Etienne Tixier et Gérald Dupré de Pierrebuffière, même diocèse, chacun pour soy et ses successeurs présents et futurs et tous comme procureurs et au nom de procureur de Jean Hilaire, Pierre Audonnet, Bernard de la Chappelle, Jean Extal, Elie Monine et ses fils, Jean Boudoy, Pierre Jacques, Pierre Laville, Bernard Gratoulet, Pierre Combaud, Vincent Sage de Bossac, Pierre Julien, Pierre Mergaud, Pascal Estadier, Jean Reyrol, Jean Beyssière, Pierrot Roy, Pierre Bonnafi, Pierre Dupré, Pierre Peytavi, Jean André, Jean Peytavi, Bernard Dupré, Pierre Belut, Pierre et autre Pierre Brugueil, Léonard Bardon, Pierre Hugon, Bernard Beyssière, Pierre Dufour, Pierre Ouzellet, Jean Noalhat, Jean Geinraud, Bernard Bardon, Guilhaume Benoist, Jean de Lhopte, Pierre de Gramaignac, Gérald Oubar, Pierre Férain, Gérald Laurens, Pierre Combaud l'ainé, Estienne Combaud, Pierre Lauzière, Guilhaume Soyrat, Guilhaume Dubois clerc, Pierre de Cosdarier, Pierre des Orts, Philippe Masgade, Estienne Roy, Pierre des Brugeres dit Bosthau, Pierre Eymaud, Pierre Géraud clerc, Pierre Chatard, Jean Leblois, Pierre Ferrat, Pierre Cordon, Nicolas Amanieu, Guilhaume Bleyte, Jean Brolh, Guilhaume Degalh, Jean Champariniau, Jean Balhot, Barthélémy de Ruetorte, Pierre André, Pierre Magade, Estienne Demymole

---

(1) Jean et Gaucelin de Pierrebuffière vivaient dans la seconde moitié du XIVe siècle. Le *Nobiliaire limousin* ne précise pas la date de leur mort. — Le Magnac dont ils étaient seigneurs est Magnac-Bourg, cant. de St-Germain, arr. de St-Yrieix.

l'ainé, Pierre Tarneau, Bernard Baratier, Gérald Mergaud, Estienne Baralier dit Calo, Pierre Pichon, Luce Diomergue, Pierre Amanieu, Pierre Chatard dit Penhetau, Pierre Pomoyau, Estienne Bardon, Pierre Pradot, Aymard Tinturier, Pierre Samée Lefrand, Léonard Boisse, Jean Setor, Guillaume Esperut, Jean las Bordas, Estienne André, Bernard Achautat, Gérald Martin, Pierre le Brette, Jean David, Estienne Brolhe, Jean Mercier l'ainé, Jean Mercier le jeune, Pierre Dinoulayte, Bernard de la Roche, Pierre Bordelau, Jean Vigier, Guillaume de Lhospice, Pierre Achautat, Pierre Texier, Pierre Auri, Bernard Simonau, Jean Ruaud, Jean Las Planchas, Guillaume Balhot, Pierre Rabastier, Bernard Bonnet, Pierre Descombes, Marie Rouverine, Pierre Setor jeune, Estienne Demymole, jeune, Pierre Gay, Jean Chabrier, Jean Peytavi, Jean Saméa, Pierre de la Borie, Pierre Rougieyre, Guillaume Las Planchas, Pierre Tonduit l'aisné, Pierre Toutart, Jean Maradeu, Pierre Saméa, Jean Coudert, Pierre Granet, Gérald Rebier, Jean Moury, Pierre Aurossal, Pierre Colomb, Pierre Bordier, Bernard Dinou, Jean Roy de la Coste, Estienne Colau, Pierre Texier, Laurens lo Monsier, maître Pierre Faure, Pierre Borlhau, Estienne Rabastier, Martial Durou, Estienne André, Pierre Laurens de Camprade, Pierre Bonnet, Jean Demymole, Bernard Buffau, Jean Degalh, Pierre Baratier, Jean Dufour, Vincent Louneu, Pierre Simonau, Pierre de Brugières, Aymeric Colau, Bernard Barastier, Mandyn la Ribière, Pierre Virolle, la relicte de Pierre Degalh, Jean deu Bosteyre, Pierre Dupré, Catherine Lebraud, Jean Lasplanchas, Jean Eyloleys, Bernard Hugon l'ainé, Bernard Hugon jeune, Estienne Robis, Jean Demymole, Pierre Las Planchas, Jean Vincent, Noel Auchier, Aymeric Solier, Bernard Dinou, Jean Duroussau, Jean Bordier, Penot Amaniat, Jean Mercure jeune, Aymard Vinhal dit Daurial, Jean Possaud, habitants de la ville de Pierrebuffière, avec les nommés Pierre Michel leur procureur qu'ils substituent à Jean Archambaud, procureur par eux constitué, aussy habitants de lad. ville de Pierrebuffière ; et suivant leur mandement et procuration, lesds. procureurs ont produit certaines lettres scellées du dit sceau dont la teneur s'en suit pour eux d'autre part..... Comme depuis longtemps entre led. feu Jaucelin, seigneur desds. villes, vivant chevalier et après sa mort successivement entre led. Jean, fils héritier universel dud. Gaucelin, seigneur desds lieux et villes, d'une part, et les habitants susds. et autres habitans de la ditte ville de Pierrebuffiére, d'autre part, il se seroit meu procès sur ce que lesds. Jaucelin et Jean son fils prétendoient que lesds. habitants étoient leurs taillables et journaliers et qu'ils l'avoient été de leurs ancêtres et prédécesseurs aux quatre cas, scavoir dans une nouvelle guerre, dans le mariage d'une fille, dans un pélerinage au voyage d'outremer, et dans le rachapt desds. seigneurs s'il arrivoit jamais que quelqu'un d'eux fut pris par les ennemis, et en outre sur ce que lesd. seigneurs père et fils prétendoient que quelques uns desds. habitants avoient acquis tant dans les fiefs, terres, juridiction et domaines directs de la ville et chatelenie dud. Pierrebuffiére, que dans les chatelenies de Maignac, de Châteauneuf et autres chatelenies du seigneur susd., tant dans les fiefs de personnes nobles que des roturiers. desquels biens acquis ils n'ont point demandé à être investis ny rendu l'hommage ou aucun devoir, ce qui auroit donné lieu aud. seigneur de faire sequestrer lesd. acquisitions. Et de plus led. seigneur Gaucelin, lors de son voyage d'outremer pour visiter les lieux saints, avoit imposé auxdits habitans et à un chacun d'eux une taille proportionnée à leurs facultés, qu'il exigeoit d'eux, laquelle dite taille lesd. habitans refusèrent et refusent de payer injustement et sans raison, et pour les y contraindre led. seigneur leur avoit intenté un procès dans le siège de Chervix; lesd. seigneurs prétendoient que les habitans devoient faire mettre le sceau dud. seigneur de Pierrebuffiére aux actes passés entre eux, des biens qu'ils ont acquis ou qu'ils pourront dans la suite acquérir dans la ville et chatelenie et juridiction desds. seigneurs.

C'est pourquoy lesds seigneurs vouloient insérer dans lesds. lettres d'acquisition qu'ils les avoient cédées auxds. particuliers en ce qu'ils seroint obligés de payer auxds. seigneurs lad. taille. et que lesds. habitans devoient être imposés à lad. taille aux cas cy-dessus énoncés à la volonté desds. seigneurs, et de plus qu'ils payeroint un prix convenable pour le sceau qui doit être mis aux contrats cy dessus désignés, les habitans de leur cotté disant et soutenant au contraire qu'ils n'étoint obligés à rien de ce que dessus, et qu'ils sont pendant un temps suffisant en possession et en pleine liberté, suivant l'usage et la coutume de lad. chatellenie de Pierre-Buffière, d'acquérir sans recevoir le droit d'investiture, rendre l'hommage et même sans aucun droit de servitude. Enfin après plusieurs disputes et procès intentés entre les parties à raison des choses cy-dessus expliquées, scavoir entre led. seigneur de Pierrebuffière, de Châteauneuf et de Maignac, fils, héritier universel du seigneur Gaucelin son père, pour luy, les siens et successeurs présens et à venir, d'une part, et les susds. Aymeric Daniel, Pierre Brossac, Pierre dit Jean Michel, Jean Boudoy, Aymeric Bauduffe, Pierre Durou, Pierre Degail, Estienne Ribière, Pierre Roy, Estienne Desorts, Jean Roy, Pierre Vaguay, Estienne Tixier et Gérald Desprats, un chacun pour luy, ses héritiers et successeurs présens et à venir, et comme procureurs des habitans de lad. ville de Pierrebuffière cy-dessus nommés et pour eux, d'autre part, en présence et de l'avis de vénérable homme religieux seigneur Aymeric (1), prieur du monastère de Lartige (2), et de plusieurs autres honnettes gens appellés pour traitter amiablement avec les parties comme s'en suit : scavoir pour ce qui concerne la cause du procès qui est mu entre les parties au siège de Château-Chervix, pour tous les cas qui ont pu arriver jusqu'au présent jour, que lesds. habitants payeront et donneront et seront forcés de payer et donner aud. seigneur cent livres tournois ; et de plus ils seront obligés de donner entre mains aud. seigneur prieur vingt livres de lad. monnoye, afin qu'il les distribue à son choix ; et de plus lesds habitants doivent tenir quitte de tous frais, amende qui pouroint être faits en

---

(1) Ce nom ne figure pas dans la liste des prieurs de l'Artige, dressée par M. Roy-Pierrefitte. Il doit prendre place entre Léonard Négrier, qui siégeait en 1401 et Etienne Massiot, qui est nommé dès 1432.

(2) Petit prieuré voisin de St-Léonard, arrondissement de Limoges.

raison dudit procès aud. Chateaux-Chervix, led. seigneur. Et de plus, il a été convenu que les dépenses faites jusqu'à présent pour led. procès restent compensées entre les parties. Lorsque les cas ci-dessus énoncés arriveront ou quelques uns desds. cas notiffiés auxds. habitants par led. seigneur ou ses successeurs et ayant droit, lesds. habitans et leurs successeurs seront tenus de payer et donner aud. seigneur de lad. ville à un seul, quoy que il en eut plusieurs qui eussent part à lad. seigneurie de Pierrebuffière, dans les cas cy dessus énoncés, six vingt livres de monnoye qui aura cours dans le temps que lesds cas arriveront, qui seront imposées et levées par quatre hommes prudens et de probité pris du nombre des habitans de lad. ville de Pierrebuffière, que lesds habitans choisiront eux-mesmes, huit jours après qu'ils auront reçu les ordres d'imposer et lever lad. somme sur les autres habitans de lad. ville suivant les biens qu'il posséderont dans la ville et chatellenie de Pierrebuffière ; lesquels quatre qui seront choisis prêteront serment devant led. seigneur ou son sénéchal ou proposé de gérer l'employ qui leur aura été confié de l'impost de lad. somme en conscience et avec justice ; et même après lad. taxe pouront lesds habitans, s'ils le jugent à propos, s'assembler après avoir appelé le proposé dud. seigneur pour examiner si lad. somme de six vingt livres a été égalisée avec équité ; et si elle n'a pas été égalisée avec équité, ils pourront après huit jours en faire une autre taxe et lever entre eux lad. somme, laquelle somme sera payée dans quinzaine aud. seigneur, qui commenceront (*sic*) à courir du jour que l'imposition sera faitte à moins de fraix. Et si quelques uns des habitans refuseroint de payer ce a quoy ils auroient été taxés par ceux qui ont été choisis, ils seront forcés par la rigueur de la justice par led. seigneur ou ses agens. Et dans le cas même que lesds. habitans refuseroient de choisir lesds quatre honnettes hommes dans l'espace de huit jours après que les ordres leur en auront été signifiés, alors led. seigneur ou son sénéchal les choisira au nombre desds. habitans, qui prêteront le serment d'en faire une juste égalisation et qui en feront la levée aux dépens desds habitans de la manière qu'il a été spécifié cy-dessus. Et si lesds habitans après lad. taxe refusent de payer ce à quoy ils ont été imposés, ils y seront contraints comme il a été dit cy-dessus par toutes voyes de justice,

De plus il a été convenu entre lesds. parties que, si led. seigneur de Pierrebuffière ou ses successeurs veulent décharger quelques uns desds. habitants de lad. imposition, ils seront tenus à la déduire de la somme à laquelle ils auroient été imposés sur les autres qui n'en seront point exempts.

De plus les parties ont convenu entre elles que, si les cas cy-dessus spécifiés arrivoient tous la même année ou deux de ces cas ou trois, les habitans seront obligés de payer la même année lad. taille, et un an après pour l'autre cas, et ainsy successivement, de sorte qu'ils ne seront pas obligés de la payer deux fois la même année.

De plus il est convenu entre les parties que lesds habitans qui sont et leurs successeurs pourront acquérir tant des nobles que des roturiers dans la ville et étendue de la chatelenie de Pierreffière, et dans les fiefs en dépendans librement et sans aucune investiture..... ou autre vente et sans payer d'autres impôts auxds. seigneurs, à moins que la chose vendue et acquise ne fut hypotéquée pour quelques droits dûs auxds. seigneurs, sans préjudice cependant des cens et rentes dus annuellement; même sans préjudice de la priorité de jurisdiction, sans préjudice encore aud. seigneur qu'au cas que ledit bien acquis fut le fondement du fief ou de nature à exiger hommage ou quelque autre devoir aud. seigneur depuis longtemps, alors celui qui en fera l'acquisition sera obligé de rendre led. hommage, de payer lesds. devoirs, et led. seigneur sera obligé de recevoir de l'acquéreur tant led. hommage que led. devoir sans fraude ny dol ; mais s'il arrivoit que quelques uns des habitans vinsent à acquérir des fiefs nobles dans quelques unes de leurs chatelenies, relevant immédiatement dud. seigneur ou par titre d'héritage ou de dot, etc., on payera aud. seigneur un an du revenu dud. fief acquis ; et alors il donnera l'investiture de lad. acquisition et retiendra encore du prix de lad. acquisition au dessous trois septiemes pour luy et non pour autruy, et cela sans fraude ny dol et de bonne foi; et alors led. seigneur assurera qu'il le faira payer lors qu'il retiendra d'abord ledit prix.

Il est encore convenu que, au cas qu'on découvrit qu'il y auroit de la fraude dans l'échange, qu'on pourroit prouver par un témoin digne de foy que led. bien étoit donné en séquestre et qu'il avoit été acquis par le seigneur cy-dessus nommé, et néanmoins led. seigneur a confirmé lad. acquisition par lesdits habitans ou leurs prédécesseurs jusqu'à présent, sans préjudicier pour les autres à son droit, et led. seigneur aura le revenu des fruits d'un ou de toutes les acquisitions faittes au deça trente ans des nobles qui résident hors la ville et la chatellenie de Pierrebuffière. Et pour être investy dans lad. acquisition des fiefs relevant immédiatement dud. seigneur, il aura de plus ce qui est d'usage de se retenir pour toutes les acquisitions qui se font hors la chatelenie de Pierrebuffière et par les habitans qui ne sont point de lad. chatelenie; et avec ce droit ledit seigneur sera obligé d'investir l'acquéreur dans lad. acquisition ou retenir led. bien s'il le juge à propos.

De plus, il a été convenu entre les parties que, lorsque le cas arrivera que quelques uns des habitans fairont des acquisitions hors la ville et chatelenie de Pierrebuffière, pour lesquels il est dû l'hommage aud. seigneur, led. seigneur sera obligé de recevoir led. hommage deû à raison de lad. acquisition; et celuy qui la fera sera obligé pour les biens qui en relèvent de payer aud. seigneur le revenu d'une récolte et payer outre ce qui a été marqué cy-dessus, à moins que led. seigneur ne veuille garder pour son compte les choses vendues, comme il a été dit cy-dessus.

De plus, les parties ont convenu entre elles qu'on ne dérogera jamais aux privilèges et libertés de lad. ville de Pierrebuffière et de ses habitants dont ils jouissent, et qui leur sont accordées par ces présentes.

De plus, il a été convenu entre les parties que les habitans de lad. ville et chatelenie de Pierrebuffière seront obligés de faire mettre le sceau dud. seigneur à tous les contracts qu'ils passeront dans la suitte lorsque lesds. contracts auront toujours leur même force et teneur, c'est-à-dire quand lesds. contrats obligeront pour toujours les contractans, lorsque lesds. contrats seront passés dans la ville et chatelenie de Pierrebuffière ou dans les différents fiefs qui relèvent de lad. chatelenie, et de payer pour led. sceau deux sols de la monnoye qui aura cours; et pour les autres contrats qui n'auront d'effet que pour un temps ils ne seront pas obligés de faire mettre led. sceau.

De plus, il est convenu entre les parties que lesds. habitans ne seront point obligés de payer aucune amende pour avoir obmis de faire mettre led. sceau aux contrats cy-dessus énoncés, pourveu qu'ils l'ayent obmis sans fraude ni malice. Alors ils seront obligés de payer pour le droit aud. sceau deux sols, et ne seront obligés de payer d'autre amende pour l'avoir obmis; et malgré la clause cy-dessus spécifiée lesds habitans pourront se servir des notaires qu'ils jugeront à propos et faire mettre le sceau s'ils le jugent à propos dud. seigneur.

De plus, il a été convenu entre les parties qu'on ne déroge en rien par ce qui a été dit cy-dessus à tous les privilèges accordés autrefois à Aymeric Daniel, ses prédécesseurs et ses successeurs, par led. seigneur de Gaucelin, autrefois seigneur de Pierrebuffière et de Châteauneuf, et par tous autres seigneurs dud. Pierrebuffièrere, ny ne pourra leur être d'aucun préjudice; dans lesquels privilèges lesds. parties veulent être maintenues et qu'ils ayent leur même force et vigueur qu'ils avoient avant ces présentes et que led. Aymeric et les siens en jouissent, comme un des habitans cy-dessus nommés.

De plus, lesds. parties ont stipulé d'un commun accord entre elles que le seigneur prieur du monastère de Lartige pourra, pendant l'espace d'une année à commencer du jour de la date des présentes, expliquer et interpréter les présentes s'il s'élève quelque doute ou s'il y avoit quelque chose d'obscur.

Tout ce que dessus a été approuvé et ratifié par led. seigr. de Pierrebuffière, de Châteauneuf et de Maignac, et Aymeric

Daniel, Pierre Brosse, Pierre dit Jean Michel, Jean Baudoy, Aymeric Bauduffe, Pierre Durou clerc, Pierre Delhac, Estienne Ribière, Pierre Reix, Estienne des Orts, Jean Reix, Pierre Vaguay, Estienne Tixier et Gérald Després pour eux, les leurs et autres dont les noms sont insérés cy-dessus, et comme procureurs des autres ; après avoir pris connaissance de ce que dessus, le leur avoir expliqué en langue vulgaire, l'ont approuvé et ratifié, et ont voulu qu'elles (?) sortent leur plein et entier effet ; et néanmoins led. seigneur assure connaître la coutume dont il a été fait mention cy-dessus, et a promis l'observer et la faire observer et qu'elle ait sa force et teneur ; et de plus led. seigneur a fait serment de deffendre et de garder lad. ville de Pierrebuffière et les habitans et les privilèges à eux accordés par ses prédécesseurs et de la même manière qu'ils en ont joui jusqu'à présent.

De même lesds. cy-dessus nommés, tant en leur nom que comme chargés de procuration des autres ont prêté serment de deffendre et garder led. seigneur et d'éviter qu'il reçoive d'insulte, et ce que les autres habitans seront aussy forcés de faire devant led. seigneur ou devant son sénéchal lorsqu'ils en seront requis ; lesds. parties cy-dessus nommées renonçant autant qu'elles le peuvent à toutes exceptions de dol, fraude, machination, lézion, tromperie, etc., et à toutes exceptions et deffense du droit ou du fait qu'on peut ou pourra objecter sur les faits cy-dessus exprimés.

De plus, led. seigneur a renoncé au bénéfice de minorité et de restitution qu'il pourroit demander dans la suitte. Les parties ont de plus promis et se sont obligées, autant que cela les touche une chacune en particulier, d'observer les choses cy-dessus expliquées suivant leur forme et teneur et de n'aller jamais contre ny en public ny en particulier, ny fournir à aucune occasion de venir contre, ayant prêté serment sur les saints evangiles, le livre touché, d'accomplir ce que dessus et de l'observer d'une manière inviolable ; lesds. parties obligent tous leurs biens meubles et immeubles présents et à venir en quel lieu qu'ils soyent, et lesds. procureurs ont obligé et hypotéqué aussy tous les biens de ceux dont ils sont chargés de procuration, meubles et immeubles, présents et à venir en quels lieux qu'ils soient ; et led. seigneur de Pierrebuffière, de Châteauneuf et de Maignac pour luy et les siens, et Aymeric Daniel, Pierre Brosse, Pierre dit Jean Michel, Jean Baudoy, Aymeric Bauduffe, Pierre Dinou clerc, Pierre Degalh, Estienne Ribière, Pierre Reix, Estienne des Orts, Jean Reix, Pierre Vaguay, Estienne Texier et Gérald des Prés, pour eux et les autres dont ils sont chargés de procuration, habitans de la ville de Pierrebuffière, pour eux, les leurs et successeurs, ont voulu et demandé pour l'exécution des présentes y être condamnés par notre garde-scel autentique et par les autres gens du roy et même par vénérable homme monsieur l'official de Limoges par censure ecclésiastique et par tous autres juges à ce requis, soit pour un seul point, soit pour tous, une fois ou plusieurs, suivant l'exigence des cas, de condamner les contrevenans par sentence ; voulans et demandans être contraints d'exécuter les présentes, suivant leur forme et teneur, par nous commissaires cy-dessus nommés et garde du scel authentique, Bernard de Cheyron, et Elie de Bonnac, clercs, tous deux notaires ; de notre volonté et consentement, nous ont obligé à observer les présentes, qu'ils ont reçues à notre place à Pierrebuffière, le jour du lundy avant la naissance de notre Seigneur, scavoir le dix-neuf du mois de décembre l'an mil trois cent quarante cinq, indiction quatorzième, du pontificat de sa sainteté Clément six pape la quatrième année, et règnant Philippe par la grâce de Dieu roy de France, en présence de noble seigneur Bernard de Trenchillon, Pierre des Ages et Bernard de Puymaud, chevaillers et seigneurs, Gérald du Puyfaucon, licencié ez lois et Mc Jean de Félines, clerc, et Jean Joubert de Noblat et plusieurs autres témoins aux présentes appelés, comme Pierre Petit, Jean et Estienne de Alinia, notaires, gardes du scel autentique, commissaires par nous députés pour l'effet des présentes, l'ont trouvé dans certain contrat signé et reçu par les susds. Bernard de Cheyrou et Elie de Bonac, scellé du scel autentique du roy, que nous avons fait extraire et transcrire fidèlement sur lesds. originaux à la requette et demande des habitans de lad. ville de Pierrebuffière, lequel collationné nous avons fait faire sur les originaux reçus par lesds.

notaires pour lesds. habitans de Pierrebuffière par les notaires soussignés, à ce par nous commis, qui nous ont rapporté en avoir fait une fidelle copie de mot à mot, auquel rapport nous ajoutons une pleine et entière confiance et voulons qu'elles ayent la même force et autorité que les originaux, ainsi et de même que si elles avoient été passées devant nous en rendant justice. Et pour affirmer ce que dessus, nous leur avons mis avec la signature des notaires, cy-dessus spécifiées, le sceau autentique du banlieue de Limoges, et afin qu'on scache qu'elles ont la même force et pouvoir que si elles étoient passées dans la cour du sénéchal de Limoges.

.

S'ensuit la teneur de la procuration insérée aux originaux des présentes et est telle (1) : Nous Robert, procureur du roy à Limoges, garde du scel autentique du banlieue (*sic*) de Limoges, scavoir faisons à tous qui ces présentes lettres verront et orront que devant notre féal commissaire juré et garde du scel du roy dans led. office, dont le nom est cydessous écrit et par nous député, ont comparus : Jean Hilaire, Pierre Amable, Léonard Capet, Jean Esparu, Elie Maurine et Pierre Michel, son frère, Jean Boudoy, Pierre Jacques, Pierre Lavilie, Bernard Gratole, Pierre Combaud, Pierre dit Brosse, Pierre Julie, Pierre Marquet, Pascal Estadière, Jean Reyrol, Jean Veyssière, Pierre Reix, Pierre Bonafey, Pierre Després, Etienne Rabachie, Pierre Peytavi, Estienne André, Jean Peytavi, Bernard des Prés, Pierre Belut, Pierre Brigueil et autre Pierre Brigueil, Bernard Bardon, Pierre Hugues, Léonard Vayssière, Pierre Dufour, Pierre Auzelin, Jean Noalher, Jean Guynaud, Guilhaume Bondy, Jean Lhopte, Pierre de Grammaignac, gendre d'un certain feu Jacques Lobar, Pierre Terrier, Gérald Louransot, Pierre Chambon l'aîné, Estienne Combaud, Pierre Louregie, Guilhaume Fougères, Guilhaume Dubois, clerc, Pierre Laudiniat, Pierre des Horts, Philipe Marcade, Estienne Reix, Pierre Brugière, dit Bochau, Pierre Aymard, Pierre Giraud, clerc, Pierre Châtard, Jean Lebloy, Pierre Férou, Pierre

(1) En l'année 1345.

Cordon, Nicolas Magniac, Guilhaume Bleyte, Jean Borneil, Guilhaume Degalh, Jean Champariniau, Jean Balhot, Barthelemy de Ruetorte, Pierre André, Pierre du Margudo, Estienne Demymole l'aîné, Pierre Tarnaud, Bernard Barrat, Gérald Mergaud, Estienne Barratu, Pierre Pichon, Luce Dimergue, Pierre Amagniat, Pierre Chalard dit Pignote, Pierre Ponroy, Pierre Barde, Pierre Prade, Aimable Tinture, Pierre Samie, Bernard Boussi, Jean Sétu, Guilhaume Exupere, Jean Laborde, Estienne Andre, Bernard Achante, Gérald Marc, Pierre Lobre, Jean David, Estienne Brueil, Jean Mercier l'aîné, Jean Mercier le jeune, Pierre Dinou, Léonard Delarue, Pierre Bordelou, Jean Vigier, Guilhaume de Lhopte, Pierre Achantat, Pierre Tixier, Pierre Aury, Bernard Simonau, Jean Ruaud, Jean Laplanche l'aîné, Jean Bleyt, Guilhaume Balhot, Pierre Rabastier, Bernard Bonnet, Pierre Descombes, Marie Roverine, Pierre Licteur jeune, Estienne Midy, Pierre Gris, Jean Chabrier, Jean Samie, Pierre De la borie, Pierre Rougerie, Guilhaume La planche, Pierre Tondut l'aîné, Pierre Chatard, Jean Maredau, Pierre Samie, Jean Codert, Pierre Granet, Gérald Ribière, Jean Moury, Pierre Aurasset, Pierre Colomb, Pierre Bordier, Léonard Dinou, Jean Reix de la Cotte, Estienne Colau, Pierre Fougeyrol, Laurens lou majeur, M° Pierre Fabri, clerc, Pierre Broliaud, Estienne Rabastier, Martial Dinou, Estienne André, Pierre Quercy, Pierre Bonnet, Bernard Buffaud, Jean Degalh, Pierre Baratier, la veufve de Hilaire Sornet, Jean Dufour, Vincent Laurent, Pierre Simoneau, Pierre de Brugière, Aymeric Colau, Léonard Baratier, Mandy Ribière, Pierre Virolle, la veuve de Pierre Degalh, Jean de Boucherol, Pierre....., Catherine Lebraud, Jean Laplanche, Jean Eloy, Bernard Hugues l'aîné et Bernard Hugues le jeune, Estienne Rebol, Jean Demymolle, Pierre Laplanche, Jean Vincent, Noël Auchier, Aymeric Sollier, Bernard Vinou, Jean Dinaud, Jean Bordier, Pinot Amagniat, Jean Mercier le jeune, Aimable Avignac dit Dauriat et Jean Cossau, tous habitans de la ville de Pierrebuffièrre, dirent et assurerent que autres fois il s'étoit élevé un procès et dispute entre noble homme Monsieur Gaucelin, alors seigneur de Pierrebuffière, de Châteauneuf et de Maignac pendant sa vie et après sa mort, entre noble Jean, seigneur dud. lieu de Pierrebuffière, fils et héritier dud. seigneur de Gaucelin d'une part, et lesds habitants d'autre part, sur ce que pendant la vie dud. seigneur Gausselin et son fils, qui fut héritier universel desds villes et châteaux, ils disoient que lesds. habitants étoient sujets à payer la taille et autres impositions auxds. seigneurs, que leurs ancestres étoient en possession de la percevoir sur lad. ville de Pierrebuffière en quatre cas, scavoir : 1° lorsqu'il falloit entreprendre une nouvelle guerre ; 2° lorsqu'on marioit une fille de la maison ; 3° lorsqu'on devoit faire le voyage d'outre-mer pour aller visiter les lieux saints ; 4° enfin lorsque led. seigneur seroit pris prisonnier par les ennemis.

De plus, sur ce que lesds seigneurs père et fils disoient que plusieurs habitans avoient fait diverses acquisitions tant dans le fief, terre, justice et directité dud. seigneur dans la ville et châtellenie de Pierrebuffière, Maignat, et Châteauneuf, que dans les autres châtellenies relevants dud. seigneur tant en fief qu'en roture, dont ils n'avoient point payé le droit d'investiture ny rendu l'hommage et le devoir, ny payé pour cela aucuns droits et à défaut de ce les fonds achetés fussent déclarés être tombés en séquestres ; et de plus que led. seigneur Gauselin pendant sa vie ayant fait le voyage de la Terre sainte pour visiter les lieux saints, avoit imposé à raison de ce auxds habitauts et à chacun d'eux, suivant leurs facultés, autant qu'il pouvoit en exiger d'un chacun, une taille qu'il vouloit les forcer à acquitter, laquelle taille lesds. habitants ont toujours refusé de payer comme imposée sans droit et justice ; pour ce, il y avoit un procès mu et pendant entre les parties au siège et justice de Château-Chervix.

De plus, il prétendoit que les actes et contracts passés entre lesds habitans devoient être revêtus, et qu'on devoit y faire apposer le sceau dud. seigneur de Pierrebuffière, de toutes les acquisitions faittes ou à faire des biens par lesds. habitans, tant dans la ville, châtelenie, que dans la justice de Pierrebuffière.

C'est pourquoy lesds. seigneurs demandoient successivement l'un après l'autre qu'il fut déclaré que lesds biens étoient tombés en séquestres au profit dud. seigneur, et que lesds. habitants étoient obligés à payer la taille aux cas cy-dessus énoncés à la volonté et choix dud. seigneur, et qu'ils fairoient mettre le sceau aux contrats cy dessus spécifiés en payant le prix qui seroit convenu pour led. sceau, et lesds. habitans soutenant le contraire et disant qu'ils n'étoient obligés à ce qui a été spécifié cy-dessus et qu'ils étoient depuis un temps suffisant en possession de ne payer aucun droit et de jouir de liberté sur les faits cy-dessus énoncés, et qu'il étoit d'usage et de coutume dans la ville et châtelenie de Pierrebuffière d'acquérir librement et sans aucune investiture ny hommage et sans aucun droit d'assujettissement.

Enfin les susnommés habitans de Pierrebuffière ont volontairement et gratuitement fait et constitué, comme maintenans ils font et constituent autant qu'il dépend d'eux pour leurs procureurs : Aymeric Daniel, Pierre Brosse, Jean Archambaud, Jean dit Pierre Michel, Jean Boudoy, Aymeric Bonduffe, Pierre Dinou, clerc, Pierre Degalh, Estienne Ribière, Pierre Reix, Estienne Deshorts, Jean Rey, Pierre Vaguay, Estienne Texier et Gérald des Prêts, tous de Pierrebuffière, pour composer, transiger et terminer tous procès et dispute (comme ils jugeront à propos aux noms des constituans pour eux, leurs successeurs), mus sur les faits cy-dessus énoncés, des dommages, fraix qui s'en sont suivis avec led. seigneur de Pierrebuffière et de passer tous actes et contrats à ce nécessaires, et même de les faire revêtir du scel authentique du roy; promettans lesds constituans d'avoir le tout pour agréable et de s'y conformer.

De plus lesds constituans ont voulu et permis auxds procureurs que si quelqu'un d'eux ne pouvant ou ne voulant assister pour terminer lesds contestations, de pouvoir en mettre d'autres à leur place à qui ils accordent les mêmes pouvoirs pour l'effet des présentes, et promettent de ratifier et d'avoir pour agréable tout ce qui sera concludentre les susds. procureurs ou ceux qui auroient été mis en leur lieu et place, par ceux qui n'auroient pu à raison d'affaires vacquer aux présentes.

De plus lesds. constituans promettent de relever indemne de tous les frais, charges et autres droits, lesds. procureurs, qu'ils pouroient souffrir pour l'effet des présentes par serment par eux prêté sous l'hypothèque et l'obligation de tous leurs biens au profit desd. procureurs ou de celuy, s'il y en a quelqu'un, qui aye été substitué à la place d'un autre.

Et lesds. constituans ont voulu que les présentes fussent signifiées avec leurs teneurs et clauses, à tous ceux qui sont ou peuvent y avoir quelque intérest à en connaître.

Ce que dessus a été fait et passé par devant Pierre Magnhac, notre féal commissaire, signé pour nous qui, comme il nous a fidèlement rapporté, ont été receues (*sic*) au temps qu'il peut convenir et qui convient à ceux qui y sont intéressés, le jour et an que dessus, en présence de Bernard Larue, de la paroisse de St-Genest, et Jourdain Mouret, témoins à ce appellés comme led. commissaire nous a fidellement rapporté, même en présence desds. témoins. Led. Jean Archambaud, de lad. paroisse, qui avoit été choisy par les habitans n'a pu, comme il a asseuré, remplir ce à quoy il avoit été choisy, étant occupé à des affaires de grande importance, a substitué et subrogé à sa place Pierre dit Jean Michel en vertu du pouvoir qui luy avoit été accordé par les constituans, accordant au dit substitué par la vertu des présentes le même pouvoir qui luy avoit été accordé et qu'il pouvoit avoir par ceux qui l'avoient constitué leur procureur à l'effet du contenu aux présentes, comme notre dit garde-scel nous a fidèlement rapporté, à la relation duquel nous ajoutons une pleine confiance, et nous avons approuvé comme nous approuvons, avons pour agréable et autorisons ces présentes et déclarons qu'elles ont la même force et vigueur que si elles avoient été passées devant nous tenant nos audiences : auxquelles nous avons posé le sceau du roy en foy et autorité d'icelles.

Fait et passé le trois des ides de décembre, l'an mil trois cent quarante-cinq, approuvant l'interligne dans laquelle il est énoncé, année quatrième *de Podio,* interligne dont il est fait mention en son lieu, inutile de la rapporter icy. Et led. sceau y ayant été mis le dernier février mil trois cent soixante-quatorze, et moy, nommé Pierre Jean, clerc de Limoges, notaire royal, commissaire du scel royal autentique, ay en vertu de la commission qui m'a été accordée et à maitre de la Vergne, clerc, notaire public, fait un collationné des présentes sur les originaux à nous représentés par led. seigneur qui en étoit détenteur. Signé de Bernard, de Cheros et Elie de Bonnac, scellé du sceau autentique, lesds. Cheiros et Bonnac, notaires royaux et garde du scel autentique pendant leur vie qui avoint reçu les présentes, signées au bas desds. notaires. Je n'ay point changé la substance en aucun endroit et m'étant trouvé occupé à d'autres affaires, je les ay faits transcrire par un autre sur les originaux, et sur iceux avec led. de la Vergne commis ; aussy avons fait led. collationné avec toute l'exactitude nécessaire et les ay réduites en acte public et autentique et les ay signées de ma signature ordinaire au commencement et à la fin et même sur les coutures, et moy même qui écris, j'approuve les additions cy-dessus faites et les ratures.

Fait et passé...... Moy susnommé Estienne de la Vergne, clerc, du diocèse de Limoges, notaire royal et garde dud. scel autentique, ay fait un collationné de tout le contenu es présentes sur l'original, à moy présenté et à Pierre dit Pierre Jean, clerc et notaire royal par le seigneur susd. qui en est détenteur, lequel original a été reçu et scellé par maistres Bernard de Cheyros et Elie de Bonac, autrefois notaires royaux et commissaires dudit scel autentique pendant leur vie : reçu par lesds. notaires comme il est prouvé par leurs signatures mises au bas sans changer la substance des faits ; transcrit de mot à mot comme il est contenu dans lesds. originaux, lesquelles cependant j'ay fait transcrire par un autre étant occupé à d'autres affaires, que j'ay ensuite confronté sur lesds originaux avec M⁰ Pierre dit Pierre Jean, clerc commissaire sur ce député, les ay trouvés conformes et les ay redigées en acte autentique afin qu'elles puissent avoir leur forme et teneur, comme l'original, et les ay signées de ma signature ordinaire au commencement et à la fin et même sur les jonctures et y ay souscrit en foy de quoy.

.·.

Et de plus, il s'en suit la teneur de quelques autres contrats reçus sous le sceau de révérend père en notre Seigneur Aymeric, évêque de Limoges, empreint sur de la cire verte, qui commencent en ces termes [1247] :

Aymeric, par la grâce de Dieu évêque de Limoges, à tous ceux qui ces présentes verront, salut en notre Seigneur Jésus Christ. Que tous scachent que noble homme Pierre, seigneur de Pierrebuffière, et les habitans de la même ville sont venus devant nous et ont reconnu avoir fait et contracté les obligations cy-dessous écrites. Scavoir que led. seigneur par grâce et amitié qu'il a pour lesds. habitans de lad. ville de Pierrebuffière, a reçu les hommes et tous leur biens, meubles et immeubles, dans la liberté et franchise en la manière qui suit :

Scavoir que entre le dit seigneur et lesds. habitans il a été ordonné et accepté que dans quatre cas lesds. habitans seront obligés de donner aud. seigneur quelque chose suivant leurs facultés, scavoir au commencement de la guerre qu'il sera obligé de soutenir ; secondement, lorsqu'il mariera une de ses filles ; troisièmement, quand led. seigneur sera pris par les ennemis ou par de mauvaises gens ; quatrièmement, quand ledit seigneur entreprendra le voyage de Jérusalem pour visiter les Lieux saints, et que quand led. seigneur dans ces quatre cas voudra faire lad. quette, doit appeler six hommes de probité et leur dire qu'il veut faire la ditte queste et ils doivent la luy accorder.

De plus celuy qui battra quelqu'un avec des armes ou avec une pierre ou avec un bâton, s'il y a du sang répandu, il sera obligé de payer au seigneur pour la justice soixante sols, et de plus, de payer à celuy qui aura été battu un salaire compétent ; et tous ceux qui battront quelqu'un ou avec le poingt ou avec un bâton, lorsqu'on aura porté plainte aud. seigneur, ils seront tenus de donner aud. seigneur sept sols, et au battu un salaire compétent. Si quelqun tire l'épée contre un autre lorsqu'on aura porté plainte aud. seigneur celuy qui aura tiré l'épée donnera sept sols audit seigneur, et l'épée sera confisquée au profit dud. seigneur.

De plus tous ceux de quelque manière qu'il arrive qui commettront un homicide, le seigneur poura les condamner à la peine qu'il jugera à propos et tous leurs biens seront confisqués au profit dudit seigneur. De plus led. seigneur pourra imposer la peine qu'il jugera à propos aux voleurs. Pour ce qui concerne les disputes ou les injures faittes ou dites dans la dite ville sans effusion de sang et dont on n'aura pas fourni plainte pardevant led. seigneur, ne seront obligés de rien donner, ny ne pourra rien exiger.

De plus tous ceux qui seront trouvés soit dans les jardins, dans les vignes, prés, terres et fruitiers pour y commettre des dégradations ou pour en enlever quelques choses, si c'est pendant le jour, ils payeront trois sols au seigneur et si c'est pendant la nuit, soixante sols ; et à celui à qui ils auront fait le dommage ils le satisferont. Et tous ceux qui dénonceront aud. seigneur ceux qui auront fait des dommages dans lesds terres auront douze deniers.

De plus celuy qui se serviroit de faux poids ou mesures, payra aud. seigneur soixante sols et restituera tout ce qu'il aura enlevé.

De plus personne ne poura vendre ny bled, ny vin qu'à la mesure ferrée et marquée du sceau public.

De plus ledit seigneur aura un cellier dans la ville au mois d'août pendant quinze jours, de sorte que durant ces quinze jours le seigneur doit vendre son vin à un prix juste et raisonnable et pendant ce temps-là personne ne poura en vendre dans lad. ville.

De plus les portes, les murs, les fossés et les forteresses de lad. ville sont à la charge et garde dud. seigneur, et si quelqun en enlevoit quelque chose ou y commettoit quelque dégradation, sera obligé de le réparer et pour punition de donner cinq sols aud. seigneur.

De plus led. seigneur aura toujours de lad. ville et desds. habitans, suivant qu'il est étably, une place d'armes, droit de guet, droit de faire porter les armes, et une maison de ville et aussy des places publiques et des grands chemins, le droit de faire des cazernes où il jugera à propos.

De plus il sera payé aud. seigneur le pot de vin, pour avoir droit de cabaret ; et ils ne pourront vendre qu'après l'an et jour tous les gages qu'ils auront reçus des soldats et quinze jours des autres, et après led. temps écoulé les vendre et garder l'argent.

De plus, il faut qu'on scache que lesds. habitans seront obligés de porter toutes les causes qu'ils auront, soit disputes, soit autres affaires quelles qu'elles soyent, en litige devant led. seigneur ou devant son préposé qui résidera dans lad. ville ; et led. seigneur ou son préposé, doit leur rendre justice ou même les porter et faire porter à la paix et union par les plus honnettes hommes de la ville. Et s'il est nécessaire que led. seigneur soit obligé d'avoir des assesseurs ou des juges d'ailleurs, pour vuider leur différend, alors les parties seront obligées à en payer les fraix faits au procès.

De plus led. seigneur a exempté lesds. habitans de tous autres impôts, actions et devoirs de quelque nature qu'ils soyent, et veut qu'ils jouissent d'une entière liberté ; il leur sera libre d'aller habiter où ils jugeront à propos et même de vendre les biens qu'ils possèdent tant dans lad. ville de Pierrebuffière que dans les dépendances du domaine dud. seigneur, à leur choix et volonté. Il leur sera aussy permis de revenir quand ils voudront, sans préjudice cependant de ce qui a été expliqué cy-dessus, c'est-à-dire en payant ce à quoy leurs biens sont taxés.

De plus..... qu'on ne doit arrêter personne au dessous les murs de lad. ville sans une cause juste et compétente ou que led. seigneur ne l'eut ainsy permis. Lesquelles loix, coutumes et franchises led. seigneur veut que tous ceux qui habitent maintenant lad. ville et le pays dépendant dudit seigneur et tous ceux qui les posséderont dans la suitte, de quelque part qu'ils viennent, jouissent.

De plus, le nouveau seigneur prêtera serment, lors de sa prise de possession de lad. ville et chatelenie, qu'il conservera les habitans dans les mesmes droits et privilèges, et aussy tous les habitans seront obligés de luy prêter serment qu'ils seront des sujets soumis et obéissans à accomplir tout ce que dessus au dit seigneur de Pierrebuffière et lui rendront hommage lors de son entrée dans lad. ville.

Et par ces présentes led. seigneur n'a voulu déroger à son droit de percevoir les rentes dues par ses censitaires et au droit de dixme, [mais] veut que lesd. droits soyent perçus suivant l'usage et coutume. Il faut cependant observer que les soldats qui ont leur habitation et demeure dans lad. ville de Pierrebuffière ne doivent jouir de ces privilèges ; led. seigneur se réserve sur eux et sur tous autres le tribut en entier et son même droit, et lesd. habitants sont convenus qu'il jouira sur eux de sa pleine puissance et autorité, sans préjudice à tout ce qui a été expliqué cy-dessus.

En foy de quoy, du consentement et aveu de toutes parties, avons mis notre sceau afin qu'elles ne puissent être de préjudice à personne. Fait et passé le quatre des nones d'aoust mil deux cent quarante-sept.

*.

De plus suit le contenu en d'autres contrats passés devant R. P. en notre Seigneur Aymeric, pendant sa vie évêque de Limoges, et devant l'abbé de Saint Martial et official dud. Limoges en ces termes [1260] :

A tous ceux qui ces présentes verront, Aymeric, par la grâce de Dieu évêque de Limoges, et Guilhaume, abbé de St-Martial dud. Limoges et official dud. Limoges, salut et bénédiction. Que tous scachent que a comparu devant nous noble Pierre, seigneur de Pierrebuffière d'une part, et Pierre Gros, Jean du Vigenier, Pierre Dupré, Aymeric Descordes de Pierrebuffière, pour eux et pour les habitans et bourgeois de tout le bourg de Pierrebuffière ; que lesd. parties ont traité amiablement, scavoir : led. seigneur pour luy et les siens successeurs et lesd. habitans pour eux, leurs héritiers et successeurs, scavoir que led. seigneur, ses héritiers et successeurs doivent payer la troisième partie de toutes les dépenses qu'on sera obligé de faire pour réparer et entretenir la cloison soit en pierre ou en bois de lad. ville de Pierrebuffière et les bourgeois et autres habitans [doivent payer] les autres deux parts ; de sorte que led. seigneur, ses héritiers et successeurs, quand il sera nécessaire de faire lesds. dépenses choisira un des bourgeois de lad. ville et les habitans deux autres qui évalueront lesds. dépens ; et évaluation faitte led. seigneur en payera d'abord la troisième partie et lesds habitans les autres deux parts. A quoy led. seigneur s'est obligé luy et ses successeurs et tous ses biens.

A ces présentes ont comparu devant nous noble seigneur de Puyfaucaud (1) jeune, chevallier dud. seigneur et Elie de Noblat, habittant dans lad. ville de Noblat (2), qui se sont rendus caution pour led. seigneur, l'un seul pour le tout, renonçant à l'exception de pouvoir s'obliger par moitié envers lesds habitans et bourgeois de Pierrebuffière que les choses susdittes seront observées sans en rien augmenter ny diminuer, lesquelles choses susdittes tant led. seigneur chevailler et Elie de Noblat que les autres procureurs, Pierre Gros, Jean Domergue, Pierre Dupré, et Aymeric Cadet, pour eux et les autres bourgeois et habitans dud. bourg de Pierrebuffière, ont promis de part et d'autre qu'ils observeront d'une manière inviolable, et ayant presté serment qu'ils n'iront jamais contre. Et les parties ont voulu être forcées à observer les choses susdittes, si elles venoint jamais contre, par nous évèque susdit ou par notre official par les censures ecclésiastiques. A l'observation des présentes, nous, évêque de Limoges, avons condamné lesd. parties de leur aveu. En foy de quoy nous avons (3)..... nous, Pierre, seigneur de Pierrebuffière, avons mis notre sceau avec celui du seigneur évêque, de l'abbé de St-Martial et de l'officialité. De ces présentes nous exceptons expressément les fiefs qui relèvent de nous, à quoy nous ne voulons préjudicier par ces présentes.

---

(1) Probablement Puyfaucon, auj. hameau de la commune de Rilbac-Lastours, canton de Nexon (Haute-Vienne).

(2) St-Léonard de Noblac, chef-lieu de canton (Haute-Vienne).

(3) Le feuillet est déchiré à cet endroit, sur une hauteur de quatre lignes.

Fait et passé le dix du mois de may, l'an mil deux cent soixante, en présence des témoins cy-dessus nommés, ainsy signé : Fabri ou Faure qui a fait le collationné des présentes avec M° Pierre de Ruppe.

(*Archives départementales de la Haute-Vienne, série E, n° prov. 6,095. — Pièce donnée en 1891 par M. Thénard, professeur au lycée de Versailles*).

NÉCROLOGES LIMOUSINS

XIIIᵉ - XVᵉ siècles

Extraits d'un nécrologe de l'abbaye de Solignac, XIIIᵉ s.

Le manuscrit d'où nous avons tiré les matières qui suivent, comprend cinq cahiers de parchemin qui viennent d'être de nouveau reliés. C'est donc aujourd'hui un registre, coté provisoirement H. 9180 bis du fonds de Solignac aux Archives départementales de la Haute-Vienne. Les feuillets mesurent 0ᵐ31, 32 ou 33 sur 0ᵐ22. Une main de XVIIᵉ siècle, que l'on retrouve dans quelques notes marginales, les a paginées. Mais présentement le registre commence avec le feuillet 9 et va jusqu'au feuillet 46 inclusivement, moins les feuillets 41 et 42.

Les feuillets 9 à 24 contiennent une liève de rentes, d'où il y a peu de choses à tirer.

Les feuillets 25 à 40 appartiennent au nécrologe qui suit. Ce nécrologe se continuait certainement jusqu'au feuillet 42 recto. L'écriture est du XIII siècle.

Les feuillets 43 à 46 contiennent une autre liève de rentes, distincte de la première.

Ce nécrologe des Archives de la Haute-Vienne est une mise au net du nécrologe lat. 18,365 de la Bibliothèque nationale. Celui-ci est en effet d'une écriture souvent peu régulière et raturée en maints endroits. Bon nombre de feuillets sont aujourd'hui rongés. En outre, les deux ou trois premiers (comprenant 40 anniversaires) sont perdus. Par contre les derniers sont conservés, ce qui porte à 298 le nombre des anniversaires qui ne monte qu'à 175 environ dans le nécrologe de Limoges.

Les deux manuscrits se complètent donc l'un l'autre. Nous en avons successivement extrait tout ce qui nous a paru offrir quelque intérêt historique.

Hæc sunt anniversaria monasterii Sti Petri Sollempniacensis.

F° 25 r°. Incipit. — Anniversarium P. Nicholay, laïci, qui est sepultus subtus vitream que est inter portam sti Dionisii et sepulturas Gerardi et Gauberti, abbatum, super viam cimiterii. I st. frumenti Lemovicense et VI d. d'achapt que omnia debet P. *Domench* de vinea sive terra *de Pommiers*

Ann. Helie de Prato, Sti Aredii monachi et sacriste, qui jacet subtus vitream altaris beate Marie in orto...

Ann. Geraldi de Montibus, militis, laïci, qui jacet in arvouto juxta portam beate Marie, sito inter altare sanctorum Elegii et Tillonis...

Ann. P. Ribaudi, laïci, qui jacet subtus clucherium ante tumbas sive sepulturas *au Chatbaus*...

Ann. domini Guidonis, Lemovicensis episcopi. Non jacet in hac villa.

Ann. P. Germani, laici, qui jacet ante quairiam clucherii a parte magni portalis.

Ann. domini Archambaudi, abbatis Sollempniacensis... Iste abbas est sepultus subtus altare beate Katarine. Ipsa die VII pauperes debent recipi pro illo ; quibus dantur a cellario vel ab illo qui percipit predictos redditus VII parvi panes et dimidium sextarium vini et a preposito VII obole pro pitancia. Et conventus debet habere dicta die cornutas de pane et quarterio. Dicte cornute vocantur quia in octo cornatus debet poni unus parvus panis tantum et ad cereos et offertoria V solidi, sicut continetur in anniversario domini Ugonis, abbatis, nepotis sui. Et conventus debet habere in vigilia in sero caritatem de vino in refectorio ad collationem.

Ann. domini Hugonis de Malomonte, abbatis Sollempniacensis, qui est sepultus in arvouto in quadrivio claustri juxta portam monasterii a parte capituli. Qui multa bona et innumera, que numerare longum esset, [fecit]. Ipse enim fecit fieri claustrum per integrum et claustrum de infirmatorio et terciam partem clocherii superiorem, et statuit nobis ut semper haberemus vinum purum quia tunc omnes habebant vinum videlicet quartam partem aque. Et statuit quod nos faceremus sabbato VII lectiones beate Marie et legavit unicuique monacho V solidos ad augmentum vestiture et expendit in acquisitis *d'Anedes* XXIIII^{or} milia solidorum et plura alia fecit. Anima ejus requiescat in pace. Amen.

Ann. Philippe uxoris Helie Bernardi, militis, que est sepulta in arvouto qui est subtus vitream sancti Jacobi... Hec non est illa que fuit filia Yterii Bernardi, militis.

Ann. domini Dagoberti, regis Francie.

Ann. domini Aymerici *de Jaunhac*, militis, qui est sepultus subtus vitream sancti Tillonis, a parte muri,

Ann. domini Petri *de Jaunhac*, militis, qui ivit ultra mare.

Ann. P. Israël, presbiteri, qui est sepultus in portico (*sic*) beate Marie inter ortum et murum juxta tumbas *au Taba*.

Ann. domini Guidonis de Sto Martino, militis, qui est sepultus in claustro prope pratum.

Ann. magistri Helie Coralli, canonici Lemovicensis. Non fuit sepultus in hac villa.

Ann. Bartholomei *Pelaprat*, laici, qui est sepultus inter clocherium et domum nostram que quondam fuit domini Helie Bernardi, militis.

Ann. Geraldi Sardena, capellani Sollempniacensis, qui est sepultus in arvouto qui est situs in cimiterio inter altare sancti Elegii et sancti Dyonisii.

F° 26 r°. — Ann. domini Gaucelmi de Petrabuferia, militis, qui fuit sepultus in claustro, in arvouto qui est inter portam monasterii et arvoutum domini Hugonis, abbatis.

Ann. Helie *Lameiza*, archipresbiteri. Non est sepultus in hac villa.

Ann. domini Galterii *de Frachet*, militis, qui est sepultus juxta arvoutum qui est in medio muri de cimiterio beate Marie a parte superiori.

Ann. domini Fulcherii *de Meiras*, militis, qui est sepultus in arvouto qui est inter hostium (*sic*) ecclesie beate Marie et ortum prioris.

Ann. domini Guillelmi de Monte, militis, qui est sepultus

in arvouto sito juxta portam beate Marie de cimiterio, inter altare sancti Elegii et sancti Tillonis.

Ann. Ber[nardi], prioris, monachi, qui fuit sepultus *a Suyssac*.

Ann. domini Seguini *Laporcharia*, militis, qui obiit ultra mare.

Ann. domini Guillelmi Jordani, militis (1).

Ann. Geraldi Bernardi, presbiteri. Non est sepultus in hac villa.

Ann. Geraldi Babi, militis.

Ann. domini Bernardi Girberti, monachi Sollempniacensis et abbatis Sti Martini Lemovicensis, quod debet facere camerarius et reddere cuilibet monacho III solidos pro vestitura et in die ipsius anniversarii cuilibet sacerdoti, qui missam celebraverit, I denarium de percantu, et cuilibet altari istius ville Sollempniacensis II denarios pro lumine.

Ann. domine Engelelme, [uxoris.....], militis, domini de Petrabufferia, qui est sepultus in claustro, in arvouto qui est inter portam monasterii et arvoutum domini Hugonis abbatis.

Ann. Guillelmi Rigaldi, monachi.

Ann. Arnaudi *de Salas*, monachi.

Ann. Domini Helie de Peiraco, militis.

Ann. Guillelmi de Malomonte, archidiaconi Lemovicensis. Non est sepultus in hac villa.

Ann. Helie prepositi, monachi, qui est sepultus in claustro ante capitulum, a parte superiori, subtus tumbam Gerardi de Sto Andrea, in qua tumba depinctus videlicet formatus unus pinus est.

F° 27 r°. — Ann. Guillelmi Gaucelmi, monachi, qui est sepultus in portico, in quadrivio parietis monasterii sito inter arvoutos et parvum porticum a parte vitree altaris sancti Martini.

Ann. Bernardi *Pichameil*, laici, qui sepultus inter clocherium et viam cimiterii ante tumbas *au Chatbâus*.

(I) Désormais nous ne reproduirons les indications relatives au lieu de sépulture que si elles offrent quelque détail nouveau.

Ann. Helie Rainaldi, presbiteri, qui est sepultus subtus clocherium et viam que vadit ad nostra torcularia.

Ann. domine Jordane *de Peyriguos*, uxoris Hugonis *de Peyriguos*, que est sepulta in arvouto juxta portam cimiterii beate Marie, ubi est pignaculum a parte vie ecclesie sancti Michaelis.

Ann. domini Helie *de Seirac*, monachi Sollepniacensis (sic), qui fuit abbas Sti Sori *de Terrasso*, et est sepultus in claustro nostro.,... in cujus tumba est quedam crossa.,... Ebolus *de Ceirac*, canonicus Lemovicensis, legavit ad anniversarium dicti Helie fratris sui augmentandum.

Ann. Guillelmi Alboini, canonici Lemovicensis, qui est sepultus in claustro nostro in pariete sive in pila claustri.

F° 28 r". — Ann. Johannis Bertrandi, monachi, qui est sepultus ante capitulum juxta pilares a parte monasterii.

Ann. Clementi (sic) Fabri, laici, qui est sepultus ante clocherium juxta viam cimiterii a parte superiori. In cujus tumba est unus martellus.

Ann. P. de Sto Martino, militis, qui sepultus est in claustro ante ostium capituli prope pratum.

Ann. Johannis de Peiraco, burgensis castri Lemovicensis. Non est sepultus in hac villa.

Ann. Alaidis, uxoris P. *de Malmon*. Non est sepulta in hac villa.

Ann. Guidonis *Marnhol*, archipresbiteri Lemovicensis. Non est sepultus in hac villa.

Ann. Guidonis Fulcherii, laici, qui est sepultus ante portam cimiterii beate Marie et ante arvoutum illorum *de Peyriguos* supra viam.

Ann. Johanne *Foschieyra*, uxoris Guidonis *Foschier*, que est sepulta ad introitum porte sti Dyonisii juxta parietem monasterii, a parte altaris sti Dionisii, juxta portam. X solidos renduales in domibus que fuerunt Guidonis Fulcherii mariti sui, sitis intra ecclesiam sti Michaelis, ex una parte, et hospitale nostrum de castro, ex altera ; reddendos in nativitate Domini et in festo beati Johannis Baptiste.

Ann. Stephani *de Moncuc*, monachi, qui est sepultus in orto prioris subtus vitream altaris sti Johannis.

Ann. domini Hugonis *de Jaunhac,* militis, domini de Castro-Lucii, qui est sepultus in portico (1) juxta vitream sti Tillonis juxta portam.

Ann. Rotberti abbatis qui est sepultus in monasterio juxta portam claustri. VII pauperes tantum quibus dantur a cellario VII parvi panes et dimidium sestarium vini, et a preposito VII obole pro pitancia. Tamen non consuevimus facere absolutionem.

Ann. Vincencii Grigori *Portachapa,* clerici, qui est sepultus in cimiterio, inter vitream que est portam sti Elegii et sti Dionisii juxta pilam et parietem monasterii a parte sti Dyonisii.

Ann. Guidonis de Faiola, monachi et prioris, qui est sepultus in porta ecclesie beate Marie de Portico, subtus ostium.

Ann. Petri, Lemovicensis presbiteri, Grandimontensis ordinis. Non est sepultus in hac villa.

Ann. Yterii Bernardi, domicelli, filii Yterii Bernardi, militis, qui est sepultus in capitulo ante crucifixum.

F° 29 r°. — Ann. Hugonis *de Solhac,* monachi et prepositi de Brivazaco, qui est sepultus in portico juxta portam ecclesie beate Marie, juxta parietem inter portam et parietem capituli. XX solidos quos debet prepositus *de Perpezac* in rogationibus. Tamen dominus P. abbas voluit quod dictus prepositus retineret dictos XX solides pro vestitura socii sui monachi. Unde si ipse prepositus retinet eos, habemus recursum ad bona adquisita domini abbatis.

Ann. Martialis *deu Fayier,* monachi, qui est sepultus apud cellam altissimam.

Ann. Bozonis et Petri de Monte, militum, qui sunt sepulti in arvouto sito ad partem magnam cimiterii a parte monasterii beate Marie.

Ann. Petri de Malomonte, militis et monachi, qui est sepultus in claustro ante capitulum a parte superiori juxta parietem capituli, prope tumbam ubi est formatus pinus.

Ann. Stephani *Espierda,* presbiteri, qui est sepultus in

---

(1) On avait d'abord écrit : *in monasterio.*

quadruvio *de Peiriguos* sito inter portam magnam cimiterii et viam que est a parte sti Michaelis.

Ann. domine Peitavine de Monte, que est sepulta in arvouto que est ad portam magnam cimiterii beate Marie a parte monasterii.

Ann. Guidonis *Barbaros*, archidiaconi Lemovicensis. Non est sepultus in hac villa.

F° *30 r°*. — Ann. Ber[nardi] de Malomonte, patris domini Hugonis, abbatis. Non est sepultus in hac villa.

Ann. Archambaudi de Malomonte, fratris domini Hugonis, abbatis, prepositi Sollempniacensis, qui est sepultus in claustro ad pedes arvouti domini abbatis, fratris sui ; in cujus tumba est ymago prepositi.

Ann. P. Radulphi, monachi et prepositi de Petrabuferia. Non est sepultus in hac villa.

Ann. Petri Vigerii, monachi et prepositi *de Brivazac*, qui est sepultus ante portam beati Egii (sic) (1), prope parietem monasterii a parte cori, prope dictum *lo doat* (2), ubi cadit aqua.

Ann. Guidonis *de Meiras*, monachi et prepositi de Petrabuferia, qui est sepultus in porticu, in arvouto qui est situs inter portam ecclesie beate Marie et ostium orti prioris.

F° *31 r°*. — Ann. P. Asnerii, presbiteri, qui est in cimiterio sepultus, ante vitream altaris sti Elegii super viam a parte muri, in cujus sepultura est magna tumba cum cruce.

Ann. Golferii *Bechada*, militis. Non est sepultus in hac villa.

Ann. Geraldi de Castro-Lucii, domicelli, qui est sepultus in porticu, inter viam et murum et inter tumbas illorum *de Frachet* et *deus Taba* prope viam.

Ann. Alaidis *de Jounhac*, sororis quondam Aymerici *Trenchaleo*. Non est sepulta in hac villa. V solidos de censu, quos debet Petrus *Maenisac*, carpentarius, de varenis sit[is] ultra aquam et ultra leprosiam......

---

(1) Il faut corriger *Elegii*.
(2) C.-à-d. le conduit, l'aqueduc.

Ann. Bertrandi *Sardena*, vicarii Sollempniacensis, qui est sepultus in arvouto sito inter altare sti Elegii et ste Katerine.

Ann. *Petri de Jaunhac*, militis, qui est sepultus inter arvoutum qui est ad portam cimiterii beate Marie et altare beati Elegii in prima tumba juxta parietem monasterii a parte dicti arvouti. X sestarios vini de cellario, propter hoc quod percipit in manso *de Lobeat*. Tamen ipse habebat partem suam in vigeria Sti Hylarii Bone-vallis, quam legavit nobis in morte sua tali modo quod ille qui levabit dictam vigeriam reddat nobis XX solidos renduales ad suum anniversarium faciendum. Et sic continetur in littera offic[iali] quam nos habemus de dicta vigeria.

Ann. domine Ayssaline de Sto Martino que sepulta in claustro ante capitulum prope pratum, cujus tumba est florata.

Ann. Archambaudi, laici, qui est sepultus subtus fenestram clocherii in quadruvio a parte porte sti Elegii.

Ann. domini Bernardi *de Meiras*, militis, qui est sepultus in arvouto qui est inter portam ecclesie beate [Marie] in porticu et ortum prioris.

Ann. domini Ademari, abbatis, qui est sepultus in ecclesia beate Marie ante altare sti Georgii ad introitum porte dicte ecclesie, cujus anniversarium est assignatum super decimam de Vicano. Dicta die, VII pauperes debent recipi pro illo, quibus dantur a cellario VII parvi panes et dimidium sestarium vini, et a preposito VII obole pro pitancia, et conventui in sero karitatem.

F° 32 r°. — Ann. Guillelmi Ruphi, presbiteri, qui est sepultus ante portam sti Elegii in medio vie et ante vitreale quod est a parte altaris sti Marcialis. X sestarios vini quos debent boni homines de Chastaneto sito in parrochia *de Festiac*, de vineis sive terris quas habent apud Sollempniacum vel circa.

Ann. domini Geraldi abbatis, qui est sepultus in monasterio in arvouto qui est juxta portam sti Elegii in superiori tumba. Quadraginta solidos renduales quos debet cappellanus de Vicano de ecclesia reddendos in assumptione beate Marie.

Et quamvis camerarius percipiat de dictis quadraginta solidis medietatem, quia dominus P. quondam abbas legavit eos ad augmentum vestiture, tamen dicti den[arii] sunt de dicto anniversario et habent recursum ad dictos den[arios] vel ad adquisita a dicto domino P. abbate. Conventus debet habere caritatem in sero ad collationem in die dicti anniversarii. Debent recipi pro illo XII pauperes quibus dantur a cellario XII panes parvi et I sestarium vini et a preposito XII denarii pro pitancia. Debet amplius dictus capellanus dicta die anniversarii sacriste I libram cere ad opus duorum cereorum,

Ann P. *Rabascho*, presbiteri, qui est sepultus subtus clocherium juxta tumbas *au Chalbaus* inter dictas tumbas et quadruvium dicti clocherii ubi sunt sepulti dicti *li Germani*.

Ann. Audoeni abbatis.

Ann. Bertrandi *de Jaunhac* militis, domini de Castro-Lucii, qui est sepultus in porticu juxta magnam portam cimiterii beate Marie subtus vitream altaris sti Tillonis.

Ann. P. *de Poissivenc*, monachi et prioris, qui est sepultus in porticu.....

Ann. domini Guidonis, vicecomitis Lemovicensis. Non est sepultus in hac villa.

Ann. domine Ermengardis, vicecomitisse Lemovicensis, matris domini Guidonis vicecomitis. Non est sepulta in hac villa.

F° 33 r°. — Ann. Aymerici de Axia, militis, qui est sepultus in capitulo ante crucifixum.

Ann. domini Guidonis, abbatis.

Ann. domine *Natrafana* (sic) de Monte, que est sepulta in arvouto qui est inter portam cimiterii beate Marie et altare sti Elegii.

Ann. dominorum Petri Bernardi et Arnaudi Bernardi, militum, qui sunt sepulti in arvouto.....

Ann. domini Baldoini, episcopi Noviomensis, qui dedit nobis brachium dextrum sti patris nostri beati Elegii. X sextarios vini de cellario. Non est sepultus in hac villa.

Ann. Geraldi de Cella, monachi. Non est sepultus in hac villa. X solidos quos debet prior de Parva-cella prope castrum *de Tranhac*.

F° 34 r°. — Ann. Aymerici de Axia, militis, qui est sepultus in medio capituli ante crucifixum.

Ann. Ber[nardi] *Sardena*, archipresbiteri. Non est sepultus in hac villa.

F° 35 r°. — Ann. Fulconis de Roieira, militis. Non est sepultus in hac villa.

Ann. Stephani *Savi* qui primo fuit monachus Sollempniacensis et postea Dalonencis. Non est sepultus in hac villa.

Ann. domini Gauberti, abbatis, qui est sepultus in monasterio ante arvoutum et ante sepulturam domini Geraldi, abbatis, qui est juxta portam sti Elegii.

Ann. domini Ber[trandi] *de Jaunhac* militis. Non est sepultus in hac villa.

Ann. domini P. Bernardi *de Jaunhac*, militis, domini quondam de Castro-Lucii superiori. Non est sepultus in hac villa.

Ann. Ber[nardi] *de Jaunhac* domicelli, fratris domini P. Bernardi militis, qui est sepultus in porticu prope portam magnam cimiterii beate Marie inter altare sci Tillonis et murum.

Ann. Guillelmi *de Jaunhac* domicelli, fratris domini P. Bernardi militis, qui est sepultus in porticu.....

Ann. Hugonnis *de Jaunhac* militis, nepotis domini P. Bernardi militis. Non est sepultus in hac villa.

F° 36 r°. — Ann. domine Albonie, matris domini Hugonis abbatis. Non est sepulta in hac villa.

Ann. Aymerici *Magrefort*, monachi, et patris et matris sue et omnium parentum suorum, qui sunt sepulti in porticu inter et subtus vitream que est inter altare sti Tillonis ex una parte, et vitream sti Jacobi, que est a parte sti Tillonis, ex altera. Quorum tumbe sunt marmoree.

Ann. Agnetis *Lavilata*, filie quondam P. Lavilata, militis, uxoris quondam Johannis Germani. Non est sepultus in hac villa.

Ann. domini Ber[nardi] Ventodorensis, archidiaconi Lemovicensis. Non est sepultus in hac villa.

Ann. Radulphi *de Vigenor*, monachi, qui est sepultus in parvo porticu, ante ostium ecclesie beate Marie, in cujus tumba sunt claves *de leto*.

F° *37 r°.* — Ann. magistri P. Chargati, quondam capellani de Vicano et canonici Lemovicensis. Non est sepultus in hac villa.

Ann. Jaucinelli *de Fraychenet*, militis, domini dicti loci, qui est sepultus in porticu inter ostium sepulcri sti Tillonis et viam cimiterii ante vitream que est a parte altaris sti Tillonis; in cujus tumba est formatum scutum cum tribus lunis et ensis (*sic*).

F° *38 r°.* — Ann. Geraldi *de Champanhas*, militis, et uxoris sue, qui sunt sepulti ante portam sti Dyonisii subtus vitream ipsius altaris.

Ann. Petri *deu Molis*, quondam capellani Sti Pauli. Non est sepultus in hac villa.

Ann. domini Mauricii abbatis, qui est sepultus in monasterio inter portam sti Elegii et pilam que est a parte cori super gradus.

Ann. domini Guidonis, abbatis.

F° *39 r°.* — Ann. Aymerici Vigerii, militis, qui est sepultus in cimiterio ante portam sti Elegii et ante vitreale sti Marcialis, ubi sunt tres vel quatuor tumbe.

Ann. Helie Mauricii, monachi et prepositi *de Linars*, qui est sepultus in porticu, ante vitream altaris sti Petri....

Ann. Gaucelmi, penitencarii Lemovicensis. Non est sepultus in hac villa.

Ann. domini Guidonis *de Peiriguos*, militis, qui obiit ultra mare. Non est sepultus in hac villa.

Ann. domini Hugonis *de Peiriguos*, militis et monachi Sollempniacensis, qui est sepultus in arvouto..... in quo arvouto est pinaculum.

Ann. P. Grilli, capellani Sci Hylarii Bone-vallis. Non est sepultus in hac villa.

F° *40 r°.* — Ann. Stephani de Cella, monachi, prioris de Prava (1) cella.

---

(1) *Alias* **Parva cella.**

Ann. Rainaldi *de Mauransanas,* monachi et prepositi *de Linars.*

Ann. domini Gaucelmi de Petrabuferia, militis, qui est sepultus in claustro......

Ann. domini Aymerici de Axia, militis, domini de castro Montisbruni et de Molio, pro parte sua, qui est sepultus in medio capituli ante crucifixum.

Désormais les extraits sont empruntés au ms. latin 18.365 de la Bibliothèque nationale, dont il a été parlé dans le préambule.

F° 31 v°. — Ann. Helie de Pozengo, monachi, qui est sepultus in portico inter vitream altaris sti Petri et viam prope dictam viam. In cujus tumba est quedam manus cum libro.

F° 32 r°. — Ann. domini Galterii *de Frachet,* militis, qui est sepultus in portico, in capite arvouti.

Ann. Clementis de Veteri-villa, monachi et cellarii Sollempniacensis, qui est sepultus in claustro, in introitu porte beate Marie.

F° 33 r°. — Ann. confratrie sti Tillonis quod fit semper quolibet anno die dominica post festum sti Leonardi, videlicet ipsa die post vesperas dicitur vigilia et in crastinum missa matutinalis et absolucio post missam, omnibus pulsantibus (*sic*) signis. Et illi qui deferunt crucem, scandelabra (*sic*), aquam benedictam, turibulum debent esse induti. Et primo dicuntur VII psalmi penitenciales et si non sufficiunt alii VII psalmi.....

Ann. domini Rotberti *de Marton,* militis. Non est sepultus in hac villa.

F° 34 r°. — Ann. Helie de Vernolio, monachi, prepositi de Aento. Non est sepultus in hac villa.

Ann. omnium fratrum nostre congregationis.

F° 35 r°. — Ann. Gerardi de Veteri villa, monachi et prioris de Aneda, qui non est sepultus in hac villa.

F° 36 r°. — Ann. Petri *de Suishac,* monachi et prioris Sancti Hylarii Bone-vallis, qui est sepultus in claustro, juxta tumulum Archambaudi, prepositi Sollempniacensis, et ad pedes domini Hugonis abbatis.

Ann. omnium fidelium defunctorum quod instituit et legavit Rainaldus de Veteri villa, capellanus de Aneta, quod anniversarium semper debet fieri crastina die post octabas omnium sanctorum, videlicet in octabas que fiunt pro omnibus fidelibus defunctis (1).

F° 37 r°. — Ann. pro fratribus nostre congregationis de sto Remaclo, quod fit semper quarto die novembris, nisi dies dominica evenerit vel fratris nostri obitus, per quod (*sic*) non possit dictum anniversarium fieri.

F° 38 v°. — Ann. Fulconis, cappellani *de Laforest*, prope *Suissac*. Non est sepultus in hac villa.

F° 39 v°. — Ann. domini Bertrandi de Malomonte, canonici Lemovicensis. Non est sepultus in hac villa.

F° 40 r°. — Ann. Aymerici *deu Solier*, qui antea appellabatur Aymericus *de Taurom*, capellani de Petrabuferia. Non est sepultus in hac villa,

Ann. domini Gaucelini *de Melhac*, canonici Sti Aredii. Non est sepultus in hac villa.

F° 41 r°. — Ann. domini Petri, abbatis, qui est sepultus in arvouto qui est juxta portam monasterii, a parte altaris majestatis.

F° 43 v°. — Ann. Audeberti, prepositi *de Perpezac*, monachi.

F° 44 r°. — Ann. Bozonis *de Lur*, militis, qui est sepultus in portico ante vitream altaris sti Tillonis que est a parte altaris sti Jacobi.

Ann. Aymerici *Audier*, prioris *de las Granias*, monachi.

F° 45 r°. — Ann. Stephani de Sto Amancio, capellani de Aneta. Non est sepultus in hac villa.

Ann. domini Geraldi de Malamorte, militis. Non est sepultus in hac villa.

F° 46 r° et ss. — Ann. Geraldi Focherii, monachi; G. Focherii militis, patris sui; Alaidis *Fochieira*, matris sue;

---

(1) Mention incidente, dans la suite de l'article, de *Ber[nardus] Gautier de Vicano qui aliter appellabatur In nomine Patris.*

Petri Focherii, domicelli, fratis predicti Geraldi monachi; Almodie *Foschieira*, sororis dicti Geraldi *Foschier* monachi.

F° 50 r°. — Ann. domine Alaydis, uxoris quondam domini Yterii Bernardi, militis, que est sepulta in medio capituli ante crucifixum.

Ann. Petri de Sto Martino, monachi et camerarii, qui aportavit una cum domino Archambaudo abbate apud Sollempniacum brachium dextrum beatissimi patris nostri sti Elegii. Et est sepultus in cimiterio ante vitream altaris beati Dyonisii et vitream altaris sti Elegii.

Ann. Geraldi Bernardi, monachi, filii domini Hysterii Bernardi, militis, domini in parte de Axia, prepositi *de Brivazahc (sic)*.

F° 51 r°. — Ann. Roberti *de Teuletz*, capellani *de Flavinhac*. Non est sepultus in hac villa.

Ann. domini Aymerici, Lemovicensis episcopi. Non est sepultus in hac villa.

F° 53 r°. — Ann. Marie *Raolpha de Brivazahc*. Non est sepulta in hac villa.

Ann. Rainaldi de Sto Vito, monachi, prepositi de Aento. Non est sepultus in hac villa.

F° 54 r°. — Ann. Perrini *Ferrier*, clerici, scriptoris domini abbatis, qui est sepultus in portico..... in cujus tumba est formata quedam manus cum uno libro.

Ann. domini Geraldi, archiepiscopi Burdegalensis, avunculi domini Aymerici Lemovicensis episcopi. Non est sepultus in hac villa.

F° 55 v°. — Ann. Petri *de Chabanas*, monachi et prioris *de Chalmelha*.

F° 56 r°. — Ann. Agnetis de Beuna, relicte Ber[nardi] de Beuna, que est sepulta in cimiterio ante arvoutum illorum *de Peyriguos* super viam.

Ann. domine Bertrandi de Sto Amantio (1), patris quondam domini Archanbaudi, venerabilis abbatis Sollempniacensis. Non est sepultus in hac villa.

(1) Il est de nouveau nommé dans l'article suivant avec le titre de *militis*.

F° 57 r°. — Ann. domine Petronille de Sto Amantio. matris quondam dompni Archambaudi Sollempniacensis abbatis.

Ann. Guidonis *de Merle*, militis, et B. fratris sui.

Ann. domini B. Focherii, archidiaconi et canonici Lemovicensis.

Ann. P. *Bonamor*, capellani de Cella.

Ann. Bozonis de Monte, militis de Castro-Lucii, qui obiit mense maii. Qui sepultus est in arvauto (sic) extra portam ecclesie beate Marie de foris, a parte sinistra in exitu.

Ann. Hugonis *la Brossa*, militis de Castro-Lucii.

F° 58 v°. — Ann. Stephani de Guiranda sive de Malomonte, monachi Sollempniacensis.

F° 59 r°. — Ann. Stephani *las Gorsolas*, presbiteri. Decem solidos renduales super omnia bona sua de Villa nova sita in parochia de Aneta et in parte decime quam habebat in villa et parochia de Cella prope Traynhacum. Idem vero presbiter obiit anno Domini M° ducentésimo octuagesimo secundo, mense aprilis.

Ann. Hugonis de Pandrinha, monachi Sollempniacensis, prepositi quondam de Brivazaco, qui constituit festum translationis beate Fauste.

Ann. B. *deu Veychel*, prepositi Ste Crucis de Petrabuferia.

F° 60 r°. — Ann. magistri G. de Javerlhaco, decani Engolismensis. XX sol. renduales quos debet emere dompnus Archanbaudus, abbas, in loco competenti. Et habuit idem dompnus abbas ab eodem decano XII libras Lemovicensis monete senilis ad emendum dictos XX solidos renduales, quos idem decanus debet percipere et levare ad vitam suam tantum.

Ann. domine Margarite, relicte domini Guidonis vicecomitis Lemovicensis. Non est sepulta in hac villa.

Ann. *B. de Paschas*, quondam capellani de Ahento.

F° 62 r°. — Ann. Helie Moardi, laïci, qui sepultus est in tumulo quod est ante clucherium.

Ann. Bozonis de Royeira, monachi, prioris claustralis, qui sepultus est in porticu juxta viam ante vitream sti Jacobi.

Ann. Agnetis *Bolina*, relicte Petri Botini, burgensis castri Lemovicensis. Non est sepulta in hac villa.

F° 63 r°. — Ann. domini Iterii Bernardi, militis, domini de Axia pro octava parte, qui est sepultus in capitulo nostro ante crucifixum.

Ann. Johanne de Brolio, matris domini Hugonis prioris Sollempniacensis, qui fuit de ordine Cisterciensi.

F° 64 r°. — Ann. omnium fidelium deffunctorum pauperum quod constituit et legavit domina Matha, relicta Guillelmi Fabri clerici.

Ann. Ademari, quondam prepositi de Petrabuferia, et est sepultus in claustro nostro, ubi est magna crux petre ante sepulturam Archambaudi prepositi.

Ann. Martini, quondam capellani de Sollempniaco, et est sepultus in claustro nostro, in tumulo Petri magni.

Ann. Johannis de Malomonte, prepositi de Petrabufferia.

F° 65 r°. — Sciendum est quod Archambaudus, prepositus de Fagia, statuit A., pro matre sua, X solidos quos emerat ab Aymerico *Lacort*, scilicet V solidos et unum sextarium frumenti quod emit a Calveto *de la Rebieyra* et aliud quod emit a P. Arnaudi de Lelbaudia. Hec omnia fecit in presencia abbatis et conventus in capitulo.

Ann. Guillelmi de Mutaco, prioris Sci Hylarii Bonevallis.

Ann. domini B. *Molenier*, cappellani de Noalhaco et Sti Martini de Calhis, Agenensis dyocesis, et patris et matris ejusdem, qui jacent subtus vitream altaris sti Dyonisii. X solidos Lemovicensis monete quos assedit et assignavit supra farnagium quod dictus cappellanus et ejus pater et mater habebant super molendinum nostrum vocatum *deu Domengier*, reddendos in festo beati Aredii.

F° 66 r°. — Nota quod die martis post *Invocavit me*, anno Domini M° ducentesimo octuagesimo quinto, fuit ordinatum inter nos abbatem et priorem nostrum et cellerarium nostrum ex parte una, et Geraudum *de Lur*, monachum Sti Martini Lemovicensis, fratrem P. *de Lur*, domicelli, loco et nomine ipsius domicelli ex altera, super facto legato nobis et conventui nostro a Bozone *de Flavinhac*, clerico deffuncto, videlicet de VIII solidis et una emina frumenti ad mensuram de Turribus (1) rendualibus, videlicet in hunc modum : quod idem domicellus solvat nobis annuatim de dictis VIII solidis sex solidos et VII denarios renduales.....

(*Explicit*). Ann. Marie Pelhiciera, uxoris Geraldi Mauricii..... X [solidos], quos emit et assignavit super mansum nostrum de Pazaco inferiori.

Extraits d'un nécrologe de l'abbaye de Solignac. — XIVe siècle.

Ce fragment de nécrologe ne compte que huit feuillets, parchemin, mesurant 0 ^m, 31 sur 0 ^m, 22. Il ne porte point, comme le précédent, de lettres dominicales. L'écriture est du XIVe siècle. — Archives départementales de la Haute-Vienne, n° prov. H. 9180 *bis*.

Anniversarium domini Bertrandi de Sto Amancio, militis. III st. frumenti de Petrabuferia super manso de Savena et in bordaria de Clausuris sitis in parrochia Sti Genesii. Non est sepultus in hac villa.

Anniversarium domini Martini qui jacet in claustro, in arvouto quod est juxta portale beate Marie erga capitulum, XX sol. quos debet reddere B. *de Meyras* domicellus de la Peirolia Foscheirencha, sita in parrochia *de Vic* videlicet X sol. in festo sancti Aredii et X sol. in natale Domini.

Anniversarium domini Gerardi de Sto Martino, X sol. super domum et pratum Johannis *Solier* et jacet in claustro in tumba ubi est scutum.

Anniversarium B. *Faugeyros* XX sol. et II st. frumenti, et jacet in cimiterio ante domum de Royeyra, in tumba ubi est forma panis magni et tecla.

Anniversarium magistri Ademari de Turre, XL sol. Non est sepultus in hac villa.

Anniversarium Bertrandi et Guiberti de Sto Amancio, X sol. Qui jacent in claustro ante arvoutum domini Archambaudi, abbatis.

---

(1) Lastours, arr. de St-Yrieix).

Anniversarium domini Johannis *la Sudria*, quondam prepositi de Artone, II st. silliginis et II st. frumenti Lemovicenses. Qui jacet in claustro ante capellam beate Marie in quarta tumba a parte dormitorii. Quos debet prepositus de Artone.

Anniversarium Johannis medici, V st. siliginis Lemovicenses, qui jacet subtus majorem vitream sancti Tillonis.

Anniversarium domini Petri Bernardi, quondam abbatis, XL sol. Qui jacet in arvouto beate Marie ante altare sancti Georgii.

Anniversarium Hugonis *Chamarlenc* V sol. Qui jacet in porticu beata Marie juxta *los Taba*.

Anniversarium domini Ademari de Agrifolhia, V sol. Qui jacet in claustro ante ecclesiam beate Marie in tumba in qua est manus cum libro a parte.....

Anniversarium domini Ademari *de Lontenias*, prepositi de Petrabuferia, XV sol. Qui jacet in claustro.

Anniversarium domini Guillelmi *de Murat*, prior Sti Hilarii, XX sol.

Anniversarium domini Raynaudi Laporta, cardinalis, III lib. et XII st. siliginis et I st. frumenti Lemovicenses, que emit et acquisivit dictus dominus Raynaudus ab Ademaro Coralli, domicello..... Residuum debent habere abbatissa et conventus de Regula. Et de hoc est littera.

Anniversarium domini P. de Sto Amantio, prepositi de Petrabuferia, X sol.

Anniversarium domini B. Laporta, canonici de Haento, XL sol. super mansum *de Rulhac* in parrochia Sti Hylarii Bonevallis.

Anniversarium P. *Galengau*, clerici, X sol.

Anniversarium Bertrandi de Sto Amantio, militis, III st. frumenti Lemovicenses.

Anniversarium P. Savi, vicarii de Sollempniaco, X sol.

Anniversarium domini Guillelmi Jordani, militis, X sol.

Anniversarium domini Helie de Brolio, prepositi de Artone, qui jacet in introitu beate Marie, in tumba facta cum nudis.

Anniversarium domini Archambaudi de Sancto Amancio junioris, hujus nominis tercii abbatis Sollempniacensis, qui sepultus est tercius in claustro a parte porte Sti Christofori (1). Istud anniversarium sit sexta die septembris.

Felicis recordationis dominus Archambaudus de Sto Amantio junior, abbas Sollempniacensis hujus nominis tercius, considerans neminem in hac valle miserie manentem habere civitatem, de totius conventus sui voluntate anno Domini millesimo CCC° XXVIII° instituit anniversarium suum annuatim in die obitus sui sollempniter faciendum, pro quo assignavit sexaginta solidos solvendos per illum qui prepositatum faciet. De quibus assedit et assignavit XXX solidos, quos adquisivit ab Helia *de Lobetor* et V sextarios siliginis et III sextarios frumenti Lemovicenses et unam gallinam et unum caponem et terciam partem unius galline, quos (*sic*) adquisivit a dicto Helia. Item unum sextarium frumenti *cessaretz* quem emit idem dominus abbas in manso de Bargis a Stephano Judicis, qui habebat eum rendualem in dicto manso. Prepositus debet totum hoc percipere et persolvere LX solidos supradictos. Item assignavit quindecim solidos percipiendos per sacristam ; de quibus idem sacrista debet facere duos cereos, quemlibet de una libra cere, qui debent ardere ab hora qua incipitur vigilia usque in crastinum quousque facta fuerit absolutio. Et debet tradere cuilibet ostiario VIII denarios pro pulsatione campanarum magnarum ad vigiliam et missam et absolutionem. Debet amplius sacrista cuilibet sacerdoti, religioso seu seculari, qui dicta die celebraverit, persolvere duos denarios de percantu. Preterea debet idem sacrista cuilibet sacerdoti presenti ad absolutionem unum denarium. Hec predicta debet facere de predictis XV solidis pro quibus idem dominus abbas assignavit eidem sacriste quinque sextarios siliginis Lemovicenses, quos emit inter cetera a Guidone *Magrefort*, domicello, super mansum de Belloloco, situm in parrochia Sti Mauricii *de Brete* et Sti Johannis Ligora, quem excolunt homines *de Choucergues*. Item instituit quod detur caritas in sero de cellario. Item

---

(1) Toute cette rubrique est d'une encre rouge.

quod a celerario dentur XII pauperibus XII panes parvi et sextarii vini. Item instituit quod in die anniversarii sui detur elemosina, videlicet cuilibet pauperi recipere volenti obolata panis. Ad quam faciendam assignavit duodecim sextarios siliginis Lemovicenses super molendino *de Venthaou* quod ipse acquisivit et edificavit et super aliis adquisitis suis.

Item instituit quod in die cene Domini dentur quinquaginta panes et quinquaginta denarii quinquaginta pauperibus a cellerario, ad quod faciendum assignavit unum sestarium frumenti Lemovicensem quod adquisivit super affario celarie. Item unum sextarium frumenti Lemovicensem et unum sextarium frumenti vig. quos acquisivit a Bartholomeo Chabaudi super vinea *deu Chabriers* quam tenet dictus *Bassetans*.

Item instituit et augmentavit ad mandatum quod fit quotidie post vesperas X sextarios frumenti et duos modios vini renduales super acquisitis suis.

Item instituit V^{que} solidos renduales ad faciendum absolutionem super tumbam suam annuatim in crastinum omnium sanctorum, quos debet tradere dominus abbas super acquisitis suis.

Item instituit quandam perpetuam vicariam in monasterio Sollempniacensi deserviendam per duos idoneos sacerdotes, quorum alter celebret continue in una septimana et alter in sequenti. Quibus assignavit XII sextarios frumenti Lemovicenses pro pane et quinque modios vini et sexaginta solidos pro pistancia solvendos per cellarium supra illis quos idem dominus in cellario acquisivit, prout inferius continentur.

Omnibus igitur universa et singula supradicta, prout instituta sunt, complentibus et illibata custodientibus gaudium, pax et externe vite jocunditas a patre misericordiarum post hujus vite naufragium concedatur. Quicunque vero premissa vel eorum alterum infregerit vel ad infrengendum auxilium vel consilium prestiterit, iram omnipotentis Dei incurrat, maledicti (*sic*) in civitate, maledicti in via, maledicti in agro, maledicti stantes, maledicti sedentes.

Sequuntur illa que predictus dominus abbas inter cetera adquisivit.

Primo aquisivit (*sic*) a B. Vigerii, domicello, et ejus parcionariis XI b. XIII sol. II d. et XIX st. et III quartas frumenti et siliginis communiter, quos habebant inter cetera ratione vigerie castri et castellanie Sollempniacensis in nostro cellario renduales.

Item emit ab illis de Lhiouro ducentos et sexdecim rasos avene quos habebant super nostrum cellarium renduales.

Item emit a domino B. de Turre XL sol. renduales, videlicet XV sol. in manso *de la Begonha*, parochie de Roserio, et alios XV in manso de Foresta et X sol. in manso de Veteri monte, parochie *de Linards*.

Item emit V sol. renduales a dicto *Botier* Sti Johanis Ligora super prato vocato *ou verhn la Salessa*.

Item emit I st. frumenti *cessaret* quem dicta *la Virgessa* de Bonavalle habebat rendualem in manso de Bargis.

Item emit eminam frumenti Lemovicensem quam P. *de Frachet* habebat rendualem in manso de Manso.

Item, emit a Guidone *Magrefort* et ejus matre et fratribus mansum de Belloloco situm in parrochiis Sti Johannis Ligora et Sti Mauricii *de Brete*, in quo habemus XIIII sext. siliginis et XVIII rasos avene Lemovicensis, de quibus sacrista percipit V st. sigilinis, ut dictum est superius.

Item, emit a predictis fratribus et matre bordariam de Guilhagueto in quam habemus X sext. siliginis Lemovicenses, de quibus sacrista percipit III st. pro luminari festi nativitatis beate Marie, quod idem dominus abbas instituit ut fieret festum annale (*sic*), quia antiquitus non erat.

Item, emit mansos *de la Guerrelia* et *de la Poypoutia* sitos in parrochia de Jurnhaco in podio *de Banolh*, et dictorum mansorum proprietatem, in quibus habemus VIII sext. siliginis Lemovicenses et XXV sol. renduales, quos VIII sext. predictos dominus abbas assignavit elemosinario ad augendam, quolibet die sabbati, elemosinam que datur quotidie pauperibus post comestionem.

Item, emit septuaginta solidos quos dictus *Chabrineus* de Manso sereno habebat renduales in manso nostro de Pazaco, de quibus X solidi sunt ad anniversarium patris et matris Helie Moardi et X solidi ad anniversarium *de la Mourizia*.

Item, emit a domino P. *Delur*, milite, mansum et totam proprietatem mansi de Pazaco inferiori, cum XX solidis et XX eminalibus avene, quos predictus miles habebat renduales ibidem precio quinquaginta librarum turonensium parvorum.

Item, emit molendinum *de Venthaou* et edificavit illud omnino.

Item, emit III sext. siliginis renduales a Guidone Fulcherii, domicello, supra decimam *de la Meyza* et super omnia bona sua.

Item, emit a Guillelmo Coeta proprietatem et dominium domus dicte *la Bruscharda* site in podio *Civenc*, inter domum seu parietes *ou Sardena* et domum *ous Basset*. Et amplius emit super dictam domum V d. de censu et III sol. de acaptamento a predicto Guillelmo.

Item, emit ab Helia de Fracheto proprietatem et acaptamentum illarum terrarum quas Aymericus *deu Peyro* tenebat ab ipso Helia in manso *Layral*.

Item, emit domum et torcular d'*Aleyrac*.

Item, emit torcular et hospicium de Vicano quod fuit B. Galteri (*sic*), Lemovicensis sutoris.

Item, emit a Guillelmo de Legonaco aliter de Boyssa, clerico de Chambareto, III st. frumenti ad mensuram de Payraco, quos habebat in et super decima ville et parrochie de Aneta ; et amplius III st. siliginis et III st. super domo Perroti Mathie, sita in burgo de Aneta.

Item, emit eminam frumenti Lemovicensem ab hominibus de Podio Boarelli super manso de Bonavalle, super affariis *ous Jutges* de Bonavalle.

Item, emit a Stephano Regis III quartas siliginis Lemovicenses quas debet Hugo la Barrieyra.

Item, emit V sext. siliginis vig. a dictis *los Chambartz*, quos debent homines de prato Sti Aredii et *de Bonabric* et *de la Grandia* et de Podio.

Item, emit a Guillelmo *Largurier* XIII rasos avene Lemovicenses, quos idem Guillelmus habebat renduales, videlicet IX rasos super manso *de la Rotgaria*, parrochie Sti Hilarii, et IIII rasos super manso *de Bonabric*.

Item, emit ab Helia *de Lobetor* XXX sol, et V sext. siliginis et III sext. frumenti et XXVI rasos avene Lemovicenses et unam gallinam et unum caponem et terciam partem unius galline.

Item, emit V sol. quos S. Regis de Esgallo habebat renduales super bonis Hugonis celerarii, clerici, donati nostri.

Item, emit nemus Rafardi prope mansum *Laffarias*, precio quinquaginta librarum ab exsecutoribus testamenti B. de Royeria, domicelli.

Item, emit a dicto *Bretau* quoddam nemus contiguum nemoribus *de Brete* precio X librarum.

Item, emit a P. de Beuna quoddam aliud nemus contiguum nemoribus de *Brete* precio XII librarum.

Item, emit a dicto *Botot* de Montibus et a dicto *Guitart* alia duo nemora predictis nemoribus contigua.

Item, emit a Petro *Mayniel*, presbitero, quoddam nemus situm aput (sic) Vilabo precio LXX sol.

Item, emit a dicta la Bloya quoddam nemus contiguum nemori de Nederiis precio LX sol.

Item, emit ab exsecutoribus M° *Bloya* quoddam aliud nemus contiguum nemoribus de Nederiis precio C. sol; item, aliud nemus in Vauzellis a Stephano *Antebe* precio IV sol; item, aliud nemus in Vauzellis a Petro Martini precio IIII librarum.

Item, emit a B. Paternoster quoddam nemus situm in manso de Vilabo superiori inter nemora nostra que fuerunt G. Vilabo ex parte una et nemora B. et W. Paternoster a parte vie *de la Crozeta*, quadam semita interposita, precio XV librarum.

Item, edificavit locum *de Brete* pro majori parte.

Item, fecit duo stagna in terra de Aneta.

Bertrandus (1), Dei gratia abbas Sollempniacensis, totusque ejusdem loci conventus omnibus presentem paginam

---

(1) En note, d'une écriture du XVII° siècle : Iste Bertrandus abbas donavit suam crossam cappitulo et fundavit in cappella beate Marie ubi est sepultus duas vicarias : unam ad altare sti Johannis et alteram ad altare beati Jacobi predicte capelle beate Marie per testamentum suum in anno millesimo CCC^{mo} septuagesimo.

inspecturis salutem et pacem. Noveritis quod cum olim in receptione monachorum esset solita fieri reffectio generalis nobis et conventui, prebendariis, familiaribus et omnibus hospitibus advenientibus illa die, quod sine magnis sumptibus et laboribus fieri non valebat, diligenti tractatu et matura deliberatione habitis super istis, communi utilitate hinc et inde considerata, unanimi consensu duximus statuendum quod de cetero cesset predicta refectio, et quod loco predicte refectionis amici monachi recipiendi teneantur tradere duas tassas argenteas cum totidem cloquaribus argenteis ad pensum duarum marcharum cum dimidia argenti, et hoc teneantur tradere antequam monachus induatur. Preterea quod amici predicti teneantur tradere lectum munitum et duo paria raubarum et vestimentum et psalterium ad esgardium prioris claustralis et magistri puerorum. Item, et pro deveriis prioris claustralis, sacriste, cantoris, obtalarii, refecturarii et affeuatorum teneantur ultra tradere triginta solidos, de quibus quilibet affeuatorum qui percipiunt prebendas in festis annalibus (*sic*) habeat sex denarios. Et ista constitutio facta est de omnibus monachis. sive in monasterio sive extra monasterium induantur. Et quod amici monachi induendi non veniant nisi cum tribus equitaturis, quibus abbas vel mezatgarii teneantur expensas ministrare et non ultra. De predictis vero tassis et cloquaribus extitit taliter ordinatum quod dominus abbas habeat secum mediatatem (*sic*), hoc modo videlicet quod prestet juramentum conventui se nullo modo vendere, ingatgiare vel quoquomodo alienare predicta. Quod si contigerit dominum abbatem infirmari, convocet duos de conventu quibus vasa predicta tradantur, et in armario, in quo custoditur sigillum conventus, reponantur, donec dominus abbas curatus fuerit ; vel si forsan transierit, tradantur ejus successori sub conditionibus predictis et non alias. Et quod alia medietas vasorum predictorum distribuatur sociis per cameras sub conditionibus predictis. Et si contigerit quod socius tenens cameram infirmetur, reponantur vasa predicta cum sigillo conventus donec socio qui tenebit cameram restituantur sub juramento et conditionibus domini abbatis et non alias.

Fuit eciam ordinatum quod si dominus abbas vel aliquis sociorum amiserit aliquid de premissis, teneatur restituere infra unius mensis spacium sub pena prestiti juramenti. Preterea fuit ordinatum quod in die generalis capituli vasa predicta anno quolibet ostendantur et in libro conventus conscribantur. Acta sunt hec in die nostri capituli generalis anno dominice incarnationis millesimo CCC quinquagesimo primo.

Anniversarium Bozonis de Royeira, monachi et prioris claustralis, qui sepultus est in porticu juxta viam ante vitream sancti Jacobi. X sol. supra domum dictum de Royeira quam tenet Guido Bretaudi, sitam ante magnum clucherium ex una parte et aulam nostram et portale ex altera.

Anniversarium Johannis Moardi de Sollempniaco qui sepultus est ante portam monasterii inter clucherium magnum et domos de Royeira.....

Anniversarium Helie Moardi laici qui sepultus est (ut supra.....

Anniversarium Petri Moardi clerici qui sepultus est (ut supra.....

Anniversarium Marie Pelhicieira aliter dicta Maurizia, uxoris Geraldi Mauricii, que sepulta est in cimiterio juxta tumbas *ous Chabbaus*.....

Anniversarium Agnetis Botina aliter Maotela, relicte Petri Botini, burgensis castri Lemovicensis. XX sol. supra clausum suum vocatum clausum *Germa*, situm juxta crucem vocatam *Germa* et viam per quam itur de Sollempniaco aput (sic) Lemovicas vocatam *lo Peyrat*, ex parte una, et viam per quam itur de dicta cruce *Germa* aput *Pozolo sotras* et rivum vocatum *Chassidos*, quod clausum est vinea et nemus. Non est sepulta in hac villa.

Anniversarium B. de Savena monachi, X sol. videlicet IIII sol. quos emit ab illis de Mazeriis qui habebant eos renduales supra vinatam que debetur monasterio Sollempniacensi in festo beati Egidii ; item IIII sol. in domo que fuit dicte *la Muleta* de Vicano, quam tenet Johanes Valens, serviens, sita juxta torcular nostrum ante cimiterium de Vicano ; item

II. sol. super domo de Burgonovo que fuit P. *Daurat* juxta hospitale de Chastaneto ; item I st. frumenti ad mensuram de Sollempniaco, quem dominus Bertrandus abbas emit a Stephano *Foschier* aliter vocato *Amoros de Perolh*, parrochie ecclesie de Buxolio, solvendum in festo beati Aredii super omnibus terris et pratis dicti Stephani, vocatis *de las Varachas* sitis inter mansum *Abraara* ex parte una, et terras mansi *de Perolh*, ex altera, et terras mansi de Fonte, ex altera. Et predictus B. de Savena tradidit predicto domino abbati pecuniam ad emendum sextarium predictum frumenti.

Anniversarium domini Johannis de Angulo, monachi, prepositi de Ahento, octo sextarios siliginis ad mensuram de Payraco, quos adquisivit a Thoma Mauricii de Aneta. Qui, inquam, Thomas emerat predictos octo sextarios a Guidone Barrieyra de Aneta, qui habebat eos renduales super partem nostram decime de Aneta. Quos octo sextarios siliginis dominus Bertrandus abbas Sollempniacensis recognovit predictum Guidonem habere in predicta parte decime anno quolibet renduales ; et promisit pro se et successoribus suis solvere anno quolibet predictos octo siliginis [sextarios] ad dictum anniversarium faciendum ; et de hoc stant littere domini regis Francie et domini officialis Lemovicensis et domini Bertrandi, abbatis predicti.

Anniversarium patris et matris Johannis de Angulo, prepositi de Ahento.....

Anniversarium Marcialis Amelii, monachi..... Non est sepultus in hac villa.

Anniversarium Helie et Bernardi de Royeira, fratrum, domicellorum,..... qui jacent in porticu ante vitream beati Jacobi.

Anniversarium patris et matris Petri de Sto Juniano, monachi, prepositi de Linariis. X sol. quos debet Petrus *Trenquartz* de Sto Hilario Bonevallis super domos suas sitas in burgo Sti Hilarii et super omnibus aliis terris et bonis suis.

Anniversarium fratrum et sororum Petri de Sto Juniano, monachi, prepositi de Linariis.....

Anniversarium domine Falq....., uxoris domini Fulcodii

Bernardi aliter de Brolio, militis, qui jacet in capitulo ante crucifixum. X sol. pro quibus emendis Guido Bernardi aliter de Brolio, domicellus, filius suus, debet tradere duodecim florenos aureos. Et de hoc stant litere.

Anniversarium domini Fulcodii Bernardi aliter de Brolio, militis, qui jacet in medio capituli ante crucifixum (ut supra.....

Anniversarium domini Hugonis servientis, capellani Sti Hilarii Bonevallis. X solidos renduales super domum et ortum vocatos *de la Rocha* de Vicano, sitos inter domum Mathei *La Rocha*, que fuit Petri Avis, et ortum Bernardi *Boysso*, ex alia parte, et iter per quod itur de Vicano versus Lemovicas, ex altera.....

Tot pauperes debent recipi ad mandatum in cena Domini.
De veteri CC 4 pauperes.
Item, pro Petro Ruphi 4.
Item, pro G. Roderii 4.
Item, pro domino P. abbate 4.
Item, pro domino G. Fulcherii CCCC VII.
Item, pro Hymberto de Breno 4.
Item, pro G. de Monte 4.
Item, pro Guillelmo Fabri, clerico, XV.
Item, pro Johanna Robberti XV.
Item, pro Johanna Fulchieyra XIII.

Item, pro domino Archambaudo, abbate, seniore, qui jacet in claustro, L.

Item, pro domino Archambaudo, juniore, ejus nepote, qui jacet post ipsum in claustro, L.

Item, pro fabis C pauperes.

Summa omnium promissorum XI^c et L pauperes, pro quibus celerarius debet tradere quolibet anno triginta sextarios frumenti Lemovicenses et amplius X panes parvos.

Et prepositus de Artone debet tradere centum panes parvos pro centum pauperibus, quando cena Domini est in marcio; et quando cena Domini non est in marcio, tunc illi centum panes non solvuntur.

Item, celerarius debet quolibet anno XX solidos, computatis IIII solidis pro domino Archambaudo, abbate juniore,

Item, prepositus domini abbatis debet quolibet anno tradere ad cenam septuaginta solidos et XVI denarios.

Extraits d'un nécrologe de l'abbaye de Solignac. XVe siècle.

Ce fragment de nécrologe de l'abbaye ne compte que quatre feuillets parchemin, mesurant 0^m30 sur 0^m19 et rongés sur les bords. Il porte des lettres dominicales. L'écriture parait du XVe siècle.

— *Mensis maius.*

Anniversarium Willelmi *Gaucelin* qui comparavit IIII solidos et II denarios.

Anniversarium Heliae, prepositi de Sollempniaco.

Anniversarium Aymerici de Axia.

Anniversarium Amelie, uxoris B. de Roeria.

Anniversarium Guidonis, presbiteri, de prato Sti......

— *Mensis junius.*

Anniversarium Heliae Martelli, presbiteri, qui dedit V solidos.

Anniversarium Hugonis *de Solac*, prepositi Ste Fauste, qui dedit XX solidos *a Perpesac*.

Anniversarium P. Radulfi, prepositi Ste Crucis.

— *Mensis augustus.*

Anniversarium Petri *Vigier*, prepositi Ste Fauste, qui dedit V solidos *eu claus aus Caba de Poliers*.

Anniversarium Gaiferii Bechada.

Anniversarium Ademari, abbatis, qui comparavit decimam de Viçano.

Anniversarium Petri, monachi, *de Felet*, quod debent facere de cellario......

Anniversarium Audoini, abbatis.

— *Mensis september.*

Anniversarium Stephani Jordani, monachi.

Anniversarium Petri *Mesclamal*, monachi.

Anniversarium Baldoini, episcopi Noviomensis, de cellario.

Ad anniversarium Geraldi, monachi de Cella, prior de Cella reddit X solidos.

PIÈCES DIVERSES

Ordonnance rendue par les commissaires du comte de la Marche sur le fait de certains privilèges réclamés par les consuls d'Ahun (1). — 1379.

A touz ceulx qui ces présentes lettres verront et orront, Jehan de Monclaon, Guillaume Morin et Jehan Lambert, escuiers, généraulx refformateurs en la conté de la Marche pour très hault et excellent prince, nostre très redoubté seigneur, Monseigneur Jehan de Bourbon, conte de la Marche, de Vendosme et de Castres, si comme il appert par ses lettres de commission à nous adroicées, desquelles la teneur ci-dessouz s'ensuit, salut.

Jehan de Bourbon, conte de la Marche, de Vendosme et de Castres, a noz amez escuiers Jehan de Monclaon, Guillaume Morin et Jehan Lambert, nostre trésorier de la Marche, salut. Il est venu à nostre notice et cognoissance que plusieurs novelles acquisitions hont esté fetes en nostre conté de la Marche et ressort d'icelle, et de choses movens de nostre fié et seignorie, pour lesquelles acquisicions nostre dit fié et nostre domeyne sont forment deparareliés et apeticés en nostre grand préjudice et domage, et aussi pour les dictes acquisicions nous appartient les finances, esmortissemenz et rachaps ; et avecques ce nous avons entendu que plusieurs noz prévostz qui naguéres hont esté en nostre dicte conté, et aussi les collecteurs, receveurs et commis sur le fait des fouages en leurs offices hont fait et perpétré plusieurs maléfices et estorsions, et en oppriment le fait de noz subgiz (*sic*) et recelent nostre droit. Pour ce est-il que nous confianz à plain de vostre loyaulté et diligence, vous mandons et commetons, ou de vous trois les deux, que vous transportez en nostre dit pais, et de et sur les choses dessus dictes enquerez bien et diligemment, et de ce que vous troverez à nous appartenir fetes finer les parties à vous en nom de nous,

(1) Près Guéret (Creuse).

et ceux que vous trouverez estre coulpables punissez selont les cas et maléfices, et des choses dessusdictes cognoissés par voye de refformacion et autrement, en recepvent touz ceux qui es choses dessus dictes et en aucune d'icelles auront falli, mespris et delinqué a composicion convenablement, se le cas le requiert et bon vous semble qu'ilz doient estre receuz : et ce faites si diligemment car vous ne soiez repris de nelligence; car de ce fère à vous trois, ou des trois les deux, donons plain povoir et mandement espécial, et mandons à touz noz subgiz, requerant tous autres, que en faisent et exercent led. office vous hobéissent et intendent diligemment et donnent confort et aide, se mestier en avez. Donné souz nostre séel, le X° jour de jung, l'an mil CCC LXX et neuf. (1) Et de donner lettres d'absolucions et quittances es parties sur les cas dessusdiz, et volons que elles soient valables et ratifiées par nous, si mestier est Et sont signées les dictes lettres en marge par dessouz L. Boulère, et scelées du seel de noz dit ségneur en cire vermeille et en pendent.

Comme le procureur de noz dit ségneur par vertu des dictes lettres de noz dit ségneur ci-dessus transcriptes ehust fait apeler par devant nous Pierre Teste, Jehan Bouchenon, Guillaume Johin et Guillaume Reynau, cossouls de la ville d'Ahun, disant et proposant contre eulz que ilh et leurs prédéceseurs cossouls d'icelle ville d'Ahun avoient imposé, égué et levé au temps ça en rières plusieurs tailles tant ordinaires que extraordinaires, desquelles iceux cossouls n'avoient compté ne rendre compte ne respousion à monseigneur ne à ses genz, que fere devoient, item et que les diz cossouls avoient signé et ajuté mesures de blez, de vin, de sel, d'uyle et autres mesures sauve à déclarer, sans que povoir ne puissence ehussent de monseigneur ne de ses genz de le fère; item et que les diz cosoulz avoient imposé, égué et levé plusieurs tailles, questes, collectes, subsides pacis, donacions et contribucions de et sur plusieurs genz, choses et bien des villes, vilages et lieux qui s'ensuivent : c'est assavoir en et sur la ville de Sainct Marsal lo mont et sur

(1) Cette phrase doit se placer sans doute après les mots : *mandement espécial.*

la ville et habitanz de Chavanac, joste la Poge, sur le mas de Molas, sur le mas Faure dou Fust, sur le mas de Puy-Trabalho, sur le mas de la Caccière, sur le mas de Felhines, sur le mas deu Peclet, sur le mas d'Ecclameyrat, sur le mas de las Granges qui en partie fu à fu mestre Girau Frusche, et sur le mas de la Percla, et sur le mas de la grange Guilhaume Faure, et sur le lieu ou héritage de Perrotin Faure, situé à Chantamillain, et sur tout l'éritage des Mouhez du bourc d'Ahun, et sur le mas de Valeisa Larsilier, et sur les lieux ou héritages aus Jourdas de Sainct Pardouz les Cars, et sur le lieu de la Borde, et sur la ville d'Yssoudun, et sur le lieu dou Mont-gaspieu, et sur le mas Ganachou, et sur le lieu de Baleste la Sotrana, et sur les héritages des Racous du bourc d'Ahun, et sur les lieux ou héritages aus Gontiers pousez au territoire du bourc d'Ahun et en las champs d'Aient, et sur aucuns autres lieux ou héritages les quiex lesdiz cossols disoient appartenir à leur cossolat et franchise, en atribuent et voulant y atribuer icelles genz, choses, biens, villes vilages et lieux à leur cossolat, communauté et franchise que iceux cossouls se disoient avoir, et les avoient receuz en et de leurs libertez et franchises d'icelui consolat et franchise leur, que fère ne povoient ne devoient, si non que expressément fussent déclarez en leurs privilèges qu'il se disoient avoir ; — Item et que pluseurs talles, collectes, subsides, donacions et contribucions imposées, eguées et levées au temps ça en rières tant par les diz cossouls que par aucuns et pluseurs collecteurs de la dicte ville et franchise d'Ahun, iceux cossouls et collecteurs n'avoient respondu ni rendu compte ne respousion à Monseigneur ni à ses genz, que fère devoient :

Pourquoy disoient lidiz procureur monseigneur que les diz cossouls avoient abusé de leurs dits privilèges et en estoient amendables à monseigneur, et en estoient tenuz à en rendre compte et respousion convenablement à monseigneur ou à ses genz. — Les diz cossouls disanz à leurs sauvemenz et deffenses que, quant estoit d'avoir levé les tailles ordinaires et extraordinaires, que ilh l'avoient fet et que fère le povoient sanz en estre tenuz de rendre compte a monseigneur ne a ses genz, mes les cossouls vieux et nouveaux, quant se remuyent par année, par vertu de leurs privilèges que ilh avoient et que leur furent donez et outroiez par fu de bone mémoire Hugues le Brun, fu conte de la Marche (cuy Dieu absoille); des quiex privilèges iceux cossouls nous hont mostré et exhibé le vidisse souz le seel de la chancellerie de la Marche, disant que l'original d'icelui privilège ilh avoient mis en garde pièce et en ville forte par la pehur des guerres, et aussi ne povoient mostrer a présent autres letres confirmatoires de noz dit ségneur, donées d'autreffois d'iceux privilèges, si comme ilh disoient, pour semblable cause; pour quoy ilh disoient que ilh ne povoient mostrer a présent leurs diz privilèges ne leurs dictes lètres confirmatoires d'iceux privilèges. — Et quant estoit d'avoir signé et ajuté les dictes mesures, les diz cosouls disoient que d'icelle liberté et d'aucunes autres libertez ilh avoient usé et joy au temps ça en rières paisiblement et si longuement qu'il n'estoit mémoire de home au contraire, et que ilh le povoient fère par vertu de leurs diz privilèges, et que einssi ilh avoient signé et ajuté les dictes mesures quant besoing leur avoit esté et quand il leur avoit pleu de le fère. — Et quant estoit d'avoir receu de leurs libertez et franchises les persones et lieux et choses forenses (*sic*) dessus déclarées, situées au dehors la dicte ville d'Ahun, les diz cossouls disoient que fère le povoient et que einssi ilh l'avoient fait et usité au temps ça en rières par vertu et joste et selont la teneur de leurs diz privilèges. — Nous, sur ce ehu regart et considéracion à la teneur et lecture des dictes lètres de vidisse a nous mostrées et exhibées par les diz cossouls, et à tout ce que dit nous a esté par iceux cossouls affin de leurs diz sauvemenz et deffenses, et aussi à tout ce qui à ce nous puet esmovoir, avons licencié et absolu les diz cossouls de la court monseigneur, licencions et absolons par ces lètres de et sur les demandes dessus dictes et chascune d'icelles, et en avons impousé et impousons perpétuele silence audit procureur monseigneur, et sanz ce que les diz cossouls ne leurs hoirs ne successeurs soient james dores en avant tenuz à respondre ni à rendre compte ne respousion à monseigneur ni à ses genz ne officiers quieuxconques, d'icelles talles ordinaires ne extraordinaires, levées comme dit et de tout le temps passé jusques au jour de la date de ces lètres, mes les uns cossouls rendront compte et respoucion es autres cossouls quant se remueront par année des taalles ordinaires seulement ; et le surplus qui y sera par fin de compte sera et donera aux diz cossouls d'icelles tailles ordinaires et extraordinaires de temps passé jusques à présent, comme dit est ; et des tailles et collectes extraordinaires du temps avenir, les collecteurs ou autres levaours qui par les temps avenir seront, compteront et seront tenuz à rendre compte et respousion à monseigneur ou à ses genz. Parmi ce que pour ce que les diz cossouls ne povoient bonement mostrer ne enségner par lètres ne autrement de pooir lever icelles talles ou collectes, subsides pacis, donacions, contribucions ou autres levés par eulz et par autres quiexcunques de leur dit cossolat et franchise et de la dicte ville d'Ahun faites et levées, les quelles estoient extraordinaires, ne aussi lètres de quittance de icelles, nous iceux coussouls avons receuz à composicion pour monseigneur à la somme de vint frans d'or a paier par une foiz à monseigneur ou à son trésorier. — Et ces lètres et la teneur d'icelles nous avons promis et promettons fère ratifier, aprover et confermer a mon dit ségneur par ses lètres pendenz sous son scel en bone forme au prouffit d'iceux cossols et de leurs diz cossolat et franchise. — Il nous est certain des rasures fètes en icelles dictions : Jehan de Bourbon, conte de la Marche de Vendosme — la fère la — et fait an ledit procureur monseigneur et ou les diz cosouls. — Donné souz noz sceaux en l'audience tenue par nous, Ahun le xxx° jour de jung et l'an de grâce mil CCC LXX et neuf (1).

(« *Le titre original et la collation de cet acte appartiennent à M. Jorrand, notaire à Ahun.* » — *Copie d'Aug. Bosvieux, fonds de ce nom, E. 2. aux Archives départementales de la Haute-Vienne*).

(1) Une collation originale de ce titre faite le 19 février 1553 (54) par les notaires royaux, Evrard et..... (la seconde signature a été enlevée) nous apprend que cette ordonnance était « scellée au dessus du plys en cyre rouge

Franchises de la ville d'Ahun — 1545.

Le 22 avril 1545, les consuls des ville et franchise d'Ahun, honorables hommes M° Gilles Cusinet le jeune, Jean Moreau l'aîné, Jean Perrin et Jean Lamy, reconnaissent, par devant notaires, tenir et porter en foi et hommage franc et lige, *de main et de bouche*, de très haut, puissant et très redouté prince, Monseigneur Charles, fils du roi de France, duc d'Orléans, d'Angoumois et Bourbonnais et comte de la haute et basse Marche, à cause de sa dite comté de la Haute-Marche et de son chastel et chastellenie d'Ahun, la ville d'Ahun ainsi que sa franchise dont la délimitation suit.

Dans l'étendue de cette franchise étaient compris les mas et villages suivants : le village de la Grange-au-Faure, situé sur la rivière de Creuse, le Mas d'Auriolle, le lieu de las Champs, le lieu de Villas-Favars, le village de Beauregard, le village de Mas-Faure, le lieu de Boys-Moure, le mas et village de Molles, le village de Molletas, le village du Puys-Trabillon, le village de Mastribut, le village de la Carrière, les villages de Felynes, du Chauchadis, de Clameyrat, le Mas-Ganachou, la métairie de la Vicairie-Franche située au territoire de las Granjas, et le Mas du Teil. Tous ces héritages sont tenus en condition franche, excepté le village de Molletas (moins le tenement de Villate), qui est tenu servement, et le Mas du Teil qui est tenu en fief, noblement.

La franchise d'Ahun avait également des dépendances situées hors de ses limites, *contribuables à ladite franchise et terres d'icelle*. C'étaient différents héritages au village de Pierreficte (parr. d'Ahun), le lieu et héritage jadis appelé la méstairye des Normans (nom des anciens garde-sceaux de la châtellenie d'Ahun), à Cressac, au village de Belut (parr. de Cres-

---

sur simple queue », et rapporte à la suite la confirmation donnée par le comte de la Marche, le 6 juillet 1379. Malheureusement les lettres de confirmation, du reste fort courtes puisqu'elles ne contenaient que 7 lignes, ont été détruites en partie par une coupure faite à l'angle gauche du parchemin.

La mention des notaires attestant que l'ordonnance originale était scellée sur simple queue est inexacte; car l'original que nous avons sous les yeux porte encore sur le repli les traces d'une incision qui donnait passage au lacs de parchemin ou de soie auquel était appendu le sceau, et qui dans ce cas était forcément double sac), aux villages de Montcougul, de Baleste-la-Soustrane, de las Villatas, à St-Pardoux-les-Cars, aux villages de Mongaspict, de la Borde, de la Chassagne-aux-Picaud, de Fontigier, de Valeyze-l'Ardallier, de Villards, de Breuil (parr. de Mazeyrat), de Chantemillan, au Moûtier d'Ahun.

Une seconde catégorie comprenait les lieux qui payaient redevance aux consuls *pour la jouissance de la franchise tenue d'eulx*. Les consuls de St-Martial-le-Mont devaient 20 s. tournois ; il était dû 10 s. à Issoudun, 3 s. à la Brutyne (parr. de Fransèches), 3 s. Azaget, à las Buxieras 2 s. et sur le pré Mazeau de la Vau, 4 s. tournois.

Les consuls reconnaissent qu'eux et les autres bourgeois, manants et habitants de la ville d'Ahun sont hommes et francs bourgeois de mon dit seigneur, ses sujets et justiciables, et qu'ils sont tenus, à cause de ladite franchise, de payer à Mgr le comte, chacun an, de rente et devoir perpétuel, à la fête de St-Michel-Archange, la somme de 50 s. tournois, pour raison de leurs héritages tenus par eux franchement, en directe et foncière seigneurie, dans l'étendue de ladite franchise — et le double de ladite somme aux quatre cas accoutumés.

Touteffois ont dict n'estre subjects à droicts de lots et vantes, ne autre droict, hors mis à la dite somme de cinquante livres tournois de taille franche, et double aux quatre cas.

Plus ont dit être tenus de payer, chacun an, de rente et devoir perpétuel, à ladite fête de St-Michel, la somme de 20 s. tournois et 10 livres de cire, à cause du four bannyer de la ville d'Ahun, auquel les manants et habitants de ladite ville en franchise sont tenus de venir cuire leur pain. Mais ils ont, à cause de ce, le droit de faire prendre par leur fournier, le bois mort nécessaire au chauffage du four, dans la forêt de Pougnat, appartenant au comte.

Plus ont confessé qu'ils sont masnans de mondit seigneur, et subjects à mouldre leurs grains audict moulin de mondit sgr, appellé du comte, sytué sur la rivière de Creuze, en ce que le mosnier dudict moulin est tenu, ou ses serviteurs, venir quérir le bled en leurs maisons et rendre la farine en leurs dictes maisons.

Ils déclarent être exempts, à cause de leur franchise, de tout droit de leyde et péage dans toute l'étendue de la franchise, et qu'ils sont immunés de guet et autres subsides, enfin de toutes charges, hormis celles qu'ils ont reconnues.

Ils déclarent être en possession et saisine de toutes mesures de grains, vins, huiles et autres choses qui se vendent au poids et à la mesure, dans toute l'étendue de leur franchise et de ses dépendances :

Et aussy qu'ils ont sceaux et contrats autentiques ; et que au jour de marché, nul sergent de mondict seigneur ne autre ne peubt arrester, exécuter, adjourner ne faire autre exploict sur les allans et venans audict marché, sans la permission des dicts consuls, et s'il est faict au contraire, ils en peuvent faire délivrance.

Plus ont dict lesdicts confessans qu'ils ont droict de chasse à cors et à crys, et à cordes, oyzeaux, et de pescher en leur rivière et en leur escluze de la Grave qui est sur ladicte rivière de Creuze, au-dessus de leur moulin, appellé de la Grave, tenu par les habitants de la Baleste, qui est de ladicte franchise, et par tout le long de ladicte rivière, sauf et réservé les escluzes des moulins appartenans à mondit seigneur.

Plus ont dict que le capitaine dudict chastel d'Ahun est tenu, en cas d'éminent péril de guerre, leur bailler douze guestans de ladicte chastellenye pour la tuition et deffence dudict chastel et ville, à chascun soir ; et icelle ville faire fermer chacun soir, et garder les clefs de la porte du chasteau, et les consuls les autres clefs des portes de ladicte ville.

Plus ont dict qu'ils ont droict et, avec ce, sont en bonne possession et saisyne de prendre et lever sur les baisles des confrairies desdicts lieux et franchise de St-Martial-le-Mont, Chavanat et Yssoudun, et aussy sur tous hosteliers et vendans vin ès dicts lieux, le jour de leur feste, sçavoir est : sur lesdicts baisles, un maiz de viande, deux pots de vin et quatre pains : et sur lesdicts hosteliers vendans vin, un pot de vin et un pain sur chacun d'eulx. Item, et peuvent les habitans desdicts lieux de Chavanat, St-Martial-le-Mont et d'Yssoudun eslire et faire eslire et faire consuls, chacun an, qui sont tenus payer ladicte taille franche ausdicts confessans : et ne peuvent lesdicts habitans desdicts lieux de St-Martial-le-Mont, Chavanat et Yssoudun, eslire lesdits consuls que préallablement ils ne les ayent présentez, et que ne soit le consentement des consuls de ladicte ville d'Ahun.

Item, ont plus dict qu'ils, ne les autres habitans de ladicte ville et paroisse, ne peuvent et ne doibvent faire le charvalys à aucuns habitans de ladicte ville et paroisse, soy maryans et remaryans : mais doibt celuy qui se marye ou remarye dans ladicte ville, aux compagnons à marier de ladite ville, quatre pots de vin, quatre pains et un maiz de viande : et ceux de la parroisse, qui se maryent ou remaryent, doibvent cinq sols pour ledict droict. Et au défaut que lesdits compagnons n'y seront, lesdits consuls lèveront ledict droit, en ce que lesdicts compagnons ou consuls sont tenus accompagner lesdicts maryés allans et venans de leurs maisons à l'esglize, jusques à la porte de leurs maisons s'ils sont de la ville, et s'ils sont de ladicte paroisse, jusques à la porte de ladicte ville. Et à défaut de payer lesdicts droits, les peuvent exécuter pour ledict droict, de leur autorité, à ladicte porte.

Plus ont dict que le juge chastelain de ladicte ville a droit de visitation sur tous marchands forains vendans draps d'Allemagne, de Paris, a chascun jour de foyre de St-André, ou quoy que soit, une fois l'an, et prend pour chacun aulnage dix deniers tournois.

Plus ont dict que la halle et plassage de ladicte ville d'Ahun leur compète et appartient, et en lèvent les profictz et esmolumens, et lesquels ils mettent et employent aux affaires de ladicte ville.

Cette reconnaissance, passée devant Simon Evrard et Jean Planteligne, notaire à Ahun, fut remise le lendemain, 23 avril, par les consuls ou délégués de M° François Crespin, sgr du Bost, chancelier de Mgr le duc d'Orléans, comte de la Marche.

Quelques jours auparavant les consuls avaient prêté leur hommage entre les mains du chancelier. Cela résulte d'un mandement du comte de la Marche adressé à son sénéchal, ainsi conçu :

Charles, fils du roy de France, duc d'Orléans et d'Angoumois, comte de la Haute et Basse Marche, à nos amez et feaux sénéschal de la Haute Marche ou son lieutenant, procureur, receveur et officiers en ladite sénéchaussée, salut. Savoir vous faisons que nos chers et bien amés Jean Moreau et Jehan Parrin, consuls de la ville d'Ahun, nous ont, ce jourd'huy, en leurs personnes, faict, ès mains de notre amé et féal chancelier, leur foy et hommage que tenus ils estoient nous faire, pour raison de la franchise qu'ils ont tant en la ville d'Ahun que au mas d'Auryolle et autres villages circonvoysins, appartenances et dépendances quelconques de ladite ville et franchise d'Ahun, le tout tenu et mouvans de nous à cause de nostre dicte chastelenie d'Ahun : ausquels foy et hommage nous les avons receus, sauf nostre droict et l'autruy. Sy vous mandons et à chacun de vous, sy come luy apartiendra, que sy, pour cause des dicts foy et hommage à nous non faict, les choses susdites ou aucune de leurs dépendances et appartenances sont ou estoient pour ce prises, saisies et mises en nostre main, les luy ont fait mettre incontinent et sans delay à plaine délivrance et au premier estat et dheubt, car tel est nostre plaisir, pourveu que lesdicts temps dheubs et accoustumés, ils bailleront leur dénombrement et adveu, feront et payeront les autres droits et debvoirs, sy faicts à payer ne les ont. Donné à Guéret, le septiesme jour de mars, l'an mil cinq cent quarante-quatre (1544). Signé par Monseigneur le duc et sellé à la relation de son Conseil, Burgensis, et sellé de cire rouge aux armes dudit sieur.

Ce mandement est extrait d'un cahier copié au commencement du XVII° siècle et contenant la copie de plusieurs aveux et dénombrements faits par les consuls d'Ahun. Outre le dénombrement de 1545 et avant se trouve une ratification du comte de la Marche du 6 juillet 1379, confirmant certaines réformes faites par ses délégués. L'ordonnance des délégués manque : la fin de la date se trouve seule sur le cahier, dont les premières pages sont enlevées.

Jehan de Bourbon, comte de la Marche, de Vendôme et de Castres, savoir faisons à tous que nous, pour nous, pour nos hoirs et successeurs présents et advenir, de grâce spéciale et de nostre certaine science, les choses contenues ès lettres de réformation de nos commissaires par nous ordonnés à présent en nostre dict comté de la Marche, parmy lesquels ces nostres présentes sont annexées, louons, approuvons, agréons, ratiffions et confirmons par ces lettres, et voulons et octroyons que elles et chascune d'icelles soient et demeurent en force, en vertu perpétuelle, sans faire, ne souffrir faire, ne venir au contraire. Et ainsy le voulons et l'avons octroyé et le voulons et l'octroyons par la teneur des présentes. Donné soubz notre scel, en nostre chastel de Montegut, le sixiesme jour du mois de juillet, l'an de grâce mil trois cent soixante et dix-neuf.

(« *Ce cahier m'a été communiqué par M. Jorrand, notaire à Ahun, ainsi qu'un autre contenant copie du dénombrement du 22 avril 1545; fait en 1727, à la requête des consuls de l'année précédente : Louis Rondeau, Jean Cuzinet, Guillaume Conthounel et Gilles Moreau. » — Copie d'Aug. Bosvieux, dans le fonds de ce nom, E. 2, aux Archives départementales de la Haute-Vienne*).

Droits d'usage des habitants d'Ahun dans la forêt de Pougnat. — 1611.

Arnoul de Nouveau, seigneur de Fromont, conseiller du roy, grand maître enquesteur et général reformateur des eaux et forestz de France au département de Champaigne, Bourbonnois, Lyonnois, Forestz, haulte et basse Marche, Lymosin, Auvergne, grand gruier de Bourgogne, commissaire depputé par Sa Majesté pour la recherche des usages et droicts de confirmation deubz à Sa Majesté à cause des usages et droictz de son advenement à la couronne, suivant l'arrest et commission du Conseil d'Estat du XXIII juing dernier.... vu l'exploit et commandement d'assignation donné par devers nous aux consulz, manans et habitans de la ville d'Ahun pour apporter et mettre en noz mains ou de nostre greffier toutes les lettres et titres en vertu desquelz ils prétendent droict d'usage en la forest de Pouignac, afin d'estre par nous proceddé à la vérification d'iceulx, et avec cognoissance de cause à l'évaluation des taxes et advis qu'il nous est mandé donner à sad. Majesté pour led. droict de confirmation ; une transaction feste entre Bernard d'Armagnac, comte de la Marche, d'une part, et lesd. consuls, manans et habitans d'Ahun, d'autre part, le III juillet M. IIII^c XXVI (3 juillet 1426), portant entre aultres choses que les habitants qui estoient en lad. ville et seront pour le temps advenir pourront prendre et percepvoir du bois mort nécessaire pour le chauffage de leur four à ban en la forest de Pouignat, touttefois et quantes que bon leur semblera et pour leurs nécessitez, ensemble leur auroit esté laissé pour tousjours par led. conte le Pré au Conte que de tout temps vouloient tenir et avoir les fourniers et fermiers dudit four, et en faire à leur volonté et plaisir, à la charge de payer chascun an au jour St-Michel la somme de vingt libvres de cire de rente annuelle ; — une déclaration et dénombrement passé par devant Planteline et Evrard, notaires royaulx, le XXIIe apvril M V^c XLV (22 avril 1545) des tailles franches dueues au roy par lesd. habitans d'Ahun et autres villages circonvoisins à cause des terres et héritages qu'ilz tiennent en franchise, où est compris ledit four et pré qui est de la contenance de deux journaulx, et pour raison desquelz droictz lesd. habitans payent cinquante livres de rente à Sa Majesté, outre la redevance cy-dessus ; — ung acte de présentation dudit denombrement et hommaige fest par devant Satir Pannetier à ce commis et depputé par *le duc d'Orléans, conte de la Marche*, le XXIIIe apvril M V^c XLV ; — l'ordonnance ou attache du sieur d'Ocquaire, nostre confrère aud. estat de grand maistre du XIe may M. VI^{c}III (11 may 1603), par laquelle il permet auxd. habitans de jouir par provision d'iceux droictz à la charge d'obtenir lettres de confirmation ; — une autre ordonnance du lieutenant du maistre particulier des eaux et foretz de la Marche du dixiesme novembre M V^c vingtsept (10 nov. 1527), par laquelle il permet aussy ausd. habitans, après avoir ouy le procureur du roy, de jouir dud. droitz cy-dessus en lad. forestz de Pouignat. Et tout considéré, nous avons donné acte auxd. habitans de leurs déclarations et représentation desd. titres, et, en tant que nous est permis, permettons jouir desd. droictz cydessus *à la charge de payer les deniers à quoy ils seront taxez pour led. droict de confirmation.* Et pour remédier à la plainte à nous faicte par plusieurs usagers dud. deppartement des vexations qui leur sont faictes par assignations pour la représentation desd. tiltres, avons fest deffenses pour raison de ce d'appeler ou faire appeler doresnavant lesd. usagers, à peyne de nullité et de tous dépens, dommages et intérest. Sy mandons au M^e particulier desd. forestz, son lieutenant ou autres officiers d'icelles qu'il appartiendra, que du contenu cy-dessus ils laissent jouir et user lesd. habitans d'Ahun, sans leur donner aulcun trouble ny empeschement quelconques, à peyne de tous despens, dommages et interestz. En tesmoing de quoy nous avons signé ces présentes et à icelles faict mettre et fait apposer le scel et cachet de nos armes, à Guéret, le douziesme jour de décembre mil six cens onze.

Signé : A de Nouveau — Sceau sur papier représentant, dans un écusson surmonté d'un casque et soutenu de lambrequin, un aigle déployé.

(« *Titre original sur parchemin appartenant à M. Jorrand, notaire à Ahun* ». — *Copie d'Aug. Bosvieux dans le fond de ce nom, E. 2; aux Archives départementales de la Haute-Vienne*).

Bail des fruits et revenus de la prévôté de La Souterraine. — 1662.

Le sixiesme jour du mois de juin mil six centz soixantedeux, à Limoges, par devant le notaire royal, présents les tesmoingts soubsignés, après midy, a esté présent vénérable

Mᵉ Jean Demanent, docteur en Sorbonne, chanoine de l'esglize cathédralle dud. Limoges, lequel faisant pour et au nom de messire Georges d'Aubusson de Lafeulhade, archevesque et prince d'Ambrun, commandeur des ordres du Roy, conseiller en ses conseils, et son ambassadeur en Espaigne, abbé des abbayes de St Jean de Laon et de St-Loup de Troye, seigneur prévost commandataire de la prévosté de La Soubstraine, et ayant charge dud. seigneur par lettre missive de Madry [Madrid] du seizieᵉ mars dernier, a renouvelé et continué, du jour et feste St-Jean-Baptiste de l'année prochaine mil six centz soixante-trois, jusques à cinq ans consecutifs apprès ensuivant et qui finiront à pareil jour de St-Jean Baptiste de l'année que l'on comptera mil six centz soixante-huict, et promis aud. nom garantir et faire jouir durand led. temps à Mᵉ François Guilhemet, procureur d'office de lad. ville de La Soubstraine, présent et acceptant, faisant tant pour luy que sʳ André Floret, bourgeois et marchent de lad. ville de La Soubstraine, et fondé de sa procuration expresse, dactée du cinque du présent mois, signée dud. Floret, Hebret, P. Bonnet et Legras, notaire royal, qui a demeuré ès mains du notaire royal soussigné pour estre incérée au bas des présentes, la jouissance des fruits, proffits et revenus de lad. prévosté de La Soubstraine en quoy qu'ils puissent consister, tous ainsin qu'iceulx Guilhemet, Floret et confermiers en ont jouy, jouissent à présent et ont droit de ce faire par vertu des baux précédants à eulz faitz par led. seigneur archevesque par devant Lebouchet et Levesque, noʳᵉˢ au chastelet de Paris, le neufviesme avril mil six cents cinquante-deux, et autre bailh subséquent fait par devant Pezas, notaire royal de lad. ville de La Soubstraine, le XXII janvier 1658, sans aulcune chose desd. fruits, profits et revenus excepter, retenir ny réserver, pour par lesds. sʳˢ Guilhemet et Floret jouir et uzer pendant led. temps à leur proffit ; ceste continuation et renouvèlement de bail faite moyennant le prix et somme de *deux mille quatre cents livres* de loyer et ferme pour chascune desd. cinq années qu'iceulx Guilhemet et Floret seront tenus et obligés solidairement l'un pour l'autre, sans division, discussion ny fidesjussion, renonçant au béneffice et exception desd. droits, bailher et paier aud. seigneur archevesque en son hostel en la ville de Paris, ses agens, procureurs ou porteurs de ses quittances, en deux termes et payements esgaux de chascune année, montant chascun d'iceulx termes la somme de douze cents livres au jour de Noël et St-Jean-Baptiste, dont le premier d'iceulx eschera au jour et feste de Noël de lad. année prochaine mil six centz soixante-trois ; le segond au jour de St-Jean-Baptiste ensuivant mil six centz soixante-quatre ; et continuer consecutivement aux mesmes termes pendant lesds. cinq années de la présente afferme. Oultre lequel prix susd. et sans diminution d'icceluy, lesds. fermiers seront tenus et obligés solidairement comme dessus, paier et acquiter toutes les charges anciennes et accoustumées dheues sur les revenu et prévosté de la Soubstraine, consistant entre autres choses au payement des décimes ordinaires, pantions de six religieux, du sacristain et du viquaire perpétuel de lad. prévosté ; et de satisfaire et acomplir toutes les autres charges, clauses et conditions et réserves desds. baux, le tout pour lesds. cinq années prochaines et consécutives de la présente ferme sans diminution, come dit est, du prix : accordant led. s^r Manent aud. nom ausd. fermiers d'associer en lad. ferme un ou deux consorts tels que bon leur semblera, à condition que led. associé ou associés s'obligeront solidairement, comme dessus, avec eulx au payement de lad. some et charges d'icelle ; et ce avant led. jour de St-Jean-Baptiste mil six cents soixante-trois que lad. ferme commencera, à la charge et condition en oultre par lesds. fermiers de paier annuellement pandant lesds. cinq années et pour chascune d'iccles au prêtre qui deservira l'annexe de Labuxière-Magdeleine la somme de quinze livres sans diminution, comme dit est, du prix de lad. ferme et sans néanlmoings tirer à concéquence aud. seigneur, et sans pour luy recognoistre qu'il en soit tenu, ce qu'il en faict estant de sa pure libéralitté, ne pouvans lesds. fermiers cedder ne transporter leur droit des présentes sans l'expres consentement et par escript dud. seigneur auquel ils fourniront à leurs despans autant des présentes, en forme exécutoire, à sa volonté, eslizant lesds. fermiers domicille irrévocable pour l'exécution présente en la maison de Me [en blanc] Dacolle, procureur en parlement, seize rue de la Vieille Draperie, à Paris, auquel lieu, etc., nonobstant, etc., obligeant, etc., chascun en droit soit, etc.. lesds. Guilhemet et Floret solidairement sans division, ne discussion et fidejussion, corps et biens, etc., renonçant, etc., pour eux au bénéfice desd. droits etc. Dont a été concédé lettres sous scel royal en la meilleure forme, en présence de Me Pierre Demanent, greffier en l'élection dud. Limoges, et Jean Ponroy, practicien, tesmoings à ce appelés.

[Signé] MANENT, faisant pour led. seigneur archevesque.
J. GUILEMET   DEMANENT présent.
                  J. PONROY présent.

THOUMAS, notaire royal héréditaire.

S'ensuit la teneur de la susd. procuration.

Suit la procuration donnée le 5 juin 1662 à la Souterraine, par « Me André Floret l'esné. marchand bourgeois de lad. ville » à « Me François Guillemet, procureur fiscal de lad. ville » pour le représenter, passer contrat de ferme et renouvellement de bail, etc. « de la jouissance des fermes, proffits et revenus de la prévosté de la present ville de la Soustraine en quoy qu'ils puissent consister ; et pour en jouir tout ainsy que led. constituant et ses confermiers ont fait depuis les dix-neuf ou vingt années dernières en vertu des baux à eux faits de illustrissime et reverandissime messire *Georges Daubusson de Lafeillade*, seigneur archevesque et prince d'Ambrun, abé de St Jean de Laon, prévost commandataire de la présent ville de la Soustraine, conseiller du Roy en ses conseils d'estat et privé, et son ambassadeur en Espagne, ou autres personnes ayant de lui charges..... »

(Le prix et les conditions indiquées sont les mêmes que dans le bail ci-dessus. Le reste de la pièce est sans intérêt. Elle est signée A. FLORET A. HEBRET, P. BONNET, et LEGRAS, notaire royal héréditaire).

(*Communication de M. Louis Bourdery, avocat, d'après la minute trouvée en l'étude de Me Billard, notaire à Limoges.*)

Arrêt du Conseil d'Etat autorisant l'établissement d'un bac sur la Gartempe, en la paroisse de Bussière-Poitevine. — 1751. Impr.

(Extrait des registres du Conseil d'Etat)

Vu par le roy étant en son Conseil les mémoires présentés en icelui au sujet d'un bac que tient Dame de la Nairbonne, ou Simon Dupuis dit Masvignaut, et Jean et Jacques de Lavaud ses rentiers sur la rivière de Guartempe, au port de Champagnac (1), paroisse de Bussière-Poitevine, ensemble l'avis du sieur intendant commissaire départi pour l'exécution des ordres de Sa Majesté en la généralité de Limoges, sur l'utilité du dit bac ; conclusions du sieur Maboul, maître des requêtes, procureur général de Sa Majesté en cette partie. Vu aussi l'avis des sieurs commissaires nommés par l'arrêt du Conseil du vingt-neuf aoust mil sept cent vingt quatre, et autres rendus en conséquence. Ouï le rapport et tout considéré. Le roy étant en son Conseil, conformément à l'avis des dits sieurs commissaires, a permis et permet à la Dame de la Nairbonne ou à ses rentiers de continuer de tenir un bac sur la rivière de Guartempe au port de Champagnac, et de percevoir pour le service du passage les droits cy-après : scavoir. 1° par personne à pied trois deniers ; 2° par personne à cheval, six deniers ; 3° par cheval ou autre bête de somme chargée ou non chargée, y compris le conducteur, six deniers ; 4° par chaise ou autre voiture à un cheval, un sol six deniers ; 5° par chaise litière, carosse, coche, charette ou chariot à deux chevaux, bœufs ou mulets, deux sols ; 6° par cheval d'augmentation aux dites voitures, six deniers ; les personnes qui seront dans les dites voitures, les domestiques, conducteurs et marchandises seront exempts en payant pour la voiture les droits cy-dessus ; 7° par bœuf, vache, veau ou porc, trois deniers ; 8° par douzaine de moutons ou brebis, un sol ; et du plus ou du moins à pro-

---

(1) Auj. village de la commune de Bussière-Poitevine, arrond. de Bellac, Haute-Vienne.

portion, à condition que la permission de tenir le dit bac ne pourra être tirée à conséquence par ladite dame de la Nairbonne ou ses rentiers; auxquels Sa Majesté fait très expresses inhibitions et deffences de percevoir, même en temps de débordements de la rivière, d'autres et plus grands droits que ceux compris dans le tarif ci-dessus; à l'effet de quoi ils seront tenus de faire afficher à un poteau qui sera posé sur chacun des abords dudit bac; leur enjoint Sa Majesté d'entretenir à l'avenir en bon état le dit bac et bateaux nécessaires, avec nombre d'hommes suffisant pour le service du passage, ensemble les chemins, chaussées et abords du dit bac, pour rendre en tout temps ledit passage sûr et commode et de facile accès; et de se conformer au surplus dans la perception desdits droits, aux édits, déclarations, arrêts et règlements concernant les droits de bac; le tout à peine contre eux de réunion du dit droit de bac au domaine, de restitution des sommes qui auroient été induement exigées, d'une amende arbitraire au profit de Sa Majesté, et contre leurs fermiers ou receveurs d'être poursuivis extraordinairement comme concussionnaires, et punis comme tels suivant la rigueur des ordonnances.

Fait au Conseil d'Etat du Roy, Sa Majesté y étant, tenu pour les finances, à Fontainebleau, le vingt-quatre octobre mil sept cent cinquante un. Signé : PHELYPEAUX.

Jacques-Louis de Chaumont de la Milliere, chevalier, seigneur de Vallançay, Luçay, Dargeville et autres lieux, conseiller du roy en ses conseils, maître des requêtes ordinaire de son hôtel, intendant de justice, police et finances en la généralité de Limoges.

Vu l'arrêt du Conseil d'Etat du roy ci-dessus du vingt-quatre octobre mil sept cent cinquante un, nous ordonnons qu'il sera exécuté selon sa forme et teneur et pour cet effet imprimé, lû, publié et affiché partout où besoin sera.

Fait à Limoges le quinze décembre mil sept cent cinquante un. Signé DE CHAUMONT, et plus bas : *Par monseigneur* BOUILLET.

(*Archives départementales de la Haute-Vienne, fonds de l'intendance, série C. — Carton des pièces non inventoriées*).

Lettre de Turgot, intendant de la généralité de Limoges, à M. du Cluzel, intendant de la généralité de Tours, relative à l'école vétérinaire de Limoges (1). — *1767*.

Limoges, 23 juillet 1767.

Monsieur,

Pour répondre en détail à toutes vos demandes, je vous dirai d'abord que je m'adressai à M. de Bourgelat, chef de l'académie de Lyon, qui me procura un sujet fort instruit et capable d'instruire des élèves (2). Je formai cet établissement dans la ville de Limoges, tant pour l'avoir sous mes yeux que parce que cette partie de ma généralité abonde plus en bestiaux que l'Angoumois et le bas Limousin et que les secours devaient se trouver plus à leur portée.

Les premières dépenses montèrent à 20.000 livres. Les dépenses annuelles sont d'environ 3.600 pour traitement des professeurs et pension des élèves, achats de drogues, de sujets pour dessiner et autres frais indispensables. Les élèves demeurent tous chez un entrepreneur chargé de les loger, nourrir et blanchir, moyennant 14 livres par mois. Ils doivent avoir une livre de viande par jour et du pain à discrétion, mais la cherté des denrées survenue depuis deux ans, fait craindre que l'entrepreneur ne veuille plus s'en charger à ce prix.

Il se distribue 200 livres par an en différents prix qui se donnent à ceux qui ont le mieux fait au concours dans les assemblées publiques qui se tiennent deux fois l'année.

J'ai fait jouir les élèves de l'exemption de la milice; ils ne sont point d'ailleurs à la charge de la province, à l'exception de ceux qui obtiennent cette distinction par la supériorité de leurs progrès : les autres élèves payent leur pension à leurs dépens ou aux dépens des villes et communautés de la province qui veulent payer la pension d'un élève.

---

(1) Le contenu de cette lettre complète fort utilement le programme de la dite école, que nous avons fait reproduire récemment dans la *Revue internationale de l'enseignement*, oct. 1894, p. 327.

(2) Le sieur Deblois, comme on le sait d'autre source.

Le nombre n'en est malheureusement pas considérable et il a même diminué, plusieurs s'étant dégoûtés de ce travail. On m'avait fait espérer des élèves des provinces voisines qui ne sont point venus, en sorte que cet établissement est assez languissant.

Je dois répondre à la confiance que vous me témoignez en vous parlant avec franchise. L'utilité de ces établissements en eux-mêmes ne saurait être douteuse, mais je crains fort d'avoir fait une faute en formant celui de Limoges. Je n'espère pas que le nombre des élèves puisse être proportionné à la dépense de l'établissement, à moins que la province et les provinces voisines ne se chargent de l'entretien de ceux qu'elles y feront instruire. L'expérience m'a fait voir que ce cours d'études est trop long et trop coûteux pour que les hommes qui se proposent d'exercer la médecine uniquement pour les animaux veuillent faire une pareille avance.

Ceux qui seraient en état de le faire aimeraient mieux étudier tout simplement la chirurgie, qui leur présente un moyen de gagner beaucoup plus sûr. On ne peut donc compter que sur les élèves entretenus aux dépens du public, et alors il est inutile de multiplier les écoles. En envoyant les élèves pour lesquels on serait tenté de former des écoles particulières dans des écoles déjà existantes, la province épargnerait les frais du nouvel établissement. Je vous avoue que, si j'étais à recommencer, je n'hésiterais pas à me borner à envoyer quelques élèves aux écoles d'Alfort et de Lyon, qui sont très bien montées. Je suis fâché d'avoir fait ces réflexions trop tard, mais vous êtes à temps d'en profiter et d'éviter une faute que j'ai faite.

TURGOT.

(Original aux Archives départementales d'Indre-et-Loire, C. 358, publié par M. F. Dumas. *La généralité de Tours au XVIIIe siècle*, p. 412, et reproduit ici avec autorisation de l'éditeur.)

TABLE ANALYTIQUE DES MATIÈRES

DRESSÉE PAR M. MONTAUDON-BOUSSERESSE

A

Abal, mesure du bois, 247, 253 et ss.
Abjuratio in extremis, 122.
Absolutio post missam, 343, 349.
Accensement du droit de pêche. 250.
Accident à la cathédrale, 92.
Adjudications de travaux, 275 277 et ss. 281.
Adjudication du droit d'octroi, 162 et ss.
Agneau de cire faisant des miracles, 118.
Aigle (rang d') au chapitre, 49, 59.
Aliénations du droit d'octroi, 194.
Amendes contre ceux qui se battent, 333.
Amendes contre le sacristain, 7.
Amortissement de rente, 11.
Amortissements et rachats, 367.
Amortissements et acquets, 36.
Anniversaria monasterii, 339 et ss.
Annuæ litteræ societatis Jesu, 99 à 144.
Annuel, prières pour chanoines, 94.
Appel de sentence, 36.
Aqua et vinum, 340.
Aqua benedicta, 349.
Archidiaconat, 45, 46.
— de Malemort, 49, 53, 54.
Argenterie, argentier, 88.
Arpenteur, 294.
Arrivage des bois flottés. 252, 258.
Arvoutum, 339 et ss.
Ateliers de travaux de routes, 271 et ss.
— de charité, 289.
Auditeurs du chapitre, 23.
Aumônes à des passants, 5, 24.
— à des écoliers, 5, 10.
— à des Huguenots convertis, 6, 13.
— aux sœurs de Ste-Claire, 25.
— aux pauvres, 61, 94.

B

Bac sur la Gartempe, 383, 384.
Bail des biens de la Souterraine, 380-381.
Bail de l'octroi de Magnac, 197 et ss.
Ban et sépulture (droit de); 59, 77.
Bannarets (moulins); 26.
Banquiers, 30, 60, 74, 90.
Bans et arrière-bans, 153.
Batardeaux, 279.
Baux d'entretien des routes, 279, 284.
Bayle, baylie, 70.
Bedeau, ses obligations, 49.
Blé et grain (vente de), 69.
Bois mort (droit au), 378.
Bois du Limousin, 209 et ss.
— (flottage des), 209, 210 et ss.
— de charpente, 213.
Bonnet carré déchiré, 7.

Bourgeois et manants, 373.
Bréviaires et missels, 9, 25.
Bréviaire (lecture du), 13.
Bûches (flottage des), 247 et ss.
— (droits sur les), 257 et ss.
Bulle contre le chapitre, 23.
Bulles pour l'évêché, 23, 54.

C

Cabarets (fréquentation des), 64, 69, 85.
Calotte de saint Celse, 28.
Canalisation des rivières du Limousin, 207 et ss.
Canonisation de saints, 16.
— de Ste-Thérèse, 17.
Catechismus major, minor, 126.
Cens et dixmes, 335.
Cérémonies d'enterrement de l'évêque, 50 et ss.
Chambre royale, 35.
— suprême des grands jours, 31.
— souveraine, 33, 34.
Chanoines capitulaires, 51.
— capitulants, 57.
— (rétribution des), 57.
— (noms de tous les), 62.
— (honoraires des), 83.
Chant (maître de), 27.
Chantres (solde des), 27, 60.
— (organisation des), 61.
— (concours de), 64.
— (nomination de), 86.
Chappe en drap d'or, 25.
Chappe (droit de), 67.
Chapelle de St-Michel, en ruines, 23.
Chapelle du séminaire de Magnac, 205.
Chapitre de St-Etienne, 5 et ss.
— — (organisation du), 23.
— — (charges et offices du), 73, 91.
— — (noms des membres du), 62.
— — général (ouverture du), 27, 73.
— — de St-Yrieix, 297 et ss.

Charité (fonds de) pour routes, 273 et ss.
Charités (distribution de), 353, 359.
Charités faites à un prédicateur, 22.
Charivaris, 375.
Chartes communales, 311 et ss.
Chasse (droit de), 374.
Chasse et pêche, 67, 68.
Chatellenie d'Ahun, 372 et ss.
Chaussées, routes, 272 et ss.
Chemins (construction de), 289.
Chirurgiens, 305.
Chronique de Magnac, 155.
Cimiterium Solemniacense, 339 et ss.
Clefs de la ville, 302.
Clercs du diocèze (secours aux), 166, 172, 173.
— du séminaire 179.
Collège de Magnac-Laval, 203.
Collegium Lemovicense, 99, 103, 107, 108 et ss.
Commissaires des revenus, 90.
Comté de la Marche, 367 et ss.
Condamnation à mort, 18, 19.
Conflit avec l'évêque, 17, 18, 21.
— devant le parlement, 24.
— entre curés et grands vicaires, 29.
Confréries (bailes de), 374.
Confrérie de la Courtine, 90.
Confrérie des pauvres honteux, 114.
Congé accordé à un chanoine, 8, 10.
Congrégation de l'Oratoire, 82.
— des Ecoliers, 138.
Congregatio virginis, 120.
Consistoire, 74.
Consuls de ville, 367 et ss.
Contrôleurs de travaux, 236, 241.
Convent = accord, 14.
Corde de bois, mesure, 261.
Corvées pour routes, 282.
Courtiers, marqueurs, 253, 255.

D

Decanus, 96.
Décimes dus au roi, 6.

Démission d'un juge. 33.
— d'un évêque, 75.
Denarium post absolutionem, 356.
Dépenses du chapitre (réduction des), 71.
Dépenses (état des), 238.
Devis de travaux pour routes 277 et ss.
— de travaux pour canalisation, 227.
Diacre et sous-diacre (traitement des), 72.
Différend avec le vicaire de Janailhac, 8.
— entre les vicaires de Vinioux, 8.
Diocèse de Limoges, (étendue du), 123.
Disette en 1692, 151.
Dispute entre seigneur et habitants, 327 et ss.
— entre habitants, 332.
Dixmes (droit de), 20, 49.
Doat = aqueduc, 344.
Don aux religieuses de Ste-Claire, 7.
Donation par le marquis de Maignac au séminaire, 168, 176 et ss., 193 et ss.
Droit civil et droit canon, 65.
Droits de passage sur un bac, 383.
Droits et devoirs des habitants de Pierrebuffière, 311 et ss.
— d'acquisition, 321 et ss.
Droits sur le flottage, 245 et ss.
Duel (défense du), 113.
Dyssenterie (épidémie de), 124, 150.

E

Eaux et forêts de la Marche, 378.
Echevins de Magnac-Laval, 159.
— de St-Yrieix, 297 et ss.
Ecluse du pont St-Etienne, 33
— du moulin de Prouhet, 41, 43.
Ecluses sur rivières, 209, 235.
Econome du séminaire, 181.
Education des enfants, 180.

Effigie de condamné à mort, 32.
Eglise de Magnac-Laval, 154.
Emploi des fonds pour les routes, 269 et ss.
Emprisonnement d'un grand vicaire, 21.
Emprunt par le chapitre, 20, 81.
Enfants de chœur, 19.
— (nourriture des), 25.
— leur gouvernante, 44.
— leur précepteur, 67.
Enfants destinés à être prêtres, 180.
Enterrement des chanoines, 79, 91.
— d'un hérétique, 147 et ss.
Entrepreneurs de travaux de routes, 279 et ss. 287.
Entretien des routes, 279, 284.
Epidémie (mesures contre les), 91.
— de dyssenterie, 124, 150.
Epinette, orgue, serpent, 61.
Eucharistiae mysterium, 118.
Evêque en conflit avec le chapitre, 17, 18, 21, 24, 25, 34.
— refuse l'ordination à un prêtre, 22.
— (bulle obtenue par l'), 23, 54.
— installé par procuration, 55, 75.
— prise de possession, 55, 56.
— Mgr de La Fayette, 26.
— Mgr de Canisy, 54, 75.
— M. de Génetine, 75.
— (mort d'un), 50 et ss.
— ses droits sur le flottage, 245 et ss.
— fixation de ses droits, 251 et ss.
Excès commis sur les terres du chapitre, 6.
— — à Salagnac, 12.
— — à Vinioux, 20.
Excommunié (mort d'un), 145 à 149.
Exécution capitale, 18.
Exorcisme, 145, 149.

F

Famine à Magnac, 152.
Faux poids, 333.
Fayen (bois de), 256.
Femmes en couches (patron des), 141.
Fermages de la terre de Vignols, 34.
Ferme du droit de pêche, 250.
Fermier de l'octroi de Magnac, 197 et ss.
Fermier des droits sur les bûches, 258.
Fief et seigneurie de la Marche, 367 et ss.
Fièvres chaudes (épidémies de), 150.
Flambeaux supprimés aux processions, 96.
Flottage des rivières du Limousin, 207 et ss.
— des bois à brûler, 245 et ss.
— (adjudication du droit de), 254 et ss.
— (réglement sur le) 263.
— (droits de l'évêque sur le) 254 et ss.
Foires et marchés à Lussac, 198 et ss.
— — à Laval, 198 et ss.
— — à Limoges, 39.
— — à Magnac, 192.
— — à Salagnac, 20.
Fondations pieuses, 174 et ss.
Fonds pour les routes royales, 269 et ss.
— de charité, 273 et ss.
Forges et fourneaux, 212.
Frais de canalisation, 232, 234, 235, 240.
Franchises, 369 et ss., 372 et ss.
Fruits et revenus, 380.
Fulmination de *significavit*, 11.
Futaies, 211.

G

Gages des agents et officiers, 18.
Généralité de Limoges, 217 et ss.
— de Bordeaux, 231.
Geôlier, 30, 65.
Gouverneurs, 15, 22.
Gradués du chapitre, 62.
Grands jours, 31 et ss.
Greffe civil et criminel, 10.

H

Habitants de Pierrebuffière (368 noms des), 311, 312, 316, 317, 319, 324, 326, 327.
Hallage (chemin de), 215.
Hebdomade, grande et ordinaire, 20.
Hérétique (mort d'un), 145, 149.
Hiver de 1692, 151.
Homicide (sentence de mort pour) 17.
— commis à St-Priest, 78, 81.
— (peines contre les), 333.
Hospicium, 359.
Hôteliers (impôts sur les), 374.

I

Image de Notre-Dame, 27.
Impositions sur habitants, 321.
Ingénieurs des ponts et chaussées, 216 217, 219, 220, 221, 226, 229, 224, 235, 239, 240, 274, 280 et ss. 290.
Injures, 38, 69, 44, 333.
Inondations à Magnac, 151.
Inscription, 128.
Insinuation de lettres de nomination, 13, 15.
Instances du chapitre, 29, 30, 34, 39, 40, 42, 65, 69, 72, 81, 82, 158.
Installation d'évêque, 55.
Intendance de Limoges, 217 et ss.
Intendants, commissaires départis, 190, 207, 220, 225, 233, 257, 258, 284.

Interdiction d'un vicaire, 5.
Irrévérence commise par un vicaire, 68.
Investiture (droit d'), 319 et ss.
Ivrognes (prêtres), 40, 44, 64, 84.

J

Jubilé, 36-44, 55.
Judicum curia, 127.
Juge sénéchal, 26.
Jure devoluto, 87.

L

Legs d'une partie de domaine, 345.
Legs au chapitre, 49.
Léproserie, 344.
Lettre de change, 77.
Lettres de prêtrise, 36.
Lettres patentes, 7, 315 et ss.
Lettres *de regendo*, 22.
Liber magiæ, 114.
Libertés et franchises, 369 et ss.
Librairie, 53.
Litanies, 28.
Litteræ regiæ pro pace, 96.
Livre à l'index, 154.
Livre journal d'un chanoine, 290 et ss.
Livres hérétiques brulés, 121, 122.
Lods et ventes, 373.
Logement de soldats, 309.

M

Magie et sortilèges, 114, 145, 149.
Maillerie du pont St-Martial, 53.
Main-morte (droit de), 45, 61.
Maires et échevins, 297 et ss.
Maison de ville, 306.
Maisons canoniales, 9, 13, 14.
Maitrise de la chapelle, 24, 27.
— (sous chantre de), 66.
Maléfices et extorsions, 368.
Malversations par des vicaires, 23.
Manants et bourgeois, 373.

Mandement (protestation contre un), 89.
Marchands forains, 375.
Marchés et foires à Lussac, 198 et ss.
— — à Magnac, 198 et ss.
Marqueurs de bois, 253.
Médecins, 13, 39, 46, 62, 80, 86, 355.
Merrain, bois pour tonneaux, 211.
Milice (frais de), 153.
Miraculum, 114.
Missels et bréviaires, 9.
Missio Lemovicencis, 103.
Monasterium, 130.
Moulins seigneuriaux, 373.
Moulins bannarets, 26.
— à poudre royale, 56.
— de Perpezac, 60.
— de Venthaou, 359.
Musique (instruments de), 61.

N

Navigation de la Vézère, 217 et ss.
— de la Charente, 218 et ss.
Nécrologes limousins, 338 et ss.
Nomination à un archidiaconé, 46, 47.
Nominations de maires et échevins, 305 et ss.
Noms de 368 habitants de Pierrebuffière, 311, 312, 316, 317, 319, 324, 326, 327.
Notaire royal, 60, 90.
Novales, 84.

O

Obligations des vassaux, 324 et ss.
Octroi de Magnac-Laval, 159 et ss.
— (réduction du tarif d'), 159 et ss.
— (part du roi sur l'), 162.
— (donation des droits d'), 193 et ss.
— (exemption des droits d'), 69.

Offices (règlement des), 12.
Opposition à une bulle, 23.
Ordinands, ordinations, 10, 196.
Orgues, organiste, 34, 36, 58.
Ouvrages d'art sur les routes, 271 et ss., 278 et ss., 284.

P

Pain (distribution de), 5.
Pas de roy. (écluses dites), 209.
Pavé du tour de ville, 274.
Pauvres (aumônes aux), 61, 93, 94.
Péage (droit de), 245 et ss.
— (vérification de), 251.
Pêche (droits de), 245, 374 et ss.
Pêcherie et écluse, 215.
Pension canoniale, 292, 293.
Perruque (autorisation de porter), 95.
Plaçage de bois flotté, 252, 258.
Place d'armes, 333.
Places monacales (suppression de), 292.
Pluie (demande de), 35, 88.
Police municipale, 302.
Police du roulage, 286 et ss.
Ponts et chaussées (école des), 241 et ss.
— (service des), 274, 276.
Ponts sur les routes, 275.
Possédés, 26, 145 à 149.
Poste (bureau de), 304.
Prébendes, 5, 11, 20, 23, 89.
Prédication de carême et avent, 6, 13.
Presbytère (achat d'un), 58.
Préséances (fixation de), 28, 35, 303.
Présidial, 15.
Prêt fait au chapitre, 11.
Prêtres injuriant, 38.
— leurs obligations, 40.
Prévôté, 380 et ss.
Prières publiques, 43, 87, 93.
Prieurés, 83, 87, 96.
Privilèges, 21, 193, 323, 367 et ss.
Procédures, 10, 12, 16, 17.

Procès, 97, 319 et ss.
Processions générales, 16, 35, 39, 68, 86, 88.
Procureur civil, 12.
Procureur fiscal, 56, 80, 89, 95.
Promoteur du chapitre, 88.
Protestants, 22, 23.
Prudhommes, 304.
Psalette, 7, 35, 57, 60.
Punctuaison, punctueurs, 14.

Q

Question et torture, 18, 19.

R

Rachat de fief, 11.
Receveur du chapitre, 72.
Redevances et taxes, 313 et ss.
Refus de communion, exorcisme, 145, 149.
Régiment, 15.
Registres capitulaires, 5 et ss , 62
— consulaires, 297 et ss.
— paroissiaux, 145.
Règlement de séminaire, 171 et ss., 195 et ss.
Remontrances, 53, 68, 70.
Rentes et dixmes inféodées, 5, 66.
Réparations à des églises, 16, 155 et ss.
Résidence des curés (obligation de), 23.
Residentia Lemovicensis, 104.
Rituel, 84.
Rivières du Limousin, 217 et ss.
— à rendre navigables, 207 et ss.
Roulage (police du), 286.
Routes royales du Limousin, 239, 266 et ss.
— — de Limoges à Poitiers, 267.
— — de Limoges à Sarlat, 267.
— — d'Auvergne, 267.
— — du Périgord, 267.
— — du Poitou en Périgord, 268.
Ruisseaux appartenant au chapitre, 53.

S

Sacristains, 57, 78, 85, 86.
Scandales, 16, 32, 81, 84.
Sceau du seigneur, 322.
Séances du chapitre, 65.
Secours aux clercs du diocèse. 166.
Seigneur justicier, 334.
Séminaires, 168 et ss. 176 et ss., 182 et ss., 189.
Sentence arbitrale, 297 et ss.
Sépulture dans les églises, 59.
Sépultures, 339 et ss.
Séquestre, 329.
Sergents de mairie, 306 et ss.
Serment de fidélité, 312.
Servantes de prêtres (règlement des), 59.
Sextarium vini, 345.
Societas Jesu, 99 à 144.
— — son influence, 123.
— — ses Annuæ Litteræ, 99 à 120, 121 à 144.
Sol (nature du), en Limousin, 278, 283.
Soldats (logement de), 300.
Sortilèges et magie, 145 et ss.
Sous-diacre, 25.
Soutane (port de la), 30.
Spirituel du chapitre, 87.
Stalles, 31, 32.
Statue du patriarche Lamy, 93.
Statuts du chapitre, 7, 92, 93, 95.
Subsides de la paix, 368.
Subsides en nature, 11.
Syndicat, 198 et ss.
Synodes, 9, 23, 96.

T

Tailles et contributions, 153, 332, 368 et ss.
Tapisseries, 93.
Tavernes et cabarets, 90.
Taxes et redevances, 313 et ss.
Taxes des marchands, 153.
— de franc alleu, 153.
— des droits d'octroi, 159.

Te Deum (chant du), 9, 14, 29, 33, 37, 56, 66, 69, 70, 71, 72, 80, 81.
Templum hereticorum, 121.
Templum Petri, 128.
Temporel du chapitre, 87.
Terre-Sainte (voyage en), 332.
Terres du chapitre (déprédations sur les), 6.
Testament d'un abbé, 356.
Théologal, 56.
Théologie (études de), 28, 29.
Thèse du collège de Magnac, 204.
Titres et pièces du chapitre, 48.
Tombeaux dans les cloîtres, 19, 339 et ss.
Torture (mise à la), 18.
Tracé des routes, 276.
Traité entre le chapitre et les Jésuites, 5.
Transaction, 311 et ss.
Translation (fête de), 352.
Travaux d'art sur les routes, 271, 278 et ss., 284.
Tumba cum cruce, 344.
Tutelle, 295.

U

Usage (droits d'), 377.
Usurpation de passage, 20.

V

Vacance de l'évêché, 51.
— de canonicat, 54.
Vestitura monachi, 343.
Vicairie de Notre-Dame-du-Puy, 83.
Vicaire perpétuel interdit, 5.
Vicaires généraux, 7, 51, 75.
Vicaires du chapitre, 37.
— auxiliaires, 42.
Vicecomes, vicecomitissa Lemovicensis, 346.
Vin, vente par le seigneur, 333.
Vol commis dans la cathédrale, 18.
— des clefs de la catédrale, 41.
Vol (peines contre le), 333.
Voyage en terre sainte, 332.

TABLE ANALYTIQUE DES NOMS PROPRES

DRESSÉE PAR M MONTAUDON-BOUSSERESSE

A

Ablois (d'), intendant, 289.
Ademarus, abbas, 345.
Ademarus, prepositus, 353.
Ademarus Lontenias, 355.
Aentinum = Eymoutiers, 119.
Ages (des), Pierre, 325.
Agnes Botina, 362.
Agnes Lavilata, 367.
Agrifolhia (Adhemarus de), 355.
Ahun, ville, 367 et ss.
Alais, 342, 351.
Alais Fochieira, 350.
Alaluquétas, abbé, 12.
Alesme, Jacobus, 97.
Aleyrac (torcular d'), 359.
Alinia Estienne, (de), 325.
Alluand Pierre, fermier, 85.
— François, entrepreneur, 279.
Altivalensis = d'Altavaux, prieuré, 130.
Amelia, uxor B de Roeria, 365.
Amelot, conseiller, 194.
Amoureau, sergent, 307.
Andraud, Bernard, échevin, 304.
Aneta, Anéde, = Nedde, 340, 363.
Angulus, Johannes, monachus, 363.
Aquitania, provincia, 112, 115.
Arbonneau, Simon, grand vicaire,
Archambaud, Jean, procureur, 317, 330 et ss.

Archambaudus, abbas, 339.
— laïcus, 345.
— de Fagia, 353.
Ardant, 30, 38, 57, 70, 73, 74.
— de Bréjou, chanoine, 91.
— du Pic, chanoine, 91.
— du Masdupuy, 91.
Arfeuille (Gérald d'), grand vicaire, 11.
Armagnac (Bernard d'), comte, 378.
Arnac, paroisse, 173.
Arondeau, Jean, curé, 62.
Artige (prieuré de l'), 291 et ss.
Asnerius, 344.
Aubert de Tourny, intendant, 262.
Aubroche, village, 148.
Aubugeois, 145, 146, 157, 198.
Aubusson de la Feuillade, archevêque, 380, 382.
Audebertus, monachus, 350.
Audœnus abbas, 345, 266.
Augustins (l'abbaye des), 19.
Aultier, notaire, 305.
Aureil (prieuré d'), 87.
Aureliensis = d'Aureil, prieuré, 106, 111.
Auzette (le moulin d'), 80.
Avril, commis aux poudres, 41.
Axia, 351.
Axia (Aymericus de) 346, 347, 349, 365.

Ayen, ville, 267.
Aymeric, prieur de l'Artige, 319.
— évêque de Limoges, 332.
Aymericus Lacort, 353.
— Magrefort, 347.
— Vigerii, 348.
— Audier, 350.

B

B. Faugeyros, 354.
B. Paternoster, 360.
B. du Veychet, 352.
B. Vigerii, 358.
Bagnac (M. de), 179.
Baguette, Jehan et Jeanne, 19.
Baignol, Joseph, 97.
Bailhat, vicaire, 33.
Baillot, chanoine, 49, 55.
Bajona = Bayonne, 131.
Baldoinus, épiscopus, 346, 366.
Bandel, chanoine, 6, 13 et ss. 49
Barat, Jean, prêtre, 189.
Barbou, Pierre, libraire, 53
Bardin, Pierre, grand vicaire, 17
Barrat, organiste, 36.
Barrèjes, vicaire, 31, 42, 58.
Barrier, Pierre, grand vicaire, 21.
Barry, flotteur, 259.
Barthe, banquier, 48.
Bartholomeus Chabaudit, 357.
— Pelaprat, 340.
Baudet, docteur, 62.
Bazennerie de Dun, 205.
Beaubreuil (d^elle de), 49.
Beaugay, curé, 150, 154.
Beaupeyrat (Constant de), 260.
Beauprey (l'abbé de), 93.
Bechada, Golferius, 344.
— Gaïferius, 365
Beliot, Joseph, marchand, 156.
Bellengard, Jean, notaire, 305.
Bellocus = Beaulieu, 137.
Belot (Mlle de), 157.
Belut, Jean, notaire, 89.
Bénevent, ville, 56, 97, 130.
Beneyton, boucher, 25.
Benoist, le général, 11.
Berger ou Deberges Jacques, 145.
Berger, Suzanne, Jehan, Jacques, 146.

Bermondet, archidiacre, 97.
Bernard de Cheyron, clerc, 325.
Bernardus, prior, 341.
Bernardus Pichameil, 341.
Bernardus Sardena, 347.
Bernis (cardinal de), 93.
Bernon, Jean, diacre, 62.
Bertin, ministre, 225 et ss.
Bertrand, chanoine, 12, 13, 20.
Bertrandus, abbas, 360.
Bertrandus Sardena, 345.
Besse (Nicolas de), cardinal, 91.
Bétour, hameau, 267.
Beuna (Agnès de), 351.
Beuvron, (marquis de), 207 et ss.
Bigaud, 157.
Bigore, Mathurin, chantre, 86.
Bisa, garde du scel, 311.
Boisse, Jean, marchand, 254.
— Jacques, fermier, 255.
Boisse, chanoine, 81.
Boisseuil, paroisse, 16.
Bonabry, employé du chapitre, 91.
— chanoine, 92-93.
Bonac (Elie de), bourgeois, 313, 315, 325.
Bonamor, capellanus, 352.
Bonhomme, Yrieix, chirurgien, 310.
Bonnaire (de) des Forges, 250.
Bonnet, Gratien, clerc, 301.
Bonneval (Isabeau de), 20.
Bonneries, Pierre, échevin, 310.
Bontemps, François, bourgeois, 164.
Bony, Martial, greffier, 10.
Bonyn, chanoine, 32-32.
Borbonia, Eléonora, 129.
Bord, ville, 267.
Bonnet, bourgeois, 380.
Bordier, J.-B., pêcheur, 250.
Bouchenon, Jehan, consul, 368.
Boucheys Joseph (du), 253.
Boulère, secrétaire, 368.
Boulon, enfant de chœur, 61.
Bourbon, comte de la Marche, 367 et ss.
Bourdeaux, Bordeaux (Parlement de), 17.

Bourdon, Michel, supérieur, 55-54.
Bourdon, Michel, grand-vicaire, 154.
— bourgeois, 188.
Bourgade (de la), banquier, 90.
— procureur, 80.
Bourganeuf, ville, 266, 268.
Bourillon, Jean, 157.
Boutineau, chanoine, 29-33 et ss.
Bouville (de), commissaire départi, 190.
Boyer, Jean, prêtre, 62, 72, 76.
Boyer, geôlier, 65.
Boyol, grand vicaire, 14-25.
Bozonius de Lur, 350.
— de Flavinhac, 353.
— de Royeira, 362.
Boysseilh, échevin, 306.
Brachet, Gilles, seigneur de Magnac, 192.
Bracq, Jean, 157.
Brégère (la), paroisse, 95.
Bret, Anthoyne, enfant de chœur, 80.
Breton, arpenteur, 294.
Breuilh, Jehan, greffier, 11.
Briance (la), rivière, 267.
Bricques, Bernard, chantre, 12.
Brissaud, curé, 206.
Brivazach (de), 351.
Brolio (Johannes de), 353.
— (Hélias de), 355.
Brossard, avocat, 66.
Broussaud, ingénieur, 239.
Brugère, théologien, 62.
Brun, Yrieix, notaire, 305.
— procureur révoqué, 80.
Bruschère (de), prélat romain, 14.
Buat, sieur de Lombardie, 45.
Buisson, Jean, marchand, 310.
Buraud, Jean, 157.
Burguet, Jean, chirurgien, 305.
Bussière-Poitevine, paroisse, 383.
Butand, Annet, geôlier, 30.

C

Cadié, ingénieur, 240-275.
Calvinistes, 124, 130, 135.
Camard, sieur de Bariassou, 59.
Carabout, Robert, clerc, 301.
Carbonel de Canizy, évêque, 54, 55, 67, 73.
Carmélites, 17.
Carmes déchaussés, 72, 259, 260.
Caron, ingénieur, 226.
Castro-Lucii (de), 344.
Cella (de), 346, 348.
Cervé, Simon, prêtre, 188.
Cessarts (de), ingénieur, 234.
Chabrol, vicaire, 44.
Chàlon, notaire, 189.
Chàlusset (seigneur de), 81.
Chamarlenc, 355.
Chambartz (les), 359.
Chamberet (de), gouverneur, 23.
Chambon, curé, 62.
— trésorier, 74.
— (seigneur du), 20.
Chamboureau, juge, 81.
Chamboursat, archiprêtre, 63.
Champanhas (G. de), miles, 348.
Champeaux, curé, 77.
Chapelle-blanche (La), paroisse, 43.
— — (de la), 15.
Chaptelat, paroisse, 146.
Charente (La), rivière, 225 et ss.
Charrot, notaire, 196.
Chasfot, Joseph, courtier 253.
Chasteigner des Etangs, 130, 135.
Chabaus (les), 341.
Château-Chervix, paroisse, 319, 320.
Châteauponsac, ville, 268.
Châtelier (du), lieutenant colonel, 309.
Chaumont de la Milière, intendant, 384.
Chavagnac, secrétaire, 74.
Chavaillac (de), doyen, 52, 56, 62.
— de Fougeras, chanoine, 82.
Chazaud, notaire royal, 178, 188.
Chazaud, village, 18.
Chenard, Jacob, procureur, 169.
Cherboneau, médecin, 39.

Cheyros, Bernard, bourgeois, 313. 315, 325.
Chiquet, Pierre, notaire, 301.
Chorllon, président, 101.
Chouly, Jean, bourgeois, 306.
Choussidon, diacre, 25.
Chrestien, Zacharie, curé, 84.
Cibard, organiste, 58.
— vicaire, 70.
Cibot, 36, 49, 57, 62, 65.
Clemens Fabri, 342.
Clérac, ville, 9.
Cléret (de), conseiller, 198.
Collin, Gédéon, 164.
Constant, Pierre, curé, 63.
Corberon (de), intendant, 257.
Cordeliers, 77.
Cordes (Jean de), chanoine, 8, 19 et ss.
Corrèze, rivière, 209 et ss.
— village 214.
Coste, Marie, 157.
Courty, André, dit Massu, 17.
Coussedière, syndic, 40.
Cousserans, 33.
Couthonnet, Guillaume, consul, 377.
Crespin, François, 375.
Crossac, paroisse, 372.
Croyzier, bourgeois, 14.
— prêtre, 60.
Culturis (Symo de), 98.
Cusinet, consul, 372, 377.

D

Dagobertus, rex Franciæ, 340.
Dalesme, 20, 61, 28 et ss.
Daniel, Aymeric, bourgeois, 323.
Darche, Antoine, docteur, 62.
— échevin, 301.
Dargenteau, chanoine, 57, 68.
Daubard, Etienne, théologien, 62.
Daucour, Nicolas, receveur, 90.
Daury, Jean, greffier, 19.
David, Jehan, greffier, 10.
— curé, 45, 48.
Deberges ou Berger, 145.
Debord, avocat du roi.
Decelle, prêtre, 206.

Decelle, René, 157.
Decordes, Jean, chanoine, 8, et ss.
Decressac, 151, 79, 155, 206.
Decrossac, prêtre, 157.
Defresse, prêtre, 157.
Dehort, capitaine, 309.
Delaborde, femme Berger, 146.
Delaborde, 157.
Delacoste, Jehan, 146, 157.
— de Labachellerie, 157.
Delacroix, banquier, 74.
Delafon de Vendheuil, échevin, 308.
Delafosse, curé, 80.
Delage, Jean-Gay, chanoine, 292.
Delagrandroche, 157.
Delauze, banquier, 30.
Delécluze, prêtre, 157.
Delhort, Bruno, licencié, 65.
Delignac, Guillaume, prêtre, 62.
Deloménie, évêque, 26.
— huissier, 40.
— notaire, 293.
Deluret, syndic, 91.
Demanent, Jean, chanoine, 380.
— Pierre, greffier, 382.
Denard, Léonard, chanoine, 291.
— Jeanne, femme Gorceix, 294.
Depinoy, secrétaire, 194.
Descordes, Aymeric, 33.
Descoutures, chanoine, 33, 61.
Deshous, Yrieix, apothicaire, 306.
Desmaisons, curé, 60, 62, 65, 72.
Dessaignes, 146.
Dessales, avocat, 38.
Desvignes, chanoine, 34.
Detèves, prêtre, 25.
Detronchat (M⁻ᵉ), 157.
De Valle = Duval, chanoine, 97.
Devaux, Léonard, greffier, 308.
Devoyon, promoteur, 91.
Domergue, Jean, bourgeois, 336.
Dumont, chanoine, 97.
Dordogne (la), rivière, 216 et ss.
Dorien, conseiller, 194.
Doublet, 207.
Douhet, 31, 44, 61, 92.
— du Puymoulinier, 62, 69.
— de La Gorce, 69.

Doyneys, baile, 31, 32 et ss.
Drouot, secrétaire, 196.
Drouhet, archidiacre, 49
Dubois, 72, 84.
Dubois, Léonard, 138.
Dubouil, avocat, 263.
Dubourg, 308.
Dubrac, François, 157.
Dubraq, prêtre, 157, 198.
Dubreuil, vicaire, 206.
Duchatelat, 157.
Duchemin, Prosper, 164.
Duclos de Prélong, 205.
Ducouret (Mlle), 157.
Ducoux, principal, 206.
Dufour, marchand, 90.
Dufour, avocat, 79.
Dufresnoys, Martin, 190.
Dulac, chanoine, 40.
Duclou, Pierre, bourgeois, 7.
Duhaure, grand vicaire, 56.
Dumas, 5 et ss. 63, 64, 68, 72, 85.
Dumaneuf, notaire, 293.
Dumaubert, prêtre, 206.
Dumont, ingénieur, 290.
 — notaire, 292.
Dunoyer, Martial, prêtre, 168, 194.
Dupeyrat, entrepreneur, 287.
Dupeyratius Joannes, 124.
Dupré, 62, 63, 206, 291, 335.
Dupuis, Simon, rentier, 383.
Dupuy, Martial, entrepreneur, 279.
Dupuy, Pierre, procureur, 13.
Durant, Sr de Bayot, 262.
Durand, vicaire, 70.
Dutheil, bourgeois, 157.
Dutour, Bernard, théologien, 62.
Duverdier, évêque, 292.
Duvergier, échevin, 301.

E

Engelelma, domina, 341.
Ermengardis, domina, 346.
Evrard, Simon, notaire, 375.
Eymoutiers, ville, 119, 267, 272.

F

Fabri, Faure, notaire, 338.

Fabry, curé doyen, 301.
Fagier, Martial, moine, 343.
Faucher, Jacques, 78.
Faudoy, sergent royal, 19.
Faudry, 258, 260.
Faure, 196, 313, 315, 369.
Faute, 62.
Fayolle, official, 41.
Felet (Petrus de), 365.
Félines (Jean de), 325.
Fénelon (de), seigneur de Maignac, 154 et ss.
 — (madame de), 154, 155, 158.
 — (de la Mothe), 159, 166, et ss.
Fenis (de), commissaire, 166, 194.
Féret, curé, 188.
Ferret, 83.
Ferrier, Perrin, 351.
Ferry, ingénieur, 221
Fieux (de), bourgeois, 151, 153.
Flavignac, paroisse, 351, 353.
Fleuret, chanoine, 293.
Floret, André, bourgeois, 380 et ss.
Fonbonne, jésuite, 292.
Fonjaudran (Maledent de), 90.
Forcade (de), receveur, 30.
Forrest, Jean, juge, 86.
Fougères, grand vicaire, 36, 38.
Fouillou, Jacques, prêtre, 16.
Fournier, 292, 295, 150, 146.
Frachet, 340, 349.
Fracheto (Helias de), 359.
Fraichenet (Jaucinellus de), 348.
Fraisse, bourgeois, 188.
François, procureur, 60.
Freyssineau, procureur fiscal, 34.
Friquet, Michel, procureur, 21.
Fruche, Giraud, bourgeois, 369.
Fulco, capellanus, 350.
Fulcodius Bernardi, 364.

G

G. Focherii, 350.
G. de Javerlhac, 352.
Gadaud, chanoine, 31, 37, 49, 81.
Galliard, notaire, 301.
Gain (Pierre de), prêtre, 84.
Garabeuf, 301, 305.
Garat, 81, 91, 92.

Gartempe (la), rivière, 383.
Gaubertus, abbas, 347.
Gaucelin de Pierrebuffière, 316, 318, et ss.
Gaucelmus, penitenciarius, 348.
— de Melhac, 350.
— de Petrabufferia, 340, 349.
Gaucherius, sanctus, 111.
Gaullier de St-Sornin, 205.
Gaultier, Pierre, 19.
Genestine (de la), évêque, 73, 75, 260.
Gérald, Jean, moine, 315.
Geraldus, abbas, 345.
— prior, 366.
Geraldus Babi, 341.
— Bernardi, 341.
— Focherii, 350.
Geraldus Sardena, 340.
Geraldus de Sto Martino, 354.
Géraud, Mathias, 124.
Geraudus de Lur, 353.
Gérit, Nicolas, greffier, 246.
Gigaud, prêtre, 157.
Gimel, prieuré, 4.
Gitton, prêtre, 157-197.
Gontier, 256.
Gorceix, Léonard, 294-296.
Goudin, Pierre, 65.
Goullu (Claude de), 159.
Gramaignac, maitre de poste, 304.
Grandimontensis ordo, 343.
Grandimontium monasterium, 88, 130.
Grandjean, Simon, bourgeois, 163.
Grangevieille, François, 304.
Gratuse (pas de la), 216.
Gray, procureur fiscal, 57.
— Hugues, 14.
Grégoire, curé de Seilhac, 60.
Gregorius Portachapa, 343.
Grénerie (la), forge, 212.
Grenier (de), avocat, 301.
— Léonard, 256.
Grispel (Louis de), 122.
Grolhier, Petrus, 205.
Grospierre, bourgeois, 335.
Guains (de), chanoine, 87.

Guaractem = Guéret, 144, 268 et ss.
Guénégaud (de), trésorier, 164, 171, 194.
Guérin, chanoine, 88.
Guerrelia (la), mas, 358.
Guery, grand vicaire, 9.
Guez, Jean, chanoine, 24.
Guibert, marchand, 90.
Guido, 339, 346, 352.
— de Faiola, moine, 343.
— Fulcherii, 342, 359.
— Magrefort, 356, 358.
Guilhemet, François, procureur, 380 et ss.
Guilhot, desservant, 34.
Guillelmus Coëta, 359.
Guillelmus Gaucelmi, monachus, 341.
— Jordani, 371, 355.
— Largurier, 359.
— Rigaldi, 341.
— Ruphi, 343.
Guillot, Jacques, prêtre, 206.
Guineau, Martinus, clericus, 97.
Guiot de la Tibarderie, 157.
Guybert, bourgeois, 5 et ss.
Guyon, chanoine, 24.

H

Habitants de Pierrebuffière (noms des), 311, 312, 316, 317, 319, 324, 323, 327.
Haute-Vienne (dép. de la), 266 et ss.
Haulier, Louys, receveur, 83.
Hébret, bourgeois, 380.
Helias Bernardi, 340.
— Coralli, canonicus, 340.
— Lobetor, 360.
— Martelli, 365.
— Mauricii, 348.
— Maudi, 352, 358, 362.
— Rainaldi, 342.
Hémard, receveur, 36.
Hennequin, docteur, 46.
Hervart, contrôleur, 165.
Hervy, Pierre, 258.
Hugo, serviens, 364.

Hugo Padrinha, 352.
Hugues Le Brun, comte de la Marche, 370.
Hysterius Bernardi, 352.

I

Ignatius, beatus, 113, 116, 119.
Ille (l'), rivière, 209 et ss.
Inbon, Gerald. 10.
Irlandais, 10.

J

Jacques, enfant de chœur. 83.
Jammet, bourgeois, 179.
Janailhac, paroisse, 5.
— doyen, 92.
Jarrige (de), écuyer, 304 et ss.
Jaubert, curé, 74.
Jaunac (Alais de), 344.
— (de), Aymericus, 340.
— Bertrandus, 346, 347.
— Bernardus, 347.
— Guilhelmus, 347.
— Hugo, 343.
— Petrus. 345.
Jésuites, 5, 8, 14 et ss., 33, 45, 58. 63, 99 et ss., 291, 292, 295.
Joffrenet, Jean, marchand, 254.
Johanna Foschieyra, 349.
Johannes, medicus, 355.
— Bertrandi, 342.
— Moardi, 362.
— la Sudria, 355.
Johin, Guillaume, consul, 368.
Jouhay, Joseph, échevin. 308.
Joubert de Noblat, 325.
— de Bouville, intendant. 358.
Jouhaud, Léonard, chirurgien, 307.
Jouhets (de), 6, 16.
Jourdas, 369.
Jouvy, Jean, marchand, 306.
Joyeux, Jean, bourgeois, 164, 170, 175, 194.
Julhiat, paroisse, 76.
Jupile, 34, 42.
Juillac, ville, 267.
Jutges (les), 359.

L

Labiche, prêtre. 48.
Labrouhe, Antoine, chanoine, 301 et ss.
Labrosse, Hugo, miles, 352.
Labrune, Jehan, marchand. 315.
Labuxière-Madeleine, paroisse. 381.
Lachabrerie, jésuite, 292.
Lacoste, prédicateur, 13.
— (Mᵐᵉ de), 151.
— Marguerite, 154.
Lacroix, jésuite.
Lafayette (de), évêque. 26, 246, 257.
Laforest, paroisse. 350.
Lafosse, curé, 62.
Lagarnerie, fermier. 31.
Lagasne (de), lieutenant civil, 197.
Lagorce, capitaine. 309.
Lagrange, curé, 82.
— maitre de psalette, 35.
Lajoumard, percepteur. 67.
Lalanne, archidiacre. 49.
Lambert, Jean, écuyer, 366.
Lamothe-Audancourt (de), évêque. 42.
Lamy, Jean, consul, 372.
Lamy, Guillaume, échevin. 306.
— vicaire, 57.
— patriarche, 93.
Lamand, Antoine, maire, 304.
Lancelot de Lalanne. prêtre, 48.
Langelie, bayle, 70.
Lanne (M. de), 157.
Lanohaille, paroisse. 16.
— (Guillaume de), avocat. 35.
Laporta, canonicus, 355.
Laroche (de), Pierre 345.
Larochefoucaud (le duc de), 221.
Larocque, trésorier. 196.
Larouverade, chanoine, 96.
Larue, Bernard, bourgeois, 330.
Lascure, marchand, 11, 20.
Lasgorsolas, Stephanus, 352.
Laurens, bayle, 17.
Laval = Magnac-Laval, 198 et ss.

TABLE ANALYTIQUE DES NOMS PROPRES

Laval (marquis et marquise de), 154, 191.
— avocat, 263.
Lavaud (de), Jean-Jacques, 383.
Layral, mansus, 359.
Leduc, Gilles, curé, 78, 83.
Lefaure, secrétaire, 194.
Lefèvre, ingénieur. 221.
— écrivain et arithméticien, 895.
Légier, Jean, 157.
Legros, notaire, 380.
Legrand, François, diacre, 78.
Legonaco (Guillelmus de), 259.
Lemovicense collegium, 99, 107, 108, 112 et ss.
Lemovicensis villa, 98.
Leloup de St-Loup, aumônier, 58.
Lenoir, conseiller, 194, 196.
Lesperen, Antoine, échevin, 304.
Levassor, procureur, 158.
Léobardy, notaire, 60.
Lescaris d'Urfé, évêque, 39.
— — doyen, 46.
Leydier, bourgeois, 9.
Lhéraud, 81, 86 83.
Limeuil, ville, 214 et ss.
Limoges, 266 et ss.
Limousin, bourgeois, 5.
— chanoine, 18.
— juge, 86.
Lisle-Dugast (de), évêque, 252.
Lomenia (de), 96.
— (Hugo de), 98.
Loménie (de), 49.
Lomon, notaire, 253.
Londeix, curé, 65.
Lubersac, ville, 268.
Ludier de Ribière, maire, 307.
Luras, Pierre, marchand 255.
Luxembourg (le maréchal de), 37.

M

Mabaret, notaire, 293.
Magis, Jean, avocat, 35,
Magnhac, Pierre, commissaire, 330.
Magnac-Laval, ville, 268, 145 et ss.

Magniacensis = de Massignac, prieuré, 134, 135.
Maignac (marquis de), 170 et ss.
Mailhard, chanoine, 39, 44.
Maillard, official 29.
— de Balorre, conseiller, 251, 262.
Maisonneuve, Bernard, 255.
Malaise (la), enclave, 270, 288.
Maleden, chanoine, 17, 20.
— de Laborie, doyen, 33, 62, 78,
— du Puymirat, 62.
— du Puy-Imbert, 82.
— de Fonjandran, 90.
— (Martial de), 195.
Malemort (église de), 44.
Malezeau, bedeau, 46.
Malepeyre, ingénieur, 229.
Malepeyre du Saillant, 214.
Maligneaud, prêtre, 35, 66, 69, 84.
Mallevaud, conseiller, 198.
Malomonte (Hugo de), 339.
— (Guilhelmus de), 341.
— (Petrus de), 343.
— (Bernardus de), 344.
— (Archambaudus de), 344.
— (Bertrandus de), 350.
— (Geraldus de), 350.
— (Stephanus de), 352.
— (Johannes de), 353.
Manent, chanoine, 31, 68.
Mansoux (Gabriel de), notaire, 56.
Marchandon, 48, 60, 62.
Marche (comte de la) 367 et ss.
Marcher, Gédéon, sergent, 64.
Marcheval (de), intendant, 220.
Marnhol, archiprêtre, 342.
Marot, maître de psallette, 70.
Marse (Jean de), aubergiste, 315.
Marsupinus, vicarius, 98.
Martin, chanoine, 6.
— Baptiste, curé, 63.
— François, marchand, 254.
Martinaud, Noël et Léonard, 12.
Martinus, dominus, 354.
Marton (de), Robertus, 319.
Martonie (M. de la), 248-253

Martonie (Henricus de la), 128.
Masléaux, bassinier, 77.
Masléon, paroisse. 167, 272.
Masloulie, jésuite. 291.
Matha, domina, 353.
Maumont (de), 294.
Meiras (Fulcherius de), 330.
— (Guido de), 344.
— (Bernardus de), 345.
Menellus, Joannes, magister, 103.
Merle (Guido de), 352.
Mérigot, chanoine, 60-77.
Mesnard, prêtre, 62.
Meulan d'Ablois, intendant, 233.
Meuzac, paroisse. 268.
Meymac, ville, 267.
Meynard, chanoine, 29.
Merange, Pierre, diacre, 12.
Meytrand, Pierre, échevin, 304.
Meyze (la), localité, 359.
Michel, Pierre, procureur, 317.
Michellet, marchand, 154, 157, 198.
Michelon, prêtre, 72.
— archidiacre, 62, 85.
Mitraud, Joseph, prêtre, 154, 157.
— Simon, jésuite, 156, 198.
Millière (de la), intendant, 220, 233 et ss.
Molenier, capellanus, 353.
Molis (de), canonicus, 348.
Monclaon (Jean de), écuyer, 367.
Monet, Philibert, 99.
Moncuc (de), moine, 349.
Monte (Bozo de), 352.
— (Guillelmus de), 340.
— (Natrafana de), 346.
— (Peitavina de), 344.
— (Petrus de), 343.
Montgazon (de), ingénieur, 220.
Monthioux, vicaire, 30.
Montibus (Geraldus de), 339.
— (Botot de), 360.
— (Paulus de), 57.
Monleins (de), échevin, 301.
Monnereau, bourgeois, 179.
Montmorillon, ville, 268.
Montignac, ville, 214 et ss.

Montilettas (Bernard de), chanoine, 13.
Montionand (de). 157.
Montisgaudii = Monjauvy, 98.
Moreau, Jean, consul, 372-376.
— Gilles, consul, 377.
Morin, Guillaume, écuyer, 367.
Mouretus, Martialis, procurator, 107.
Moureau, Pierre. échevin, 306.
Mouret, Jourdain. 330.
Munier, Jean, procureur, 78.
Murat (Guillelmus de), 355.
Musnier, ingénieur, 235.
Mutaco (Guillelmus de), 353.

N

Nadalet, vicaire. 27.
Nadasi, Jean, 99.
Nadaud. Jacques, chantre. 60.
Nairbonne (la dame de), 383.
Natrafana = Na Trafana, 346.
Naveix (port du), 248, 252 et ss., 257 et ss.
Némond (Jean de), avocat, 178.
Nicault, Léonard, prêtre, 157.
Nicollas, notaire, 196.
Nicholay, laïque, 339.
Noailler, Martial, prêtre, 62.
Noblac (église de). 291.
Noblat (Elie de), 336.
Nonique, Jean, avocat, 26-33.
Nouveau (Arnoul de), conseiller, 377.

O

Objat, paroisse, 16, 76.
Oliers (Eustache des), 164.
Orion, Philippe, 164.
Orry, conseiller d'Etat, 262.

P

P. Chargai, 348.
P. Germani, 339.
P. Grilli, 348.
P. Israël, 340.
P. Lavilata, 347.

P. Rabascho, presbiter, 346.
P. Ribandus, 339.
P. Savi, 355.
Pabot, 6 et ss., 78 et ss.
Paignon de la Plaignie, échevin, 307.
Pailher, Jehan, prêtre, 22.
Panetier, Satir, conseiller, 378.
Parizet, vitrier, 92.
Paschas (B. de), 352.
Passe (Nicolas du), conseiller, 21.
Peysson, régent, 33.
Peiriguos, quadruvium, 344.
Pelhicieira, Maria, 354, 362.
Peraco (Helias de), 341.
Périère, chanoine, 82.
Périgord de Beaulieu, 205.
Pérignos (Guido de), 348.
— (Hugo de), 342, 348.
— (Jordana de), 342.
Perpezac (le moulin de), 59.
Pertat, Jean, 146.
Pesard (sieur de), 178, 179.
Pétiniaud, chanoine, 94.
Petit, Pierre, notaire, 325.
Perrin, Jean, consul, 372, 376.
Petrus Chabanus, 351.
— Delur, 359.
— Mayniel, 360.
— Mesclama, monachus, 366.
— Moardi, 362.
— Vigerii, 344.
— Vigier, 365.
Peyroche, chanoine, 22, 24, 43.
Pezas, notaire, 380.
Philippa, 340.
Pierre, dit Jean Michel, 330.
— dit Pierre Jean, notaire, 331.
Pierrebuffière, ville, 311 et ss.
— noms de 368 habitants, 311, 312, 316, 317, 319, 324.
— les seigneurs (de), 311 et ss.
Pierrebuffière, Louis (de), seigneur, 311 et ss.
Pierreficte, paroisse, 372.
Pinot, bourgeois, 49.
Pinchaud, Léonarde, 250.
Pinot, Léonard, échevin, 310.
Planches (des), secrétaire, 38.

Plantadis, sacristain, 57.
Planteligne, Jean, notaire, 375.
Plazias, J. B., prêtre, 206.
Plessis-Guéneygaud (du), 194.
Poisivenc (de), monachus, 346.
Pommiers (de), 339.
Pompadour, localité, 267.
Pompadour (de), seigneur, 7, 11 et ss.
Ponchartrain (de), contrôleur, 41.
Ponroy, Jean, bourgeois, 382.
Pontau (de), conseiller, 303.
Pontet, prêtre, 206.
Portail, secrétaire, 194.
Pouyat, Pierre, sacristain, 38, 41.
— principal de collège, 94.
Poylevé ainé, bourgeois, 6 et ss.
— chanoine, 6, 7, 54.
— avocat, 40.
Poypoutier (la), mas, 258.
Pozengo (Helias de), monachus, 349.
Pradelas, prêtre, 35.
Prato (Helias de), monachus, 339.
Prêcheurs (les Frères), 84.
Prouhet (moulin de), 41.
Prucothière (de la), 157.
Puyfaucaud (de), seigneur, 336.
Puyfaucon (Gérald de), 325.
Puymaud (Bernard de), 325.
Puiredon, employé du chapitre, 91.

Q

Queyroulet, Jean, médecin, prêtre, 86.
Queyssat, paroisse, 45.

R

Radulphus de Vigenor, 348.
Rancon, bourg, 258 et ss.
Raymond, Joseph, grand vicaire, 38.
Raynaudus Laporte, 355.
Rébouillac, hameau, 267.
Récollets (les Pères), 25, 294.
Rempnaud, Yrieix, eschevin, 306.
Renardine (de la), propriétaire, 81.

Renoux, receveur, 76.
Regnau, Guillaume, consul, 368.
Reys, Martial, marchand, 305.
Richer, secrétaire, 171.
Rabillard, bourgeois, 158.
Rabilhac de Pontalier, 205.
Rainaldus Maurensanas, 349.
Ranchin, secrétaire, 161, 193.
Recollets, 11, 80.
Robert, substitut, 263.
— procureur du roi, 326.
Robin, archidiaconus, 97.
Rochefort (de), seigneur, 22.
Roche-au-Got (La), 250.
Rochechouart, ville, 268.
Roche-Nozil, prieuré, 50, 96.
Royer, Léonard, chanoine, 56, 62.
Rondeau, Louis, consul, 377.
Roger Morel (vicairie de), 57.
Rogier, chanoine théologal, 73.
Roieira (Fulco de), miles, 347.
— (Bozo de), 352,
— (Helias de), 363.
— (Bernardus de), 363.
Romanet, chanoine, 26, 28, 34, 63.
Roques (M. de la), 157.
Rotgaria (la), mansus, 359.
Rouard, chanoine, 84.
Rouhaud, Noël, avocat, 308.
Rouchaud, notaire, 13.
— apothicaire, 305, 306.
Roulhiac, chanoine, 82.
Rousière, capitaine, 309.
Rousseau, huissier, 69.
Rouvery, marchand de bois, 257.
Roux, chanoine, 33, 38.
— (les D^{elles}), 61.
Roziers-St-Georges, paroisse, 293.
Ruaud, bourgeois, 5.
— procureur, 81.
Ruaux (des), commis, 56.
Rubens, Jehan, docteur, 13.
Rupefolcadii (de), = Larochefoucauld, 142.
Rupefortensis comitissa, 132.
Ruppe (Pierre de), notaire, 337.

S

Saillant (le), bourg, 210.
Salagnac (Marie de), marquise de Laval, 191.
Salaignac (la terre de), 6, 8, 12, 59.
Salas (Armand de), monachus, 341.
Salignac-Fénelon (de), archevêque, 154.
Salot, Mathieu, grand vicaire, 39, 44, 57.
Saleys, diacre, 12.
Salvanet, Léonard, sergent, 307.
Sanguin, secrétaire, 194.
Sargent, Etienne, prêtre, 22.
Sarre, Pierre, échevin, 308.
Savena (de), monachus, 362.
Sault (du), échevin, 301.
Savignac (de), prêtre, 177.
Sauvebœuf (seigneur de), 31.
Segond, grand vicaire, 9, 29, et ss.
— Bonaventure, chanoine, 40, 64.
— Rose, fermière, 85.
Seguinus Laporcharia, 341.
Seilhac, paroisse, 76.
Seirac (Elie de,) 342.
Senamaud, grand vicaire, 29.
Senemaud, sacristain, 7.
Seniat, Jacques, serrurier, 306.
Séreilhac, paroisse, 22.
Sigaud, Jacques, juge, 12.
Sire, médecin, 80.
Solemniacensis, = de Solignac, 339 et ss.
Solhac (Hugo de), moine, 343.
Solier (Aymericus de), 350.
Solignac, abbaye, 338 et ss.
Sourdy ou Surdy (le cardinal de), 5, 14.
Souterraine (la), ville, 268.
— prévôté, 379, 380 et ss.
Stephanus Espierda, 343.
Stephanus Jordani, 366.
Stephanus Savi, monachus, 347, 355.
Sudrie, Pierre, bourgeois, 263.
Suduyraud, employé 5 et ss.
— conseiller, 10.

TABLE ANALYTIQUE DES NOMS PROPRES

Suishac (Petrus de), monachus, 349.
Sto Amancio (de), 351, 352, 354.
Sto Amantio (Bertrandus de) 351. 355.
— (Pétronilla de), 351.
— (Guibertus de), 354.
— (Archambaudis de). 351.
St-Amand-Jartoudeix, paroisse, 293.
St-Amand-Magnazeix, paroisse. 173.
Saint-Angel (de), seigneur, 8. 12.
Sti Aredii, (pratum), 359.
St-Augustin, paroisse, 76.
St-Aulaire(de) lieutenant du roi, 34
Sainte-Claire de Tours (les religieuses de). 7.
St-Domnolet, paroisse, 60.
St-Gérald, paroisse, 250.
St-Germain-les-Belles, ville, 268.
St-Germain (de), gouverneur, 15.
St-Hilaire la Treille, paroisse,
St-Hilaire-Bonneval, paroisse. 348, 363.
Sto-Juniano (de), monachus, 363.
Saint-Jean (M. de), notaire, 189.
St-Junien, ville, 268 et ss.
St-Léger, paroisse, 173.
St-Léobon (église de), 59.
St-Léonard, ville, 268.
St-Léonard, patron des femmes en couches, 141.
St-Loup (foire de), 39.
St-Loup (Nicolas de), théologien, 63.
St-Marsal-Lomont, paroisse. 368.
St-Martial (abbé de), 335.
— (église de), 12, 33.
Sto-Martino (Ayssalina de), 345.
— (Petrus de), 342, 351.
St-Maurice, prieuré, 83.
— paroisse, 78.
St-Nicolas-du-Chardonnet, séminaire, 182 et ss.
St-Pantaléon, paroisse, 5.
St-Pardoux-la-Crouzille, paroisse, 8.
St-Paul, paroisse, 250.
St-Pierre-du-Queyroix, église, 60.
St-Prié-le-Bétoux, paroisse, 173.
St-Priest-Taurion, paroisse, 38, 40, 78.
St-Vaury, ville, 268.
St-Yrieix, ville, 279. 296, et ss.

T

Taboureau, ingénieur, 226 et ss.
Talandier, employé du chapitre, 91.
Taloys, chanoine 7, 22. et ss.
Tanchon, procureur, 95.
Tandeau de Marsac, prieur, 296.
Tanoarn (Julien de), supérieur. 76.
Tardif, ingénieur. 216.
Tarneaud, Aymeric, clerc, 313.
Terrasson, ville, 211 et ss.
Teste, Pierre, consul, 368.
Teulez, (Robertus de), 351.
Texier, vicarius, 98.
— Jehan, maréchal, 17.
Teysseil (de), 97.
Thévenin, chanoine théologal, 89.
Thierry, Nicolas prêtre, 188.
Thouard (vicairie de), 78, 83.
Thoumas, notaire royal, 382.
Thouron, Jean, greffier, 308.
Tillot (du), secrétaire, 171.
Tillet-Dauberie, procureur, 320.
Tourny (de), intendant, 219.
Traslage (de), conseiller, 17.
Treignacensis = de Treignac, 120, 126.
Trenchillon (Bernard de), 325.
Trésaguet, ingénieur, 217 et ss.
Trémouille (de la), cardinal, 74.
Troche, paroisse, 76.
Troulhe, Jean, prêtre, 15.
Trudaine, ingénieur, 229 et ss.
Tubeuf, Michel, procureur, 21.
Turgot, intendant général, 225 et ss.
Turre (Ademarus de), 354.
— (B. de), 358.
Turribus (de) = de Lastours, 98.

U

Urfé (d'), évêque, 39, 50, 258.
Uzerche, ville, 210 et ss.

V

Valeisa-Larsilier, mas, 369.
Valette de Labregère, échevin, 388.
Valier, Jean, greffier, 307.
Varacher, Guillaume, chantre, 21.
Vassigny (de), procureur, 220.
Veitisou (la), ruisseau, 267.
Venthaou (molendinum de), 359.
Ventodorensis archidiaconus, 317.
Verdier (du), banquier, 60.
Vergne (de la), clerc, 331.
Vérine (de), diacre, 206.
Vernolio (Helias de), 349.
Verthamond (Guillaume de), 26.
— (Martial de), 36.
— (Pierre de), 53, 54, 62.
Vessère (ruisseau de), 151.
Vètelay, prêtre, 157.
Veteri-villa (Clemens de), 349.
— (Gerardus de), 349, 350.
Veyrière, François, échevin, 308.
Veyrinas (Mathieu de), lieutenant, 307).
Vézère (la), rivière, 209 et ss.
Vidaud, Jean, prêtre, 62.
— Etienne, prieur, 254.
— lieutenant particulier, 66.
Vienne (la), rivière, 245 et ss.
Vigen (le), bourg, 267.
Vigenier (du), Jean, 335.
Vignaud, François, charpentier, 154.
Vignol, paroisse, 76.
Villaugez des Chézeaux, 295.
Villechenon, bourgeois, 179.
Villemonteix, Léonarde, 294.
Villemonteys, scribe, 48.
Villethivaux, Sylvain, notaire, 90.
Vinioux, terre du chapitre, 8, 10 et ss.
Virideau, Antoine, échevin, 308.
Veisin, notaire, 293.
Vigenor (Radulphus de), monachus, 348.
Voiries (le s^r des), protestant, 23.
Volondat, curé, 23.

W

Waldec (le prince de), 37.
Willelmus Gaucelin, 365.

TABLE SYNOPTIQUE DES DOCUMENTS

	Pages.
Comité de patronage de la Société des archives historiques du Limousin..	I
Liste des adhérents de la dite société.................	II
Nouveaux extraits des registres capitulaires de Saint-Etienne de Limoges, 1621-1771.....................	6
Supplément, 1544-1550.............................	96
Annuæ litteræ societatis Jesu : Collegium Lemovicense, 1598-1614, 1650-1654................................	99
Chronique paroissiale de Magnac-Laval, 1692-1707, (communiquée par M. Roy)........................	145

Documents divers sur Magnac-Laval, 1656-1768 :

Arrêts du conseil d'Etat qui ordonne la réduction de la taxe imposée sur la moitié des octrois de Magnac................	159
Adjudication de la moitié des octrois appartenant au roi dans la ville de Magnac..	162
Concession et subrogation faite par le seigneur de Magnac au séminaire du dit lieu de ce dont il jouissait sur le produit des octrois...	166
Lettres patentes portant fondation d'un séminaire à Magnac....	168
Lettres patentes portant approbation et confirmation de tous les actes faits en faveur du séminaire de Magnac................	189
Extraits de pièces concernant les foires et le séminaire de Magnac..	192
Déclaration des fermiers de l'octroi de Magnac, reconnaissant le droit d'exemption des officiers du siège royal du Dorat.......	197
Mémoire pour le syndic des habitants de Magnac et pour le principal du séminaire, s'opposant à l'établissement des foires et marchés de Lussac-les-Eglises............................	198
Thèse du séminaire ou collège de Magnac.....................	204
Procès-verbal de visite de la nouvelle chapelle du séminaire de Magnac..	205

Documents relatifs au flottage et à la canalisation des rivières du Limousin (Vézère, Corrèze, Dordogne et Charente), 1765-1786.	207

Documents relatifs aux droits de flottage et de pêche sur les rivières du Limousin (Vienne et Vézère), XVIIᵉ-XVIIIᵉ siècles.................................... 245

Routes royales du Limousin. Réponses de l'ingénieur en chef des ponts et chaussées aux demandes faites par l'un des administrateurs du département de la Haute-Vienne sur l'état des dites routes, 1790.............. 266

Extraits du livre journal de Léonard Denard, chanoine de l'Artige, 1715-1782....................... 291

Registre consulaire de Saint-Yrieix : nouveaux extraits, 1595-1688................................. 297

Chartes communales de Pierrebuffière, 1247-1407....... 311

Nécrologes limousins :

    Extraits d'un nécrologe de Solignac, XIIIᵉ s. 338
      «   «   « XIVᵉ s. 354
      «   «   « XVᵉ s. 365

Pièces diverses :

    Ordonnance rendue par les commissaires du comte de la Marche sur le fait de certains privilèges réclamés par les consuls d'Ahun.................................... 367
    Franchises de la ville d'Ahun........................ 372
    Droits d'usage des habitants d'Ahun dans la forêt de Pouguat.. 377
    Bail des fruits et revenus de la prévôté de la Souterraine (communication de M. Louis Bourdery)...................... 379
    Arrêt du Conseil d'État autorisant l'établissement d'un bac sur la Gartempe.................................. 383
    Lettre de Turgot relative à l'école vétérinaire de Limoges..... 385

Table analytique des matières *dressée par M. Montaulon-Bousseresse*.. 387

Table analytique des noms de lieux et de personnes, *dressée par M. Montaulon-Bousseresse*.............. 394

Table synoptique des documents.................. 407

www.ingramcontent.com/pod-product-compliance
Lightning Source LLC
Chambersburg PA
CBHW052139230426
43671CB00009B/1303